华侨大学 哲学社会科学文库·法学系列
HUAQIAO UNIVERSITY

华侨大学哲学社会科学学术著作专项资助计划

日本人与日本国

心理文化学范式下的考察

THE JAPANESE AND JAPAN:
AN APPROACH OF THE PSYCHO-CULTUROLOGY

尚会鹏　张建立　游国龙　等著

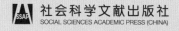
社会科学文献出版社
SOCIAL SCIENCES ACADEMIC PRESS (CHINA)

　　本书为国家社会科学基金项目"日本侵华罪行的心理文化根源研究"（18BGJ085）阶段性成果

构建原创性学术平台　打造新时代精品力作

——《华侨大学哲学社会科学文库》总序

习近平总书记在哲学社会科学工作座谈会上提出："哲学社会科学是人们认识世界、改造世界的重要工具，是推动历史发展和社会进步的重要力量。"中国特色社会主义建设已经进入新时代，我国社会的主要矛盾已经发生变化，要把握这一变化的新特点，将党的十九大描绘的决胜全面建成小康社会、夺取新时代中国特色社会主义伟大胜利的宏伟蓝图变为现实，迫切需要哲学社会科学的发展和支撑，需要加快构建中国特色哲学社会科学。当前我国的哲学社会科学事业已经进入大繁荣大发展时期，党和国家对哲学社会科学事业的投入不断增加，伴随我国社会的转型、经济的高质量发展，对于哲学社会科学优秀成果的需求也日益增长，可以说，当代的哲学社会科学研究迎来了前所未有的发展机遇与挑战。

构建中国特色哲学社会科学，必须以习近平新时代中国特色社会主义思想为指导，坚持"以人民为中心"的根本立场，围绕我国和世界面临的重大理论和现实问题，努力打造体现中国特色、中国风格、中国气派的哲学社会科学精品力作，提升中华文化软实力。要推出具有时代价值和中国特色的优秀作品，必须发挥广大学者的主体作用，必须为哲学社会科学工作者提供广阔的发展平台。今天，这样一个广阔的发展平台正在被搭建起来。

华侨大学是我国著名的华侨高等学府，多年来始终坚持走内涵发展、特色发展之路，注重发挥比较优势，在为侨服务、传播中华文化的过程中，形成了深厚的人文底蕴和独特的发展模式。新时代，我校审时度势，积极融入构建中国特色哲学社会科学的伟大事业中，努力为学者发挥创造力、打造精品力作提供优质平台，一大批优秀成果得以涌现。依托侨校的天然优势，以"为侨服务、传播中华文化"为宗旨，华侨大学积极承担涉侨研究，努力打造具有侨校特色的新型智库，在海外华文教育、侨务理论与政策、侨务公共外交、华商研究、海上丝绸之路研究、东南亚国别与区域研究、海外宗教文化研究等诸多领域形成具有特色的研究方向，推出了以《华侨华人蓝皮书：华侨华人研究报告》《世界华文教育年鉴》《泰国蓝皮书：泰国研究报告》《海丝蓝皮书：21世纪海上丝绸之路研究报告》等为代表的一系列标志性成果。

围绕党和国家加快构建中国特色哲学社会科学、繁荣哲学社会科学的重大历史任务，华侨大学颁布实施"华侨大学哲学社会科学繁荣计划"，作为学校哲学社会科学的行动纲领和大平台，切实推进和保障了学校哲学社会科学事业的繁荣发展。"华侨大学哲学社会科学学术著作专项资助计划"是"华侨大学哲学社会科学繁荣计划"的子计划，旨在产出一批在国内外有较大影响力的高水平原创性研究成果。作为此资助计划的重要成果——《华侨大学哲学社会科学文库》已推出一批具有相当学术参考价值的学术著作。这些著作凝聚着华侨大学人文学者的心力与智慧，充分体现了他们多年围绕重大理论与现实问题进行的研判与思考，得到同行学术共同体的认可和好评，其社会影响力逐渐显现。

《华侨大学哲学社会科学文库》丛书按学科划分为哲学、法学、经济学、管理学、文学、历史学、艺术学、教育学8个系列，内容涵盖马克思主义理论、哲学、法学、应用经济、国际政治、华商研究、旅游管理、依法治国、中华文化研究、海外华文教育、"一带一路"等基础理论与特色研究，其选题紧扣时代问题和人民需求，致力于解决新时代面临的新问题、新困境，其成果直接或间接服务于国家侨务事业和经济社会发展，服务于国家华文教育事业与中华文化软实力的提升。可以说，该文库是华侨大学展示自身哲学社会科学研究力、创造力、价值引领力的原创学术平台。

"华侨大学哲学社会科学繁荣计划"的实施成效显著，学校的文科整体实力明显提升，一大批高水平研究成果相继问世。凝结着华侨大学学者智慧的《华侨大学哲学社会科学文库》丛书的继续出版，必将鼓励更多的哲学社会科学工作者尤其是青年教师勇攀学术高峰，努力打造更多的造福于国家与人民的精品力作。

最后，让我们共同期待更多的优秀作品在《华侨大学哲学社会科学文库》这一优质平台上出版，为新时代决胜全面建成小康社会、开启全面建设社会主义现代化国家新征程作出更大的贡献。

我们将以更大的决心、更宽广的视野、更精心的设计、更有效的措施、更优质的服务，加快华侨大学哲学社会科学的繁荣发展，更好地履行"两个面向"的办学使命，早日将华侨大学建成特色鲜明、海内外著名的高水平大学！

华侨大学校长　徐西鹏

2018 年 11 月 22 日

序　言

在学术史上，日本国民性研究可能是国民性研究中文献、学派最多的一个案例。这或是因为日本民族相对单一，而独特的岛国地理环境又使其较少受外部世界的影响，相对于其他大规模文明社会，日本可以说是一个相对的"简单社会"，整体把握相对容易。有多种日本国民性的流派和观点，日语中有一个"日本人论"的词，专指这个领域。其中，源自20世纪二三十年代"文化与人格"学派的"国民性"研究学派影响比较大，美国人类学家鲁思·本尼迪克特的《菊与刀》就是这个学派的代表性著作。到了二战前后，国民性研究学派因其方法论受到批判而衰落了。今日学术界已很少在严格学术意义上使用"国民性"这个概念了。但在这个领域，仍有学者坚持探索，美籍华裔学者许烺光（Francis L. K. Hsu，1909—1999）就是少数坚持在该领域探索的学者之一。他开发了一套大规模文明社会比较研究的工具和框架。心理文化学就是在他的学说基础上发展起来的，从心理与文化相结合的视角从事大规模文明社会比较研究的学问。心理文化学有两个相互联系的核心概念，即"心理社会均衡体"（Psycho-social Homeostasis，PSH）和"基本人际状态"（human constant）。在方法论上，它重视比较的方法、"整体人"的研究方法和重视人的心理与文化关系的方法。它用"基本人际状态"替代"国民性"概念。"国民性"概念趋于将一个族群的特点视为某种实体，而"基本人际状态"描述的则是一种动态的心理社会动态均衡模式。当我们采用基本人际状态来描述中国人、日本人或美国人时，与其说是在描述某种实体，毋宁说是在描述某种概率，将其理解为"在某一特定的文化背景下趋于出现某种心理社会动态均衡模式的可能性"或许更妥。从这个意义上，心理文化学或可称为一种升级版本的"国民性研究"。这些年来，笔者一直在进行心理文化学的理论和方法的探索，发表、出版了若干论文和著作，应该说已取得了一定的成绩。在这个过程中，逐渐聚集了一些年轻的学者到这个领域。2017年华侨大学成立了心理文化学研究所，初步形成了一个心理文化学研究团队。这部采用心理文化学视角研究人与国家的著作就是心理文化学研究团队的一个成果。——此为出版这部著作的学术背景。

这部著作的出版缘起于本书作者之一、华侨大学游国龙教授的一个提议。游国龙常年从事日本研究，2019年秋他向我提议，把心理文化学视角研究日本人和日本国的论文集结起来，出版一部著作。一开始我态度并不积极，当时我有两个担心：一个担心是把不同的人在不同杂志上发表的论文集结为一部著作，很可能会缺乏内在的逻辑性；另一个担心是内容与我已经出版的《中日"文化基因"解码（上卷）：日本人的基本人际状态与中日互视》（社会科学文献出版社，2017）一书重复。但当游国龙把这些论文做了一番编排呈现在我面前时，其呈现的内在逻辑性似乎出乎我的预料。该书的第一部分（上编）梳理了"日本人论"的学术脉络，明确了心理文化学的学术定位。第二部分（中编）围绕日本人的"基本人际状态"的四个维度展开分析，是在心理文化学视角下对日本人在人类"生存谱"① 上的定位。第三部分（下编）是对日本国家行为的分析，这部分可以说是本书的重点，阐述了心理文化学对国家和国家行为的认识。这三个部分基本上涵盖了心理文化学视角下日本人和日本国家研究的主要方面，整体上呈现出心理文化学学术体系的样貌，而这种体系上的逻辑性是无法从一篇篇孤立的论文看出来的。而且，本书的重点是日本国家行为的研究，可以说是心理文化学在研究国家行为方面的一个应用，而这是《中日"文化基因"解码（上卷）：日本人的基本人际状态与中日互视》一书没有涉及的。所以，我改变了看法，对出版这部著作的态度积极

① "生存谱"是对"心理社会均衡体"的另一种称呼。人的存在是一个由人、物、文化理念组成的"场"，这个"场"由内而外，共分八层。但什么样的人、物和理念最重要，不同文化有不同的编码，形成不同的"基本人际状态"，会在人这个"场"中呈现出不同的特点，这类似物理学上每一种物质都会在光谱中呈现独特的谱线。故称人存在的"场"为"生存谱"。详见尚会鹏《心理文化学要义——大规模文明社会比较研究的理论与方法》，北京大学出版社，2013，第58~60页。

起来。

本书是华侨大学心理文化学团队的集体作品。每个作者的具体贡献是：

尚会鹏：第二章、第三章、第七至十一章、第十三章、第二十一章

张建立：第十四章、第十七至第二十章、第二十二章

游国龙：绪论、第五章、第六章、第十二章、第十六章

杨劲松：第一章、第四章

李姝蓓：第十五章

本书作者大部分是年轻学者。年轻人通常是勇于探索和创新的。这部书以新的视角研究日本人和日本国家的行为，以期有新的看法，言他人之未言。当然，任何学术创新都存在一定风险，本书的探索可能会引起争议。但学术研究贵在创新，引起争议的创新要好过无争议的陈词滥调。心理文化学理论自身还需要完善，若引起争论，对心理文化学理论的完善与发展也是有益的。

在本书出版之际，作为心理文化学耕耘者同时又是作者的我，为心理文化学收获的新成果而感到欣慰。在本书的出版过程中，游国龙博士做了大量的工作，他除了提出出版建议，还认真看各篇论文，编排内容，联络出版事宜。华侨大学心理文化学研究所的林秋双女士在本书的编辑出版过程中也做了大量细致的工作。此外，社会科学文献出版社编辑黄金平先生通读全书找出了许多细微的错误，提升了本书的可读性。在此，特向他们的辛苦付出表示感谢。

尚会鹏

2020 年 8 月 18 日于厦门水晶湖郡

目 录

绪论：心理文化学的国际关系研究现状 …………………………………… 1

上编 "日本人论"的学术脉络

第一章 日本人论概论 ……………………………………………… 29

第二章 中根千枝的"纵式社会"理论研究 …………………………… 41

第三章 土居健郎的"娇宠"理论 …………………………………… 53

第四章 滨口惠俊的"间人主义"理论研究 …………………………… 65

第五章 本尼迪克特与许烺光的方法论比较研究 ……………………… 73

第六章 许烺光与尚会鹏的方法论比较研究 …………………………… 88

中编 心理文化学视角下的日本人

第七章 "缘人"：日本人的"基本人际状态" ……………………… 109

第八章 "缘人"的集团模式特点 …………………………………… 121

第九章 "缘人"的交换模式特点 …………………………………… 134

第十章 "缘人"的感情模式特点 …………………………………… 150

第十一章 "缘人"的自我认知特点 ………………………………… 160

下编 心理文化学视角下的日本国

第十二章 国际问题中三大范式的日本研究 ………………………… 177

第十三章　心理文化学国际关系研究的方法论：人、文明体

　　　　　与国家间关系 ………………………………………… 195

第十四章　日本国的组织体构建研究：天皇世袭的原因分析 ……… 215

第十五章　日本国的文明体构建研究：文明开化政策分析 ………… 236

第十六章　日本近代国际秩序构建研究 ……………………………… 248

第十七章　日本战后组织体与文明体构建研究 ……………………… 261

第十八章　日本战后大国意识的表现、成因及国际反应 …………… 278

第十九章　战后日美关系特点分析 …………………………………… 290

第二十章　日本右倾化现象分析 ……………………………………… 309

第二十一章　文化与日本外交 ………………………………………… 329

第二十二章　日本外交决策分析 ……………………………………… 341

主要参考书目 …………………………………………………………… 353

绪论：心理文化学的国际关系研究现状

一 心理文化学与国际关系研究的缘起和演变

1. 人类学与国际关系学的作用

国际关系作为一门学科的诞生标志是 1919 年英国威尔士大学设立以伍德罗·威尔逊命名的讲席以及专门的国际政治系（Department of International Politics）。① 当时的背景是欧洲国家内部发生了第一次世界大战，造成欧洲国家巨大伤亡，戴维斯家族受美国总统威尔逊和平理念影响捐助了这个讲席，希望能够探索欧洲国家间和平的途径。但值得注意的是，对欧洲以外国家的研究，主要依靠人类学这门学科，人类学者为英法等老牌帝国主义国家对外扩张、殖民提供咨询建议。比如 19 世纪中叶英国为抢夺黄金矿产在西非建立了英属黄金海岸，英军发动战争侵略阿散蒂王国（A-shanti Empire），但因为实行错误的殖民政策，引发阿散蒂人的反抗，② 战乱连绵长达二三十年。到了 20 世纪初，英国政府委派拉特雷（R. S. Rattray）担任殖民地总督格吉斯伯格（Frederick G. Guggisberg）的顾问，他利用人类学训练的专长研究阿散蒂文化，提出治理阿散蒂的解决方案，才使阿散蒂长治久安。20 世纪 20～30 年代，英国在殖民地政府派驻人类学学者成为一种常态，赫顿（J. H. Hutton）在印度、威廉姆斯（E. E. Williams）在新几内

---

① 任晓：《国际关系学第三期发展的可能》，《国际关系研究》2019 年第 4 期。

② 英国殖民总督为抢夺阿散蒂国王的"金凳子"（Golden Stool）引发阿散蒂人群起反抗。他不知金凳子具有宗教上的意义，不是一种"椅子"。后来人类学家拉特雷（R. S. Rattray）到西非调查发现"金凳子"的宗教功能，建议总督保护金凳子，并释放流放外岛的国王，才平息了长达二三十年的混战。现今阿散蒂是加纳的一个保护区，人口有 11 万。参见李亦园《人类学与现代社会》，水牛出版社，1998，第 11～12 页。

亚、布朗（G. G. Brown）在东非都起到了非常重要的作用。① 这些人类学学者离职后回到高校工作，进一步把实务经验理论化，② 也推进人类学研究的发展。而当年国际关系理论家并不关心欧洲以外的事务。第一个担任国际关系教席的是阿尔弗雷德·齐默恩（Alfred. E. Zimmern），他的代表作都是研究欧洲国家的著作，如《希腊共和国：公元前5世纪雅典的政治和经济》（1911）、《对德国的经济武器》（1918）、《第三大英帝国》（1926）等。爱德华·卡尔（Edward Hallett Carr）也是参照他在担任英国外交官处理英俄关系，参与巴黎和会、国联工作的经历，写成《二十年危机（1919—1939）：国际关系研究导论》这本现实主义的名著。从现今地区研究的角度看，可以认为它们主要从事欧洲研究。由于不同实务需要，英国发展出人类学与国际关系学两门学科。人类学关注殖民、治理非西方人的问题，国际关系学关注欧洲国家内部的战争与和平问题。世界体系理论的创始人华勒斯坦（Immanuel Wallerstein）认为，从学科分类系统来看，前者属于"非现代世界"的研究，后者属于"现代文明世界"研究。③ 两个学科研究对象不同，但相辅相成，同时为大英帝国处理对外关系起到了重要的作用。

2. 人类学跨入"现代世界研究"的契机

1941年，日本偷袭珍珠港，美国被卷入第二次世界大战，日本的卑劣行径出乎美国的意料。为打赢二战，美国特别成立"战略情报局"（OSS，中央情报局的前身），按照欧洲的学科传统号召人类学学者为国服务。美国人类学学者也积极响应，他们成立美国人类学会人类学与战争委员分会，协调人类学学者参与海内外的人类学与战争事务。大量人类学学者被派往世界各地进行调查，如本特森（Gregory Bateson）研究印尼、戈勒（Groffrey Gorer）研究俄罗斯、克拉克洪（Clyde Kluckhohn）和墨多克（George P. Murdock）研究日本、林顿（Ralph Linton）和雷德菲尔德（Robert Redfield）研究中国，等等。④ 前文提到英国人类学学者研究的是

---

① 参见李亦园《人类学与现代社会》，第12页。
② 拉特雷1921年在牛津大学阿散蒂人类学系担任系主任，著有若干本阿散蒂相关著作，如 R. S. Rattray, *Religion and Art in Ashanti*, Oxford University Press, 1927。
③ 〔美〕华勒斯坦等：《开放社会科学》，刘锋译，三联书店，1997，第39~40页。
④ 游国龙：《国际问题研究范式探讨：以日本研究为例》，《日本学刊》2016年第6期。

非洲、太平洋岛等地的殖民地。它们属于"未开化社会"（或称原始部落），社会规模小，人口数量少，人类学学者选择一个田野进行蹲点调查，就能了解"原始部落"的社会结构。但美国人类学学者遇到的研究对象是日本、俄罗斯、中国这种大型国家，它们吸收了西方科技与制度，同时具有自己的文明特点，运用英国社会人类学范式难以有效开展研究，美国人类学学者遭遇严峻的挑战。此时，一些具有创造力的学者尝试结合人类学与心理学的知识开展研究，他们利用弗洛伊德的人格学说分析日本人、俄罗斯人的心理，挖掘"文化与人格"之间的关系来解释日本、苏联这些国家的行为，较为成功进入"现代文明世界"研究（或者说后发外生性现代化国家研究更为贴切）。其中以鲁思·本尼迪克特（Ruth Benedict）的研究最具代表性。她本来是研究印第安人的专家，专门研究祖尼人和夸库特耳人的人格类型，后来因为二战她到美国日本侨民社区和日军战俘营进行调查，她的研究解决了许多困扰美国军方的问题，比如日军战俘的处理，美国人担心日军一心效忠日本天皇，让其从事后勤工作会发生叛变，但她指出日本耻感文化的特点，认为日军是真心投降，不会反复叛变，果然日军战俘死心塌地与盟军合作，很好地完成后勤工作。① 此外，她在保留天皇的地位、采用原子弹等问题上，也都提出了过人的见解，至今仍被视为国民性研究应用在国际事务的典范。而与她同时期的戈勒、本特森等人也都采用"文化"与"人格"相结合的方法进行研究，于是美国人类学发展出心理分析这个学科分支。由于它是通过研究群体心理来解释国家行为的途径，也被称为国民性研究或民族性格研究（national character studies）。

　　3. 二战之后国民性研究的发展

　　第二次世界大战后，美国取代英国成为世界第一强国，美国为维持世界霸权的地位，大力提倡"地区研究"（area studies）。地区研究是更大规模的跨学科合作实验场所。美国政府提供大量的科研经费，成立新的地区研究机构，号召更多学科的研究人员进行研究。与此同时，美国政府推动政策咨询走向专业化、民营化，他们与许多科研机构签订合同，委托提

---

　　① 〔美〕鲁思·本尼迪克特：《菊与刀：日本文化诸模式》，吕万和等译，商务印书馆，2000，第 17 页。

供政策咨询建议。之后美国出现了许多大型综合性的智库。在这个背景下，不同学科的研究人员投入地区研究，地区研究蓬勃发展。本来研究"现代文明世界"的学科，如政治学、社会学等也开始研究"非现代世界"，华勒斯坦提到的学科分类系统的界限也被打破了。在不同学科研究人员进入地区研究领域后，地区研究的发展趋势是研究分工走向专业化，研究问题也越来越细，强调整体性研究的国民性研究反而成为"小众"。① 然而，国民性研究在战后也有了进一步的发展，主要是拓展研究对象到英国、美国这种"早发内生型现代化国家"，而这与非西方世界的研究人员进入这个研究领域有关，代表人物是华裔学者许烺光。

许烺光早年在英国伦敦政治经济学院攻读博士学位，那里本来是人类学结构功能主义的大本营，学者专门研究英国殖民地中的"原始部落"。许烺光进入这个领域之后，发现了西方中心主义视角的问题，比如以单线进化论来解释不同社会的发展。他认为主要原因在于缺乏不同文明之间的比较。作为来自非西方世界的学者，他开创性地以盎格鲁 – 撒克逊人（Anglo – Saxon）为研究对象，尝试解构英、美这种现代文明国家的运作方式，并且与中国、印度、日本进行比较。经过数十年的努力，他的研究得到了美国人的认可。美国历史学家康马杰（Henry S. Commager）评论他的《中国人与美国人》是继托克维尔《论美国的民主》之后研究美国社会最好的著作。许烺光指出，美国人、中国人、印度人和日本人形成的国民性格并不相同，学者使用弗洛伊德观察欧美人心理创建的人格学说解释非西方人的心理与行为是有问题的。因此，他提出了考虑到社会关系与文化影响心理的心理社会均衡理论（PSH 理论）与基本人际状态的概念，以及一整套完整的概念工具、研究方法，用来分析美国、中国、印度和日本等国的社会运作方式，并且在文化与人格研究的基础上建立了"心理人类学"（Psychological Anthropology）这一学科。② 人类学家维特·巴诺

---

① 如哈佛大学俄罗斯研究中心由曾在麦克阿瑟将军幕下、参帷盟军统帅部对日关系事务的克拉克洪担任中心主任，参见李亦园《文化与行为》，台湾商务印书馆，1970，第151页；Robin W. Winks, *Cloak and Gown*: *Scholars in the Secret War*, 1939 – 1961, New York: William Morrow, 1987。

② Francis L. K. Hsu, *Psychological Anthropology*: *Approaches to Culture and Personality*, Homewood, Illinois: Dorsey Press, 1961.

（Victor Barnouw）评论道：当所有人类学家都知难而退的情况下，唯有许烺光还在这个领域持续坚持，最后攻克了这个学术难关。① 1977 年，他被选为第 62 届美国人类学会会长，在他任内美国人类学会正式成立了心理人类学分会（SPA），学会每两年举行一次，最近一次是 2019 年在新墨西哥州圣安娜普埃布洛举行的年会。

4. 心理人类学在中国地区研究领域的发展

自 20 世纪 60 年代起中国也开始从事地区研究的工作，如中国社会科学院、北京大学成立了亚非研究所，专门研究亚洲和非洲各个国家的经济、政治、社会、历史、文化等。在国内一开始就是由各个学科的学者从事地区与国别研究，与美国的学科发展趋势相反。后来是因为许烺光的著作，如《家元：日本的真髓》《中国人与美国人》《宗族、种姓与社团》等被陆续翻译引进到国内，才有学者尝试从事整体性的国家研究。这里要谈到的是当时在北京大学亚非研究所工作的尚会鹏教授。在 80 年代他开始研究印度、日本，后来翻译了许烺光的著作，便尝试采用许烺光心理人类学的方法进行研究，后来出版了《种姓与印度教社会》《中国人与日本人》《中国人与印度人》等著作。经过二三十年的学术积累后，他认为许烺光心理人类学涉及的内容包括心理学的心理社会均衡理论、需要理论、情感控制机制理论、心理文化取向理论，人类学的许氏优势亲属关系假说，社会学的次级集团理论、社会交换理论等，体系比较庞大，需要整合，因此以基本人际状态为中心，尝试将许烺光的学说进一步补充、完善，形成一个可以解释"心物交互多维动态平衡整体人"的完整理论体系。由于人类学具有研究"非现代世界"的传统，"心理人类学"容易被误会是研究少数民族的学问，所以倡议使用心理文化学这个概念，其专指从心理人类学分离出来的，以许烺光倡导的心理与文化相结合的视角和方法，主要从事大规模文明社会比较的学问。② 笔者也是在北京大学通过尚会鹏教授接触到许烺光，逐渐认识到许烺光的学说价值，一直在从事这方面的研究。此外，还有一些志同道合之士，也在从事这方面的研究，他们

① 〔美〕维特·巴诺：《心理人类学》，瞿海源、许木柱译，黎明文化事业公司，1979，第251 页。
② 尚会鹏、游国龙：《心理文化学：许烺光学说的研究与应用》，南天书局，2010，第 41 页。

分布在中国社会科学院、浙江大学、北京外国语大学、中央党史和文献研究院、闽南师范大学、山西师范大学等高校。虽然国内没有正式的心理文化学学术组织，但这些年也形成了一个学术共同体，华侨大学还专门成立了心理文化学研究所这样专门的科研机构。心理文化学爱好者主要在地区与国别研究的学术组织中活动。另外，心理文化学也没有专门的学术刊物，研究成果主要发表在各种国别研究的刊物上。

5. 中国学者借鉴许烺光学说进行研究的原因

许烺光出生于中国，他以非西方世界的角度研究中国、美国、印度、日本这几个国家，而且进行相互比较。他的研究修正了许多西方中心视角解释非西方社会的问题。用他发展出的范式进行研究，不会出现生搬硬套西方学者概念工具或用研究西方社会的理论解释非西方社会现象的问题。以笔者的例子来说，笔者曾研究日本政党政治，研究问题是：为什么日本自民党在1955～1993年连续执政长达38年？从西方政治学的角度来看，"政党轮替"是政党政治的常态，自民党长期执政是一种特殊现象，值得研究。[①] 但是心理文化学的角度来看，日本天皇万世一系，幕府将军也是长期执政，自民党长期执政是一个伪命题，根本是从西方政治学的角度生搬硬套。真正值得研究的问题是：日本采用西方的政治制度后，政治运作方式还表现出日本特点的内在原因。正是为了避免陷入"生搬硬套"的危险，笔者才选择了许烺光提倡的文明比较的视角进行研究。在中国地区与国别研究发展的同时，西方的国际关系理论也开始传到国内。王逸舟教授、秦亚青教授、张小明教授等学者在引进、介绍美国、英国国际关系理论方面做了许多工作，并且指出了源自西方国际关系理论的问题，中国出现了建立中国特色国际关系理论的声音。在这个大背景下，国内的心理文化学爱好者也开始关注中国人、日本人、美国人、印度人如何建立国家、建立国际体系、处理国际关系的特点，并进行相互间的比较。当然，早期美国的国民性研究也关注这方面的问题，比如本尼迪克特和许烺光都有很多关于国家形式与政治制度方面的讨论，他们为国内心理文化学爱好者提供了研究的基础。

---

① 游国龙：《自民党得票率与日本的米价——对自民党统治与其农业政策关系的数量分析》，《日本学刊》2004年第3期。

沃尔兹（K. Waltz）在 20 世纪 70 年代中期把国际关系理论化，他的理论被称为结构现实主义，他将国际体系结构化的方法主要是参照英国人类学的"结构"分析法。在他的影响下，体系结构、功能、制度、进程等变成国际关系主流理论讨论的重点。但明眼人知道这些概念其实来自人类学或社会学的研究，如许烺光就专门发表过探讨结构、功能、进程的论文，① 有人类学的研究基础更容易在方法论上与国际关系理论家展开对话。另外，国际关系学中的文明学派也利用人类学对文化研究的成果进行研究，如亨廷顿把文化差异的认识提升到文明冲突的角度讨论世界和平与安全的问题，出版了著名的《文明的冲突与世界秩序的重建》；约瑟夫·奈提出了"软实力"学说等。心理文化学同样是从人类学发展出来的学问。因此，心理文化学爱好者意识到有可能借鉴许烺光的研究成果，将研究应用到政治学、国际问题领域。

6. 心理文化学从事国际问题研究的重点

美国地区研究兴起后，政治学者也开始研究包括亚洲、拉美甚至非洲等国家，比如阿尔蒙德（G. A. Almond）利用人类学的结构分析法，研究不同国家政治体制的结构与功能差异，找出它们的政治模式，开创了比较政治学这个分支。② 但他们主要研究的是政治体制和西方政治制度应用在非西方国家产生的问题，很少关心国家形式、国体方面的问题。而心理文化学的关注重点是国家形式，主要是研究中国人、印度人、日本人在历史上如何建立国家和国际体系。近代受西方影响，中国、印度、日本等国家都改变了传统的国家形式，向西方学习，但是它们传统的国家形式、国家结构、国家行为的特点究竟是什么，缺乏研究。很多人认为这些是过去式，不值得研究，但是我们认为它有研究的重要性。首先是要了解它的原型是什么，才能了解它的国体如何发生了变化。其次，它的运作方式还有可能在现在的体制下发生影响。

7. 心理人类学在美国、俄罗斯、日本、中国台湾、印度的发展

美国人类学"文化"与"人格"研究的产生，是源自人类学与心理学

---

① Francis L. K. Hsu, "Structure, Function, Content and Process," *American Anthropologist*, Vol. 61, 1959, pp. 790 – 850.

② 〔美〕阿尔蒙德：《比较政治学》，《现代外国哲学社会科学文摘》1984 年第 12 期。

两门学科的跨学科合作，但在地区研究兴起后，美国心理人类学学者不再关心民族性格这种与"国家"研究有关的议题，他们把重点放在"个体心理"方面。台湾学者许木柱等统计过20世纪90年代美国的人类学刊物，发现心理人类学的研究重点主要在以下6个主题：（1）文化对生理发展之影响；（2）文化对认知及知觉的影响；（3）文化对情感表达行为的影响；（4）社会化之研究；（5）人格发展与文化变迁；（6）文化对社会心理偏差行为的研究。① 这个与美国学科专业化的发展趋势是相符的。但值得一提的是，在美国也有学者尝试把个体心理与政治学的研究结合起来，如心理学家埃里克·埃里克森（Erik Erikson）研究印度圣雄甘地的身份认同问题，② 詹姆斯·戴维·巴伯（James David Barber）研究美国总统的性格。后来在美国产生了政治心理学。③ 在《国际政治研究》2017年第6期的专访中，尹继武教授曾介绍过该领域的发展，感兴趣的读者可以进一步了解。④

在俄罗斯方面，二战时期戈勒和里克曼对俄罗斯人展开研究，出版了《大俄罗斯人民：一项心理学研究》。⑤ 俄罗斯科学院的斯维特拉娜·路列（Svetlana V. Lourié）的研究与中国学者的尝试类似。她尝试利用心理人类学理论从俄罗斯的角度进行地缘政治、外交政策的分析，研究对象包括俄罗斯人、芬兰人、亚美尼亚人、英国人、土耳其人等。《绝对权力研究：帝国——价值观与民族心理学的视角》专门论述了罗马帝国、拜占庭帝国、英国和俄罗斯帝国的统治历史、帝国的建立原则，以及对俄国和英国作为殖民帝国的比较。⑥

在日本，有独特"日本人论"这个研究领域，本尼迪克特、许烺光

---

① 许木柱、李舒中：《情绪与文化——台湾心理人类学田野研究的新方向》，"探索台湾田野的新面貌"研讨会，中研院民族所，1998年5月5~8日。
② 〔美〕埃里克·埃里克森：《甘地的真理：好战的非暴力起源》，吕文江、田嵩燕译，中央编译出版社，2010。
③ 〔美〕詹姆斯·戴维·巴伯：《总统的性格》，赵广成译，中国人民大学出版社，2015。
④ 本刊特约作者：《中国国际政治心理学理论与实践研究的进展与问题——尹继武教授访谈》，《国际政治研究》2017年第6期。
⑤ Geoffrey Gorer and John Rickman, *The People of Great Russia：A Psychological Study*, Cresset Press，1949.
⑥ Svetlana V. Lourié, *Imperiya－tsennostnyyietnopsikhologicheskiypodkhod*, Moscow, 2012.

的研究都被归为该领域。许烺光的著作《比较文明社会论》被翻译为日
文之后，有不少学者按照这个研究路径继续做下去，① 比如公文俊平、滨
口惠俊、作田启一等。最具代表性的学者是滨口惠俊，他翻译了许烺光的
著作，并且提出了若干概念工具，尝试进一步完善许烺光学说，著有
《日本特性的再发现》《日本研究原论》等，但他的研究对象主要是日本，
较少关注其他国家。与国际关系研究有关的文化人类学学者是平野健一
郎，他出版了《国际文化论》，尝试将人类学与国际关系研究结合起来，
但他并没有使用心理人类学的理论或者工具。

　　在中国台湾地区，心理人类学被系统地引进，许烺光在美国的著作被
翻译为许烺光全集（十卷本）出版。人类学与心理学领域对心理人类学
都很感兴趣，尝试进行中国人的民族性、中国人的性格的研究。② 人类学
界李亦园借鉴许烺光的心理社会均衡理论提出了中国文化的三层次均衡和
谐模型，他的研究对象是汉族和台湾的少数民族，同时他也从事东南亚华
侨华人方面的研究。③ 心理学界杨国枢、黄光国、杨中芳等人都受到许烺
光的影响，他们认为西方的心理学无法解释华人的心理，因此推动华人的
本土心理学运动。杨国枢研究中国人的价值观、④ 杨中芳研究中国人的自
我，⑤ 而黄光国在许烺光的心理社会均衡理论的基础上提出人情与面子模
型，以及儒家关系主义理论。⑥ 黄光国的研究涉及国际问题领域，他提出
了国家脸面的模型。⑦ 而他的儒家关系主义理论对秦亚青建构国际政治关
系理论产生了影响。秦亚青在对"关系性"进行分析的过程中多次引用
黄光国的研究。⑧

① 〔美〕许烺光：『比較文明社会論』，作田启一，滨口惠俊译，培风馆，1971，第379页。
② 李亦园、杨国枢编《中国人的性格》，江苏教育出版社，2006；杨国枢、余安邦编《中
国人的心理与行为：理论与方法篇》，桂冠图书公司，1992。
③ 陈志明：《李亦园与马来西亚华人研究》，陈景熙译，载张禹东、庄国土主编《华侨华
人文献学刊》第三辑，社会科学文献出版社，2016，第14～27页。
④ 杨国枢编《中国人的蜕变》，桂冠图书公司，1988。
⑤ 杨中芳：《如何理解中国人》，重庆大学出版社，2009。
⑥ 黄光国：《儒家关系主义：哲学反思、理论建构与实证研究》，心理出版社，2009。
⑦ Rong Chen, Kwang - Kuo Hwang, "Nation, Face, and Identity: An Initial Investigation of
National Face in East Asia," *Frontiers in Psychology*, Vol. 7, 2016, pp. 1 - 11.
⑧ 秦亚青：《关系本位与过程建构：将中国理念植入国际关系理论》，《中国社会科学》
2009 年第 3 期。

在英国殖民印度时期，人类学学者就被派去印度调查研究，赫顿著有《印度种姓的性质、功能及其起源》。[1] 心理人类学兴起后，许烺光也曾到印度调研，当时还受到总理尼赫鲁的特意接见，最后他出版了《宗族、种姓与社团》。德里大学教授巴拉提（Agehananda Bharati）受许烺光影响比较深。他利用许烺光的心理社会均衡理论解释印度教徒的心理，提出了"阿奴"（anu）的概念，尝试完善这个理论。[2] 印度籍英裔学者斯普拉特（Philip Spratt）著有《印度教的文化与人格：一项心理分析》。[3] 但他们的研究仅限于印度人，在国际问题方面的研究还没有发现。

二　国内学者在心理文化学与国际关系研究方面取得的进展

心理文化学进行国际关系方面的研究大致可以分为国际体系研究、国家行为体研究、国家间关系研究、国民对国家的认同研究等。

（一）国际体系研究

1. 国际体系的本体论

国际关系的主流理论是体系理论。20 世纪 70 年代，沃尔兹把无政府状态假定为国际体系的结构，使国际体系可以作为关键因素解释对体系内国家的影响。后来出现了强调国际机制影响国家行为的新自由主义、强调国家间互动的建构主义，但它们讨论的都是一种"线性因果关系的简单体系"。尚会鹏认为，国际体系应该是"考虑了文明意义上的多元性国家为主要行为体的人类多维关系的演化系统"，体系理论家在体系、单元、关系三个层次做了过度简化。他提出了研究国际关系的本体论。

从体系层次看，体系结构是一种由有限的一组或若干组行动者及限定它们的关系网络所组成的"持久的关系模式"，一个由文明社会之间的关系构成的复杂网络系统。而不是像体系理论那样把国际体系理解为一种缺

---

① John Henry Hutton, *Caste in India: Its Nature, Function and Origins*, Cambridge: Cambridge University Press. 1946.

② 〔美〕A. 马塞勒、许烺光等编《文化与自我：东西方人的透视》，任鹰等译，浙江人民出版社，1998，第 193 页。

③ Philip Spratt, *Hindu Culture and Personality: A Psycho - analytic Study*, Manaktalas, 1966.

少了中央权威的国内政治体系。

从单元层次看，构成国际关系的单元是考虑了文明体与组织体两个侧面的多元国家，而不是像体系理论那样把国际关系的基本单元限定为"民族国家"。

从关系层次看，国际关系是一种由人类多维活动构成的复杂网络；人类在这一场域进行着三大类活动，即以权力游戏为代表的政治活动、以财富游戏为代表的经济活动，以及以心智游戏为代表的文化活动，而不是像体系理论那样把国家间的关系主要限于政治关系。①

这是心理文化学对国际体系的基本看法，它是在这个基础上研究国际关系的。

2. 四个国际体系

心理文化学认为国际体系有不同的类型，现代国际体系其实是源自欧洲主要国家间关系，中国、印度、日本在历史上也曾建立自己主导的国际体系。这些体系虽然已经不再存在，而且中、印、日的角色已经从"主导"体系变成"融入"其他体系，但研究这些体系仍旧是有必要的。

关于西方的国际体系，尚会鹏研究它的演化过程，分析它如何从一个地区性的国际体系走向世界性的国际体系。西方国际体系运作原理与西方人人际关系特点具有一定的联系，利益、竞争、缺乏安全感等个人社会的特点反映在西方处理的国际关系之中。②

传统中国的国际体系被称为"天下体系"，这个体系在历史上对东亚地区有长期的影响，有学者从贸易的角度进行研究，把它称为朝贡体系。尚会鹏从中国人人际关系三个圈子——亲人圈、熟人圈、生人圈的运作原理解释天下体系的运作。③ 笔者和中央党史和文献研究院钱栖榕进一步探讨"天下体系"中核心行为体与非核心行为体确认角色的过程，指

---

① 尚会鹏：《从"国际政治"到"国际关系"：审视世界强联结时代的国际关系本体论》，《世界经济与政治》2020年第2期。

② 尚会鹏：《和平与现代国际体系的演化》，《国际政治研究》2019年第2期。

③ 尚会鹏：《"个人"、"个国"与现代国际秩序：心理文化的视角》，《世界经济与政治》2007年第5期；尚会鹏：《"伦人"与"天下"：解读以朝贡体系为核心的古代东亚国际秩序》，《国际政治研究》2009年第2期。

出它们在确认角色的过程中与"伦人社会"自我认知和社会交换模式的联系。①

传统印度的国际体系被称为"大法体系"。这是印度历史上的孔雀王朝阿育王建立的一个独具特色，并且对南亚次大陆一直有强烈影响的国际体系。尚会鹏认为，它具有"强文明体弱组织体"的特点，其运作原理是基于"法"（Dharma），它的产生与印度教徒的阶序人"基本人际状态"之间有内在联系。②

传统日本的国际体系被称为"家元体系"。日本创建的国际体系存在的时间短，发挥的作用小，很少被人注意到，但是它在近代挑战中国在东亚国际体系的主导地位，在国际上造成严重的影响。"家元体系"的具体表现就是日本要建立的"大东亚共荣圈"，笔者一直在研究日本的体系结构特点，并尝试揭示日本在中美两大文明的夹缝间建立这个国际体系的内在动力。③

（二）国家研究

1. 国家的本体论研究

心理文化学认为，研究国际关系必须要研究国家，每个国家都有它的行为特点。在地区与国别研究领域，学者一般不会把中、美、印、日这几个国家当成同质的对象来研究，但体系理论家认为它们具有同样的属性，都是"民族国家"，在无政府状态下具有同样的反应。尚会鹏指出，国家行为体具有"组织体"与"文明体"两种属性。"组织体"是与国家形式、政治制度、社会结构相关的内容，而"文明体"是与生存状态、情感模式、价值观、行为方式等相关的内容。④ 体系理论家研究的内容主要与组织体相关，而文明体相关内容很少受到关注。文明学派研究文明冲突、软实力、全球化等问题，与文明体相关，但它们没有把"文明体"作为一

---

① 钱栖榕、游国龙：《天下体制下的"角色"与"角色"确认问题——再探"角色原理"的运作》，《国际政治研究》2016 年第 4 期。
② 尚会鹏：《论古代南亚国际体系："大法体系"的特点及原理》，《国际政治研究》2015 年第 5 期。
③ 游国龙：《序列意识与大东亚共荣圈：对二战时期日本国家行为的心理文化学解读》，《日本学刊》2013 年第 2 期。
④ 尚会鹏：《人、文明体与国家间关系》，《国际政治研究》2013 年第 4 期。

个国家的属性来分析。① 而心理文化学研究国家行为体，包括与组织体相关的国家形式，也研究与文明体相关的国家吸引力。因为它认为每个国家行为体的组织体与文明体属性都不相同，所以还尝试揭示国家的独特行为。

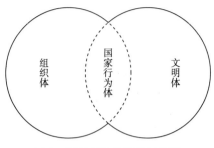

图1　国际行为体的单元属性

2. 国家形式研究

西方政治学对于国家形式的研究主要是基于西方经验，与欧洲民族国家形成的经验有关系，比如把国家分为君主制、贵族制、共和制等不同类型，但心理文化学观察到传统中国、印度、日本建立起来的国家形式各有特点，与民族国家大不相同，虽然这些国家也改变了传统的国家形式，但它们没有变成西方国家，所以心理文化学尝试揭示它们所建立国家的特点，挖掘不同的国家类型。

在美国方面，尚会鹏把"民族国家"这种类型的国家形式称为"个国"，认为它是西方"个人"社会的产物。它强调国家边界清晰化、民族自我意识、国家的利益特点等方面与"个人"基本人际状态之间的联系，两者之间有一种同构映射关系。

在中国方面，尚会鹏把传统中国的国家形式称为"服国"，指出它与"个国"在政权产生形式、统治者与民众的关系、国家的治理方式等方面的差异，并尝试说明它与"伦人"这种基本人际状态的联系，以及在当今世界可能发生的影响。

印度宣称它是当今世界最大的民主国家，尚会鹏从国家形式的特点、

① 亨廷顿强调文明的重要性，但他走得太远，把"文明"作为一个行为体来讨论，在他那里构成国际关系的基本单元似乎不是国家而是文明，国家间的关系变成了文明关系。

社会制度、宗教价值观等几个层面分析印度人接受现代西方国家形式和政治制度的理由。①

日本的天皇制"万世一系"在全世界是一大特色。中国社会科学院研究员张建立分析了日本天皇制的特点，以及它在古代、近代、战后等不同时期的表现形式，并从维持日本人心理社会均衡的角度说明它能够在日本世袭千余年的原因。②

3. 国家的吸引力研究

约瑟夫·奈在20世纪末提出软实力的概念，建议美国利用软实力维持世界的霸权。心理文化学认为美国的民主制度、好莱坞电影等软实力，中国、印度和日本都不具备，因此要研究它们的软实力，挖掘不同国家的属性差异。笔者对软实力的研究方法进行过讨论，主要分析美、英等国的科研机构从量化统计以及大规模问卷调查两种途径评估国家软实力的问题，研究发现许多学者把软实力当成硬实力来研究，对中国的软实力估计过低。③

美国软实力的特点是约瑟夫·奈研究的重点，尚会鹏尝试说明美国软实力与极致个人基本人际状态的联系，以及它产生吸引力的原因。

笔者和尚会鹏、关世杰三人对中国软实力的特点进行了研究。主要是通过对印度民众进行大规模的问卷调查，从多个层面了解中国软实力对印度民众的吸引力。

笔者对印度软实力的特点进行了讨论，主要研究它对中国人的吸引力，并与中国的软实力进行比较。④

张建立通过日本政府出台的相关法令及政策建言报告，结合具体案例、权威媒体的民调数据，分析日本软实力资源建设的特点与成效。而山

① 尚会鹏：《"个人"、"个国"与现代国际秩序：心理文化的视角》；尚会鹏：《"伦人"与"服国"：从"基本人际状态"的视角解读中国的国家形式》，《国际政治研究》2008年第4期；尚会鹏：《文化传统与西方式政治制度在印度的确立》，《南亚研究季刊》1994年第2期。
② 张建立：《日本天皇世袭制延续至今的原因研究述评》，《日本学刊》2014年第2期。
③ 游国龙：《软实力的评估路径与中国软实力的吸引力》，《现代国际关系》2017年第9期。
④ 游国龙、尚会鹏、关世杰：《中国文化的印度影响力调查研究》，社会科学文献出版社，2019；游国龙、车子龙：《中国软实力对印度民众的吸引力研究：对行为体侧面分析法的检视》，《南亚研究季刊》2014年第4期。

西师范大学李姝蓓并未研究日本软实力，而是对明治时期的"文明开化"政策进行分析，认为它强调神国、皇国优位的绝对性，重视国家间的序列性，建构军事资本主义国家的迷幻性等三个方面属于文明体建设的特点。①

4. 国家行为的研究

对国家行为的研究是心理文化学的特点，其他学派对于国家行为的研究，大多基于理性人假设进行分析，但心理文化学研究中国、美国、印度、日本的国家行为的差异。

关于美国的国家行为，尚会鹏发现，美国人竞争性的人际关系和交易式人际关系是其个人社会的文化特点，它表现在对外关系中形成的虚幻主义倾向和外交上的利益、强力崇拜的倾向。

关于中国独特的国家行为，心理文化学挖掘了"和谐"和"面子"两个特点。尚会鹏认为"和谐世界"理念的提出与中国人"人伦中心"的心理文化取向和追求"人与人之间的彻底和谐"有关，它使中国缺乏对外征服的动力。② 黄光国发现中国的国家行为也受到面子的影响。③ 他和美国科尔盖特大学的陈蓉提出"国家脸面"（national face）这个概念，尝试建构一个国家脸面的理论。他们探索东西方国家脸面的表现形式，挖掘国家脸面和个人面子的心理机制差异，指出中国在处理国际事件中国家脸面起到的重要作用。④

关于日本的独特国家行为，心理文化学揭示得比较多，早期本尼迪克特、许烺光等学者对此有比较多的研究积累。现在发现了日本人等级秩序中的序列意识、"罪己"（けじめ）和"被禊"（みそぎ）、"配虑"、"合意"和"根回し"、"娇宠"（あまえ）和"神"（おかみ）等心理在国家行为上的影响。本尼迪克特是最早观察到日本人对等级序列中位置的敏

---

① 李姝蓓：《"文明开化"政策与明治日本国家"文明体"建构特点》，《日本问题研究》2019 年第 4 期；张建立：《试析日本文化软实力资源建设的特点与成效》，《日本学刊》2016 年第 2 期。

② 尚会鹏、游国龙：《心理文化学：许烺光学说的研究与应用》，第 421～440 页；尚会鹏：《"和谐"与"伦人"的心理社会均衡模式：心理文化学角度的探讨》，《国际政治研究》2012 年第 2 期。

③ 黄光国：《儒家文化与国际政治中的"脸面"动力》，《国际政治研究》2013 年第 4 期。

④ Rong Chen, Kwang - Kuo Hwang, "Nation, Face, and Identity: An Initial Investigation of National Face in East Asia," *Frontiers in Psychology*, Vol. 7, 2016, pp. 1 - 11.

感的，笔者后来用家元的缔结方式——缘约原理解释它的形成，进而分析日本在明治维新后发动对外战争、建立大东亚共荣圈的心理文化根源。[①] 张建立则用它来解释战后日本追求大国地位的原因。他还发现日本人的"罪己"和"被禊"心理与日本美化侵略历史、尝试摆脱战后体制、谋求自卫队军力国际化等"右倾化"现象有关。从"配虑"心理解释日本为什么会出台"河野谈话"处理与韩国之间的慰安妇问题等。此外，他还从组织体和文明体两个不同的侧面，分析战后日本独特的国家认同形成过程。[②] 尚会鹏则挖掘日本人人际交往中的"合意"和"根回し"（事先沟通）如何在外交中表现出"暧昧"的特征，以及"娇宠"和"神"（对上级的信赖）心理对制定外交政策的影响。[③]

（三）国家间关系研究

1. 国家间关系的本体论研究

心理文化学认为，国家行为体的属性不同，面对不同属性的国家会有不同的反应，国家间关系可分为以下四种类型：（1）相同（或相似）文明体下，不同组织体之间的关系。（2）相同（或相似）组织体下，不同文明体之间的关系。（3）不同文明体下，不同组织体之间的关系。（4）相同（或相似）组织体下，相同（或相似）文明体之间的关系，如图2所示。[④] 这是心理文化学研究国家间关系的基本看法。亚历山大·温特的建构主义也谈到了类似的观点。他认为，国家施动者面对不同的情况会采取不同的行动，但因为"共有知识"只根据敌人、对手、朋友的角色差异产生身份、利益上的变化，所以变化局限在这三种情况。[⑤] 可是，心理文化学认为，在这些不同类型的国家间关系中，国家行为体的反应都不会相同，行为体会根据不同的关系而采取不同的行动。举例来说，美国对待英国、印

① 游国龙：《序列意识与大东亚共荣圈：对二战时期日本国家行为的心理文化学解读》。
② 张建立：《20世纪70年代以来日本大国意识的表现、成因及国际反应》，《东北亚学刊》2015年第4期；张建立：《从国民性视角看日本的右倾化现象》，《日本学刊》2014年第5期；张建立：《文化潜规则对日本外交决策的影响》，《日本问题研究》2019年第4期；张建立：《构建东亚共同体的关键在于成功形塑东亚身份认同》，《日本经济评论》2014年第3期。
③ 尚会鹏、刘曙琴：《文化与日本外交》，《日本学刊》2003年第3期。
④ 尚会鹏：《人、文明体与国家间关系》，《国际政治研究》2013年第4期。
⑤ 〔美〕亚历山大·温特：《国际政治的社会理论》，秦亚青译，上海人民出版社，2000。

度和中国的方式不同的原因就是组织体和文明体属性存在差异。印度在被英国殖民后采用西方的政治制度，号称是世界上最大的民主国家，但印度与英国在处理外部世界的冲击与挑战时有很大不同。此外，心理文化学不只研究"政治"活动，也研究"文化"活动。

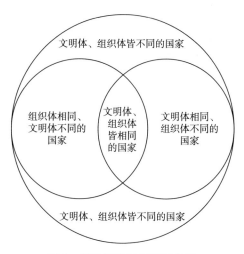

图 2　四种类型的国家间关系

2. 四种国家间关系的研究

张建立研究过相同（或相似）组织体下，不同文明体间的关系。他尝试解释日美关系如何从第二次世界大战之间的敌对国家关系，转变为战后的美主日从关系，以及日本亲近美国、远离中国的原因。①

笔者研究过不同文明体、不同组织体间的关系，分析中国与印度两个国家软实力对彼此的影响。②

王冠玺研究过不同组织体、相同文明体之间的关系，他选择中国大陆与台湾地区为案例，分析制度差异对于两岸关系的影响。③

（四）国民对国家的认同研究

认同（identities）是心理学的概念，但现在国际关系领域被讨论越来

---

① 张建立：《战后日美关系的心理文化学解读》，《国际政治研究》2013 年第 4 期；张建立：《日本人亲美疏华的原因浅析：从心理文化学的视角》，《日本学刊》2011 年第 4 期。

② 游国龙、车子龙：《中国软实力对印度民众的吸引力研究：对行为体侧面分析法的检视》。

③ 王冠玺：《组织体与文明体维度下两岸关系的展望》，《云南师范大学学报》2016 年第 5 期；王冠玺：《从文化与心理视角浅析两岸统一》，《紫荆论坛》第 41 期。

越多，尤其是亨廷顿《我们是谁?》的出版引起学界对这个问题的关注。认同是人的心理问题，国家由人组成，但国际关系理论中很少探讨人的问题，但在世界强联结时代，因为留学、旅游、移民等因素，人们很容易接触到其他国家的软实力，可能影响他的民族认同、政治认同、文化认同、国家认同。笔者提出了心理社会均衡理论的身份认同模型，认为国家行为体既然具有"组织体"与"文明体"两个属性，那人们对国家的认同也应该分为两个侧面。图3模型中的公民身份认同与国家行为体的组织体属性相对应，民族身份认同与文明体属性相对应，可以与图1的模型相对照。

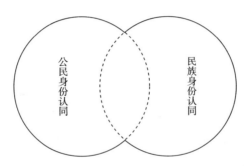

图 3　心理社会均衡理论的身份认同（PSH – ID）模型

2010年笔者研究过中国大陆与台湾民众对中国的认同差异。① 2020年将研究对象拓展到马来西亚华人，分析他们对中国与马来西亚的认同差异。中国社会科学院社会学所研究员杨宜音研究过马来西亚华人的身份认同问题，她提出了海外华人文化认同量表分析马来西亚华人文化认同的形成。② 这是属于群体认同方面的研究。心理文化学在个人的认同方面也做了一些研究。黄光国研究清朝的溥仪，分析他在国家灭亡中的自我认同危机与自我塑造的过程。李登辉在日本殖民统治台湾的过程中长大，后来又成为台湾地区领导人，黄光国分析了李登辉的自我认同的

①　游国龙：《两岸中国人情感模式的同一与变异——一项"文化基因"的检测》，《国际政治研究》2013年第4期。

②　杨宜音：《文化认同的独立性和动力性：以马来西亚华人文化认同的演进与创新为例》，载张存武、汤熙勇主编《海外华族研究论集》（第三卷文化、教育与认同），台北：华侨协会总会，2002，第407~420页。

转变过程。① 海外华人的身份认同也是心理文化学关心的问题。笔者研究过篮球明星林书豪的认同问题，他的父亲是台湾人，但他在美国长大，对中国文化有很深的认同。②

（五）心理文化学在国别研究方面的进展

1. 日本研究

许烺光倡议以"基本人际状态"（Human constant）的概念取代"人格"进行研究，他在《家元：日本的真髓》中分析中、美、印、日四个国家的人维持心理社会均衡的方式。尚会鹏进一步把日本人的基本人际状态命名为"缘人"，把中国人称为"伦人"，然后从缔结集团、社会交换、自我认知、情感控制等维度对中国人与日本人的"文化基因"进行剖析，尝试进一步解构两国人的行为原理。他已经出版了几本专著，成果也被翻译为日文。③ 张建立则是从较少被学者注意到的茶道、象棋等生活中的事物入手，分析日本在游戏规则中体现出的行为原理。中国社会科学院研究生院刘冰则尝试利用情感需要来解释日本当代女性的婚姻观。④

2. 印度研究

印度是一个古老又难理解的文明，许烺光研究种姓这个印度最重要的社会组织。尚会鹏更进一步从种姓来剖析印度教社会，他还把印度人的基本人际状态命名为"阶序人"，与中国人的基本人际状态进行比较研究。⑤印度教徒和穆斯林的冲突非常激烈，经常引起暴乱，华侨大学国际关系学院

---

① 黄光国：《中西文明的夹缝》，时报文化出版社，2019；黄光国：《总统？总督？台湾精神与文化中国》，生智文化事业有限公司，2016；黄光国：《台湾意识的黄昏》，海峡学术出版社，2008，第157~163页。

② 游国龙：《试析移民成功的文化因素：林书豪现象的个案分析》，《华侨华人历史研究》2013年第3期。

③ 尚会鹏：《中日"文化基因"解码（上卷）：日本人的基本人际状态与中日互视》，社会科学文献出版社，2017；尚会鹏：《中日"文化基因"解码（下卷）：日本人的基本人际状态与中日互视》，社会科学文献出版社，2017。

④ 张建立：《艺道与日本国民性：以茶道和将棋为例》，中国社会科学出版社，2013；张建立：《从游戏规则看日中两国国民性差异：以日本将棋与中国象棋为例》，《日本学刊》2009年第1期；刘冰：《当代日本女性的婚姻观浅析：以近年来的三部热播日本影视剧为例》，《日本问题研究》2019年第4期。

⑤ 尚会鹏：《种姓与印度教社会》，北京大学出版社，2001；尚会鹏：《中国人与印度人：文化传统的比较研究》，社会科学文献出版社，2015。

副教授蔡晶发现这个问题与种姓有关。她以印度的穆斯林种姓为对象进行研究，分析印度上层穆斯林和下层由印度教徒改宗的穆斯林与印度教种姓的关系等。① 印度贾瓦哈拉尔·尼赫鲁大学毕业的张洋也利用"阶序人"的概念，对中印的价值观进行比较，尝试解释对经济关系方面的影响。②

3. 中国研究

许烺光在云南工作的时候，对喜洲进行过田野调查并出版了很多研究成果。尚会鹏在中原地区的西村进行了约30年之久的追踪调查，对中国人认干亲、拜把子、随礼、相亲、闹洞房、婚俗等问题展开研究。③ 目前他把中国人的基本人际状态命名为"伦人"并与美国人的"极致个人"进行比较研究。杨宜音对中国人的"关系"进行了深入的研究，分析群己关系研究范式"关系化"与"类别化"的双重形成过程。④ 王冠玺从法律与政治文化入手，研究中西之间"人"的差异孕育出不同的规则文化，试图厘清在中国文化背景下使用西方的法律审判出现的问题。⑤ 俄罗斯学者李太龙通过"伦人"与"极致个人"基本人际状态的比较，分析人工智能对人际关系产生的影响。⑥ 北京外国语大学日本学研究中心副教授潘蕾和黄旭峰则把韩国人的基本人际状态命名为"极致伦人"，与伦人、缘人的基本人际状态进行比较。⑦ 闽南师范大学陈睿腾比较中美教育

---

① 蔡晶：《印度穆斯林种姓摭议》，《世界宗教研究》2012年第3期；蔡晶：《论穆斯林在印度印穆关系中的角色与行为》，《世界宗教研究》2018年第4期；蔡晶：《论印度印穆教派冲突中的宗教因素》，《北方工业大学学报》2017年第3期。

② Zhang Yang, *Cultural Dimensions of China – India Economic Relations*：2000 – 2016, Ph. D. dissertation, New Delhi：Jawaharlal Nehru University, 2020；张洋：《儒家文明和印度教文明核心价值观（义和Dharma）对比及其对经济关系影响分析：合作与冲突》，载马士远主编《东亚儒学研究》，线装书局，2019。

③ 尚会鹏：《中国人的婚姻婚俗与性爱》，社会科学文献出版社，2018；尚会鹏：《华人的文化自信与文化认同》，中信出版社，2019。

④ 杨宜音：《关系化还是类别化：中国人"我们"概念形成的社会心理机制探讨》，《中国社会科学》2008年第4期。

⑤ 王冠玺：《华人与西方人的"人"之内涵差异探索：从法律与政治文化分析入手》，北京大学博士学位论文，2019。

⑥ 李太龙：《心理文化学视角下人工智能与人的关系论》，《北方工业大学学报》2018年第1期。

⑦ 潘蕾、黄旭峰：《极致伦人：韩国人的"基本人际状态"探析：兼与中日"基本人际状态"比较》，《东疆学刊》2018年第7期。

文化的特点，对中国的教育改革提出建议。①

这是目前心理文化学在中国的研究概况。值得一提的是，国内学者对心理文化学的应用有过一些评价。中国人民大学教授尹继武认为，国内对于天下体系的研究缺乏具体的社会心理内容支撑，心理文化学的论证为这种文化本质差异论路径提供了更为微观的基础。而且，在当前中国国际关系理论创新的讨论中，尚未有关于文化差异与理论生产之间的详细分析，而考察理论创新的文化差异问题是有益的。②

三　心理文化学研究国际关系的不足和问题

（一）心理文化学研究国际关系的不足

1. 国际体系研究的不足

目前心理文化学已经归纳出几种国际体系，但是与现代西方的国际体系研究相较，中国的天下体系、日本的家元体系、印度的大法体系研究都还比较薄弱，在结构特点和运作原理方面还有许多地方可以挖掘。而且，还没有进行不同体系之间的结构特点比较。

2. 国家行为体研究的不足

在国家形式的研究方面，对美国和中国的研究比较成熟，对日本和印度传统国家形式的研究还不够。目前只提出"个国"和"服国"来指称美国与中国的国家形式，印度和日本的特点还没有提出来。

在国家吸引力的研究方面，已经厘清了正确评估国家软实力的途径，探讨了中国对印度的吸引力，但是中国对于其他国家的吸引力研究还不多。有学者研究了日本文明体的建设，但对美国、中国和印度的文明体建设的研究还没有看到。

对国家行为的研究不平均。学者对日本独具特色的国家行为揭示最多，中国和美国次之，但印度方面的研究很少。

---

① 陈睿腾：《基于心理文化学的蔡元培修身思想初探》，《教育观察》2017 年第 24 期；陈睿腾：《以亚里士多德"科学观"再探李约瑟难题：基于清代教育制度的分析》，《教育学术月刊》2016 年第 1 期。

② 尹继武：《国际关系理论创新的心理文化学路径——评〈心理文化学：许烺光学说的研究与应用〉》，《世界经济与政治》2012 年第 2 期。

3. 国家间关系研究的不足

心理文化学指出国家间的关系有四种类型，但截至目前对几个国家间关系的研究都只有一两个案例。另外，相同组织体相同文明体的研究还没有进行。虽然利用西方国际关系理论的研究都是假定组织体与文明体相同，但也有必要在心理文化学的框架下进行研究，并且进行不同类型的组织体和文明体之间的比较。

4. 国家认同研究的不足

心理文化学对国家的身份认同研究还在起步阶段。目前只涉及华人研究，没有美国人、印度人和日本人的认同研究，应该进一步增强在这些国家验证身份认同模型的解释力。

（二）心理文化学研究国际关系的问题

1. 文化变化问题

心理文化学研究的是一个民族代代相承的文化密码，这是一个民族不同于另一个民族的关键因素，我们称之为文化基因。从行为来看，它是一个社会所有人的行为形成的共相，以罗伊·巴斯卡（Roy Bhaskar）的科学哲学来理解，它是"不变的实在对象"（unchanging real objects），是人类描述之外独立存在的世界。[1] 这样的"科学微世界"是科学家建构出来的，[2] 主要目的是进行科学研究，它来源于生活世界，但与生活世界并不完全相同。可是，文化变迁论者批评心理文化学描述的是一个过时的文化。事实上，文化变化也是心理文化学关注的焦点，因为唯有了解文化易变之处，才有可能发现文化不变之处。但是在理论建构中，必须省略变化的部分，冻结文化变化的变量。这就导致被认为研究过时的文化。

2. 实证性研究问题

心理文化学在国际问题研究上，已经提出了一些概念工具、理论框架，并且总结出一些国家行为的特点、规律。目前而言，这一部分的研究

---

[1] 黄光国：《社会科学的理路（第四版思源版）》，心理出版社股份有限公司，2018，第403页。

[2] 科学微世界指的在一个科学领域中工作的学者，以其语言、规则、理论所创造的世界。微世界是负载理论的。每一个科学的建构都可以视为一个相应的微世界。黄光国：《社会科学的理路（第四版思源版）》，第385页。

成果有必要进行实证性研究，验证理论的解释力。心理文化学认为，文化具有差异性，那么心理文化学总结出的这些国家行为的特点、概念工具是否能够使用在其他文明国家，这需要验证。有一些学者认为，文化差异性是程度上的差别，不是根本上的差异，可以用实际的例子进行验证，这样才有足够的案例支持理论。比如，爱面子等国家行为是不是在不同国家中有不同的表现。经过实证研究后，也有助于修正、进一步完善理论。

3. 与国际关系理论家的对话问题

心理文化学应用在国际关系研究中需要进一步与现有的主流理论对接。现在它提出的概念都不是主流的国际关系学界使用的。如果要让更多国际关系理论家认识和接受心理文化学路径，需要与他们进行更多的交流与对话，比如在国家行为研究、对外政策分析、战略行为研究等方面进行讨论。随着中国进一步融入国际秩序，也需要与国际对话，促使理论的成熟与深入。

四　对心理文化学与国际关系研究的基本评估与未来发展方向

（一）心理文化学在国际关系研究的地位

从心理文化学的产生源流来看，它是欧美人研究"非现代世界"，也就是欧洲以外的世界产生的学问，而国际关系学是欧美人研究"现代文明世界"也就是欧洲国家间关系产生的学问。它们的研究对象有很大不同，西方学者认为它们的最大差异在于文明发展程度，所以后来它们产生了截然不同的研究范式。然而，现今心理文化学是以研究"非现代世界"产生的范式来研究国际关系学关心的议题，比如国际体系、国家形式、国家吸引力、国家行为、国家间关系、国家认同等，它提出了不同于西方国际关系学的本体论，对于国际体系、国家行为体、国家间关系都有基本主张。然而，这样的研究范式对于国际关系理论家来说，并不是很容易接受的。因为西方国际关系理论在心理文化学的框架中只是四个文明中的一种，它被相对化了，而国际关系理论家往往认为他们的学说具有普适性。另外，这是中国学者提出的学说，缺乏西方大师的光环，不容易得到重视。心理文化学爱好者也曾尝试与主流的学者进行对话，但没有得到回应。从这几点来看，可以判断目前心理文化学在国际关系方面的研究中处于边缘的位置，并没有得到足够的认可，它要获得学界的重视还有很长的路要走。

（二）心理文化学未来的发展方向

1. 打造一个较为完整的心理文化学研究国际关系的体系

心理文化学应用到国际关系研究的时间很短，它的产生主要是源于对西方中心主义的不满，它并没有发展规划，学说体系是在解决一个个问题的过程中逐渐发展成形的。它对每个国家的研究程度都不一样。目前对日本的研究是最多的，对中国的研究次之，印度的研究再次之。它已经发现中国、印度、日本传统上各自发展出的国家形式、国家吸引力、国家行为也有差异。未来可以在体系、国家、国家间关系这个框架下进一步开展研究，比如在国家形式方面，开展国家的构成要素、政权的产生方式、中央与地方的关系的讨论；在国家行为方面，研究印度、美国独特的国家行为；在国家间关系方面，开展中印、美印、日印、日美、日印的国家间关系等研究，打造一个更为完整的体系。

2. 挖掘更多的研究对象

目前心理文化学的研究对象是中、美、印、日四个国家。如果能够把目前的学说体系夯实了，日后可以开展其他文明的研究，比如俄罗斯，或者以伊斯兰文明为代表的国家。目前俄罗斯学者斯维特拉娜·路列也利用心理文化学的视角开展了许多研究，国内学者可以拓展研究对象至俄罗斯，进行中、美、印、日、俄的国际体系比较，研究传统国家形式的差别、国家的吸引力，乃至于进行中俄关系、俄美关系、俄日关系的比较研究等。

3. 把"人"的研究与国际关系结合起来

在国际关系主流理论中，"人"的研究不受重视，但国家是由人组成的，处理国家间关系必须考虑人的问题。目前心理文化学通过"国家认同"问题，把"人"与"国家行为体"的研究联系起来。在世界强联结时代，人的移动、跨国交往比过去要多，人的角色在国际关系研究中越来越重要，除了身份认同问题外，侨民保护、侨民的国籍问题、公共外交、文化冲突等都是可以进一步拓展的研究方向。此外，也可以考虑拓展政治人物方面的研究。目前张建立研究安倍晋三，黄光国研究陈水扁，王冠玺研究马英九。[①] 对美国、印度的政治人物也可以进行研究。尹继武、张清敏、萧延中、季乃礼等政治心理学学者在这方面做了很多出色的研究。心理文化学学者可以尝试与他们开展对话，融入主流。

4. 扩大学术共同体

心理文化学的学术共同体比较小，需要更多同行进入这个研究领域。目前我们已经出版了理论性的著作，如《心理文化学要义》《心理文化学：许烺光学说的研究与应用》《许烺光的大规模文明比较理论研究》，还录制了"心理文化学要义""华人的心理、行为与文化"等慕课课程。2021 年我们将出版《人、国家与国家间关系：国际关系理论的心理文化学视角》《日本人与日本国：心理文化学范式下的考察》，希望尽可能将研究成果介绍给学界，吸引更多同行进入这个研究领域一起探索。

[①]　张建立：《从国民性视角看日本的右倾化现象》；黄光国：《台湾自我殖民的困境》，时报文化出版社，2019；黄光国：《中西文明的夹缝》；黄光国：《民粹亡台论》，商周出版社，2003；黄光国：《台湾意识的黄昏》，海峡学术出版社，2008；王冠玺：《文化心理学解读马英九民调》，《中国时报》2013 年 6 月 20 日。

上　编

"日本人论"的学术脉络

第一章　日本人论概论*

　　明治维新以后，日本国内外介绍、论述日本人和日本社会、文化特性的论著开始集中出现。据日本野村研究所统计，从 1946 年到 1978 年仅专著就有 698 部之多；① 日本学者青木保估计，从 20 世纪 70 年代末到 90 年代末，此类专著（论文）就已达 2000 部（篇）以上，如从明治时期起算数量则更为可观。② 一些著名的理论观点甚至成为日本语中的流行语，为人们耳熟能详，如"纵式社会""耻感文化""甘构造""间人主义"等。

　　日本学术界大多将此类研究统称为"日本人论"。日本著名的社会心理学家南博认为，日本人论就是对日本国民性的研究，日本的国民性是指以日本语为共同语言，以日本国为归属的多数国民所凸显出来的共同意识和行为特征倾向，这种国民性是超越阶级、阶层、性别、年龄、地域差异而存在的。③ 青木保认为，日本人论即日本文化论，是指为了回答"日本人是什么""日本社会是什么""日本文化的性格是什么""如何定位日本"等一系列问题而产生的关于日本的整体性论考。④ 日本东京大学教授船曳建夫则认为，日本人论是研究作为文化存在的日本人的特性、日本国民是什么样的群体及未来走向的学问。⑤ 日裔美国文化人类学学者，美国斯坦福大学教授别府春海认为，日本人论是指日本文化或日本人国民性特

---

　　* 本章作者为杨劲松，北京大学法学博士，现为住房城乡建设部计财外事司二级巡视员，主要研究方向为日本社会与文化。

　　① 野村总合研究所·情报开发部编集『戦後日本人論年表』，1979。

　　② 青木保：『日本文化論の変容』，中央公论新社，1994，第 25 页。

　　③ 南博：『日本人論：明治から現在まで』，岩波书店，1994，第 4 页。

　　④ 青木保：『日本文化論の変容』，中央公论新社，1994，第 25 页。

　　⑤ 船曳建夫：『「日本人論」再考』，日本放送出版协会，2003，第 16 页。

质的理论，即作为日本人对自身和日本文化的认同（identity），而作为日本人具有怎样的与欧美人相对照的性格，日本文化与欧美比较有哪些不同点，则构成 identity 的中心。①

上述界定虽各有差别，但内涵大致相近。概括起来讲，日本人论主要是以作为日本文化主体的日本人的生活方式、民族性格和行为方式与他文化背景的人（主要指欧美人）相比之下所凸显出的不同特性为研究对象，重点回答如何定位日本文化和日本人性格的整体性论考，其产生、发展和繁荣有着独特的社会历史环境，是一种日本特有的文化现象。

本文拟对日本人论产生的原因、社会环境、历史阶段及内容的演变等进行探讨，时间跨度从明治维新到 20 世纪 70 年代末日本成为经济大国为止。

一 日本人论产生的外在和内在因素

首先，日本人论是在近代以来日本的对外扩张、经济成功和国际地位提升的情况下出现的。在明治维新成功以前，日本国内和国际上并没有出现有影响的"日本人论""日本文化论"著作。日本作为世界上第一个非西方国家实现了近代化，成为一件"新生事物"，国际社会出现了解日本民族的文化，解读其独特的行为方式和价值观念的需求。二战中日本军国主义横行，表现出惊人的能量，给世界和平和人类文明进程带来了深重的灾难，战后又在废墟上神奇般地迅速崛起，无论是发达国家还是发展中国家的人们，在日常生活层面、政治层面上都无法回避日本的存在和影响，因而研究日本模式成功的奥秘、深层文化背景及作为日本文化主体的日本人，成为学术界甚至普通民众关注的热点。

其次，与日本特殊的地理和历史环境、民族心理有密切关系。日本是一个相对封闭的岛国，海洋成为难以超越的屏障，在数千年的历史上，从未被异民族征服过，也未有过大陆民族那样频繁发生民族融合的经历。在江户时代以前，虽然引进过隋唐的文化并与少数国家保持交往，但其直接

---

① ハルミ・ベフ：『イデオロギーとしての日本文化論』，思想科学社，1987，第 7 页。

影响主要局限于上层社会，对于一般民众来讲，其他国家是遥远的存在，对他们的生活从未产生过直接影响，日本是一个"与世隔绝"的单一民族的国家。日本列岛上分为数百个"藩"，对普通民众来说，所属的藩就是国家。日本历史学家司马辽太郎甚至认为，为数众多的藩国分布在日本列岛，自身感觉就像国际社会一般。① 在明治精英们拆除各藩之间的壁垒之前，把日本视为一个整体、所有日本人视为一个民族的意识并未受到强调和重视。"摆脱了长时间的锁国状态，与西方诸国的先进文明接触后，自身系迥异于西洋人的日本人的自我意识开始觉醒"。② 日本人论就是日本人意识到本国、本国人与外国、外国人的差异而自我意识觉醒的产物，是民族意识、国民意识的产物。③ 对于开国后给国民带来的心理震荡和文化冲击，船曳建夫做了形象的比喻，如同"本来是自己的家族成员一起共同生活，现在却突然混进了外人，每个人都对自己的行为在意起来"④。也有的学者认为日本的独特地理环境和历史使日本人成为一个好奇心旺盛的民族，社会学学者鹤见和子甚至就此写了一本专著，名为《好奇心与日本人》。⑤ 在与国际社会的交融、碰撞中，不断审视和解剖自己，这个过程似乎类似精神分析学中所讲的镜像阶段，婴儿最初是通过照镜子发现自我，强烈的好奇心使自我意识从混沌中萌发，世界自此分为"我"和"他"两个部分，而"自我"的确立是与"他者"的存在分不开的。开国以前，日本基本上是处在"同质"的环境，对于日本来说作为异质的存在"他者"，即便不能说是不存在的，也可以说是相当遥远的，但开国以后，"他者"（异文化）的存在一下子成为一个实际问题。

日本人热衷于把自己与其他文化背景的民族进行比较，《日本人与美国人》（仅同一书名的专著就有六七部之多）、《日本人与德国人》、《日本人与英国人》、《日本人与法国人》、《日本人与犹太人》、《日本人与中

① 司马辽太郎：『この国のかたち』，文春文库，第 14 回。
② 南博：『日本人論：明治から現在まで』，岩波书店，1994，第 13 页。
③ 南博：『日本人の心理と生活』，劲草书房，1980，第 71 页。
④ 船曳建夫：『「日本人論」再考』，日本放送协会，2003，第 11 页。
⑤ 鹤见和子：『好奇心と日本人』，讲谈社，1972。

国人》、《日本人与亚洲人》等专著都曾经是畅销书，至今仍然不断有类似著作问世。南博对此自嘲说现在恐怕只剩下"日本人与日本人"没人写了。

船曳建夫说日本人论成了日本社会的一种大众消费品，日本人论热经久不衰说明日本人内心"不安"，"各种日本人论都是在'不安'的背景下而写，人们抱着'不安'的心态而读"，处于成功的顶峰时，"如穿着木屐登高，担心从高处跌落"①，处于低谷时又为能否东山再起而不安。作为西方世界唯一的亚洲成员对强势的西方文明总有异己的感觉，劣等感与优越感、孤立感交织在一起，"不安"情绪贯穿日本社会的始终，对"我们是谁，来自何处，要走向何方"的命题，日本人远比其他民族敏感得多。

日本缺乏像中国的儒教、西方的基督教和印度的佛教那样的特点鲜明的意识形态，即缺乏文化上的认同（identity），"不安"也好，"好奇心"也罢，根源是缺乏文化自信，这也是构成日本人论经久不衰的重要原因之一。

二　日本人论产生的历史阶段和规律

如前文所述，从明治时期到目前为止，日本人论著作数量庞大，种类繁多，如从整体上进行透视，必须首先明确日本人论的内容在各个重要历史阶段有何变化，反映出了哪些特点等，对此，以下几位日本学者的观点有一定的代表性。

青木保在20世纪80年代曾对战后的日本人论做了详细的划分。

第一阶段（1945～1954年）为否定特殊性认识时期。

第二阶段（1955～1963年）为历史的相对性认识时期。

第三阶段（1964～1983年）为肯定特殊性认识时期。

第四阶段（1984～　　）为从特殊性向普遍性转变时期。②

杉本良夫和美国学者Ross Mouer将有关日本人论分期与理论流派等

---

① 船曳建夫：『「日本人論」再考』，日本放送协会，2003，第15页。
② 青木保：『日本文化論の変容』，中央公论新社，1994，第29页。

问题做了总结（见表1-1），可以和青木保的说法相互补充。①

表1-1 日本人论分期与理论流派

	时 间	主流论题	对日本的评价	理论的普遍性和特殊性
1	1930~1945年	国体文化理论	作为先进国家给予高评价	特殊性理论十分必要
2	1945~1955年	民主化理论	作为后进国家给予低评价	以美国式民主主义为样板适用普遍性理论
3	1955~1970年	近代化理论	对某些方面当作后进国进行批判，同时对某些方面当作先进国给予评价	强调产业发展所带来的经济增长道路的普遍性
4	1965~	新国民性论	评价为先进国家	以特殊性理论为主基调，利用反综合论，承认普遍性理论

船曳建夫则没有以时间为轴进行划定，他用"臣民""国民""市民""职人"等概念概括了明治维新以来日本社会的变迁和日本人对自身认同的变化。

不论一种社会现象还是学术观点、社会思潮都不可能不受当时所处社会环境的制约而孤立存在。结合以上三位学者的研究和日本近现代史，我们可以得出日本人论所呈现出的一些规律性现象。

——在国家进入重大历史阶段、社会进入转型期及重大历史事件发生时往往形成高潮。从日本人论产生的数量和质量看，以下几个时期相对集中，即明治维新后日本逐步走上对外扩张道路阶段、二战失败全民进入反思阶段以及日本经济重新崛起成为经济大国阶段。

——在内容上始终在日本人和日本文化"劣等说"和"优等说"之间徘徊。在国家政治经济和情况较好的情况下，国民信心增强，"优等说"往往占据日本人论的主流，在相反的情况下则"劣等说"抬头。有的日本学者把这种现象称为"钟摆式摆动现象"。前文所示的青木保没有用"劣等说、优等说"的讲法，称之为"肯定特殊性认识时期和否定特殊性认识时期"，但含义相近。

---

① 杉本良夫、Ross Mouer：『日本人論の方程式』，ちくま学芸文庫，1995，第77、81页。

三　日本人论在各个历史阶段的演变

1. 明治初期和中后期，日本人论出现了两次高潮

日本被迫开国后，西方列强的强大军事实力和先进文明加之近邻中国沦落为半殖民地社会的惨痛教训，给日本社会带来了强烈的震撼和冲击。其后，明治政府开始实施维新图强的战略以期摆脱危机，日本统治阶层和文化界围绕国家的发展模式以及如何对待西方和自身传统文化等问题展开了激烈的论战，日本人论或称日本文化论自此全面展开并一直延续到今天。

明治早期，在西方强势文明面前，日本社会受到了强烈的"文化震惊"（culture shock），文化界丧失了自信，对传统进行否定和抨击出现了一边倒的现象，日本人和日本文化"劣等说"曾经产生了巨大影响。他们认为，日本人不如西方人智慧，缺乏创造力和个性，从精神到肉体甚至语言都需要彻底改变，进行"文明开化"。曾经留学英美的学者兼外交官森有礼在《英语国语化论》中主张废除日本语，改用英语为国语；福泽谕吉的弟子高桥义雄在《日本人种改造论》中，系统地提出了日本人种改造计划，认为日本民族属于劣等人种，除了加强体育锻炼、改善饮食结构以外，提倡与西方人通婚是改善人种的重要途径。曾经留学荷兰的著名哲学学者西周在《国民气风论》中鞭挞日本国民的劣根性，"自神武创业皇统绵延二千五百三十五载，吾国民为奴仆奉待之有甚于支那者"。① 当时知识界的代表人物福泽谕吉在《文明论之概略》中认为，日本文化劣等的根源在于偏重权力，由封建式的人身依附关系所形成的对权力的服从心理。② 这些言论，为当时社会的欧化风气推波助澜，为政府的"脱亚入欧"政策提供了理论上的支持。

明治中后期，日本在医学、物理、特种钢材研究等领域均出现了领先世界的重大发明成果，其国力有了大幅度的跃升，日本人论开始向"国粹主义"和"日本主义"转向。在芳贺矢一的《国民性十论》③ 中日本

---

① 西周：「国民気風論」，『明六雑志』第 36 期，转引自南博『日本人論：明治から現在まで』，岩波书店，1994，第 20 页。
② 福泽谕吉：『文明論之概略』，岩波书店，1931。
③ 芳贺矢一：『国民性十論』，富山房，1907。

国民劣等性被十大长处所取代，即忠君爱国、尊祖重名、现世而实际、爱草木喜自然、乐天率性、淡泊潇洒、纤丽纤巧、清净洁白、礼节规范、温和宽恕。明治二十一年（1888 年），三宅雪岭、杉浦重刚、志贺重昂等人结成政治文化团体"政教社"，创办了《日本人》杂志，宣扬、主张日本文化的主体性，为国权意识的觉醒发挥了重要影响。这个阶段产生了以下几部代表性的名著，如志贺重昂的《日本风景论》、新渡户稻造的《武士道》、内村鉴三的《代表的日本人》、冈仓天心的《茶之本》等，均一版再版，至今在日本仍然属于畅销书之列。这几本专著的出版年代都处于中日甲午战争和日俄战争前后，国际社会对日本愈加重视，国民情绪高扬的时期。四部书中有三部是用英文写成，作者设定的读者群并非当时英文教育远未普及的日本人而是西方社会，在国外引起关注后译成日文出版"以外促内"，起到了在国际上造势，争取西方强国承认日本的实力和文化上的平等地位、鼓动国内的民族情绪的作用，在某种程度上也构成了二战期间日本法西斯主义对外扩张理论的主要渊源之一。

新渡户稻造的《武士道》对日本武士道的历史、武士恪守的价值观念和行为方式、武士精神对日本民族的影响和在社会价值系统的地位做了"尽善尽美"的描绘。目的是向西方宣示武士精神和道德培养与西方的宗教教育具有同等地位，即没有宗教教育的日本并非野蛮的未开化国家。

冈仓天心的《茶之本》则站在与新渡户不同的角度，从精神文化和艺术方面向西方宣传日本的茶道文化，对西方重武力和物质至上的传统进行了讽刺，"日本人沉溺于平静和乐的技术和艺术的时代，西方把我们当作野蛮之国；日本军队制造了'满洲大屠杀'之后，才开始被称为文明之国。欧美社会在甲午战争和日俄战争后，对日本的'死之术'的武士道颇为重视而对'生之术'的茶道却鲜有问津者。"[1] 茶道是日本文化的精髓，是日常生活的艺术超越、风雅的形而上者。他用茶道的流派、宗旨诠释了"虚与相对性、自他一体"等东方的哲学观念。

内村鉴三所著的《代表的日本人》[2] 介绍了日本明治时期五位代表人

---

① 冈仓天心：『茶の本』，讲谈社，1994（1906），第 15 页。
② 内村鉴三：『代表的日本人』，岩波书店，1995。

物——西乡隆盛、上杉鹰山、二宫尊德、中江藤树、日莲上人的生平事迹。这五人分别是具有远见卓识的革命家、爱民如子的封建领主、勤劳节俭的普通农民、道德高尚的知识分子和学问精深的宗教人士。内村精选的这五位属于不同阶层的所谓杰出人物，旨在向西方展示日本文化的优越以及价值观的多元性和包容性，消除人们对日本及日本人的"偏见"，让西方资本主义世界接纳日本。

志贺重昂的《日本风景论》① 对承载日本文化的空间即日本的自然条件进行了讴歌。在他的笔下，日本是世界上的极乐净土，杜鹃声啼淀川新绿，鹿鸣奈良古寺，岚山樱花月夜朦胧，秋天的红叶华丽多姿，松林耸立于那须旷野。气候多样，降水量充沛，生物、植物种类丰富，国土处于火山带上，火山活动频繁等，志贺武断地下了结论，认为中国和朝鲜都难见此美景。作者的主要意图绝不是单纯的自然地理和景色描绘，而是"借用西方浪漫派的笔法，打破日本在此之前所呈现出的封闭、平静、平面的形象，展示与西方列强为伍的雄飞的、积极的、不断成长的姿态。故此，志贺把激烈的火山运动和作用作为日本风景的代表，日本的开国和近代化意味着步入了严酷的生存竞争，要取胜，必须不断活动和膨胀"。② 日本的自然和风土在亚洲无出其右，与西欧比肩，完全具备西方文明的滋生条件，"江山洵美是吾乡"，日本国民要热爱故土，对抗、回应欧化风潮影响的意图昭然若揭。

上述这四部书分别从道德和精神、优秀人物"列传"和自然地理环境层面展开，客观上构成了一个完整的体系。

2. 战后初期对日本文化的反省和日本人"劣等说"的回归

二战失败后，天皇被迫发布"人间宣言"，失去了"神性"，日本人数千年来顶礼膜拜的精神支柱倒塌，加上历史上首次被外国军队征服并全面占领，精神上、物质上、文化上遭到的全方位重创是历史上从未有过的，日本社会陷入了深刻的危机。美国占领军当局开始按照自己的设计改造日本，在"一亿总忏悔"的口号下，日本人论也出现了一百八十度的

① 志贺重昂：『日本风景論』，岩波文库，1995（1894）。
② 大久保乔树：『日本文化論の系谱』，中公新书，2003，第17页。

大转弯，由明治中后期和战前的国粹主义恢复到否定日本文化特性的类似于明治初期的状态，具体表现在以下两个方面。

首先，对美国著名人类学家本尼迪克特的《菊与刀——日本文化诸模式》一书的讨论和批判。本氏将日本人行为方式的特点概括为"耻感文化、等级意识和集团主义"等，分别与西方人的"罪感文化（指基督徒的行为深受原罪说的影响）、平等意识和个人主义"相对立。耻感文化的特点是缺乏恒定的是非标准、他律性而非自律性的道德观以及对名誉的极端重视与敏感。日本学术界对本氏理论进行了广泛的研究和讨论，《民族学研究》杂志1950年第5期收集了川岛武宜的《评价与批判》、南博的《社会心理学的视角》、有祝喜佐卫门的《日本社会构造中的阶层制问题》、和辻哲郎的《对科学性价值的疑问》、柳田国男的《平常人的人生观》等著名学者的文章发表了专集。主要论点是："罪感文化"也有"耻"意识，"耻感文化"也有"罪"意识，本氏忽视了社会变迁因素和社会各阶层的差别，采用的材料为明治前期等。在这个阶段大量的批判文章大多停留在对本氏结论接受与否的层面上，强调日本人优越和日本文化独特性的观点几乎荡然无存。

其次，对天皇制的批判和对日本文化的全面反思和反省是战后初期日本人论的内容之一。认为天皇制是封建残余，是政客们为了永久保持自身地位和权势的一种保障手段，依靠和延续这种封建制度无法摆脱战后的混乱和危机状态，无法普及吸收美国式的民主制度和文化，所以打破神话，让天皇走下神坛恢复普通人的身份是非常必要的，此类观点的代表作有坂口安吾的《堕落论》《天皇小考》① 等。另外，对日本民族劣根性的批判和全面否定日本文化传统的论点引起了较大反响，岸田国士在《何为日本人》② 中把日本人的个性概括为封建性、岛国性、形式主义性、非科学性、利己性、病态的幼稚的野蛮性等。茅原廉太郎在《日本人民的诞生》③ 中也表达了类似观点，认为日本人缺乏主见，随波逐流，有歧视观

---

① 坂口安吾：「堕落論」载于『新潮』杂志1946年第2期，「天皇小考」载于『文学时标』杂志1946年第6期，后收录于『日本論』，河出书房，1989。
② 岸田国士：『日本人とは何か』，养德社，1948。
③ 茅原廉太郎：『日本人民の誕生』，岩波书店，1946。

无平等观，有国家而无社会，上下尊卑关系是人际关系的全部。大文豪志贺直哉主张废除表意不方便、不完整的日本语而改用优美的法语等。[①]

3. 经济大国目标的实现与日本特性论的再兴起

20世纪60年代到70年代初，日本的主要经济指标居发达国家前列，与被当作模仿和赶超对象的欧美国家已经没有多大距离，在某些领域甚至有所超越。日本的重新崛起使国民找回了自信，同时也改变了世界格局的力量对比，引起了全世界的关注，日本的发展模式也被称为东西方文明结合的典范，日本人论的研究重新出现了高潮。主要内容围绕两个方面展开，一是研究日本文化特性并予以肯定；二是对日本现代化发展模式或称为日本成功奥秘的文化背景的研究，目的都是试图从文化传统中挖掘出有利于现代资本主义发展的诸因素。这个时期产生的日本人论著作数量很大，内容庞杂，其中最有价值的是出自社会学、文化人类学学者之手，采用西方社会学和文化人类学、心理分析学的理论和方法的作品，这在战前是不多见的。如中根千枝的《纵式社会的人际关系》、土居健郎的《"娇宠"的构造》、滨口惠俊的《日本特性的再发现》等代表作。这几部书有这样一个共同特点，即在日本取得经济大国地位的背景下，作者更倾向于以冷静、自信、科学的心态对待自身的传统文化，不再单纯把欧美社会当作样板，肯定共性，鞭挞特殊性，重点是针对西方约定俗成的近代社会的文化模式理论提出质疑，寻找"日本心性"与近代社会的关联性。

一些日本学者认为，日本传统文化中与西方近代化理论相对立的被称为前近代社会的某些东西非但没有成为障碍，却经过整合变成了积极因素，变成了巨大的资源，构成日本模式成功的关键性要素。如集团行动意识，对集团的忠诚是日本人的核心价值观，从某种意义上讲，判断"善""恶"的一个重要指标是对所属集团献身和忠诚与否，为集团带来耻辱和荣誉与否。集团内部重视"和"的精神，注重与他人的配合、协调，不鼓励张扬个性，严守等级与序列，服从权威等。这些曾经一直被西方和日本文化界称为半封建性的、非民主的而大加批判的因素具有积极的一面，

---

① 志贺直哉：「国语问题」，载于『改造』杂志1946年第4期，后收录于『志贺直哉全集』，岩波书店，1974。

比如社会集团构造，相对于欧美社会的"横向构造"，日本的"纵式社会"虽然有缺乏集团之间横向分工的不足，但在集团内部具有向上层流动的机会的均等性，重视共同生活的"场"甚于资格，可以容纳不同资格的参加者，对外界具有平等的开放性。因而"日本式的集团构造不能看作封建的、前近代的，其构成原理在某种意义上恰恰可以称为近代性的组织方法"①。"各个缺乏连带性的孤立的集团的存在，为中央集权的政治组织的贯彻提供了场所，同时孤立的集团为了向更高层次发展，必然需要更大的统合组织，……带来了日本社会组织的贫乏和政治组织的发达。"②明治维新、战后民主改革及经济复兴都是在自上而下的政治组织主导下实现的。

在土居健郎看来，日本人在集团内部相互依赖的现象源于"娇宠"（amae）心理。"amae"是日语中的特有词，源于婴幼儿对父母（尤其是母子之间）依赖、撒娇，希望得到关爱和庇护的心理和行为。婴幼儿在一岁左右以后，随着精神的发达成长，已知觉母亲与自己是不同的存在，由于这种存在对自身是不可缺少的，所以希望与母亲一体化。③ "这是人的一种本能要求，是一种依赖他人，寻求对象并试图与对象一体化的要求。"④ 土居作为精神病学家在对患者进行治疗和病理分析时发现了这个词的心理学意义进而形成了一套独特的理论。这种心理是世界上所有民族都普遍存在的，但在强调个性和个人自由、独立的欧美社会得不到提倡和满足，而绝对的独立和自由只不过是一种幻想，提倡相互依赖或者说在相互依赖型的社会中生活的日本人才是现实性的、合理的。人为地压制"娇宠"心理只不过是自我欺骗而已。本居氏的理论体系较为庞大⑤，他认为日本社会在历史层面、政治层面、经济层面、家庭层面都受"娇宠"心理构造的支配，是理解日本人行为方式的关键，在具有特殊性和合理性的同时也具有普遍性意义。

---

① 中根千枝：『タテ社会の人間関系』，讲谈社现代新书，1994（1967），第127页。
② 中根千枝：『タテ社会の人間関系』，讲谈社现代新书，1994（1967），第112页。
③ 土居健郎：『甘えの构造』，弘文堂，2003（1971），第105页。
④ 尚会鹏：《中国人与日本人》，北京大学出版社，1998，第329页。
⑤ 截至2019年底，围绕"amae"构造问题，土居氏已经出版了8部专著。

　　滨口惠俊则认为相对于西方的个人主义而言日本的人际关系模式是所谓"间人主义"，个人主义有自我中心主义、自我依赖主义以及人际关系上的功利性的属性，而"间人主义"则具有相互依存主义、相互依赖主义、人际关系上的连带性的属性。① "个人主义"隐含的相互不信任出自游牧文化传统，反映了一神教的不宽容的特性。人类必定要结成集团才能生存，为处理彼此之间的不信任关系，人们只好缔结契约并忠实遵守之，个人主义与契约主义有连带关系。奉行"间人主义"的东方人，大多不能理解契约的真正含义，在交往中以是否信任对方为先决条件，相信自己的积极的行为会得到对方的回报，如对彼此间的权利和义务，发生效力的期限和条件等过度强调，会令对方有一种不受信任的感觉。西方社会的人际关系是自由的、独立的个人之间结成的互酬关系，基于利益交换的相互作用，在本质上，奉行个人主义的社会，契约的机能就是独立的个体既能相互满足自身的需求和利益，又不全身心地卷入其中，西方社会的人际关系就是平等条件下的互酬，是一种责任与报酬的等价交换。而在中国的家族内部、日本的家臣和主君之间，都存在严重的责任与报酬不即时等价的问题，中国人是所谓"信用贷借型交换"，日本与中国相似，行为的出发点不以"互酬"为主，而是以"互惠"为目的，即：当事人不以直接得利为主要意图，不以等价交换为目的。

　　从日本人论的整体演变轨迹和战后日本经济崛起的历史背景中来观察，中根千枝、土居健郎和滨口惠俊的理论在客观上不外乎是从文化人类学的视角诠释日本模式成功的原因，即与西方"个人主义""契约社会"迥异的"间人主义""甘构造"的"纵式社会"与现代化实现的关联性、必然性，青木保将其归类为"肯定日本文化特殊性"论著似不为过。

---

① 滨口惠俊：『日本らしさの再発見』，讲谈社学术文库，1995（1977），第95页。

第二章　中根千枝的"纵式社会"
理论研究

中根千枝是日本著名的社会人类学家，1926年生于东京，小学和中学时代是在中国北京度过的。1950年毕业于东京大学东洋史学系西藏史专业，后入英国伦敦大学学习社会人类学，毕业后先后在英国伦敦大学、美国芝加哥大学、东京大学任教，担任过东京大学教授、东京大学东洋文化研究所所长等职。退休后曾任日本帝京大学教授。曾在日本、中国的西藏、印度以及东南亚等地做田野调查，著述颇丰。她提出的"纵式社会"理论，与本尼迪克特的"耻感文化"理论、土居健郎的"娇宠"理论，被称为当代影响最大的几种"日本人论"。中根氏对"纵式社会"理论的阐述主要体现在三部著作《纵式社会的人际关系——单一社会的理论》《适应的条件——日本式的连续性思考》《纵式社会的力学》中。这三部著作有内在联系，可以说是她"纵式社会"理论的"三部曲"，也可以说是中根氏的代表作。① 本章以这三部书为中心，探讨她的"纵式社会"理论。

一　理论体系与方法论

伦敦大学是社会人类学中"功能学派"的创始人马林诺夫斯基（Bronislaw Malinowski，1884～1942）和"结构功能学派"的创始人布朗（A. R. Radcliffe - Brown，1881～1955）执教之地，可以说是"功能学派"

---

① "纵式社会"的日语词是"タテ社会"，其中"タテ"是"纵"的读音。中根千枝的这三部书已被翻译成中文合并出版，书名为《适应的条件》，朱京伟、张吉伟译，河北人民出版社，1989。本章括号中的数字为该书页码。

和"结构功能学派"的大本营。这两个学派都强调，人类社会的各个要素相互关联，并满足着人的需要。这两个学派都以强调田野调查著称。但二者有区别："功能学派"强调文化是如何满足个人需求的，即认为文化基本上是在个人层次上发挥功能的；而"结构功能学派"则着重分析社会结构的各个部分（如社会的主要群体及组织）和这些部分在维持社会秩序及平衡方面的功能，认为文化是在社会层次上发挥功能的。中根千枝的研究方法接近后者。她称她的研究方法是"社会结构的方法"。这里所谓的"社会结构"（social structure），同社会学、经济学、历史学中使用的"社会结构"有所不同，前者"是指存在于某一社会内部的基本原则"，是一个抽象概念，而后者是指"某一时代或某个社会的全部轮廓，相互重叠的诸要素的总和、国家的体制等"。她认为，一个社会有一套看得到的制度和组织，如学校、政府机构、企业组织等，这是一个社会的"显性结构"（formal structure）。除此之外，还有一套无形的、潜在的"隐性结构"（informal structure），在规定人际关系方面起着重要作用。她认为只有这种隐性结构"才是推动社会发展的原动力，并且由它导出和决定一个社会的特色"（92）。她的"纵式社会"理论探讨的就是日本社会的"隐性结构"。这里的"隐性结构"就是一些文化学者所说的"文化语法"，同我们经常说的"文化底蕴"含义差不多。她采用的方法是："基于一定的方法论对社会进行实地调查并对调查进行解释和归纳，然后抽象出关于这个社会的基本原理，上升到理论高度，在这个水平上，同其它社会进行比较。"她对社会人类学的研究方法下的定义是"社会结构的比较研究"。当然，她所称的社会人类学方法，主要是指"结构功能学派"的研究方法。

在几种重要的"日本人论"中，如果说本尼迪克特的《菊与刀》主要是以优美的笔调对日本人的特点做了带有文学色彩的描述，土居健郎的"娇宠"理论主要从心理层次上探讨日本人的话，那么中根千枝则主要是从社会集团的角度把握日本人。她研究的重点是人与人、人与集团、集团与集团的关系，因为她认为"个人与个人，个人与集团，以及由个人组成的集团与集团之间的关系，是形成社会人类学基本原理的基础"。"这些关系是构成社会或文化的各种要素中最不易变化的部分，这一点可以由大量的事实证明"。她在早年分析日本家族制度时较重视经济因素，受过美国文化人类学家许烺光的批评。① 后来她改变了方法，重视对隐藏在经济现象背后的"原理"的探讨。她认为这些"原理"并不因为经济的变化而变化。

"纵式社会"理论最初是在一篇题为《日本社会结构之我见》（载《中央公论》1964 年 5 月号）的论文中提出来的，后来在这篇论文的基础上，中根千枝出版了《纵式社会的人际关系》一书，阐述了"纵式社会"理论的基本构架。《适应的条件》分析的角度与前书有所不同，该书把对日本社会的分析转向集团外部，"考察了在国内外新环境中，或遇到意外时，日本人会做出何种反应，并且力求从理论上探讨构成这些反应的基础的日本系统和价值观念特点"（98）。而《纵式社会的力学》是对《纵式社会的人际关系》中提出的理论的细化，说明"纵式结构的相对独立的各个群体是如何联结并实现其整个社会统一组织结构"，即试图说明纵式社会是遵循一种什么样的"力"运作的。作者在阐述这两部书之间的关系时说，《纵式社会的人际关系》可以说是呆板的模特式提示，而《纵式社会的力学》一书则是生气勃勃的社会结构理论。前者是通过侧面的透视，呈现出了社会的骨架，后者是对活生生的现实社会的断面的解剖（198）。

同其他社会人类学家一样，中根千枝分析日本社会时也使用了一套特有的概念作为分析的工具。了解这些概念是理解其理论的第一步。主要概念如下。

1. "场"与"资格"

指个人缔结集团的两个要素。"纵式社会"理论是同"场""资格"这一组概念的提出联系在一起的。根据笔者的理解，"场"是指人们生活的空间，而"资格"则是指个人的"社会属性"（先天和后天获得的），如出身、性别、职务、职业等。"资格"是明确的，"场"则不明确。以个人属性为基准而构成的集团称为"资格型"集团，如特定的职业集团等；而不问资格异同，仅以某一地域、所属单位，即以一定的范围划界构

① 〔美〕许烺光：『比較文明社会論』，第 284 页。

成的集团称为"场所型"集团。任何社会都有这两类集团，不过根据社会文化的不同，对这二者的强调有所不同。有的社会中"资格型"集团作用大（印度种姓集团可以说是典型），而在另一些社会，"场所型"集团发挥的作用大。根据她的看法，日本人在缔结集团时，对"场"的强调甚于对资格的强调，这是日本人集团最重要的一个特点，日本社会所有其他特点都可以说与这一特点有关。"场"与"资格"的概念可以说是中根氏理论的出发点。

2. "纵式"关系与"横式"关系

这是同"场""资格"相联系的概念，也是中根氏理论的两个核心概念。人处在各种关系之中，这种关系大体可分为两类，即纵的关系和横的关系，前者是上下关系，如亲子关系、上下级关系、师徒关系、领导与被领导关系等；后者是平行关系，如兄弟姐妹关系、朋友关系等。但并非每一个社会对这些关系的强调都是相同的。日本强调"纵式"关系甚于"横式"关系，这与日本人缔结集团时更强调"场"而不是"资格"的特点相一致。由于同一个"场"内的人有不同的资格，就需要一种力来把这些人凝聚到一起。对纵式关系的强调就是这样一种凝聚集团内各种资格的人的力，故而她称日本社会是"纵式社会"。（与此相对照，像中国等社会比较强调平行的关系，故可称"网络社会"，详后。）在她看来，这是理解日本人和日本社会的关键，日本的社会集团、日本的人际关系以及日本人国民性的特点，均可从强调"纵式"关系上得到解释。日本社会集团和日本人的优点和缺点也均出于此。

3. "序列"

这个概念的大体含义是个人在集团中按上下排列的位置。在每一种社会，个人都处于一定位置，但纵式社会特别强调按上下关系把人们排列起来。"序列"是一种比"身份""地位"更细致的区分，它不仅存在于不同地位和身份的人之间，在相同身份、地位和资格的人之间也依据一定标准形成精细的等级序列。

这样，"场所型集团""纵式社会""序列意识"这三个相互联系的概念，构成了中根氏整个理论的基石。"场所型集团"表明的是日本式集团的构成方式。"纵式社会"和"序列"两个概念有部分重合，但说明的重点不同：前者说明日本人集团的等级特点，重点在集团；后者说明个人在这样集团中的具体位置，重点在个人。

二 "纵式"社会的若干特征

"纵式"社会具有哪些特征呢？根据中根千枝的叙述，可从以下几个方面进行概括。

1. 个人与集团的关系

"纵式"社会中个人与集团的关系有以下特点。

（1）参加集团的"唯一性"。集团要求个人全面参与其中，即个人一旦加入某个集团便没有了退路。"场所型"集团的一个重要特点是：一个人在同一时间内不可能从属于多个的集团。因此，对日本人来说，"可靠的所属集团只有一个"（31）。个人所属的集团对个人来说具有特别重要的意义。在她看来，如果说印度的种姓制度在把人"过细地划分"方面是一个极端的话，那么日本人则十分强调把人"一体化"。"在某场所范围内形成一个闭锁的天地，它依靠成员们感情上的全身心投入，造成相互之间同舟共济的一体感，从而强化了整个集团的作用。"这是日本被称为"集体动物""团队精神""不事二主""从一而终"的根本原因。由此派生出日本集团的其他一些特点。

（2）强调"纵式"关系，排列序列（等级）。"资格型"集团的成员是靠遵守明确的规则凝聚在一起的，而"场所型"集团成员则是通过强调"纵式"关系、明确排列每个成员的上下位置凝聚在一起。日本式集团是一种等级式集团，集团内具有明显的序列划分。"亲分""子分"是"纵式社会"中最典型的形式。所谓"亲分"和"子分"，本意是父母与子女的关系，这可以说是"纵式"关系的原型。在实际生活中，这两个词具有更广的含义："亲分"还指具有父母地位的人，如干爹、干娘、头目、老板等皆可称"亲分"；"子分"还指处于孩子地位的人，如干儿子、部下、党羽等都可称为"子分"。日本所有集团都具有这种"亲分""子分"的特点。这种模式下人与人的关系趋于"链式"排列，人们总是依据某种标准排列出"序列"。"序列"可以说是"亲分""子分"关系的淡化形式。同一个大学的教授，根据毕业学校、年龄、晋升教授时间的不同而排出序列，并且依据这个序列在语言和行为方式上有所不同。"总之，在资格和身份相同的人之间，同样存在着以序列划分的差别意识。而且，每一个集团成员对划分序列的关心程度，远远超过他们对工种、身份和职务等的确定。实际上，以先辈和后辈划分的序列，在日本的社会集团中，起着非常大的作用。"

（3）一个较大的集团内部必有多个的小群体。对个人来说，最重要的是那个由天天见面、一起工作和生活的人们组成的小群体。"资格型"集团的缔结依据抽象的规则，"场所型"集团的缔结强调具体的活动场所。因此在"资格型"集团占优势的社会里，以个人为单位参加的集团可以发展到很大的规模，而在"场所型"集团占优势的社会里，以个人为单位参加的集团通常很小。按照中根氏的看法，这样的小群体最简单的形式是由夫妻或父子二人组成的，多的时候可达到20人左右，理想的规模是5~7人。规模过大，会出现非正式的亚群体。在这样的集团内形成一个人际关系密切的"内"世界，"日本人只有在这种小群体中（不仅限于物理意义上的，还有社会意义上的），才能显现出每个人的活力，并无拘无束地活跃于社交场合从事自己的工作。实际上，可以说或多或少每个人都置于这种小群体（或类似小群体）的组织之中"（207）。

（4）具有开放性特点。由于集团的缔结重视"场所"而不重视资格，不同资格者都能加入集团，故日本人的集团具有开放性特点。中根氏把日本人的集团模型简化为一个没有底边的三角形。相比之下，强调"资格"的集团则具有排他性，因为如果没有共同的资格便不能成为集团之一员。譬如，中国人的宗族和印度教徒的种姓集团，就绝对排斥无资格（血缘、出身）者。她把"资格型"集团模型简化为一个封闭的多边形。这样，日本人的集团具有既闭锁又开放的特点：从日本人加入集团的唯一性来看，个人所属的那个小集团具有无法替代的作用，相对于"外"的世界，这个集团是孤立的，闭锁的；但另一方面，从加入集团的资格上看，日本式集团能够容纳各种不同资格的人，故它又是开放的。

2. 人际关系特点

在集团内人与人的关系方面，"场所型"集团中人际关系是直接接触关系。"日本社会中人际关系的亲疏程度，往往与接触时间的长短与频率成正比。"（26）应当说，这句话适用于所有的社会。中根氏的意思是，在"场所型"集团中，面对面的直接接触具有特别的重要性，当个人离开他活动的"场所"以后，人际关系很快趋于冷淡，故在"场所型"集团中"人走茶凉"情况比"资格型"集团更明显。个人一旦离开所属的集团，便具有悲剧色彩，而那些始终不离开集团的人更具有优势。这是日本"终身雇佣制"和"年功序列制"得以实行的基础，以及那些海外工作的人归国后遭受排挤的原因。

强调"和"的精神。由于与不同资格的人相处，就需要把每个人的"棱角"磨掉，因此集团内不鼓励个人出人头地，领导也以"调和"为己任。集团的生命在于人际关系的和谐，因此日本式集团要花费很大的力量来处理复杂的人际关系。另外，日本式集团内人际关系还具有非个人主义、缺乏契约精神、"抛开思辨拥抱感情"等特点。

强调平等主义。这是"场所型"集团压缩资格差别的结果。日本人有一种不承认能力差别的倾向。他们认为，只要努力，每个人都有达到高位的可能，现实中也接近如此。不管家庭背景如何，只要进了东京大学的门，即可彼此平起平坐（49）。"终身雇佣制"可以说也是以"能力平等"意识为前提的。另外，笔者认为，当代日本社会贫富分化没有欧美社会那么严重，似乎也与这种平等主义特点有关。当代大多数日本人有"中流意识"（即都认为自己属于中产阶级），可以说也是这种"人人平等主义"的反映。① 她认为，平等主义与序列意识并不矛盾：个人在集团中的位置严格分出上下排列，但序列不是建立在出身、阶级基础之上，也与个人能力无关，而是建立在与出身和个人能力无直接关系的"履历"（如年龄、工龄、学历等）之上。"在不以能力差别或资格差别为尺度的情况下，自然会偏重于序列的差别。这并非什么日本人的偏爱特点，应当认识到，这是由社会组织构成方式上的区别造成的。显然，能力平等观和强调序列是相辅相成的。"（39）

3. 领导的特点

作为领导者的资格，能力并不重要，重要是他必须处于组织的顶端，

---

① 中根氏似乎认为这与日本的"连续体式结构"有关，参见《适应的条件》，第272~273页。

即在序列中地位最高，所以日本的领导者多是老人。领导者还要有个人魅力，其必须善于体恤人情，像父母一样关心下属，善于协调整个集团。只有这样，"子分"才能卖力地工作。

领导者既受下属牵制，又强权专断。在"纵式"社会中，领导者虽处于组织的顶端，但他权力的大小并不取决于他的能力而是取决于他同直属干部的关系。上司往往受制于下属，有时甚至膺服于有能力的下属。由于受多方面的限制，领导者的权限通常不像想象的那么大，有时甚至找不到真正负责任的领导者。她认为，日本的领导者可以比其他国家的领导者给予自己部下更多的自由。这样，日本式集团一方面十分重视序列和权威，但同时也赋予个人以施展才干的天地。"日本式集团组织的特点是：只要严守序列，捋顺人际关系，有能力者尽可以一展才华，而懒惰者也不妨自得其乐。总之，能工巧匠和懒汉懦夫都能适得其所。"（76）

为了冲破这种不利条件，领导者有时采取"强权专断"的方式。这样，日本式集团的领导方式有时是"民主"的，有时是"权威主义"的，采用何种方式取决于上部和下部力量的对比：下部强大则是"民主主义"（平等主义），上部强大则是"权威主义"，而无论哪一种方式，都与现代西欧那种领导者与部下之间按协议规则运行的民主主义有很大差异（72）。在"权威主义"的情况下，如果领导者有良好的素质，集团通常表现出极大活力；但如果领导者素质不好，"就会给其所属集团带来不幸，甚至会使整个社会蒙受灾难"（71）。

4. 集团与集团之间的关系

这一部分内容主要是在《纵式社会的力学》一书第二部分中阐述的。中根氏认为，以"资格型"集团为主的社会是由许多不同质的集团构成的，而日本社会则是由许多同质集团所构成。与个人之间有明显的序列一样，相邻的同类集团之间也是一种序列关系。如大群体有一流、二流、三流的级别。在同一个级别的大群体中，谁在前、谁在后也是清楚的。但有时这个相对次序的划分并不是那么明确，而且通过工作业绩可以改变与相邻群体的次序，这样，为争得相对高的地位，相邻群体之间的竞争就变得格外激烈。同类集团并立和激烈竞争而不是个人之间的竞争，是日本社会的一大特点。在此认识的基础上，中根千枝进一步得出了日本社会是一个

"由同质性群体构成的连续体"、是"软体动物"的有趣结论。她的分析是这样的：日本社会中任何一个单位，本身作为一个系统都统一在纵式关系中，正像砌墙的石头一样，虽大小不一，但都是同质性的。而且每一个部分都是独立或半独立的群体，有一定程度的独立性和自由。当某一部分受到外部或内部影响时，会发生连锁反应，最后影响到整体。这个过程十分类似软体动物（如海星）的运动机理。因此，从整体上看日本社会，往往看不出日本社会究竟向何处发展。

日本式集团有长处也有短处。长处是效率高。"在某种意义上，它（日本式集团）不失为一种符合现代化要求、效率极高的组织形式"。事实上，日本之所以能够迅速地实现现代化，她认为其中一点就是日本人尽可能地发挥了"纵式"集团结构的作用。这种组织结构的长处在于：从领导层到基层成员之间的信息传递异常迅速，并且富于动员全体成员的能力（64），但这种集团的短处是：分裂、集团内有小集团、领导者仅有一人，难以替代，一旦领导者出了问题，便是致命性的，等等。

三　与中国的比较

虽然没有专门著作论述，但在中根千枝的著作中体现了社会人类学的比较方法。所谓"纵式社会"理论，只是同其他社会相比较而言。她得出这样的结论，是同她在异文化背景下的体验以及对日本以外的社会进行调查研究分不开的。在《适应的条件》一书中，为了说明日本社会的特点，她常常把日本与中国、印度及欧美社会进行比较，尽管这种比较只是"点到为止"。其中，她更重视同亚洲的另外两个社会——中国和印度进行比较。据笔者的初步统计，该书中提到中国的地方共16处，提到印度的地方共21处。这意味着，虽然同属于亚洲国家（或东方国家），但日本社会的基本结构和人际关系有根本的不同。这种差异与下述差异具有同样的意义：虽然日本和美国、法国、英国同属资本主义国家，但它们之间在社会结构和人际关系上有本质的不同。这种考察问题的方法是社会人类学的方法，是一种"文化相对性"的观点。它的基本出发点是：文化是多元的，文化是一种模式，每一种文化模式都具有相对意义。

作为中国读者，我们对她有关中日两个社会的比较特别感兴趣。

她将日本社会同中国社会进行比较，主要集中在以下三个方面。

1. "纵式社会"与网络社会

中根是把中国作为一种网络型社会的典型来阐述的。"众所周知，中国人在其社会生活中，善于运用各种网络关系。从前在中国有'行'，即行会网，这是日本所不能比的。还有按父系血缘而形成的宗族成员、同乡关系及各种协会等等。但从个人角度看却同时属于不同种类的几个类别群体。这些群体根据个人的需求，根据实践和场所，发挥了巨大的作用。个人在所属的群体中，不像日本的群体所属那样，常常优先其中的一个。中国的各类群体，按其性质、目的，各有自己的机能，而不具备日本式群体那样多目的、能满足个人各种需求的特点。因此，个人有必要归属几个群体。"（222）如果说中国人所属的集团是网状的话，日本人所属的社会更像一个链条。提出中国人和日本人在社会集团的构成上的差异是非常重要的，但有些看法值得商榷，譬如她认为中国人同时归属于复数集团，而日本人只能归属于一个集团，实际上，任何一个社会的人对集团的归属都不可能是唯一的。中国人也很重视"纵式"关系，儒家强调的"孝""忠"就是一种"纵式"关系，夫妻之间的爱远没有父子之间的"孝"那么重要。中国人和日本人在集团的归属问题上的差别在于：中国人在强调"纵式"关系的同时也强调"横式"关系。在缔结集团方面，中国人重视血缘和其他一些资格，如出生地的相同、操同一种语言等因素，常常产生强烈的共同感。而且，中国人的集团内的"序列"远没有日本式集团内那么发达。

2. "有原则社会"和"无原则社会"

中根把日本称为"没有原则的国家"，比作"软体动物"，而把中国称为"有原则的国家"，比作"脊椎动物"（必须说明，中根氏在使用这些词时没有一点褒贬的意思），并将这两个国家进行对比。① 她认为，中国很早就把政治色彩很浓的伦理体系变成了社会的支柱。"文化大革命"时期的毛主席语录就是适用于建立新型国家的伦理体系，——是向整个社

---

① 见《新闻周刊》1973 年 10 月 15 日。原文为英文，日译本收集在伯纳德编辑，仙名纪翻译的《采访录》里，塞缪尔出版社，1976。

会提出的（278）。

3. 序列

以会议发言为例，中国和日本社会都是重视长幼顺序的社会，但二者有不同。在中国，虽然"长幼顺序是维护社会秩序的重要规范，但是在有才华、有能力的个人或功臣面前，序列规范随时都准备让位"，"随着场合和目的的变化，个人的序列是可以改变的"。中国人对长者也是谦让的，"但是，在协商和作出重要决定时，年轻人在长者面前也可以平等地直抒己见。不像日本人，在谈自己的想法时仍不忘严守序列，不得因率直而犯上"（42）。认识到这两个社会在缔结集团上的差异是很有意义的，但为什么会存在这种差异以及如何认识这种差异，需要进一步深入分析。

四 简短的评论

第一，根据笔者的理解，所谓"纵式"社会本质上是一种较彻底的等级制度。中根氏也指出了这一点："所谓日本的'纵式社会'的本质就是固守等级。"（289）日本社会的这种特点，本尼迪克特和其他一些学者都曾指出过，中根氏的贡献在于：她用社会人类学（结构学派）的方法更细致地研究了这一特点，并将其系统化或模式化。"纵式"社会可以说是日本社会的"隐性结构"，"纵式关系""序列"等概念是对日本社会等级特点的更精致描述。她的理论深化了我们对日本社会和日本人际关系特点的认识。

第二，"纵式社会"理论同土居健郎的"娇宠"理论可以相互补充、相互证明。中根氏在其著中专门谈到日本人的"娇宠"问题，不过她是从日本人集团构成方式，或者作为一种人际关系模式来把握问题的。"'娇宠'是以小群体中的气氛为前提而形成的人际关系的行为方式，它并不是个人与个人的对应关系，而是一种以自己为中心的行为方式。它与朋友间的信赖关系有着本质的不同。"（223）土居健郎重点从心理层次揭示了日本人的特点，而中根氏的理论则着重分析了允许这种心理存在的社会结构。他们的目的都在于揭示隐藏在日本人行为和日本社会结构背后的"规则"，结果，他们从不同的角度出发，采用不同方法，得出了大体一致的结论，可以说他们"殊途同归"，从不同侧面抓住了日本人和日本社会的本质特征。

第三，中根氏认为日本人的平等主义与序列意识并不矛盾，其实，若同中国人比较，毋宁说日本人等级主义的特点更明显。传统日本社会是一个彻底的等级社会，等级制度存在于社会的各个层面。虽然与西方的"个人"相比，日本人和中国人更容易接受人的某些先天属性（如性别、能力、年龄等）和后天属性（如职务、地位、收入、职业等）带来的差别，并表现出较大服从权威的倾向，但笔者认为中国人更具有平等主义倾向。

第四，作为一个出色的社会人类学家，中根千枝对日本社会的观察是冷静的。这对被认为"感情优先型"（中根本人也这样认为）的日本人来说是难得的，尤其对于一个日本女学者来说更是不易。不过，也有人认为，她之所以能够如此冷静地考察日本人和日本社会，正是因为她是一个女性：日本社会是一个男性社会，女性基本上被排斥在重要社会活动之外。这种"旁观者"的地位使她们能够以一种比男性更冷静、更超越的态度来观察社会。然而，笔者更倾向于认为，她能够对日本社会做冷静的考察是因为她接受过严格的社会人类学训练、掌握了社会人类学的基本原则和方法，并对日本以外社会（印度社会、中国社会及东南亚社会等）有深入的研究和了解。

第三章 土居健郎的"娇宠"理论

一 方法论

土居健郎（1920～2009）是日本著名精神病学家，1942年毕业于东京大学医学部，20世纪50年代先后两次赴美国留学，1961～1963年被美国国立精神卫生研究所聘为客座研究员，先后任东京大学医学部教授、国际基督教大学教授、国立精神卫生研究所所长等职。他是精神分析学"日本学派"的代表人物，有人称他为"日本精神疗法第一人"。[①] 他虽是一位精神病医生，但对造成精神病的社会和文化原因很关心，在写了有关精神病医学著述的同时，涉及日本人民族性格和日本社会的著述也不少。土居同美国的本尼迪克特都属于从心理文化层次研究日本国民性的学者，不过一个是精神病学家，一个是社会人类学家。本氏的名著《菊与刀》曾深深影响过土居。[②] 土居提出的"娇宠"（amae）理论不仅在日本精神分析和精神病医学领域有广泛影响，而且对于理解日本人和日本社会也具有重要意义。该理论与本氏的"耻感文化"理论以及中根千枝的"纵式社会"理论，并称当代几种最著名的"日本人论"。

"amae"是日语中特有的一个词。[③] 它大体是指一种类似婴幼儿对父

---

① 熊仓伸宏：『"娇宠"理论与精神疗法』，岩崎学术出版社，1993，第152页。
② 他在谈到这个问题时说："这个时期（即第一次留美时期），一位偶尔认识的美国妇人借给我本尼迪克特的《菊与刀》，我很快读了这本书。我记得，我那时感到自己的形象就映在这本书中。一边翻书，一边不停地点头：确实如此。这本书也满足了我个人关于为什么日本人的心理同美国人如此不同的好奇心。"（土居健郎：『"娇宠"的构造』，弘文堂，1981。）
③ "amae"日语写作『甘え』，是从动词"amaeru"（『甘える』，意为"撒娇"）而来，作名词时意为"撒娇的行为"。这个词很难确切翻译成其他语言，汉语有时译作"撒娇"或"娇惯"，但都不十分贴切。英文等皆音译作"amae"，这里暂译为"娇宠"，但须说明，这里是在"撒娇"和"宠爱"两个意义上使用这个词的。

母依赖、撒娇、希望得到父母宠爱的心理和行为。土居健郎在对精神病人作分析治疗时发现了这个词的心理学意义，经过深入探索形成了一套理论。该理论一提出便在精神病医学和社会科学领域引起了广泛注意。1971年他把这种理论归纳整理，出版了《"娇宠"的构造》一书，① 较为详细地阐述了这一理论。今天，"amae"一词同土居健郎的名字一起，经常出现在日本精神病学者、社会文化学者的学术讨论和文献中。

根据土居所说，该理论的提出同他在美国所受到的"文化冲击"有密切关系。他举了几个例子说明他开始接触西方人和西方文化时所受到的冲击。一件事是，他拜访一位美国人，主人问他肚子饿不饿，他当时有点饿，但因为人还不太熟悉，出于日本人的客气便说"不饿"。按照日本人的方式，即便客人说"不饿"，主人还会继续劝客人吃的，但对方再没提此事，这使他受到冲击。另一件事是，他向一位为他帮忙的教授表示感谢，无意中说出的是"I am sorry"而不是"Thank you"，这使那位教授大惑不解地问他："有什么对不起的？"第三件事是美国人的请客方式。主人总是问得很细：喝什么酒，怎么喝？喝咖啡还是喝茶？放不放糖？放不放牛奶等。客人都必须一一指示清楚（1~5）。

作为一个精神分析学家，土居没有忽视这些生活小事揭示的文化心理学意义。他开始进行"自我分析"和"比较精神病学分析"，探讨日本人的文化心理特点，认识日本文化与欧美文化不同的根本原因。当时日本精神病学界患者的病历都是用德文记录的，土居认为这对于理解日本人的内心世界很不利，因为一个民族的语言是该民族心灵"最好的投影"。他决心改变这一状况，日本精神病学界改用本国语言记录病历的做法就是从他开始的。他在用日语整理记录病人情况时，发现日语里有一个特殊的词"amae"和一个与之相关的词群。他认为这些词集中反映了日本人的心理特点，并由此进一步发现，"娇宠"心理原来是被弗洛伊德等西方精神分析学家忽视的人类一种普遍的心理现象。

---

① 该书于1971年出版，很快成为畅销书。其后多次再版、改版，并被译为英、法等多种文字广泛流传。中文译本为《"依赖"心理的构造》（济南出版社，1991），但正如土居本人认为的那样，把"amae"译为"依赖"显然是不恰当的。这里依据弘文堂1981年第2版，本章括号中的数字为该书页码。

　　土居认为，"娇宠"心理的原型是母子关系中的婴儿依赖母亲的心理。婴儿的精神发育到一定的程度，已知晓母亲是与自己不同的存在，但仍否定母子分离的事实（80）。这是一种婴儿试图与母亲亲近、同母亲一体化的心理。"娇宠心理似可定义为：否定人们之间业已存在的分离事实，消除分离的痛苦……"这是人的一种本能要求，是一种依赖他人、寻求对象并试图与对象一体化的要求。从广义上说，试图与他人接近、亲密或成为一体的感情和行为都可以说是"娇宠"心理的表现。[①] 根据土居先生亲口对笔者的阐述，"娇宠"心理可以概括为以下几个方面。

　　第一，"娇宠"心理是一种"爱"，它根植于人的爱的本能。

　　第二，它不是一般意义上的爱（如爱情之爱）。通常所说的爱是一种"相互爱"（symmetrical love），或称"对象爱"，而"娇宠"之爱是一种"单方面爱"（asymmetrical love），又称"非对象爱"。

　　第三，娇宠是一种难于用语言表达的感情或情绪，具有"非言语性"特点。孩子对母亲"amae"，第三者可一眼看出，但本人通常既意识不到，也表达不出。

　　第四，娇宠心理以"地位差"和"权威"为前提，是下位者对上位者的依赖，含有"服从权威"的因素。

　　娇宠是人类的一种普遍心理。婴幼儿靠了这种要求才得以生存。成年以后仍有娇宠心理。它是人与人结合必不可少的东西，对人们健康的精神生活起着积极的作用。然而，这种心理在西方心理学和精神分析学中并没有受重视。人们一般认为，这种心理只存在于婴儿或妇女身上，在成年男子中，只有同性恋者有这种心理，而土居认为这是一种误解。实际上娇宠的要求隐藏在每一个人的内心深处，属于"无意识"领域，并支配着人的行为。西方语言中没有相当于"amae"这个词以及这种心理未被心理学家和精神分析学家所重视，是因为西方人在成长过程中这种心理受到压抑（2）。

　　按照土居的看法，人的娇宠要求具有"二重性"（ambivalenz）。一方面，它像人的饮食男女等生理要求一样与生俱来，无法摆脱；另一方面，

---

① 大冢久雄、川岛武宜、土居健郎：『"娇宠"与社会科学』，弘文堂，1976，第9页。

它也具有极易受伤害的特点。正像婴儿的"娇宠"要求得不到满足便会哭叫一样，成年人若失去了依赖对象，即娇宠的要求受到挫折时也会强烈地感到孤独和无助，甚至会对那些不娇宠自己的人产生怨恨。这样，"娇宠"的一端是爱，另一端是恨，爱与恨是"娇宠"这枚钱币的两面。在日常生活中，适度的"娇宠"可以成为人际关系的润滑剂，过了头则会受到周围人的排挤，过分压抑则会产生欧美那样的赤裸裸的个人主义。"娇宠"又是病态心理和社会不安的基础。人们的许多精神性疾病同"娇宠"心理有关，青少年的不良行为，许多是同幼儿期的娇宠过度或完全没有娇宠有关。

日语里"amae"这个特有的词说明了日本人对"娇宠"这种情感特别重视和敏感。"日本人是一个娇宠的民族"[1]，子女对父母、学生对老师、公司职员对上司、低年级生对高年级生"amae"，这在日本是十分自然的事。土居从这个角度审视日本的文学作品，发现许多作品描述了日本人的这一心理特征。[2] 不仅日本人的文化心理具有"娇宠"特点，日本社会也是一种能够允许这种心理存在的结构，即日本人在自己所属的集团中相互依赖、相互"amae"。可以说，日本人的人际关系就是一种相互"娇宠"关系，日本社会各种活动都贯穿着"娇宠"这根线。所以他说："'娇宠'不仅是理解日本人精神结构的关键概念，也是了解日本社会结构的关键概念。"（23）

把"娇宠"心理看作日本人性格和日本社会的特征，与这一心理是人类的一种普遍心理现象并不矛盾。土居的意思是，正是日本人培养起了"娇宠"这种本来属于人类的普遍心理现象。从这个意义上说，日本人对"娇宠"心理的特殊感受性或多或少是值得骄傲的事。"我认为，娇宠心理不仅不该受到指责，甚至应当受到赞美。有了这种心理才产生了友情、师徒之爱甚至可能还有恋爱等可称之为人生花朵的东西。"（142）

为什么日本人对"娇宠"心理特别敏感呢？或换句话说，一种具有普遍意义的心理现象为什么唯独在日本社会中得到了充分发育呢？这既有心

---

[1]　熊仓伸宏：『"娇宠"理论与精神疗法』，第91页。
[2]　土居健郎：『漱石的内心世界——漱石文学中的"娇宠"之研究』，角川书店，1982。

理学层次上的原因，也有心理学层次以外的原因。心理学层次上的原因是日本人的育儿方式的特点（或者如大冢久雄所说的"亲子之间的相互作用"①，心理层次以外的原因有，日本特殊的地理位置（岛国）、没有大规模的战争和人口流动，以及没有基督教的影响等。不过，最直接的原因恐怕还是"育儿方式"。因为人的个性形成与幼年经验有很大关系。土居认为，在西欧社会，家庭以外有某种很强的离心力（根据土居在其他地方的论述，这个离心力来自与神的关系）在起作用，这个离心力在亲子关系中造成一些禁忌，淡化了亲子之间的亲密度，使个体朝着"个人独立"方向发展了。在这种情况下，"在西欧社会，个人常常要小心翼翼地守住自己的世界，主体与客体的分裂重重地压在个人的内部意识之上。个人的权利和独立受到强调，无法借助'娇宠'之类的词表达内心深处的欲望"。② 西方亲子关系中禁忌因素以及对"娇宠"惧怕的因素较强，结果强化了"个人独立"的价值观，压抑了以依赖他人为前提的"娇宠"心理，也没有形成相当于"娇宠"的词语。但这并非说西方人没有这种心理。基督教徒相信"自己是被神选中、被神所爱的人"，就与"娇宠"心理相类似，只不过他们依赖的对象是神，因而是一种幻想的、非现实的满足方式。西方人精神上的绝望和空虚感正是来自这种以幻想的形式满足人的"娇宠"欲望。西方人相信人是自由、独立的，但"娇宠"理论告诉我们人生来就是相互依赖的，自由、独立在心理上是不可能的。

二　"娇宠"的三个层面

土居以他的"娇宠"理论来指导他的精神病医学实践获得了巨大成功，同时也用这一理论来观察日本人和日本社会。这方面的内容主要收在《"娇宠"的构造》第二章以及《"娇宠"杂稿》（1976）、《表与里》（1986）、《"娇宠"的周边》（1988）、《"娇宠"散论》（1989）、《"娇宠"与信仰》（1992）中。这里根据笔者的理解，把这方面的内容作归纳介绍。

---

① 大冢久雄、川岛武宜、土居健郎：『"娇宠"与社会科学』，第104页。
② 转引自熊仓伸宏『"娇宠"理论与精神疗法』，第100页。

我们认为可以从三个层面来理解"娇宠"理论的社会和文化含义。

1. 作为一种文化心理的"娇宠"

娇宠是日本人的一种文化心理状态，是日本人的性格特点。日本民族被认为是"认生"的民族，西方人说日本人"个性不成熟""缺乏独立性""日本人是依赖性的""是幼儿式的"。但从"娇宠"理论角度看，日本人发达起来的是一种娇宠心理而不是个人独立精神。"同他人成为一体的感情和行为"，前提就是对他人的依赖。娇宠是人的一种本性，只不过这种本性在日本人身上得到充分发育而在西欧人身上受到了压抑而已，所以用"不成熟""幼儿式"之类的词来说明日本人的性格是不合适的。

对西欧人来说，"自我的确立"（或者说个性的"成熟"）、个人的完全独立意味着娇宠心理的彻底压抑，而对日本人来说，个人的"成熟"完全是另外的含义。在日语里，与"自我的确立"相对应的词是"oto-nani naru"（大人）。而所谓"大人"，不是对娇宠心理的压抑，而是对这一心理感受性的提高。这包括：对娇宠心理的自觉、对他人娇宠心理的理解、能够较好地处理因娇宠心理的"二重感觉"带来的矛盾、能够忍受因娇宠心理受挫而带来的痛苦等。一个成熟的日本人行为处事应当分清"表"（外表）与"里"（内部）、"本音"（真心）与"建前"（处事的原则），在不同的场合感受不同娇宠和承受娇宠带来的不同后果。这种"表与里""本音与建前"的分化可以说是因娇宠心理感受性的发达而形成的特殊心理机制。总之，如果说西欧人自我的确立是压抑娇宠心理的话，日本人自我的确立（成长为大人）在于对娇宠心理感受性的发达。①

由于西欧人的"娇宠"心理受到压抑，他们的文化心理取向更重视自己而不是自己与他人的关系，即他们常常从个人出发考虑问题。土居指出，西欧人的"力比多"（原欲）是指向自我的，是一种"过剩的自恋"，发达起来的是强调"自律"的个人主义，行为的出发点是自己本身而不是与他人的关系。而日本人的"力比多"更多地指向他人，因而他们具有更重视与他人的关系、从集团来考虑个人而不是从个人来考虑集团的文化心理取向。这实际上也是本尼迪克特提出的西方是"罪感文化"、

① 土居健郎：『表与里』，弘文堂，昭和六十年（1985），第10~57页。

日本是"耻感文化"的原因。那么为什么在西方人看来日本人的罪感不那么明显呢？土居认为，这主要是因为西方人的罪感完全是个人内心的问题，罪感产生于对精神内部形成的"超自我"的背叛，而日本人的罪感表现在个人对集团的关系上：背叛自己所属群体的信赖，才会产生罪感。当本尼迪克特得出"日本人是根据外部规范行动的"这一结论时，说明日本人的行为方式具有"注重与他人的关系、从集团出发考虑个人"的特点，"罪恶感成了人际关系的函数"（50）。当考虑到自己的行为背叛了所属集团或者对他人带来了麻烦时，日本人会产生罪感并常常要向对方谢罪。这就是日本人喜欢说"sumanai"（"对不起"，直译为"这没有完"）的原因。接受他人（尤其是上位者）的恩惠也通常不是说声"谢谢"就了结，而是要谢罪。土居在接受了那位美国教授的帮助时无意中说出的"I am sorry"就是出于这样的心理。

有意思的是，土居还试图用日本人这种心理特点来解释日本对外来文化的态度。娇宠从根本上说是"同对方成为一体的感情和行为"，日本人过去对待中国文化、南洋文化以及近代以来对待西方文化都是这种"同一化"的态度。即一旦认识到外来文化是不可忽视的，便迅速与之"一体化"，使之成为自己的东西。这是日本近代迅速现代化的深层心理原因。按照他的这个看法，中国人对待西方文化的态度与日本人不同，除了中国人对本国文化抱有绝对优越感这个原因外，中国社会没有形成日本社会那样的"娇宠"社会也是一个重要原因。

2. 作为一种人际关系模式的"娇宠"

"娇宠"以相互依赖为前提，因而日本人人际关系的基本模式是相互依赖的。日本人被认为是"群体动物"、有"团队主义"、有"和"的精神（和谐的人际关系）等。"娇宠"理论试图为这种关系模式提供理论上的解释。

正像日本人以"表与里""本音与建前"的分化来感受和解决娇宠心理的不同后果一样，他们也趋于通过"内"与"外"的划分来处理人际关系中的娇宠问题。并不是所有的人都可以娇宠的，人们根据是否可以娇宠来区分"内"与"外"，那些与自己有娇宠关系的人（如亲子关系）是"内"，在这个圈子中是不需要讲客气（"远虑"）的，即便行为出格也会得到谅解。没有娇宠关系的人（如亲子以外的人）是"外"，在这个圈子中需要客气。但"内"与"外"常可以转换，经过交往建立了娇宠关系后，"外"可转变成"内"，亲子以外的人随着亲密度的提高而减少客气。在两个圈子之外，还有一个既没有娇宠关系也不需要客气的"外人"圈子。这样，日本人的人际关系实际上是三个同心圆，最内是一个由亲子关系组成的娇宠圈子。第二个是由朋友、熟人、邻居等组成的圈子，这个圈子有时也有娇宠关系。最外面的圈子是与自己毫无关系之人，对他们既没有娇宠关系也没有必要讲客气。"有趣的是，最内侧和最外侧虽然隔离开来，但在无需客气一点上却是共同的。不过，虽然都是无需客气，对亲属的无需客气是因为存在'娇宠'，而对他人的无需客气却不能说是'娇宠'的结果。前者因为'娇宠'、无隔阂而无需客气，后者是因为有距离而没有必要客气。"（39）日本人并不认为个人在第一个圈子中任性、撒娇而在第二个圈子中彬彬有礼是虚伪的，也不认为在第二个圈子中彬彬有礼而在第三个圈子中肆无忌惮有什么奇怪。反之，如果一个人对这几个圈子的界限模糊不清，行为就会出现问题。一般来说，同第三个圈子的人的关系是无视的和冷漠的，"实际上，越是那些对自己家人黏黏糊糊撒娇的人，对他人越表现为旁若无人，冷酷无比"（40）。他还指出，日本人的"内"不同于西方人的"个人"，在这个可以娇宠的"内"的世界里，实际上没有属于个人的私生活。同样，在最外层的圈子里，也没有西方人的那种"公共精神"。应当说，土居健郎的这个分析是很到位的。

"义理"和"人情"是日本人人际关系的两个重要概念。最先注意到义理和人情对理解日本人行为方式重要性的是本尼迪克特，不过，本尼迪克特把二者作为两个完全不同的人际关系圈子来分析。土居用"娇宠"理论解释说，所谓人情不是一般意义上的人的"自然感情"，而是指具有日本人特点的感情。日本人常说"外国人不懂人情"，实际上是说外国人不懂日本式的感情。人情的范围是亲属集团，其中核心感情可以说是"娇宠"。"义理"是由人情的授受产生的一种人际关系网络，包括亲戚、朋友、师徒以及邻里关系。义理关系可以是娇宠关系，如前所述，随着亲密度的提升，人与人之间客气（"远虑"）减少而成为娇宠关系；也可以没有娇宠关系，如亲子之间不重亲情而重关系本身的时候，就仅仅是一种义理。笔者认为，土居是把义理视为人际关系的形式，而把人情（即娇宠）视为人际关系的内容，故他有"义理是器，人情是器中物"的观点。义理和人情都深深根植于日本人的娇宠心理。"强调人情就是肯定娇宠，就是鼓励人们理解对方的娇宠。反之，强调义理则是赞同维持一个由娇宠感情所结成的人际关系。如果用'依赖性'这个比娇宠更抽象的概念来阐述，则是：人情鼓励依赖性，义理把人们束缚于相互依赖的关系之中。"（32）

3. 作为一种社会体制的"娇宠"

娇宠的社会是一种强调上位与下位关系的社会体制，这与中根千枝的"纵式"社会的含义十分相似。日本人的尊皇思想和天皇制，实际上也可以理解为"娇宠"社会体制的一种表现。"天皇的地位是诸事万般乃至国政都是依赖周围的人处理，所以从某种意义上说天皇完全依赖周围的人，但在身份上，却是周围人员服从天皇。从依赖性来说，天皇犹如婴儿，而从地位上说，他又是至高无上者，这说明日本是十分尊重幼儿式依赖的。不仅是天皇，日本社会所有居于上位者，都必须依赖周围人的扶持。换言之，只有能够彻底体现幼儿式依赖的人才有资格立于社会的上层。天真自古就被看成是最高的美德。"本尼迪克特指出的日本社会幼儿和老人有最大的自由就是这个原因。土居还认为，中根千枝"纵式社会"理论也与"娇宠"理论相一致。① 战后，日本天皇制崩溃，但日本并没有产生个人主义，而是娇宠心理"泛滥"，到处出现了"小天皇"。

三　简短的评论

精神分析学派的理论在我国过去一直是被批判的，但我们应当承认这个学派对某些社会问题的看法有其独特的建树。土居健郎的"娇宠"理论对于解释日本人的国民性和日本社会提供了一个新的视角，从这个视角透视日本人的心灵和日本社会，我们看到了从其他视角看不到的东西。因此应当给予这个理论应有的评价。

---

① 〔日〕中根千枝：《适应的条件》，1989。

　　"娇宠"不仅是一种心理状态，同时也是日本人的人际关系模式。它不是欧美人那种强调个人独立、自由平等的模式，而是一种强调相互依赖的模式；也不是像中国人那样的在一个庞大宗族网络中对等的相互依赖模式，它是具有日本特点的强调地位差的相互依赖关系，也是一种依赖权威的关系模式。这种强调地位差的人际关系不是一种冷冰冰的，只强调权威与服从的关系，而是一种温情脉脉的关系。根据我们的体会，所谓的娇宠型人际关系，类似于一种子女与父母、奴仆与主人、教徒与神明之间关系的混合物，它强调个人服从父母、上司以及所有处于上位者，同时从他们那里得到娇宠、爱护和呵护。上位者对下位者拥有权威，同时也从下位者对自己的尊敬、孩子般的依赖中得到满足，并感到自己的责任。而且上位者有时也像孩子般地依赖下位者。日本人的劳资关系、统治者与被统治者、个人与企业以及同事之间的关系都具有这样的特点。因此我们认为"娇宠"理论从心理学的层次阐述了日本人和日本社会的特质，对理解日本社会及日本人的行为方式具有重要意义。

　　土居把"娇宠"心理同现代社会的某些病理现象结合起来考察，提出了现代社会的一些深层次问题。娇宠心理与对神的信仰才华都是一种"非对象爱"，二者是一种平行关系。他认为，近代西方社会经过文艺复兴和世俗化运动，神被否定了，上下关系和权威被铲除，"自由""平等""民主"受到强调。然而，在人们的"非对象爱"崩溃以后，人们获得自由的同时也感到孤独和无助，现代西方社会的问题就出在这里，是当代西方流行新宗教的原因。"而日本人虽推进着高度的现代化，却不那么苦于孤独。战前整个国家为一家族，战后的公司等组织则采取了拟家族的形态，因而忍受了现代化带来的压力。之所以能做到这一点，似乎可以说是因为日本人懂得娇宠。"① 换句话说，是日本人的"非对象爱"并没有崩溃。不过，近些年日本受西方个人主义、自由、平等思想的影响，传统的共同体关系崩溃以及由此造成了人与人联系的淡薄，权威意识淡化，用土居的话说，即人的"非对象爱"趋于崩溃，日本人失去了可以相互"娇宠"的圈子，因而日本青年也与西方青年一样出现了困惑，一样地热衷

---

　　①　土居健郎：『表与里』，第10~11页。

于新宗教。1995 年 3 月 20 日的奥姆真理教事件引起了人们的深思。"70年代以后，家庭关系削弱，尤其是父权削弱了，他们想在小集团内树立一个父亲形象。"追求一个有神授超凡能力的宗教人物可使年轻人既有一个替代父亲，又能减轻激烈的社会竞争带来的压力。①

我们在看到这一概念对于解释日本人和日本社会的有用性的同时，也不能忽视这一概念的缺陷。精神分析学本身很多概念和理论很"玄"，存在很大争论。严格说来，"娇宠"还不能说是一个明确的科学概念，土居本人也没有对这个概念作明确的解释。另外，什么样算"娇宠"，什么样不算"娇宠"，难以确立一个客观的标准。如何验证日本人对"娇宠"心理更敏感还是问题。

"娇宠"理论在得到许多人的拥护的同时，也受到不少人的批判。批判的焦点之一是，能否把娇宠作为理解日本文化和日本民族性的一个关键词。美国学者批评土居过于强调了日本人的特殊性。一位叫李御宁的韩国学者也认为"娇宠"不是日本社会特有的产物，韩国语中也存在大量相当于"amae"的词语，故也属于"娇宠"型文化。②的确，在包括中国人在内的东亚社会，个人在幼年时期较多地依赖父母和其他亲属成员，可以说他们都有明显的依赖心理，因而娇宠心理都有不同程度的发达，这与欧美人强调个人独立的生活方式形成对照。土居和"娇宠"理论的研究者们只注意到了日本人与西方人的差异，没有谈到与中国人等东亚人心理之间的差异，的确是该理论的一个缺陷。如果说中国人、韩国人等也具有娇宠心理的特点，那么就很难说"娇宠"是日本人特有的心理和人际关系模式。但笔者认为，虽然同是相互依赖的生活方式，东亚社会还是有差异的。中国人受儒家思想的影响，"娇宠"心理没有像日本人那样发达起来，人们之间的"依赖"缺乏以"地位差"和"权威"为前提的特点。儒家强调的与其说是一种"单方面爱"，不如说是一种"相互爱"，即父慈子孝、君仁臣忠、夫爱妇敬、兄爱弟悌、朋友之间讲"信"等，因而可以说中国人际关系的基本模式不是娇宠型的。对韩国的情况笔者不大了

① 《美国波士顿环球报》1995 年 11 月 21 日。
② 土居健郎：『"娇宠"散论』，弘文堂，1989，第 41～48 页。

解，但韩国比日本受儒家思想的影响更大则是事实。因此即便韩国社会具有娇宠的特点，也绝不会同日本一样。因此即便考虑到中国、韩国的情况，土居对日本人和日本社会娇宠特点的强调也并不过分。

如果我们承认"娇宠"心理的发达与育儿方式有关，那么我们就必须承认日本人的育儿方式不仅与欧美人育儿方式有异，也与中国不同。两个明显的差异可能导致了日本人幼年与母亲接触的频度和强度比中国人更大，从而使日本人的心理和人际关系更具有娇宠的特点。第一个差异是，日本人对"洁净"和"污秽"比中国人更敏感。第二个差异是，日本人家庭中存在严格的等级制度。

第四章 滨口惠俊的"间人主义"理论研究[*]

一

滨口惠俊是当代日本著名的社会人类学家，1931年生于日本的歌山县，毕业于京都大学教育系，后在该校研究生院主修社会人类学，获博士学位。先后任京都大学讲师、副教授，大阪大学人类学系教授，国际日本文化研究中心教授。主攻方向是日本文化论、社会心理学、心理人类学。主要著作有《日本特性的再发现》《人际关系主义社会——日本》《日本的集团主义》《高度信息化社会与日本的走向》等。滨口氏与美国人类学会前会长许烺光相交甚厚。许氏在日本做田野调查时滨口惠俊曾为其做研究助手。后来，滨口氏把许氏的两本专著《家元——日本的精髓》《宗族、种姓与社团》合而为一译出，定名为《比较文明社会论》在日本出版。滨口惠俊的研究方法也属于心理人类学派，在其著作中可以看出与许氏的师承关系。

滨口惠俊的"人际关系主义"作为代表性的"日本人文化论"，其知名度和影响不亚于中根千枝的"纵式社会"理论和土居健郎的"娇宠结构"理论，曾被收入《日本社会学词典》，成为日本语中的流行语和日本学研究的关键词，被翻译成外文在国外出版，我国学术界对此至今尚无专门的研究文章。

---

* 本章作者为杨劲松，北京大学法学博士，现为住房城乡建设部计财外事司二级巡视员，主要研究方向为日本社会与文化。

"人际关系主义"，日语写作"間人主義"（contextualism），是滨口惠俊创造出的日语新词，中文语义大致相当于"人际关系主义"。尚会鹏教授曾在《全球化形势下东亚社会面临的挑战》①一文中提及过。此外，《光明日报》2004年6月2日登载了一篇未署名的短文《日本，一个众说不一的群体："间人主义"》。上述两篇文章都将"间人主义"作为一个新学术术语来对待而没有意译成汉语。但为了中国读者阅读方便，笔者暂且使用"人际关系主义"一词。

二

"人际关系主义"理论的提出，是日本官方意识形态推动的结果。战后，随着经济高速发展和国家实力的膨胀，日本与西方发达国家的经济摩擦和文化冲突显著增加。国际社会在承认日本经济成就的同时，也有很多人对"日本模式"提出了质疑。为防止尊重个人的西方政治主张对日本的政治形成威胁，回应国际上的批判，改善日本的国际形象，摆脱经济上、文化上的模仿者、移植者的地位，增强国民的凝聚力和信心，1979年4月，时任日本首相大平正芳策划成立了"文化时代研究组"，组织了山本七平、公文俊平、香山健一等一批著名学者对所谓进入"文化时代"的日本进行了全方位研究。在其影响下，日本学术界很多学者加入了"日本文化特性"的研究行列，一时大量专著和学术文章涌现，形成一股"热潮"。滨口惠俊则站在了潮头。他的《日本特性的再发现》在大平正芳的研究小组成立两年之前就已发表并产生了广泛影响。1983年，他与公文俊平等合著的《日本式的集团主义》一书出版，其"人际关系主义"理论也成为这股热潮中的核心理论之一。

"人际关系主义"理论的提出，也是日本国民文化认同的需要。日本的近代化以欧美为样板，遵循近代化＝工业化＝欧美化的模式，虽然取得了惊人的成就，但也意味着"否定和蔑视自身文化传统，将自身社会定位为后进的、低水平的"②。随着追赶先进国家时代的结束，许多日本国

---

① 参见尚会鹏《全球化形势下东亚社会面临的挑战》，载林振江、梁云祥主编《全球化与中国、日本》，新华出版社，2000。
② 河村望：『日本文化論の周辺』，人间科学社，第147页。

民在对前所未有的富裕生活感到满足的同时，也感到了进入"没有航海图"时代的失去参照系的迷茫。在几千年的历史上，日本从未达到过这样领先世界的水平，"高处不胜寒"令这个一直处于核心义明边缘、缺乏特点鲜明的意识形态的岛国感到不安。仅靠经济实力难以成为真正意义上的大国，难以满足国民对"综合性日本文化的需求"，即文化认同的需要。对日本文化特性进行挖掘整理，在进一步理论化、系统化的基础上予以重新评价和定位，成为日本文化界的使命。

三

（一）"人际关系主义"的概念

西方社会重视"个人"，把每个人视为独立的"主体"，是构成社会的具有自律性和选择意志的最小单位，与他人相互联系起来便构成了社会。日本社会则强调人的群体性和相互依赖性，与他人的关系是超越"个人"存在的最首要因素，是行为主体不可分割的组成部分。日语中表示"人"的常用词是"人间"，读作 ningenn，语意则侧重于"人与人彼此之间"，表现出难以割裂与他人之关系之内涵。滨口氏把"人间"两个字颠倒过来，创造出"间人"这个新词，英文表示为 contextual（可理解为"情境人""人际人"），以此来与西方社会强调的"个人"（individual）相区别。

滨口氏曾将"个人"和"间人"用图 4 - 1 来表示。

个人模式：原子形态独立个体的相互行为 　　　　间人模式：分子形态参与性主体间的相互行为

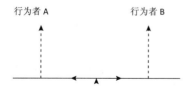

图 4 - 1 "个人"模式和"间人"模式的区别

资料来源：杉本良夫、罗斯·摩尔『銈人·間人·日本人』，学阳书房，1987，第 16 页。

图4-1中滨口将西方社会的"个人模式"用独立不可分的原子形态来表示，行为者是独立的个体，各自拥有完整的生活空间，其相互作用在各自空间的外侧进行；而日本的"间人模式"则用缺乏独立性的彼此间可结合的分子形态来表示，行为者是"参与性"主体，即自身的生活空间包含在人际脉络中无法分割出来，彼此的生活空间有相当大的部分交织在一起，两者间的相互间行为在重叠的共属空间内进行。

滨口认为，个人主义的属性为：第一，自我中心主义。恒久的自我乃至于自我认同确立在人格之中，自我实体意识通过经常调整得以维持，最大限度地发挥潜力。在社会生活中，终极取向目标是依据契约而行，坚持和尊重自我。自我能够自由决定自身行为，是世界的中心，任何集团和规章都不能剥夺自我的固有权利。第二，自我依赖主义。自身的生活需要靠自己的努力来满足，自足是一种理想，即自我判断、自我决定、依靠自我的力量开创未来。这种自立的目标、自律的态度使他拒绝依赖他人和被他人依赖，其心理深层是不简单信任他人，在社会生活中以"不信任他者"为隐性前提。第三，将人际关系视为一种手段。自立的个人之间结成的某种关系，是对自身生存的有用的手段而不是目的。社会关系是个人人格系统之间输入、输出的交换关系、系统机能构成的重要条件，对个人没有用途的人际关系，易被解除，不能持久。

"人际关系主义"（contextualism）概念则是"间人"的延伸，与个人主义对比，"人际关系主义"也呈现出三个相应的属性。第一，相互依赖主义。仅靠一人之力不能进行社会生活，相互帮助和合作是不可缺少的，相互依存才是作为社会文化存在的人的本态。第二，相互信赖主义。相互依存关系的建立以当事者间的相互信赖为前提，彼此必须是相互信赖的存在。对于自己的行为对方也会在理解的基础上作出回应，在这种信赖感的支撑下，易发生触及彼此私生活空间的推心置腹的交往，把无设防的自身暴露给对方，对对方的期望不以是否受到拒绝为设定前提。第三，把人际关系视为本质。建立在相互信赖基础上的人际关系，被当作非操作性、功利性、手段性的一种价值，即一旦建立关系，就将这种关系作为有价值的东西来尊敬，并希望无条件地持续这种关系。①

（二）"人际关系主义"的行为类型——"状况中心型"

滨口把"间人主义"的行为类型称为"状况中心型"，指行为者通过判断自身所处环境的"状况"来采取相应的行为方式。他把所谓"行为者主观指定且赋予行为以名义的'场'"②定义为"状况"。

日本人倾向于根据所置身的具体"状况"随机应变地决定行为方式，而随机应变的相对行为标准则在彼此间心照不宣。如，在日本的公共汽车上，虽然有"满员的时候禁止使用临时座位"的行为规范，但对大多数的乘客来说没有很大的约束力。人们经常不顾售票员的提醒而随意使用加座。在满员时个人也都根据途中车站的具体"状况"，自己判断处理，即根据各车站上车情况随机应变，先坐下，有人上车，就把座位收起来。

美国人则习惯于不论所处具体状况如何都按既定规则行事，属于严格遵守集团行为规范的"行为规范型"。在美国的公共汽车上，不管车站和车内人数多少，乘车方式大体成型，并不根据"状况"而改变；他们的行为基于使社会生活顺利的一些必要的价值。例如，"妇女和儿童应当受到保护，先于男子乘车，即便有空座位，考虑到后来上车的人，应当将靠近通道的位置空出来"。

在滨口看来，日本人的"状况中心型"行为趋向源于日本的多神教、泛神论的宗教观念，相对于一神教社会要确立唯一的一个真神，人与神之间的距离不可逾越、社会规范的建立依据也是一元化的、具有普遍意义的规范受到尊重等，日本的多神教社会不存在唯一的真神，人神之间也没有不可逾越的鸿沟，二者间时常进行角色互换，神佛变人降临凡间，人亦可化身为神，"这种倾向使规范的个别化和相对化不可避免，令行为体系所设定的标准的控制力减弱"。③

（三）"人际关系主义"人际互动的核心要素——"缘"

重视"缘"是"间人"人际关系的特色，是人际关系成立的重要因素。所谓"缘"本来是一个佛教中的概念，含义是由因而产生果的某种

---

①　滨口惠俊：『日本らしさの再發見』，谈讲社，1995，第95~98页。

②　滨口惠俊：『日本らしさの再發見』，第14页。

③　滨口惠俊：『間人主義の社會：日本』，东洋经济新报社，第198页。

作用，日本语中有很多与缘有关的谚语，如"相会皆有缘"（袖触れ合う も他生の缘）等，与他人发生的联系、关联习惯解释为由前世之缘而然。承认"缘"意味着承认"相互之间非常相关，自身是相对的存在这样一 个事实"。[1] 从某种意义上讲，人们在社会上的联系就是由血缘、地缘与 "职缘"（工作场所和业内同行结成的缘分）构筑的一张无限大的网络，在具有广泛连续性的"缘"构成的因果关系的体系中，A 与 B，A 与 C 结 在一起，与此相对比，西方社会的人际关系则是自由的、独立的个人之间 基于利益交换结成的互酬关系的相互作用。既然"缘"是前世注定的，也就意味着个人无法控制、无法摆脱。在尊重缘、信任缘的基础上才能达 成互助关系，形成相互支撑的"人脉"，这种价值观就是"间人主义"的 核心。

间人主义对缘的重视与个人主义对交换关系的重视形成了鲜明的对 照。后者把人际关系看作为利益交换而人为设定的，是平等条件下基于 契约形成的互酬、责任与报酬的等价交换，后者则将自身看作"超越人 有限认知的无限大规模中存在的人际关系连锁系统中特定的一部分"[2]，人际关系是被动的，不以设定得利为目的。奉行个人主义的社会，契 约的机能就是独立的个体既能相互满足自身的需求和利益，又不全身 心地卷入其中。其中隐含的相互不信任出自游牧文化传统，反映了一 神教的不宽容特性，个人主义与契约主义是连带的关系。"间人模式" 行为的出发点则不以"互酬"为主，而是以"互惠"为目的，责任 与报酬不即时不等价。在交往中以是否信任对方为先决条件，相信自 己的积极的行为会得到对方的回报，如对彼此间的权利义务，发生效 力的期限和条件等过度强调，会令对方有一种不受信任的感觉。

但是，近代工业化的发展，要求人们结成权利义务约定明确的"社 会关系"，引入契约关系是不可避免的。日本人在一定程度上按"契约原 理"缔结社会关系，在实际运行中则保留"间人"的价值观，实现了西 式的"契约关系"与和式的"缘"的折中，滨口赞成许烺光的说法，将

---

①　滨口惠俊：『間人主義の社会：日本』，第 21 页。

②　滨口惠俊：『間人主義の社会：日本』，第 33 页。

这种关系称为"缘-约",认为这是"间人"式组织的基本原理。

（四）"间人主义"的"原组织"形态——"家元"

所谓"原组织"是社会生活中满足人的基本需求（指社交、安全、地位）的最小范围，它并不特指单个的具体组织，而是指这些组织中共同具备的普遍形态。一般来说，"原组织"多为采用拟制家族构造、运用其一般原理为满足人社会性需求的"场所"。①

滨口在许烺光的研究基础上进行了进一步的探讨，认为适合"间人主义"的典型的原组织形态是"家元"。② 家元具有师徒关系上奉行严格的等级制度、拟制血缘制和互助经营制等属性，数量庞大，其组织运转方式及精神在日本社会的影响极其深远。无论是政府机关还是学术机构、巨型企业还是宗教团体，其中都隐含着家元模式。"日本人沿着以缘-约原则为基础的家元体系而非个人主义与自由的方向前进……发展了具有比传统目标更大、更新的集团，而不觉得需对传统的人类关系模式做重大改变，家元的结构，尤其是内容，提供了现代日本企业最重要的组织性忠诚和组织性力量的资源"，③ 是日本二战以前及战后经济成功的基础。

"人际关系主义"的基本属性与家元组织构造相当吻合，如果说"人际关系主义"是一种理念性的东西，家元则是这种理念的具体化，按滨口的说法，每一个具体的家元及以其为原则的集团就是"间人"的"实组织"。

四

"间人主义"理论从人与社会集团的关系角度对日本的经济奇迹作出

---

① 作田启一：「日本人の原组織」，载于饭岛宗一、鲭田丰之编著『日本人とは何か』，日本经济新闻社，1973，第 295~298 页。
② 家元是按一定方式在日本传统艺术和技艺领域结成的开展经营活动的集团，在收徒、传艺、风格保持、经营等方面都有严格的行规。家元重点集中在插花、茶道、柔道、绘画、书法、能乐、剑道、盆栽、服装设计、舞蹈等领域。据统计，20 世纪 50 年代，仅舞蹈界就有 64 个不同的家元，而大的茶道家元的人数甚至达到百万人之众。我国学者也曾做过专门研究，参见尚会鹏《家元制度与日本社会的近代化》，《东北亚研究》1996 年第 3 期；《家元制度的特征及其文化心理》，《日本学刊》1993 年第 1 期。
③ 作田启一：「日本人の原组織」，第 205 页。

了解释，强调日本走的是一条与西方个人主义完全不同的道路。崇尚集团利益和群体和谐、相互信任和相互依赖的日本文化在西方文明的冲击下其特性没有丧失，反而发挥出巨大能量，成为人类工业文明的新的样板，是一种新的文明模式。日本的近代化也被视为一种必然的过程，不仅仅是儒家文明和西方文明结合的产物和外部压力下的"外源型"，而且是一种比欧美模式更具合理性的模式，"日本文化特性"是日本特有的，有特殊性同时也具有普遍性的意义。

日本模式的成功有着复杂的背景，仅从某一角度分析不可能说明全部问题，作为一种研究，滨口的理论有较高的学术价值，但他对"间人主义"有过分强调的倾向，没有指出其缺点，这是我们在研究过程中应该引起注意的。

第五章 本尼迪克特与许烺光的
方法论比较研究

"文化与人格"学派从事的国民性研究（National Character）在二战期间于美国盛行一时，后因地区研究的兴起以及自身方法论缺陷等因素，国民性研究出现了衰退。然而，属于这一文脉的学者许烺光（Francis L. K. Hsu，1909～1999）始终坚持在这领域默默耕耘，他提出了诸多工具、假设、方法，建立了自成体系的理论，并力倡以心理人类学（Psychological Anthropology）取代文化与人格研究，① 应当说他的努力使我们人类从整体性视角研究大规模文明社会（literate civilizations）② 的知识向前推进了一大步。如今，随着中国整体国力的提升，对于要求建立中国视角的国际关系理论越来越迫切，③ 提升地区研究整体水平的问题也成为众人关注的焦点。④ 在日本研究方面，高增杰、崔世广、尚会鹏等

① 1961 年，许氏建议去掉"文化与人格"学派累赘抬头的"人格"二字，将这一方面的研究改称心理人类学，他的建议得到学术界广泛认可。在许氏的不断努力下，1973 年在美国芝加哥召开的第九届国际人类学与民族学大会的大会论文集《世界人类学丛书》中，首次使用了"心理人类学"这一名称。1978 年美国人类学会又成立了心理人类学分会。参见金少萍《文化与人格理论在日本的传播与发展》，《云南民族学院学报》（哲学社会科学版）1997 年第 2 期。

② 由于国民性研究这个概念，涉及了人格的问题，许氏后期甚少使用这个概念。literate civilizations 的直译是有文字社会，其对比为原始社会，为符合汉字习惯本章称为"大规模文明社会"。

③ 目前国内国际关系学界对于建立中国的国际关系理论可以说已达成共识。参见方长平《中国国际关系理论建设：问题与思考》，《教学与研究》2005 年第 6 期；傅耀祖《关于建设中国国际关系理论的几点思考》，《外交评论》2005 年第 5 期。

④ 中国社会科学院日本研究所早在 1996 年便举办了"日本社会文化研讨会"和"日本研究的课题与方法"学术座谈会，专门就日本文化与日本学研究的方法进行了讨论。

人注意到了整体性把握日本的方法论问题，并发表了不少有价值的论文。① 笔者认为，对文化与人格研究和心理人类学方法论更新换代的探讨，是沿此脉络讨论的延续，对提高整体性研究日本的水平乃至于做出高效度与信度的地区研究提供助益。

在日本国民性研究方面，恐怕找不到一本著作像本尼迪克特（Ruth Benedict，1887～1948）的《菊与刀——日本文化诸模式》② 那样具有影响力。笔者自第一次阅读此书起，便不断思考本氏如何做出此研究以及如何接着她的路子继续做的问题。许烺光的《家元：日本的真髓》③ 的出现正好回答了笔者的疑问。

《菊与刀》是二战期间受美国情报当局所托研究日本的成果，它尝试回答能否不进攻日本本土而致其投降，是否应直接轰炸皇宫，从日本战俘身上能得到什么，如果日本政府投降，美国是否应当利用日本政府机构，以至保存天皇等问题。而《家元》则是针对日本的现代化问题提供的非经济学的解释，即与其他低度开发世界相比，为什么日本从19世纪60年代起，对西方的挑战反应如此良好，在二战全面溃败后又复兴得如此之快。这两本著作因时代背景不同，研究主题有所差异，但都是相同研究范式（paradigm）做出的成果，同样较好地阐释了日本这个国家的特性。现今，对于日本方面的研究有分工越来越细、越来越专门的倾向，但对"部分"的研究无论怎样细琐和专业，也无法取代整体性研究。对日本的整体性把握，不论在处理国际问题上或了解日本这个国家，都不可或缺。是故，本章拟对上述两本著作所代表的两种有承接关系的研究方法做一考察。

---

① 高增杰：《日本文化研究面临的挑战与机遇》，《日本学刊》1997 年第 3 期；崔世广：《日本文化研究方法论》，《日本学刊》1998 年第 3 期；尚会鹏：《论日本人感情模式的文化特征》，《日本学刊》2008 年第 1 期。

② Ruth Benedict, *The Chrysanthemum and the Sword；Patterns of Japanese Culture*, Boston：Houghton Mifflin Co.，1946.〔美〕鲁思·本尼迪克特：《菊与刀——日本文化诸模式》。

③ Francis L. K. Hsu, *Iemoto：The Heart of Japan*, Cambridge, Mass.：Schenkman Pub. Co.，1975. 许烺光：《家元：日本的真髓》，于嘉云译，南天书局，2000。日文版本则与许氏的另一本对中国、美国、印度社会研究的著作 *Clan, Caste, and Club* 收入在一起，以『比較文明社会論』为名发行。

一 文化与人格研究在从事人类社会研究进程中的意义

《菊与刀》在学术界乃至一般读者之间享有极高的声誉，主要是从整体上认识日本人的特性，以及在处理国际问题中起到的具体作用，而它所引起的争议则主要集中在研究方法之上。《菊与刀》是美国文化人类学（Cultural Anthropology）的代表著作之一，它的研究意义有二：（1）宣告人类学从初民社会研究步入大规模文明社会的研究；（2）展示了如何透过研究人类心理来了解较大社会文化的发展趋势。

人类学于 1883 年诞生于英国以来，一直专注于初民社会的研究。[①] 人类学家把初民社会视为人类社会发展的早期阶段，研究的目的是解释西方社会如此先进而其他社会如此落后的原因。由于信息获得的困难，人类学家强调到初民社会进行田野调查（fieldwork），参与土著生活，学习当地语言，并在此基础上写作民族志，但因缺乏把握整体社会的方法，早期的民族志经常看起来像是描写奇风异俗的文学著作。较有建树的研究是围绕着英国伦敦政治经济学院（LSE）马林诺夫斯基（Bronislaw Malinowski）与拉德克利夫－布朗（Alfred Radcliffe－Brown）发展出的结构功能学派。他们原本以初民社会验证西方学者提出的假说，后来则在有机类比的基础上，提出结构与功能等工具，尝试借此剖析社会制度、组织形式以解释人类社会的运作。大西洋彼岸那一边，则在博厄斯（Franz Boas）的带领之下，旨在批评人类学家的种族中心主义，后来他培养的一大批学生，如克娄伯（Alfred L. Kroeber）、萨丕尔（Edward Sapir）、本尼迪克特等人，认识到文化与人类心理有密切的联系，遂开始从事"文化与人格"方面的研究。他们通过了解人类心理如何受到文化的形塑，来解释较大社会的整体性质，这与英法受社会学影响形成的人类学在视角上有很大不同。而且，受博厄斯的影响，有些美国人类学家甚至能够突破西方种族中心主义囿限，以落后的初民社会与先进的

---

① 1883 年英国人爱德华·泰勒（Edward Tylor）接受了牛津大学的聘书和世界上第一个学术意义上的人类学家头衔，标志着人类学的诞生。参见庄孔韶主编《人类学通论》，山西教育出版社，2002，第 2 页。

西方社会做比较，① 乃至于将研究触角延伸至落后的非西方的文明社会。《菊与刀》便是其中最具代表性的著作。

日本属于落后的非西方古代文明社会，在早期的学科分类系统中，属于东方学的研究对象。② 东方学家假定这些文明毫无进步可言，主要目的是理解和评价这些被看成"高级"的文明为什么停滞不动，他们只关心那些能体现各民族智慧的经典文本，借助语言学和语文学的技巧来进行研究，严格避免与社会科学发生关联。③ 而本氏将人类学研究延伸至完全不同的大规模明文明社会，尝试勾绘出文明社会的整体面貌，就必须解决方法论上的一些难题。譬如，初民社会一般人口较少，生产方式还停留在采集或者狩猎阶段，也没发展出书写文字系统，人类学家在当地待上一两年便能大致了解其部落运转的梗概，而大规模文明社会人口众多，社会阶层分化，具有相当复杂的社会组织，并出现了聚集大量人口的城市，传统人类学家强调的田野调查方法就显示出很大局限性，因为即便在一个村庄只待上一月，穷尽一辈子也很难走遍一个大规模文明社会各地，更别说如何把各地调查而来的资料汇聚成有用的成果。雷德菲尔德（Robert Redfield）是以传统人类学的方法研究文明社会的代表人物。他提出大传统（great tradition）来指称少数上层阶级所拥有的系统化并且抽象化的文化，用小传统（little tradition）来代表下层阶级所拥有的不规则而具体化的文化，并且讨论这两种文化之间如何互相影响和互相沟通，又如何构成一个文化的整体，找到了一条解决途径。④可是，将一个社会文化体系区分为迥然而异的两个部分，显然忽视了文化的整合力量。笔者在其他文章中已经讨论过，雷氏在一个社会中，划分城

---

① 米德在萨摩亚的研究是最著名的例子，他以萨摩亚的少女为研究对象，解释美国少女面临青春期问题，参见〔美〕米德《萨摩亚的成年》，周晓红、李姚军译，远流出版事业公司，1995。

② 人类学与东方学是西方学者研究非西方社会的学科，社会学是西方人研究西方社会的学科。对于西方学科的发展历程，参见〔美〕华勒斯坦等《开放社会科学》，刘锋译，三联书店，1997。

③ 〔美〕华勒斯坦等：《开放社会科学》，第26页。

④ 这种方法被称为"乡民社会"（peasant society）研究或社区研究。关于乡民社会的解说，参见〔美〕基辛《当代文化人类学》下册，于嘉云、张恭启译，巨流图书公司，1981，第669~695页。

市与乡村生活、有钱阶级与基层百姓、识字断文者与文盲之间生活方式时遭遇到的难题，在此不再赘述。① 这种方法的致命缺陷是以部分来解释整体。（读者可以参照费孝通的研究，他对于"江村"、云南三村等小城镇的研究也是此类）。再者，使用西方学者研究文明社会（社会学、经济学、政治学等）的方法，也不见得能解决问题。法国学者史多柔（Jean Stoetzel）曾在一位精通日语的荷兰学者渥斯（Vos）协助下，于1951～1952年在日本考察了三四个月，他去了东京、京都、鹿儿岛、札幌、根室等地，并且进行了统觉测验（TAT）、阿尔波特（Allport - Gillespie）测验，以及几种不同形式的问卷调查。他取得了日本国立民意调查研究所的民意调查资料，还在日本文化科学协会赞助下举行过一次深入的讨论会，② 但他的 Without the Chrysanthemum and the Sword（《无菊与刀》）呈现的只是许多社会学方面的漫谈，并没有带给我们任何深入了解日本生活方式的助益。例如，他使用了众多材料探讨"战后日本青年的态度"，得出的结论居然是"他们尚未成熟"。史多柔给笔者的感觉是，他虽然使用了许多种调查方法，却不能权衡资料之间的相互矛盾之处，无法从众多纷杂的证据中进行分析得出一个有用的结论，这些材料反成为他阐述问题的累赘。而本氏的解决途径，是观察一个民族生活中的日常琐事，找出一个社会文化体系中的重要关联。她曾说道："最孤立的细小行为，彼此之间也有某些系统性的联系。我十分重视数以百计的单项行为如何构成一个总体模式。"③ 文化与人格研究的重点就是关注小说、电影、神话、民间故事、宗教经典、传统哲学等文献和一般民众的活动、言论、问题中所表现出的价值、感情、成见之间所共有的模式，然后，尝试评估连接每个文明不同层面的共同心理模式，探索大多数人所共有的人格特质、价值取向或行为法则，以描绘出关于整个社会特征的全面性简要通则。④ 是故，本氏

① 参见尚会鹏、游国龙《心理文化学——许烺光学说的研究与应用》，南天书局，2010，第七章"大传统"和"小传统"与心理文化取向。

② Jean Stoetzel, *Without the Chrysanthemum and the Sword: a Study of the Attitudes of Youth in Post - War Japan*, New York: Columbia University Press, 1955.

③ 〔美〕鲁思·本尼迪克特：《菊与刀——日本文化诸模式》，第8页。

④ Francis L. K. Hsu, *The Study of Literate Civilizations: Studies in Anthropological Method*, New York: Holt, Rinehart and Winston, 1969, p. 3.

虽未曾去过日本，却能够利用大规模文明社会已经发展出文字书写系统的特点，参考大量的文学典籍、丰富的历史文献，再加上美国有大量的日本移民、战俘可供访问、调查之用，从而做出了遥研（the study of national character at a distance）的经典之作。

二　文化与人格研究的视角及其缺陷

本氏的研究虽然能够较好地勾绘出大规模文明社会的整体面貌，却也引发了对其方法论上的批评。[①] 譬如批评者指责本氏不懂日文、没有到过日本，认为这是《菊与刀》作为文化人类学著作的致命弱点。如果日本是一个无文字的简单社会，这个批评是对的，而本氏的研究对象日本是一个大规模文明社会，田野调查是研究简单社会之必需，而此方法对于研究大规模文明社会就未必是这样。研究对象不同，方法也不同。当然这并不是说完全排斥这种方法。如果不是当时条件所限（美日正在交战），本氏应该会到日本做田野调查，但即便那样也不能代替《菊与刀》一书的主要方法。还有的批评者认为，本氏把分析的重点放在搞清"平均日本人"的行动和思考模式上，而无视历史变化的多样性。例如，川口敦司指出，"作者的历史观念仿佛很淡薄，她没能看出日本人和日本文化从古至今是在不断变化发展的，她只是在一些固定的元素分类当中，选出所谓可以代表日本文化特征的那些东西来进行组合"。[②] 这种评论恐怕是因为不了解"文化研究"的真正含义。

首先，从差异性的角度来看，不只过去的日本人与现代的日本人有很大的差别，现今的东京人与大阪人也有不小的差异，但不可否认的是，日本人之所以是日本人，是因为日本人之间有相似之处。而国民性研究的任务就是发现造就这个结果的关键因素。

其次，正如本氏在《菊与刀》开门见山所谈到的："我这本书并不是一本专门论述日本宗教、经济生活、政治或家庭的书，而是探讨日本人有

---

①　参见滨口惠俊『日本研究原論』，有斐阁，1998，第368～372页；李亦园《文化与行为》，台湾商务印书馆，1970，第17页；尚会鹏《中国人与日本人》，北京大学出版社，1998；崔世广《基于"菊与刀"的新思考》，《中日关系史研究》2005年第4期。

②　川口敦司：《日本文化多种模式的合一——读〈菊与刀〉》，《开放时代》2000年第11期。

关生活方式的各种看法（应译为'假定'（assumptions）。——引者注）。它只描述这些观点的自我表露而不论其当时的活动。它是一本探讨日本何以成为日本民族的书。"① 国民性研究所描写的并不是现代的日本人，或者古代的日本人，而是一种理想中的日本人形象。

再者，国民性研究的前提假设是文化具有连续性，一般认为，人类是在社会化的过程中完成了这种文化传承，这也就是社会生物学家所说的"社会遗传"。② 如果日本人在历史长河中被其他民族同化，改变了其之所以为日本人的文化因子，那么这个批评还算合理，但日本社会显然并非如此。日本除少数阿伊努人和琉球人之外，主要由大和人所组成，他们从未被外来民族征服、同化，一直在本州岛、九州岛、北海道、四国等地安逸地生存。所以这种批评显然是基于不同前提假定的看法，而这个前提假定是否站得住脚还有讨论空间。

另外，还有一些学者质疑，本氏置社会的分层于不顾，把对抗关系中的两个社会规范体系——武士阶级与庶民阶级——统一在同一个平面上，因而否定其价值。这个看法显然在某种程度上受到雷德菲尔德大传统与小传统概念的影响。事实上，一个社会是共同成员依靠各种关系长久持续地生活在一起才形成的，他们知道成员的相互期待是什么，也了解如何表现才能符合团体的要求，如果其行为不符合文化的规范，社会也有一套法则对其惩罚、约束，使之从众，所以同一个社会文化体系的成员，其行为必定具有一致性。当然可以根据某种标准将一个社会的成员区分为不同的群体，他们也会有不同的想法和行为，但他们呈现出某种共同的人格类型，是不容置疑的。

当然，也有一些学者基于冷静的思考，对本氏的研究提出中肯的批评。如尚会鹏说道："早期研究日本民族性的学者受弗洛伊德心理学的影响，过分强调排泄、饮食习惯的训练等儿童教养方式的决定作用。她认为日本民族性中强迫性倾向，显示出讲求仪式、整洁和秩序的习惯，主要源

---

① 〔美〕鲁思·本尼迪克特：《菊与刀——日本文化诸模式》，第9页。

② 近年来盛行的"谜米学"（memetics）所研究的就是这种"文化的遗传因子"。参见 Susan Blackmore, *The Meme Machine*, Oxford〔England〕；New York：Oxford University Press, 1999；Robert Aunger, *Darwinizing Culture：The Status of Memetics as a Science*, Oxford, New York：Oxford University Press, 2000。

自早期严格的排泄训练。本氏的理论也具有这样的特点。"① 笔者也认同这个看法，本氏最大的问题出于她使用的假说之上，而这一点与人格概念的使用密切联系。对于一般读者来说，他们很难理解"人格"与"文化"之间的复杂关系。表面上看，"文化"与"人格"是两个不同的概念，但在某些情况下所指的是同一层面上的东西。当我们把文化定义在较狭义、不指称物质层面器物的情况下，它是存在于一个民族大多数人心中的共有思想观念，而心理学所指的人格则是受社会关系与文化因素影响而形成的，撇开个人独特的那一部分，也就是与社会大多数人共同享有的心智，二者异语同谓。这也是为什么本氏说："文化为人格的典章性扩大（personality with large）。"② 从本质上说，本氏就是透过"人格"的研究来揭示日本社会的整体特征。然而，人格这个概念本身存在一定的问题。克拉克洪（Clyde Kluckhohn）和莫瑞（Henry Murray）曾说过一句名言："每一个人（性格）都有若干方面像所有的人，若干方面像一部分人，若干方面则什么人都不像。"③ 若干方面像所有的人指的是全人类共有的那一部分，即文化普世性之所谓；若干方面像一部分人是指某一社会文化体系共有的，即文化与人格学派所要研究的对象；若干方面什么都不像，即个人独特的个性，最早人格的提出就是探讨这方面的问题。可是，早期人类学家却是借用人格的概念研究人类的共有心智。他们提出了"社会人格"（social personality）④、"众趋人格"（modal personality）⑤、"基本人格"（basic personality）⑥ 或 "地位人格"（status personality）⑦，或平均人格

---

① 参见尚会鹏《中国人与日本人》，第 8 章。

② 也有学者译为"文化是大写的人格"。参见〔美〕鲁思·本尼迪克特《文化模式》，张燕、傅铿译，浙江人民出版社，1987，序第 2 页。

③ Clyde Kluckhohn and Henry Alexander Murray, *Personality in Nature*, *Society*, *and Culture*, New York：Knopf, 1953.

④ Bert Kaplan, *Studying Personality Cross - Culturally*, Evanston, Ill.：Row, Peterson, 1961, p. 117.

⑤ Cora DuBois, Abram Kardiner, and Emil Oberholzer, *The People of Alor：A Social - Psychological Study of an East Indian Island*, Minneapolis：University of Minnesota Press, 1944.

⑥ Abram Kardiner and Ralph Linton, *The Individual and His Society；the Psychodynamics of Primitive Social Organization*, New York：Columbia University Press, 1939.

⑦ Ralph Linton, *The Cultural Background of Personality*, New York；London：D. Appleton - Century Co., 1945, p. 117.

（average personality）等概念工具。但精神分析学派使用的人格所关注的是个人内心复杂不安的精神状态，弗洛伊德认为这是童年经验的产物；或者根据新弗洛伊德学派和社会科学家的看法，是青少年时期社会文化迫力的产物。① 他们没有意识到人格是个人终其一生持续与社会关系和文化互动的过程，而且是趋于主张与社会关系和文化相分离的一个独立的实体。因此，以人格的概念进行人类共有心智的探讨有很大的危险。而且，更重要的是，受弗洛伊德学派影响，文化与人格学派还假定个人人格取向（personality orientation）的形成主要受童年的经验（或至少早年的家庭环境）的影响，并用以解释整体社会的发展趋势。② 在《菊与刀》中，本氏以一个章节（第十二章）探讨日本人的育儿方式，并得出日本人双重性格的形成是源自日本幼儿教养和成人教养的不连续性。③ 这种假设显得大而不当且缺乏说服力。这个学派更有一些学者如巴特森（Gregory Bateson）以断乳来说明美国人和英国人对殖民的态度；④ 格若尔（Geffrey Gorer）和瑞克曼（Rickman）提出"襁褓假说"（swaddling hypothesis）来描绘俄国人性格⑤，把这种视角发展到极端。对他们方法论上的严厉批评是导致国民性研究热潮消退的重要原因。

三　心理人类学在方法论上的更新换代

国民性研究借由研究人类共有的心智来揭示人类整体社会的发展趋势，要突破国民性研究的困境，首先要解决的是"人格"这个研究工具问题。许烺光于 1961 年便在其主编的《心理人类学：对文化与人格的探

---

① Francis L. K. Hsu, ed., *Psychological Anthropology*, New Edition, Cambridge, Massachusetts: Schenkman Publishing Company, INC., 1972, p. 8.

② Francis L. K. Hsu, *The Study of Literate Civilizations*, pp. 20 – 21.

③ 〔美〕鲁思·本尼迪克特：《菊与刀——日本文化诸模式》，第 199 页。

④ 巴特森认为，美国人和英国人对殖民的态度，是由他们各自的亲子关系扩张而成。美国人的亲子关系本身就包括心理上的断乳成分，而英国上层社会中，类似的断绝过程则必须由寄宿学校来完成。Gregory Bateson, "Some Systematic Approaches to the Study of Culture and Personality," *Character and Personality* 11：76 – 82, reproduced in Personal Character and Social Milieu, D. Haring（ed.）. Syracuse, N. Y.：Syracuse University Press, 1942.

⑤ Geoffrey Gorer and John Rickman, *The People of Great Russia*, New York：W. W. Norton, 1962.

索》里，主张以"心理人类学"（Psychological Anthropology）取代"文化与人格"研究这个累赘且不适的抬头，并将他开发的"心理社会均衡理论"（Psychosocial Homeostasis）引进这个领域，以其核心"基本人际状态"（Human constant）取代人格在研究的作用。[1] 许氏认为，一个以解释个人与文化之关系为目标的健全理论，必须要考虑心理特征的起源，因为它是由育儿方式、社会制度、意识形态所形塑；但同时也要考虑到育儿方式、社会制度和意识形态的维持、发展与变化。所以，他提出基于社会中心（socio – centric）建立的心理学理论——心理社会均衡理论，更重视社会关系和文化对人类心理的影响。人格心理学中的"人格"概念，忽略（或冻结）了社会文化因素，"文化与人格"学派沿用了人格这个概念，虽然也考察社会文化因素，但基本上关注的是个人内部复杂不安的精神状态，通常最复杂不安的状态就拥有全部精神的效力，因而他们关注的重点在于如何重整这种复杂不安的状态。说到底，这是以个人中心（individual – centered）来立论的，基本假定是人类存在与生活的根本要素是个人。[2] 而"基本人际状态"这个概念假定，人类存在与生活的根本要素是人与人之间的连锁关系（interpersonal nexus），此概念除了考虑个人内在复杂不安的精神状态之外，还注重社会关系的影响，它的侧重点在于个人外在行为表现是否符合社会与文化的人际关系标准，考虑得要比人格概念更为全面。[3]

在解释社会文化的发展趋势方面，许氏提出了"许氏优势亲属关系假说"（Hsu's dominant dyad hypothesis，简称许氏假说）。他认为，每一民族的家庭经常在各人伦关系中选择一种关系作为主要代表，而这些主要的人伦关系的属性，不仅成为各种不同形态的家庭中人际关系的典范，且往往更进一步发挥为整个社会文化的特色。[4] 对亲属关系（Kinship）研究的重视一直是人类学的传统，但人类学家都集中精力于亲族组织的"结

---

[1] Francis L. K. Hsu, *Psychological Anthropology*: *Approaches to Culture and Personality*, Homewood, Illinois: Dorsey Press, 1961.

[2] 〔美〕许烺光：《彻底个人主义的省思》，许木柱译，南天书局，2002，第243页。

[3] 〔美〕许烺光、徐隆德访问记录《边缘人——许烺光回忆录》，南天书局，1999，第70页。

[4] Francis L. K. Hsu, "The Effect of Dominant Kinship Relationships on Kin and Non – Kin Behavior: A Hypothesis," *American Anthropologist*, Vol. 167, 1965, pp. 638 – 661.

构"，如父系、母系、叔父系等，而许氏则专注于亲族组织的"内容"（content），即"属性"（atribute）。每一个核心家庭中都有几种角色"关系"（relation）①，如父子、夫妻、兄弟关系等，但许氏认为，每一个关系都有其内在属性，如夫妻关系有"不连续性""排他性""自愿性""性欲性"；父子关系有"连续性""包容性""权威性""非性欲性"等。在人类社会中没有一个家庭能给予八种基本关系同等地位。在不同类型的核心家庭中，某一种关系（或多一些）会比其余的关系更占优势地位，而当一种关系的地位高于其余关系时，它倾向于调整、扩大、降低或甚至排除亲属团体中的其他关系。许氏了解到人类在婴幼儿时期内最为无助，但其学习的能力和速度则胜于往后甚多，故以这种亲属关系成员互动的内在属性来解释、预测个人行为以及整个社会的文化趋势。他不像文化与人格研究始终把焦点放在育儿方式之上，以至于推至荒谬的程度。

与许氏的心理人类学方法相比，本氏的研究显得相当粗糙。《菊与刀》最为人称道之处在于将日本人的行为模式归结为"耻感文化"以相对于欧美人的"罪感文化"。② 但是，人类的文化并不是只有"罪感文化"和"耻感文化"这两种。根据本氏的说明，中国其实也可归结为"耻感文化"，但中国与日本明显不属于相同的社会文化体系，那么，中日之间的差别又在哪里呢？事实上，本氏的问题始终在于缺乏一个可控制的变量。在《文化模式》中，她以酒神型（dionysian）和日神型（apollonian）来概括北美印第安人的文化特点，③ 到了《菊与刀》则以耻感文化和罪感文化来归结文化的类型。客观地说，从酒神型、日神型这种神话比喻，到耻感文化和罪感文化这种更具学理的概念，是长足的进步。但是，她以童年经验为基本假定，来解释人格的形成乃至于社会的文化模式，始终是无法弥补的硬伤。她认为，日本人双重性格的形成是源自日本幼儿教

---

① 许氏早期以 dyad 来表述，后期以 relation 来表述。现在学界对于这个概念经常以不同的术语来表述，如"轴""纲""人伦角色关系"。
② 〔美〕鲁思·本尼迪克特：《菊与刀——日本文化诸模式》，第 151~155 页。
③ 酒神型的代表是多布人（dubuan）和克瓦基特人（kwakiutl），其特点是粗暴、狂野和个人主义；日神型的代表是祖尼人（Zuni），其特点是规律、自制和乐群。

养和成人教养的不连续性，但除了连续性与不连续性之外，还有其他因素可以解释文化的形成吗？这世界上还有许多种不同的文化形态，都能从育儿方式之中做出合理的解释吗？的确，辅以哺奶时间（固定或不固定）作为中介变量可以对四种文化进行解释，再加上褓褓方式（前抱、后背）则可解释8种文化，或许我们还可以找出便溺训练、睡觉方式等各种因素，但这种大而不当的假定，只能是街谈巷议，很难说有多少科学性。而许氏关于亲属体系与文化的假说，从理论上来说起码可以对64种类型的文化形态做解释。它将父子、父女、母子、母女、夫妻、兄弟、姐妹、兄妹（姐弟）等8组关系作为主要变量（优势关系），再辅以其中一组关系（亚优势关系）作为次要变量，这样就可以解释不同类型的文化。根据许氏的观点，中国与日本虽然都是"父子关系"占优势关系，但日本的"母子关系"在亲属关系中占"亚优势关系"（sub‐dominance），这与中国不同，因而出现了日本盛行长子继承制、日本人倾向于在"家元"式组织而不像中国人倾向在"宗族"中寻求社会性需求满足等特点。如今，"家元"组织虽然没落，但家元的隐性运作模式存在于日本社会的各种团体中，这种人际关系成为日本二战以前与战后成功的基础。另外，心理社会均衡理论也可以透过内外八层的变化（分别是第七层无意识、第六层前意识、第五层"限表意识"、第四层"可表意识"、第三层"亲密的社会关系与文化"、第二层"作用的社会关系与文化"、第一层"远离的社会关系与文化"、第零层"外部世界"），例如以虚线与实线表示不同社会的成员对于各层的内容是否有严格的区分，根据投入在各层情感浓厚的差异描绘其宽度，精确地描绘出不同社会的基本人际状态，与许氏假说搭配使用。在《家元》之中，许氏描绘了中国人、日本人、美国人维持心理社会均衡的不同方式，相当引人注目（图5-1列举了四种）。

许氏除了提出心理社会均衡理论和许氏假说修正本氏的缺陷之外，还开发了比较分析法（comparative approach）、内容分析法（content），提出角色与情感理论、次级团体理论、社会动力学，以及责任与酬报的比率、社会连带原则、"文化总理想"、"心理文化取向"等概念工具来阐释文明社会的总体性质。因此，与《家元》相比较，《菊与刀》可以说只是粗略描绘了日本社会的梗概，本氏还未考虑到个人的行为动机与亲属关系、社

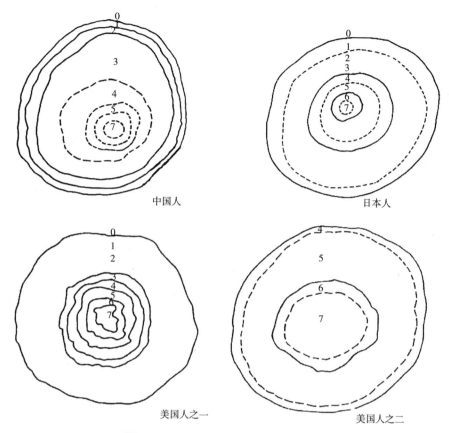

图 5 - 1　维持心理社会均衡的各种方式

会集团之间复杂的相互关系，对于社会关系与文化对个人心理的影响也仅涉及最初浅的层面，不像许氏那样详尽而巧妙地勾勒出日本社会的整体面貌。笔者提出一个或许不太适切的比喻：如果说本氏所从事的国民性研究是 DOS 电脑操作系统，那么许氏从事的大规模文明社会比较研究则是 Windows 系统。DOS 是字符界面，命令行式操作方法，只可以为单用户服务，处理单任务；Windows 是图形界面，可以为多用户服务，同时处理多项任务。后者是前者的加强版，最终前者成为后者操作系统里的一种操作方法。本氏与许氏两种方法的关系也类似这样，他们都要处理相同的问题，但后者的方法、理论、工具、概念全面升级，故许氏创立的心理人类学方法在功能上要比前者强大。

四 结语

《菊与刀》与《家元》分别是本氏与许氏学术巅峰期之作，后者比前者的问世晚了约 30 年之久。日本是本氏所研究的第一个大规模文明社会（也是最后一个），而日本则是许氏继中国、美国、印度之后的第四个研究对象，从各方面来说，《家元》都比《菊与刀》成熟得多。许氏在回忆录中曾说道："本氏所写的《文化模式》一书影响我从心理人类学观点来做学问的主要力量。"[①] 学术研究总是在不断进步，许氏的成就可以说是站在本氏的肩膀之上才取得的。然而，正如 Windows 系统也不断在更新换代一样，许氏的研究也有缺陷，它也需要打上补丁，甚至进一步升级。许氏存在的问题在于，能否以亲属关系中的几个变量来解释所有社会文化体系差异的形成。目前为止，许氏已在中国、美国、印度和日本社会进行过验证，并且提出了中国是父子关系占优势关系、美国是夫妻关系占优势关系、印度是母子关系占优势关系，而日本是父子关系占优势关系而母子关系占亚优势关系的看法。国际学术界也做了不少许氏假说的验证工作，例如：科比多夫（Igor Kopytoff）在刚果西南部的斯库（Suku），巴斯（Fredrik Barth）在中东，罗兰（Thomas P. Rohlen）在西南太平洋的 Tikopia，霍华德（Alan Howard）在斐济和罗图马岛 Rotuma，杭特（Robert C. Hunt）在墨西哥村庄，本德（Ronald M. Berndt）在澳大利亚北部的两个土著村庄等，[②] 但人类社会呈现出如此多样性，恐怕还需要做更多工作，此假说才得以成立。可是，对于那些在历史发展中，因外来征服、同化而改变了文化总理想的民族，许氏假说恐怕还无能为力。另外，许氏在方法论上的创新于《家元》达到了学术生涯的顶峰，但对日本的研究并不像中国、美国和印度那样细致。在《宗族、种姓与社团》里他还描述了中国人、美国人和印度教徒的心理文化取向、行为层面的取向、文化总理想和情感控制机制等，而对日本人的这方面研究则付之阙如。在许氏之后，深受许氏理论影响的日本学者滨口惠俊，按照他的路子在《间人主义的社

---

① 〔美〕许烺光、徐隆德访问记录《边缘人——许烺光回忆录》，第 56 页。
② 参见 Francis L. K. Hsu（ed.），*Kinship and Culture*，Chicago：Aldine Pub. Co.，1971。

会：日本》《日本特性的再发现》《日本研究原论》等著作里，阐释了相对应的概念，提出了"间人"和"间人主义"概念，可以说是对许氏学说的补充和完善。在中国，近些年对国民性研究的关注又趋热，但在对日本国民性研究方面，了解本氏的成果较多，而对这个学派的升级版——许氏理论——的认识还较少，这不能不说是一个遗憾。国民性研究学派的衰落并非说整体性把握日本人的尝试是错误的，而是因为方法不当。因此对许氏理论和方法论（可视为国民性研究的发展）的介绍和研究，对于推进这个领域的研究无疑具有重要意义。①

---

① 顺便指出，目前尚会鹏和游国龙从事许氏理论的介绍和研究，他们合著的《心理文化学——许烺光学说的研究与应用》已由南天书局出版。作者主张将许氏的理论从目前心理人类学中独立出来，构成一门独立学问——心理文化学（Psychoculturology）。书中还辑录了尚会鹏根据完善后的许氏理论和方法对日本人的整体性把握。

第六章　许烺光与尚会鹏的
方法论比较研究

日本人是一个特别在意别人怎么看自己的民族，同时也喜欢探讨与其他民族的差异。[①]

野村综合研究所做过统计，1946～1978年这33年间，讨论日本人、日本社会和日本文化特性的著作达到698部之多[②]，如果放宽统计的时间，这个数目会更为惊人。

关于日本文化论、日本国民性这方面的研究，在日本被统称为"日本人论"。[③] 然而，这方面的成果虽多，但大多数是带有个人体悟性质的杂感，具有理论视角，能达到滨口惠俊所谓"日本研究"的水平的研究较为少见。[④] 中根千枝的纵式社会、土居健郎的娇宠心理、本尼迪克特的耻感文化、许烺光的家元等是其中的经典。它们经受了时间的考验，尽管已发表许久时间，仍不断被后人提起。

进入21世纪，与日本一衣带水的中国也兴起了一股日本人论的研究热潮。[⑤] 北京大学尚会鹏教授提出"缘人"的概念，研究日本人在集团结

---

① 从藤原正彦2006年问世的《国家的品格》来看，它的销售量在短短半年间就超过了200万册，而陈忠实的《白鹿原》20年间才销售100多万本，尽管这种比较不够严谨。
② 野村综合研究所编《战后日本人论年表》，1979；转引自杨劲松《日本人论的演变轨迹——从文明开化到经济大国》，《日本学刊》2005年第1期。
③ 船曳建夫认为，日本人论是研究作为文化存在的日本人的特性、日本国民是什么样的群体及未来走向的学问。青木保认为，日本人论即日本文化论。
④ 滨口所谓"日本研究"则是具有理论方法的"日本人论"。滨口惠俊：『日本研究原論』，第1～2页。
⑤ 更多相关研究，参见张建立《中国的日本国民性研究现状与课题》，《日本学刊》2011年第4期。

社、社会交换、自我认知、情感控制的文化机制特点，清晰地刻画出日本人的行为模式。[①] 一批中青年学者受其启发，研究日本战前与战后的国家行为，也给这方面的研究注入了一丝活力。[②] 中国社会科学院日本研究所所长李薇指出，中国的对日研究在经历了数十年的发展之后，应力争重构日本研究的中国语境，创新中国日本研究的学科范式。[③] 尚会鹏的日本人论是在中国语境下做的创新。本章拟通过对尚会鹏建构的缘人模型进行解构，给予合适的评价，以期对创新中国日本研究的学科范式有所启示。

一　"缘人"的内涵

"缘人"这个概念与心理社会均衡模型（psychosocial homeostasis，以下简称 PSH 模型）有关，它是一种基本人际状态（human constant）类型。日本人维持心理社会均衡的特点如下。

第 3 层与第 2 层的界限较为模糊，第 3 层中常有第 2 层的住客。亲属成员虽是生命包中的重要成员，但主要由因某种机缘而走到一起的人构成。家庭成员中可以有非血缘关系者如仆人、雇工、老板、上司等。缘人 PSH 模型的第 2 层与第 1 层也没有严格的区分。第 1 层包括国家事务以及国家层面的人

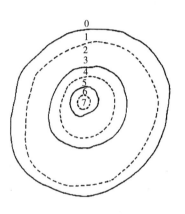

图 6 - 1　缘人的 PSH 模型

资料来源：参见许烺光《家元：日本的真髓》，于嘉云译，南天书局，2000，第 138 页。

（如天皇）和文化规范（如类似民族主义之类的意识形态）。对这一层的情感投注意味着个体较容易将国家以及民族层面的意识形态等作为某种绝对或神圣之物而对其献身。缘人 PSH 模型最内的三层（"潜意识""前意识""超意识"）对于缘人不那么重要，因为无须动员潜意识层或到超验

---

① 尚会鹏：《"缘人"：日本人的"基本人际状态"》，《日本学刊》2006 年第 3 期。

② 游国龙：《序列意识与大东亚共荣圈——对二战时期日本国家行为的心理文化学解读》，《日本学刊》2013 年第 2 期；张建立：《战后日美关系的心理文化学解读》，《国际政治研究》2013 年第 4 期。

③ 参见李薇《继往开来、创新奋进——在日本研究所建所 30 周年纪念大会上的讲话》，《日本学刊》2011 年第 3 期。

世界寻找精神的寄托，或通过洞察灵魂背后的东西以获得个体存在的真实感。第 4 层与第 3 层的分界线（个体人的边界）也不特别明显和强烈，表明缘人不特别强调个人的感受。缘人重点开发的是第 3 层和第 2 层内容，故第 3 层这一波段比较强烈。缘人也是"对人关系中心"的生活方式，行为上重视相互依赖，注重人际关系的和谐。缘人主义崇尚的价值观大都与发挥人的相互性有关，但更强调对天皇、优位者绝对的献身和忠诚，强调与他人的协调等。

日本人维持心理社会均衡的方式不同于中国人，也不同于美国人和印度人。质言之，不同民族维持心理社会均衡是有差异的。尚会鹏认为，他们在缔结集团、社会交换、情感控制的文化机制、自我认知等几个行为和认知层面上，有不同的表征，并根据其特点，把中国人、印度人、美国人的基本人际状态命名为伦人、阶序人和极致个人。① 缘人的基本内涵可以从这几个方面进一步说明。以下列举伦人作为对比。

（一）集团

集团维度可细分为初始集团与次级集团。在初始集团中，缘人的亲属关系以父子关系占优势地位，母子关系占亚优势地位。它的家庭成员资格较为宽泛，父亲拥有绝对权威、等级明显，强调长子继承制，成员有一定的离心性。主要次级集团以家元为典型，个人加入家元组织有可选择性，组织中有连锁的等级关系，家元长具有绝对的权威，家元弟子是以拟亲属的方式交往，这种运作方式被称为缘－约原理。② 伦人的亲属关系同样以父子关系占优势地位，但形成主要差别的是，伦人没有占亚优势地位的人伦关系。这种家庭成员资格更强调血缘，看重男性后代，有大家庭的理想，具有极强的凝聚力和向心性，夫妻间的性爱则受到贬斥。它的主要次级集团是以宗族为典型，依据血缘，自动地成为集团的一分子，并形成序列，成员间的互动方式被称为亲属原理。

（二）社会交换

缘人的交换模式是"好意优先型"。它是一种不等价交换，是具有非

---

① 参见尚会鹏《心理文化学要义：大规模文明社会比较研究的理论与方法》，北京大学出版社，2013，第 70 页。

② 参见尚会鹏《日本家元制度的特征及其文化心理基础》，《日本学刊》1993 年第 6 期。

同时性、非等价性和非限定性的特点的交换模式。根据地位差，有时个人付出大于或等于还报，有时则相反，付出与收获并不总是相等。一般情况下，上位者对下位者付出更多的关心、庇护、物质上的资助，后者则对前者要付出更大的服从、尊敬和献身。在交换过程中有价值的转换，对于不同圈子的人，实行不同的交换法则。在最亲近的"身内圈"实行娇宠法则，在"仲间圈"实行义理法则，在"他人圈"实行公平法则。① 与其相对，伦人的交换模式是"信用借贷型"。它也是一种不等价交换，既不要求交换物的等价，也不要求及时还报，偿还可以滞后。这是一种物质上不一定平衡但意义上平衡的交换模式，在一个更大的范围和较长的时间内，经过价值转换达到大体的平衡。对于不同圈子的人，它实行不同的交换法则。"亲人圈"实行亲情法则，"熟人圈"实行人情法则，"生人圈"遵循公平法则。

（三）情感控制的文化机制

伦人与缘人的情感控制的文化机制都是抑制型。个体在情感转化中的压力主要不是来自内心深处的某种抽象观念，而是来自个体所处的具体社会情境。个体主要不是将那些与社会文化要求不符的原欲强行压制到潜意识中，而是将其抑制到较浅的意识层次（如"限表意识"或"前意识"）中。但是二者有所区别，在伦人的情感控制机制下，个体有较大的压力将自然情感伦理化而追求内在的完善，而缘人的情感控制机制将原欲伦理化的内在压力并不大。伦人在较为狭窄的领域（亲属和地域）内将自然情感导向亲密群体中的角色，高度特化为与某种角色相联系的情感形式，而缘人情感被强化的主要不是角色而是位置。

伦人和缘人的心理上的表征都是耻感。但伦人生活在强大的宗族组织之中，趋于把自己的耻感及其对立面——荣誉感——更多地与所属的亲人集团联系起来。而缘人是处在一个更不确定的情境中，所要处理的引起耻感的外部评价也更不确定。由于缘人的自我认知更难确定"自己"，因此，不仅对自己的负面评价会引起个体的耻感，来自他人的正面评价也通常会引起更大的耻感。

---

① 参见尚会鹏《论日本人的交换模式》，《日本学刊》2009 年第 4 期。

伦人和缘人的行为上的表征都是情境型行为。但伦人所属的集团情境在亲属集团成员与非成员之间有严格区分，亲属集团与外部世界这两种情境的区分被强化，具有不可转换性。而缘人所属的最主要的集团并非完全由亲属成员构成，亲属集团和非亲属集团有一定的可转换性，故集团情境的范围更广泛和更不确定，因而所要参考的变量更多样和更不固定。

伦人和缘人在性欲的控制方面有较大差异的表征。伦人的性欲与情感是不相关的，无须作主动努力把性欲从情感中分离出来，二者各有其独立的相关领域。缘人的性欲进入情感的许多方面，但常以伪装的形式出现。对性欲望本身进行"化妆"，使其美化、改形和提升。借助某种仪式或突出情爱表达的方式将性欲隐藏起来，使其得以升华等。①

（四）自我认知

缘人的自我认知类型是自-他协调型自我。人趋于在一个亲密的人际关系圈子内与他者的互动中界定自我和看待外部世界，个体的自我观念并不那么清晰，它不是把个人视为独立之个体，而是视为与他人相互联系的状态。它是"相互依赖型"自我的一种。缘人自我认知参照群体的特点是，亲属成员虽为PSH第3层的重要内容，但并非处于绝对优先地位，亲属集团不那么恒定和持久。缘人的自我认知是通过个我与群我融合的方式达到均衡的。不过，"个我"与"群我"并非处于等量平衡状态，它更强调后者，即强调个我依存、融合于群我（如社会、家族、企业、利益共同体等），因而没有一个作为中心的明显的"自己"存在。本我既没有像"个人"那样被压抑到潜意识中，也不像中国人那样完全角色化。"个我"与"群我"均衡过程中需要牺牲的个我部分可以以"本音"的方式存在和释放，从而使个人的PSH获得动态平衡。强调序列和位置是"自-他协调"型自我获得自我确实感所必需的。②

伦人的自我认知是一种"相互依赖型"的模式。构成自我认知群体的人际关系圈子趋于以"自己"为中心、由内而外分为三层，即亲人圈子、熟人圈子和生人圈子，"自己"与这三个圈子中其他个体的亲密程度

---

① 参见尚会鹏《论日本人感情模式的文化特征》，《日本学刊》2008年第1期。
② 参见尚会鹏《论日本人自我认知的文化特点》，《日本学刊》2007年第2期。

以及与之相联系的责任、权利、义务，由内向外依次递减，不同圈子内使用不同的规则。亲人圈子是中国人PSH中第3层（"亲密的社会关系与文化"层）中的最重要内容，个体在这个圈子中相互信赖和相互依赖，获得高度的安全感。个体是所属亲属集团、地缘集团一个不可分割的部分。人之所以为人的关键在于人际关系的处理，并不包括或很少涉及情结和不安等个人心理深层部分。它把个人外部行动的性质，依据该社会文化中对人际关系的标准，看在多大程度上是适合和不适合。伦人的完善主要是在现实社会中，即在人际关系中依靠自身能够完成。儒家提倡的"君子人格"就是伦人的楷模。

以上是缘人在集团、社会交换、情感控制的文化机制、自我认知等基本人际状态四个维度的基本内容。从与伦人的比较中，可以看出二者之间的差别。但如果一个社会文化体系缺少一股力量将人们的行为指向某个方向，引导人们去追求值得追求的东西，那么，人们的行为不会表现出一致性。尚会鹏把缘人社会的这种心理文化取向称为"对人关系中心"。它的终极理想是对某一最高地位的权威人物的忠诚。缘人社会的主要价值观有和、忠、缘、义理、人情、寂等，它们构成了缘人社会的关键词。这些关键词主要是为了人与人关系的和谐，但其中多了对权威的服从因素。整合后的价值观形成了"缘人主义"，以适应缘人的"对人关系中心"这一心理文化取向。伦人社会的心理文化取向是"人伦中心"。人们生活的重心是如何处理人与人的关系，人们生活的文化理想是"人与人之间的彻底和谐"。伦人社会的主要价值观有孝、仁、和、义、礼、智、信、忠、廉、耻、中庸之道、礼尚往来、知恩图报。这些主要基于人的"相互性"并集中由儒家思想所阐释的价值观，构成伦人社会的关键词，旨在教导人们扮演好各种社会角色，重点解决的是人与人之间关系的和谐问题。

二　心理文化学理论体系的构建与创新

PSH模型是美籍华裔心理人类学家许烺光创建的。尚会鹏把日本人的基本人际状态命名为缘人，是试图对许烺光的理论体系进行修正与完善。从方法论上来说，他也属于心理人类学派，是对许烺光学说的直接继承。

许烺光是心理人类学的主要创始人。他提出心理社会均衡理论的目的是为解决文化与人格从事的国民性研究，缺少一个可以解释受社会关系与文化因素影响的心理学理论的问题。在此之前，学者通常把影响文化形成的关键归结为不同民族间育儿方式的差异，或者从心理学的角度来说，即个人婴幼儿时期所遭受经历的差别。一些学者将这个因果关系的解释发挥到极致，被批评为"尿不湿"研究，因而导致这方面的研究衰退。许烺光提出 PSH 这一个可以解释受社会关系与文化因素影响的心理学理论，以及基本人际状态取代人格的概念，才较好地解决了这个问题。① 心理人类学也作为人类学的一个分支得到学界的承认。② 然而，对许烺光的理论体系也存在一些批评。

许烺光在许氏优势亲属关系假说（Hsu's dominant dyad hypothesis，以下简称许氏假说）中，把影响心理与行为的根本因素归结为亲属之间的相互作用。他认为，一个家庭之中有许多种人伦关系，但是在不同民族之中，每一种人伦关系的重要性都不一样，主要是不同人伦关系之间的互动方式（属性）导致了个人心理与行为的差异，进而影响文明的总体发展趋势。③ 在这个假说中，人的行为被分为亲属关系与非亲属关系两大类，亲属关系之外的活动，如缔结团体、组织管理、经济交换等，全都被集中在"非亲属关系"中以优势亲属关系的属性进行解释。后来，他又提出次级团体假说解释人们在亲属关系之外缔结社会组织的原理，认为如果人在家庭之内无法获得社会性需要的满足，势必会加入其他团体，而他选择加入的团体，以及在团体内部的行为都受到所属亲属群体的影响。尼尔森指出，许烺光把人类的生活过度简化，把一个民族生活的各个方面挤在一个非常狭窄的层面之中。④ 可是，笔者认为，它衍生出来更严重的问题，即理论抽象化的程度不够。

---

① 参见游国龙《文化与人格研究和心理人类学的方法论剖析——以〈菊与刀〉与〈家元〉为例》，《日本学刊》2010 年第 5 期。

② Francis L. K. Hsu, *Psychological Anthropology*: *Approaches to Culture and Personality*, Homewood, Illinois: Dorsey Press, 1961.

③ Francis L. K. Hsu, "The Effect of Dominant Kinship Relationships on Kin and Non - Kin Behavior: A Hypothesis," *American Anthropologist*, Vol. 167, 1965, pp. 638 - 661.

④ Benjamin Nelson, "Review Works: The Study of Literate Civilizations," *American Anthropologist*, Vol. 73, No. 2, 1971, pp. 319 - 320.

为了勾勒出一个文明的整体面貌，这个学派通常以对词的方式对研究对象进行概括，并作为讨论的基础。文化与人格研究早期常以神话人物为隐喻，如酒神型、日神型，后来则以心理学病征进行比喻，如耻感文化、罪感文化。许烺光认为，相较于美国个人中心的世界观表现出自我依赖，中国人的世界观是情境中心，表现为人与人之间的相互依赖；印度教徒的世界观是超自然中心，以单方面依赖为特色。① 他是把"个人中心""情境中心""超自然中心"等概念作为一种心理文化取向，以及把"自我依赖""相互依赖""单方面依赖"等概念作为行为取向进行概括。由于心理文化取向和行为取向具有学理上的支持，许烺光的概括显得更具有科学性。但在他的研究范式中，也彰显着用来研究太多文明社会的困难。日本是许烺光第四个进行整体性研究的大型社会。他经常是以"不像中国人那么……也不像美国人那么……"，或者"不像中国人那么……也不像印度人那么……"加以描述。而且，在许氏假说中，日本与中国同样是父子关系占优势地位的。假如不是他指出日本是母子关系占亚优势地位，几乎难以在他的概念工具中区分出中国人与日本人的显著区别。② 因而，滨口惠俊和作田启一直言，许烺光对日本的研究采取了折中的方式。③ 它意味着对研究对象的描述不够精确。

许烺光开发的研究方法、研究工具等，都是围绕着亲属关系展开的，但尚会鹏认为，不能把亲属体系中的优势关系及其属性当作因果关系链中的终极原因，主张把优势关系的概念与 PSH 模型和基本人际状态结合起来使用，④ 因此，打破了许烺光心理人类学的理论体系，以基本人状态为中心，创建了一个新的心理文化学理论体系。具体而言，基本人际状态依"社会"和"心理"两个层面，分成集团、交换、自我认知、情感控制四个维度，作为解释人类行为的四个面向。集团面向是解释人缔结团体的规律。"许氏假说"与"次级团体假说"对此有较好的阐释。尚会鹏沿用了

---

① 参见〔美〕许烺光《宗族、种姓与社团》，黄光国译，南天书局，2002，第 1~6 页。
② 许烺光认为，日本是母子关系占亚优势地位，而中国没有占亚优势地位的任何一组人伦关系。参见〔美〕许烺光《家元：日本的真髓》。
③ 参见〔美〕许烺光『比較文明社会論』，第 377 页。
④ 参见尚会鹏《心理文化学要义：大规模文明社会比较研究的理论与方法》，第 96 页。

这两个理论，但把它限定在说明人在缔结集团方面的特点。① 交换面向是解释人怎样与他人互动。尚会鹏自己开发了"等意义交换"理论。情感机制面向是解释人怎么样控制情感。许烺光已开发了"情感与性欲理论"，尚会鹏稍加修正，并沿用了这个理论。自我认知面向是解释他人怎么看我的认识，尚会鹏提出了"自我认知理论"。此外，他还假定人必须维持心理社会均衡的满足，提出了"三类别层次需要论"，同时在解释人们受某种力量导引去选择投注情感的方向，提出了心理文化取向理论。总的来说，尚会鹏尝试建构一个以 PSH 模型为核心、以基本人际状态的四个维度为支柱，以及由行为原动力和引导力所构成的整体人模型。

　　心理文化学之所以成为一个新的研究范式，并不只是因为其在理论上进行了修正与完善，还在于它从根本上解决了旧范式存在的问题。在心理文化学之中，尚会鹏把基本人际状态作为分析的基本单位，并根据"个体性"和"相互性"这两种人类的基本属性将其分为两大类型：（1）"个人"类型。这是一种以强调人的独立性、弱化人的相互性为特点，在独立、自由等理念下，特意将个体与他人的联系切断或减少交往中对他人的依赖，或者崇尚这种状态的人的系统。（2）"间人"类型。这是个体认识到无法摆脱所处的情境以及与他者的具体、特定的关联性，故以包容的形式与他者处在相互依赖状态之中，或者认为这种状态为人之常态，并在自—他领域中进行相互关联控制的人的系统。② 在这两大类型之下，又可以细分为若干的亚类型。个人类型以现代欧美型、古希腊型、古以色列型为代表。间人类型以中国型、日本型、印度型为代表。这些不同的基本人际状态构成了一个"人的系统"，它们在情感维度、自我认知维度、交换维度和集团维度之间都有不同的表征。尚会鹏把中国人、美国人、印度教徒和日本人的基本人际状态命名为"伦人"、"极致个人"、"阶序人"和"缘人"，就像是数学运算以"伦人 = 中国人"为等式，再以"伦人"进行论述。从理论上说，只要能够确定一个民族的基本人际状态类型，便可为它命名，进行讨论。它高度抽象，可以解决许烺光的根本问题。

---

① 参见尚会鹏《心理文化学要义：大规模文明社会比较研究的理论与方法》，第 96~97 页。
② 参见尚会鹏《心理文化学要义：大规模文明社会比较研究的理论与方法》，第 62~63 页。

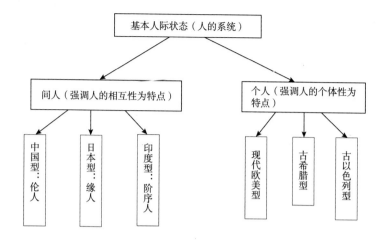

图6-2　基本人际状态的类型（人的系统）

资料来源：参见尚会鹏《心理文化学要义：大规模文明社会比较研究的理论与方法》，第64页。

三　心理人类学的日本研究

在尚会鹏之前也有学者尝试对许烺光的理论体系进行修正。滨口惠俊提出"间人主义"社会（*Jen - ism or contextualism*）的概念，[①] 以区别于西方的"个人主义"社会，并以飞行术语"inside - out"与"outside - in"来总结两种社会的行动特点，在日本有一定影响力。[②] 滨口曾协助许烺光在日本进行调研工作，还将他的 *Clan，Caste，and Club* 和 *Iemoto：The Heart of Japan* 这两本著作译为日文，对许烺光的学说相当熟悉。他认为，人的类型可以分为"间人"与"个人"两类。"间人"意为"重视相互作用之人"，词源来自日文汉字"人间"（前后调换），当然，它不是简单的词序上的变化，[③] 而是强调日本人的生存状态更注重"人际关系"、人的相互性。"个人"则是来自英语"individual"，强调人的生存状态更注重的个体性。"关系体"是对间人进行分析的基本单位，它不仅考虑个

---

① 亦有学者译为"人际关系主义"，参见杨劲松《滨口惠俊及其"人际关系主义"理论》，《日本学刊》2005年第3期。

② 滨口惠俊：『間人主義の社会：日本』。

③ 滨口惠俊：『日本らしさの再発見』，第92页。

体的情况，更重要的是个体与他人之间的相互关系，而"个别体"则是对个人进行分析的基本单位，它仅考虑个人的情况（参见图6-3）。在间人与个人这两种不同生存状态下，所形成的行为模式、社会特点都有差别。

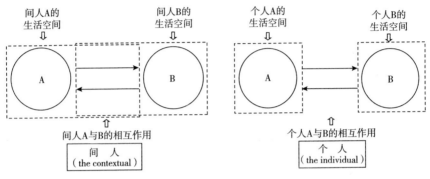

图6-3　间人与个人

行为基准：间人是"标准型"行为，即针对不同的状况设定不同的行为准则；而个人的行为基准是"规范型"行为，指不论在任何状况下都采取相同的价值判断。①

自我意识：间人是"自分"，它不是指自身内部的抽象实体，而是自身外部，自己与他人共有的现实生活空间中属于自己的那一部分。② 个人是"自我"（self），认为自己是自立的、是一个独自的主体。

人格：间人的人格是"人"（Jen），即考虑到社会关系与文化互动的实体。个人类型是"パーソナリティ"（personality），不考虑社会关系与文化互动，仅关注个人内心的复杂不安情绪。

文化基础：间人是"他人信赖"，即与人交往的基本前提是信赖他人，而个人的"不信他人"则是防卫心很重地怀疑他人。

人际交换特点："报"与"契约"。间人是"报"，即根据角色以及与此相关的义务的规定而自动达到平衡的行为。个人是"契约"，即依靠条文来约束双方的行为，人与人之间的关系简化为交易关系、成为一种手段

---

① 最早滨口惠俊把它称为状况型行为，参见滨口惠俊『日本らしさの再発見』，第28页。
② 滨口惠俊：『日本らしさの再発見』，第73页。

的倾向。

综上，间人与个人表现出三种不同的属性：间人是相互依存主义、相互信赖主义、把人际关系视为本质，而个人是自我中心主义、自我依赖主义、把人际关系视为手段。①

滨口对日本学术界盲目地接受西方社会科学界提出的概念与理论感到不满。他认为，一些学者在西方话语体系下，以个人的角度来研究日本，忽略了日本社会的真实情况，如土居的"娇宠心理"、南博的"集团我"、中根的"纵式社会"、本尼迪克特的"耻感文化"等，存在各式各样的问题。② 因此，运用许烺光的理论研究日本，试图做出更有解释力的日本研究。滨口对日本人论的批评有一定的道理，如本尼迪克特的耻感文化所用的就是不考虑与社会关系和文化互动的人格理论进行分析的，但必须指出，滨口的研究成果其实是得益于许烺光心理人类学。他将许烺光心理人类学全面地引进了日本，并做了日本化的工作。

许烺光研究日本的目的之一是完善许氏假说。在许氏假说中，中国与日本同属父子关系占优势地位，但中国社会与日本社会明显表征出不同的文化特性。祖父江孝男指出："许烺光认为日本是父子关系占优势地位。在日本的确父亲拥有威权，而且父系传承受到强调。但在某些情感层面，母子关系却非常重要。"③ 如果这个问题不解决，许氏假说将不能自圆其说，经过实地调研，许烺光发现中国与日本在亲属关系结构方面的差异，如中国盛行诸子均分制，而日本则是长子继承制，在中国婿养子较为少见，在日本婿养子更为常见，且可合法继承等问题，因此，提出"亚优势关系"作为"优势关系"的次要变量，加以完善，除此之外，一系列关于大规模文明社会研究的层面都没有展开。这留给滨口发挥的空间。但严格地说，滨口没有做出重要的理论变革，他只是以一套新的概念体系（特别是日语的）取代旧的概念体系。

诚然，滨口也曾修正许烺光的学说，如他认为"情境中心"属于行为基准层次的表述，与个人中心和超自然中心并不属于同一个维度，因

---

① 滨口惠俊：『日本研究原論』，第 27～29 页。
② 滨口惠俊：『日本研究原論』，第 15 页。
③ Francis L. K. Hsu, ed., *Kinship and Culture*, Chicago：Aldine Pub. Co., 1971, p. 284.

此，提出"标准型行为""规范型行为""定律型行为"作为日本人、美国人和印度人行为基准的三种类型；也在许烺光的"责任与酬报比率公式"的基础上提出了"信用借贷型"和"好意优先型"这两个概念。但其他面向的内容，如自我意识、自我认知、文化基础等都没有论述。而且，后来他把焦点放在日本与西方的对比之上，不再描述中国与印度的情况。

笔者认为，这也许是因为他不了解中国与印度社会的情况，所以选泽了淡化；也可能是因为没有能力解决理论的问题，所以选择了忽视。然而，他把注意力放在日本与西方的对比之上导致的直接后果就是，不仅不能解决许烺光学说存在的问题，而且其问题也遗留在他的研究之中。敏锐的读者很容易就联想到，滨口所描述的间人主义、间人社会的各种特征，似乎不是日本所独有，其他非西方社会，如中国、印度和东南亚也可以发现同样的特点。① 他放大了对词的表述问题。

毋庸讳言，尚会鹏使用的间人概念来自滨口。他认为，滨口的问题是在两个层次上使用"间人"这个概念。第一个是相对于西方"个人"的层次。第二个是强调日本特性层次。② 他把"间人"作为强调人的相互性为特点的基本人际状态类型，并且把缘人、伦人、阶序人作为间人基本人际状态的亚类型进行对比。当然更重要的是，他提出了等意义交换理论、自我认知理论、心理文化取向理论等作为整体人模型的支柱。

尚会鹏把滨口提出的一些概念做了相对化的处理。例如，第一，区分出情感控制的文化机制中伦人与缘人抑制型的差异，与个人的压抑型、阶序人的障碍型进行对比。第二，区分出伦人相互依赖型自我与缘人自他协调型自我在自我认知上的区别，与个人的独立自我、阶序人的神性自我进行对比。第三，把对人关系中心作为缘人的心理文化取向，与伦人的人伦中心取向、极致个人的个人中心取向、阶序人的超自然中心进行对比。

缘人这个概念的提出受到滨口的启发。滨口也研究过"缘"，曾阐述了佛教"缘"的社会学意义，并且认为日本人的人际关系（间柄）是由

---

① 参见尚会鹏《"缘人"：日本人的"基本人际状态"》，《日本学刊》2006 年第 3 期。
② 参见尚会鹏《"缘人"：日本人的"基本人际状态"》，《日本学刊》2006 年第 3 期。

"缘"结成的。[1]尚会鹏在他的影响下，把缘人这个术语作为日本人基本人际状态学名，其理由有三：（1）"缘"字更能体现日本人人际关系模式的特点；（2）日语中用"缘"指称人际关系的词语、惯用语、谚语较多；（3）"缘人"概念也与许烺光提出的日本社会集团的缔结原则——"缘–约原理"概念有很好的兼容性。[2]

滨口可以说只是做了许烺光心理人类学的"补丁"工作，即提出一个修护漏洞的补丁包，主要目的是更合理地解释日本人的行为。尚会鹏则从根本上解决了许烺光的根本问题。他提出功能更强、漏洞更少的新版本，力图在内核上进行更新换代。如果以"视窗 XP"来比喻许烺光的心理人类学，那么滨口惠俊则是打上补丁的"视窗 XP SP2"，[3] 尚会鹏是提出新版本的"视窗 7"。

四　缘人模型的评价与问题

利用心理分析研究文化的视角，从"文化与人格研究"到"心理人类学"再到"心理文化学"，经历了三个阶段的发展，方法论亦有重大的变革。这三个阶段都有学者对日本进行了研究。文化与人格研究的代表人物是本尼迪克特。在《菊与刀》中，她以"耻感文化"和"罪感文化"概括了日本与西方的差别，较为清晰地说明了日本人的行为特点。但她受到心理学理论的局限，不能避免以婴幼儿时期不愉快的经历来解释日本人的人格问题。[4] 心理人类学的代表人物自然是许烺光。他完善了许氏假说，并且饶富启示地指出次级团体的组织形式——缘–约原理对理解日本人行为的要点。但从理论创新层面上来说，他把日本人维持心理社会均衡的方式与中国人、印度人、美国人进行比较，可能更具有价值。滨口惠俊尽管提出了"间人主义"揭示日本人的行为模式原理，但严格地说，他只是做了心理人类学的日本化工作，从理论创新上来说，他无疑是缺位

---

① 滨口惠俊：『日本らしさの再発見』，第 119 页。

② 参见尚会鹏《"缘人"：日本人的"基本人际状态"》，《日本学刊》2006 年第 3 期。

③ Service Pack 直译是服务包，一般说法是补丁，用途是修补系统、大型软件中的安全漏洞。

④ 如本尼迪克特所指出的，日本人双重性格的形成是源自日本幼儿教养和成人教养的不连续性。〔美〕鲁思·本尼迪克特：《菊与刀——日本文化诸模式》，第 199 页。

的。尚会鹏的研究给人耳目一新的感觉。他在早期也做了不少日本方面的研究，但直到出版了《心理文化学要义》一书，才完成了对许烺光心理人类学的更新与换代。总的来说，尚会鹏的心理文化学有以下几个特点。

第一，人类学家一向主张家庭是社会的根本，他们研究亲属关系，通过血缘和婚姻的复杂关系网络，试图揭示社会的整体面貌。许烺光出身英国功能主义学派。虽然他后来成为心理人类学的主要创始人，但始终坚持以亲属关系来解释个人与文明总体发展趋势的关系。在他的理论体系中，许氏假说、次级团体假说和 PSH 模型具有同样重要的地位。尚会鹏则把基本人际状态作为整个理论体系的核心，将许氏假说、次级团体假说限定在说明人在缔结集团方面的特点，作为基本人际状态的一个维度。① 两人相较，许烺光是以"亲属关系"为中心，尚会鹏则是以"基本人际状态"为中心。心理人类学到心理文化学的发展，就是由以"亲属关系"为中心向以"基本人际状态"为中心的理论体系转变。

第二，尚会鹏以基本人际状态为中心，构建了一个以 PSH 模型为核心，以许氏假说、次级团体假说、等意义交换理论、自我认知理论、情感控制理论为支柱，以三类别层次需要论、心理文化取向理论为辅助的完整理论体系。这就是所谓的"整体人模型"。等意义交换理论、自我认知理论等也可单独用来解释人的行为的某一部分。前文提到的缘人、伦人的每一个维度的特点，都能从这些理论之中找到支撑。但心理文化学的价值就凸显在它是结合了这些不同的维度来解释人的行为。尚会鹏认为，它们的有机结合构成了一个人的整体。过去，这个学派以解构个人行为和社会总体发展趋势的关系为旨趣，但它所需考虑的变量关系相当复杂，不易把握。文化与人格研究把问题简单化，遭到严厉的批评，而尚会鹏把基本人际状态作为理论体系的核心，是将重心转移到解释人的行为的原理上。在他的研究中，看不到日本人的性格是什么因素造就之类的描述。他不再试图阐明它与文化之间的因果关系，而是力图打造一个解释人类行为的元学问。

第三，尚会鹏描绘的整体人，包括缘人、伦人、阶序人、极致个人等，都是一个模型，不是指具体的某一个人。从文化与人格研究开始，一

① 参见尚会鹏《心理文化学要义：大规模文明社会比较研究的理论与方法》，第 96~97 页。

直有学者批评这个视角的研究忽略了历史变化的因素，认为它描述的国民性或基本人格，是过去的人而不是现今的人。但是，尚会鹏的整体人模型可以避免这个问题，因为它描述的是"人的原型"，指一个社会的每一个人所具有的共性。以中文的语言来比喻，就是那个"以北京语音为标准音，以北方话为基础方言、以典范的现代白话文著作为语法规范"的现代标准汉语。本尼迪克特和许烺光等人都是以具体的集合名词来指称研究对象。这导致读者经常以自身的经历来检视作者的描述。假使它与读者的个人经历不符，便质疑作者的研究。实际上，个人经历并不能代表整体，个人与文化整体之间的关系不是那么简单。① 但给研究对象命名需要学理上的支撑，不是以一个名词取代另一个名词而已。尚会鹏给不同民族的基本人际状态进行分类，并做了理论上的升级，才解决了这个问题。他使研究"人的原型"成为一种可能。

第四，缘人模型是基于情感人假设构建的。在模型建构的过程中，由于难以同时考虑理性因素和非理性因素，如"人心"或"情感"等，现代科学研究倾向剥离人的非理性因素。因为基于这样的前提假设，所需处理的变量较少，也更容易控制，如博弈论、现代交换理论、经济学理论、国际关系理论，都是基于"理性人"假设构建的理论。但许烺光提出了"情感人"假设。他主张人的行为受到情感模式的主导，并以此假设建构了 PSH 模型。以基本人际状态为核心的整体人模型当然也是建基于情感人假设，它所能解释的范围与"经济人假设"并不相同。从国际关系领域来看，日本发动侵略战争等问题，都可以把它归结到现实主义强调的理性因素，即追求国家利益。但用缘人模型来做解释，日本向外扩张可能是为了追求国际秩序中的等级序列，所反映的是缘人在家元中对序列的敏感。② 近年来不少西方学者以现实主义的观点解释中国的国家行为。他们指出，中国在非洲援助的背后目的是一种殖民扩张。③ 可是，从伦人的角

---

① 参见游国龙《许烺光的大规模文明社会比较理论研究》，社会科学文献出版社，2013。
② 参见游国龙《序列意识与大东亚共荣圈——对二战时期日本国家行为的心理文化学解读》，《日本学刊》2013 年第 2 期。
③ 中国在非洲的行为已被一些西方学者解释为掠夺非洲资源，这方面与西方无区别。参见李安山《为中国正名——中国的非洲战略与国家形象》，《世界经济与政治》2008年第 4 期。

度来看，中国自古以来对领土就没有野心，伦人没有宣扬儒家价值观的动力，也没有改变异民族生活方式的企图。明朝就有郑和带领军队来到非洲，但没有留下一处殖民地。[1] 理性因素强调的是普遍性，情感因素强调的是差异性，两者的解释范围有较大差别。就此问题来看，考虑情感因素或许更有解释力。[2]

第五，整体人模型分为集团、社会交换、情感控制的文化机制、自我认知等四个维度。尚会鹏从这四个面向来分析人的行为。尽管这个学派主张整体性研究，但严格地说，没有一个学者能顾及人的行为的各个面向。本尼迪克特是从报恩、情义、人情、道德等几个面向研究日本人的行为。滨口则涉及行为基准、价值观、道德、人际关系等。但他们并没有很好地理顺这些行为之间的关系。尚会鹏把前人的研究成果较好地整合到整体人模型中。他虽是以许烺光的 PSH 模型为基础，但滨口的行为基准类型作为情感控制的文化机制中的行为上表征融合进来，本尼迪克特的耻感和罪感则成为心理上表征的一个环节。他使整体人模型成为一个完整的体系。然而，这个整体人模型仍是极其简化的结果，许多方面的面向并没有涉及。例如，育儿方式和社会化是文化传承的关键，而且，事实也表明不同民族的育儿方式存在差异，对人的行为有很深的影响。宗教信仰与人神关系、择偶与婚姻形式等，同样都是行为中很重要的一部分，但在它的模型中付之阙如。因此，尚会鹏的整体人尽管有自成体系的特点，但解释范围稍嫌不足，如果能涵盖更多面向的内容，那么才会有更大的解释力。

PSH 模型与中国文化背景有密切联系。它是中国儒家的修、齐、治、平的思想，以及中国文化中的"平衡""中和"思想，在心理学理论上的体现。[3] 它代表中国学者对人类相互理解所做的努力，是中国学者所做的理论创新。滨口在几十年前就批评以西方的学术话语体系来理解日本

---

① 参见尚会鹏《"和谐"与"伦人"的心理社会均衡模式——心理文化学角度的探讨》，《国际政治研究》2012 年第 2 期。

② 关于缘人的应用，参见张建立《日本人亲美疏华的原因浅析——从心理文化学的视角》，《日本学刊》2011 年第 4 期；张建立《日本人与中国人的感情模式特征简论——以"侘茶乐境"与"孔颜乐处"为中心》，《日本学刊》2009 年第 6 期。

③ 参见尚会鹏《许烺光的心理社会均衡理论及其中国文化背景》，《国际政治研究》2006 年第 4 期。

人的问题。现今中日两国之间相互理解的矛盾，是不是多少也受到西方的话语体系的囿限？不论如何，缘人与伦人模型是中国学者为理解日本人行为模式提出的一个尝试，它或许能为中日相互理解提供一个有价值的参考。

中 编

心理文化学视角下的日本人

第七章 "缘人"：日本人的 "基本人际状态"

一 探讨日本人行为模式的努力

论者常有"个人主义的西方""集团主义的东方"之说，给出日本人完全埋没于所在组织中而"缺乏主体性""没有自我"等结论。[①] 显然，这种见解是将一种"有主体性"和"有自我"的社会（实际上是美欧个人主义社会）作为参照物来立论的，蕴含"不成熟""欠发达"的贬义。另一些学者则看到采用主要基于西方经验的社会科学概念解释日本人的行为时所遇到的困难，试图摆脱西方中心论的立场。他们从日本社会某些特有的范畴出发来解释日本人和日本社会，例如土居健郎的"娇宠"理论企图表述日本人独特的文化心理特征，[②] 中根千枝的"纵式社会"理论则试图描述日本人人际关系方面的特点等。[③] 他们虽不同程度地认识到西方概念用于描述日本社会之不妥，[④] 但他们在强调日本社会文化的独特之处时，仍多少给人"西方正常，日本特殊"之感觉，尽管他们可能并非有

---

① 如美国学者、外交家 Edwin O. Reischauer 的 *The Japanese*（中文版：埃德温·赖肖尔著《日本人》，上海译文出版社，1980），日本学者南博的『日本的自我』（岩波新书，1983）等，都有类似的看法。
② 对该理论的评介，参见尚会鹏《土居健郎的"娇宠"理论与日本人和日本社会》，《日本学刊》1997 年第 1 期。
③ 中根千枝：『タテ社会の人間関係』，讲谈社，1967。对该理论的评论参见尚会鹏《中根千枝的"纵式社会"理论浅析》，《日本问题研究》1997 年第 1 期。
④ 中根千枝将之喻为"做和服不用鲸尺而用米尺"。采用米尺做和服，尺寸会出现许多零头，如"28 厘米零 3 毫米"之类，倘若把厘米或毫米以下的零头舍去，做出来的和服就不像样子了。见中根千枝『タテ社会の人間関係』，第 14~15 页。

意为之而且许多时候否认这一点。

战后日本的经济奇迹大大增强了日本人的自信，这在学术界的一个反应就是人们对西方中心主义的研究方法进行更多的反思。一些学者从方法论上着手建立分析日本社会的新范式，这在所谓"日本文明学派"① 的一些学者的理论中有较多体现。这些学者不再满足于日本"亚流文化""卫星文明"的定位，而是视日本为一个独立的文明体系（如梅棹忠夫的《文明的生态史观序说》），有的学者甚至走得更远，认为日本文明是比西方和中国更为优越的文明（如公文俊平的"日本网络文明理论"）等。滨口惠俊可以说是"日本文明学派"的一个重要代表人物。他受美国心理人类学家许烺光的影响（他是许著 *Clan, Caste and Club* 日文版的译者之一），其理论具有心理学色彩。他首先设问：如果说日本人"没有主体性"，那么为什么能够实现经济的高度成长呢？他从"人的系统"角度出发，认为问题出在研究者所使用的"个人"（the individual）这个主要基于西方经验的概念上。对此他提出了与个人相对的概念——"间人"，用以指称日本的"人的系统"。日语称人为 ningenn，汉字作"人间"，滨口将"人间"词序作一颠倒，创造出"间人"（英语表述是 the contextual）一词。"间人"的"间"指人际关系。应当指出，这不是简单的词序上的变化，"人间"的含义是"人"，而"间人"含义为"重视相互作用之人"，后者描述的实是一种"人的系统"② 或"人的生存状态"，也是一种新的研究范式。"个人"强调的是"个"（个体），而"间人"强调的是"间"（相互关系），即个体更趋于参照他人的行为决定自己的行为，可以说是一种"与他人相协调的个人"。个人模式下的个体是在界限清晰的条件下相互作用的，而且各人趋于将相互作用作为手段，而在"间人"模式下的个体界限不明确，相互有共有的生活空间，而且各人都将这个共有空间视为人存在的必不可少之要素。这种状态下的人与其说是独立的个

---

① "日本文明学派"是日本人类学家祖父江孝男对日本研究文明与文化学者的称呼。以伊东俊太郎（『比較文明学』）、梅棹忠夫（『文明の生態史観序説』）、上山春平（主编『日本文明史』7 卷）为先驱。

② 滨口惠俊：『日本型モデルとは何か　国際化時代におけるメリットとデメリット』，新耀社，1993，第 7～8 页。

体，不如说是一种"关系体"。人的本质是"相互性"而非"个体性"，人的存在如自然界的基本粒子那样，离开了相互关系就无从界定。而且从世界范围看，"间人"也是比"个人"更为普遍的生存状态。①

滨口惠俊概括了"间人主义"与"个人主义"相对照的三个特征。②第一，相互依赖。人不能独立存在，相互依赖必不可少，照顾别人并从别人那里得到照顾。而个人主义则是这样一种理念：将自我建立在明确的人格意识之上并将其视为社会生活之中心，不依赖他人，也拒绝被人依赖，只依赖自己并自己承担责任。第二，相互信赖。为了实现相互依赖，必须信赖他人，即相信对于自己的行为，他人会在理解的基础上做出回应。而个人主义则是自我依赖，个体具有一种潜在的对他人的不信赖。第三，将对人关系视为目的。在相互信赖基础上建立起来的关系，并非出于策略的考虑加以利用，而是作为有价值的东西来尊敬，并希望无条件持续这种关系。而在个人主义情况下，个人把与他人之间建立起来的关系只是作为个人存续的手段加以利用。③

"间人"概念是滨口氏整个理论的核心，由此概念出发，与"间人"相关的价值观体系称为"间人主义"。滨口相信这是一种完全不同于西方"个人主义"的、支撑着整个日本人人际关系的东西。他认为日本社会的现代化走的是一条完全不同于西方"个人主义"的"间人主义"道路，其基本特点是：个人没有被"原子化"，强调群体利益和群体的和谐，相互信赖和相互依赖。滨口不同意用"集团主义"概念描述日本人的行为，主张用"作为方法论的间人主义"取代"作为方法论的个人主义"。

笔者并不完全同意滨口氏的这些概括。他的理论与其他"日本文明学派"的学者一样，都有过高评价日本文明的独特性和优越性、过低评价"个人主义"的倾向，他的理论的这个缺点尤其被自20世纪90年代日本泡沫经济崩溃以后的事实所证明。但笔者高度评价他从"人的系统"的角度提出问题的研究方法，他的努力旨在提出一种新的研究范式，从根本上改变日本社会文化研究中西方中心论的倾向。我们知道日语中的

---

① 滨口惠俊：『日本研究原論』，第22页。
② 滨口惠俊：『日本研究原論』，第27～29页。
③ 滨口惠俊、公文俊平编『日本式の集団主義』，有斐阁，1982，第22页。

"个人""社会"等词皆为西文之译语，日本把 society 译为"社会"、把 individual 译为"个人"分别是明治十年（1877）和明治十七年（1884）的事。① 这些概念虽然被翻译成汉字，但由于日本社会基础与西方不同②，用于描述日本（可能还有其他非西方社会）时，所指内容自然与西方不同，而研究者往往忽视这个问题。滨口试图告诉人们，日本人的行为方式与西方人的差异不是程度上的而是生活原理上的，故在描述日本社会和文化时也要用新的范式。"间人"理论是日本很有名的"日本人论"或"日本文化论"的一个理论流派。应当指出，中日共享汉字资源并在创造新概念上相互影响，滨口试图摆脱来自西方的翻译概念、利用汉字资源创造新的更具有本土特色的研究范式的做法对于我们的研究工作具有借鉴意义。

但用"间人"概念指称日本人的"人的系统"也存在问题。笔者发现滨口是在两个层次上使用这个概念的：第一，相对于西方"个人"的层次。在这个层次上，"间人"不是强调人的独立性而是强调人的相互性，人不是独立的个体而是一种"关系体"。不过应当指出的是，滨口在这个层次上指出的"间人主义"以及"间人社会"诸特征，似乎并非日本所特有，其他非西方社会（如中国、印度以及东南亚）社会似乎也具有这样的特点。第二，不仅相对于西方，还相对于其他非西方社会，即"日本特性"（日本らしさ）的层次。滨口也注意到了同是东方社会而人的生存状态却不同这一事实，并试图概括日本人所特有的东西，如行为上的"协调主义"以及"恩义"关系等，并将这些特征赋予"间人"概念。笔者认为，用"间人"以及与之相联系的"间人主义"来概括这两个层次的内容不大妥当，用"间人主义"指称日本人人际关系模式正像用"关系取向"③指称中国人一样，没有抓住研究对象最突出的特点。笔者认为应考虑将两个层次的内容加以区分。"间人"和"间人主义"可以

---

① 中国在近代是从日本借用了这些译词，故使用时间应更后。

② 日本学者阿部谨也说过类似的话：贯穿日本的有两个系统，一个是明治以来的现代化的社会系统，另一个是历史的、传统的系统。西方社会以独立的个人为前提，社会是由一个一个有尊严的个人组成的。与西方社会不同，日本的"世间"没有个人。阿部谨也：『世間とは何か』，讲谈社，1995，第 32 页。

③ 关于"关系取向"用于描述中国人的基本人际状态之不妥，以及中国人的基本人际状态模式，笔者拟另文阐述。

用在与"个人"和"个人主义"相对应的层次。此外，我们还需要一个专门描述日本人特有的人际关系模式的下位概念。

二　"缘人"：日本人的"基本人际状态"

笔者建议用"缘人"概念来表述日本人的"基本人际状态"。这里有必要先说明一下什么是"基本人际状态"。

所谓"基本人际状态"与滨口氏所称的"人的系统"含义相似，是对人与人相互认知和交流系统的统称。"人际状态"描述的是人处于一种怎样的与他人相互作用的系统之中。它不是指个体之人，它比个体人的概念大，但也不是指群体。它描述的是一种关系或状态，实际上将其理解为某种"场"更为合适。"基本人际状态"是文化对"人"的设计，它是某种类似生物学上的"基因"的东西，具有稳定性。这个概念最早是美国华裔人类学家许烺光提出来的，① 他认为"人"是一个心理和社会的平衡体，称为"心理社会均衡"。该平衡体由内向外分为 8 个同心圆，依次为：无意识、前意识、限表意识、可表意识、亲密的社会关系与文化、作用的社会关系与文化、远离的社会关系与文化、外部世界。其中的"亲密的社会关系与文化"层和"可表意识"层最重要，这两层加上少许"作用的社会关系与文化"层和少许"限表意识"层，组成他称之为 human constant 的部分②，这就是中国文化中的"人"的概念。日语文献将 human constant 译作"人间常相"，笔者认为译为"基本人际状态"较妥。这一部分因文化的不同而不同，但无论对哪一种文化中的人，这一部分都像水和空气一样必不可少。"基本人际状态"依照对人的两种基本属性——独立性和相互性——的强调不同可分为两大类，一类为"个人"③

---

① 该理论的详细阐述请参见〔美〕许烺光《彻底个人主义再省思》，许木柱译，南天书局，2001。
② 台湾地区出版的出版物将其译为"不变的人性常数"，笔者认为也不妥，因为这里的 constant 不是一个数字而是一种状态。
③ 法国社会学家 Louis Dumont 认为"个人"有两种含义，一种是在各种社会都能看到的、经验性的行为主体，即"个体之人"；另一种是作为理性存在和制度规范主体的个人，并与自由平等之类的价值相联系。这个意义上的"个人"是"西方社会所特有、由西方社会制造出来的理念型、理想型的表象"。（Louis Dumont, *Homo Hierarchicus: The Caste and its Implications*, translated by Mark Saintsbury, Louis Dumont and Basia Gualti, 1980, p. 18）所谓"个人主义""个人社会"概念都是这后一种含义。这种含义上的"个人"实际上是指一种由文化形塑的"基本人际状态"。

类型，这是一种以"强调人的个体性、弱化人的相互性"为特点的基本人际状态，在此基础上建立的典型社会是近代美欧社会；另一类型以"强调人的相互性、弱化人的个体性"为特点，我们姑且用滨口的"间人"概念谓之。这种状态下的人与其说是独立的个体，毋宁说是一种"关系体"。"间人"类型又可分为若干亚类型，"缘人"是"间人"的一个下位概念，是"间人"的一种亚类型，专指日本人的"基本人际状态"。

"缘人"这种基本人际状态的许多特征已为包括滨口在内的许多学者加以描述，这里需要根据一定的理论框架将这些特征加以概括和系统化。笔者认为许烺光的 PSH 模型是一个有效的分析工具，在对这个模型做若干修正和完善后可用来描述"缘人"的基本特征。笔者将该模式的两个方面（心理和社会）进一步细化为四个方面，即将心理方面进一步分为"自我认知"和"情感模式"，将社会方面进一步细化为"交换模式"和"基本群型"两方面。① 以下尝试从这四个方面把握"缘人"这种日本人的"基本人际状态"，指出那些不仅与西方的个人也与同属东方的其他社会（如中国）的基本人际状态区别开来的日本人人际关系的特征。② 笔者认为正是这些特征构成滨口所探求的真正的"日本特性"。

1. 自我认知

相对于西方"个人"状态下人的自我认知强调作为生物体基础的个体、社会生活较趋近有机体的基础，日本人和中国人（他们都属于滨口所称的"间人"）都是在一个关系密切的人际圈子中认知自我的，社会生活不是趋于个体而是趋于与他人的关系，而且这种关系都分为远近不同的若干圈子：最内一圈是"亲人"（日语称"身内"）组成的，最外一圈是生人（日语称"他人"）组成，中间是熟人、朋友、同事等（日语称"仲间"）。但"缘人"的自我认知的参照群体最主要特征是：第一，亲属集团虽也很重要，但不处于绝对优先地位，亲属集团不那么恒定、持久，有一定的可转换性，即亲属集团中包括一些他有"缘"遇到的非血缘关系者。第二，"缘人"的几个人际关系圈子中的"自己"不那么明显，这

---

① 对该模型的修正，拟另文详述。
② 以下内容，有的是滨口提到的，有的是其他学者提到的，有的是笔者认为应当补充的。

与中国人的以明显的"自己"为中心的同心圆式的人际圈子（费孝通所称的"差序格局"）相区别。第三，"缘人"圈子也有某种序列，但这种序列不完全像中国那样依据血缘的远近、人的角色以及与之相联系的人伦秩序规范，它还考虑其他差别，如年龄、性别、学历、力量、才能以及情境等。

2. 情感模式

情感模式包括"情感配置"和"情感控制"两部分。"缘人"的情感配置和控制机制与中国人相近，但不像中国人那样完全指向近亲者集团，而更强调个体所处的"情境"以及在此情境中的相对"位置"，也就是说，个体情感的配置具有更大的灵活性。日本人情感配置允许将情感指向某种绝对或神圣之物。但这个绝对一般既不是神明也不是灵魂之类，而多是某个权威人物，这就是绝对忠的思想。另外，也允许指向对原始情欲、兽性冲动的留恋欢娱。在情感控制（或称情理转换）方面，相对于西方"个人"的情感主要控制机制是"压抑"（repressinon）型，"缘人"状态下情感的主要控制机制与中国人一样也是"抑制"（suppression）型的，[①] 这是指个体主要不是将那些与社会文化要求不符的原始欲望和情感强行压制到潜意识中，而是将其抑制到较浅的意识层次（譬如限表意识或前意识）中，而且情理转换的压力主要不是来自个体内心深处的某种抽象观念而是来自个体所处的具体的社会情境。这种控制机制的表征有：行为上的"情境中心"取向、对"耻"的敏感以及带有表演性质的人生等。但"缘人"不像中国人那样感情高度伦理化和角色化，不是将伦常纲纪而是将"世间"的议论、他人的评论等作为情感控制的压力，个体与他者有较强的共情能力和更强的参照他者调整自己行为的"协调主义"特点。

3. 交换模式

属于"非对称"交换类型。滨口概括为"好意优先性型"（思い遣り先行型）交换关系。[②] 交往圈子内存在恩义关系，强调恩、义理、人情在

---

① 〔美〕许烺光：《抑制与压抑：以四个文化为例的心理学诠释》，《彻底个人主义再省思》，第124页。
② 滨口惠俊：『日本らしさの再発見』，第116页。

人的联结中的作用。但与中国不同的是，亲属圈子中的交换关系既不是自动还报的，酬报的比例也不是大体平衡的，而是根据在集团中的秩序和地位，比例或高或低，而且任何人都可以成为施恩者。一旦结成施受关系，一般是长期的，很多情况下甚至是终身的。"缘人"对三个圈的人采用不同法则：对于"身内"适用"娇宠"法则，是"甘える"与"甘えられる"的关系。对"仲间"适用"义理"法则。对"他人"则是没有感情的交换和竞争法则。但"身内"、"仲间"以及"他人"之间具有较大的可转换性。

4. 基本群型

"家元"是"缘人"状态下的个体所缔结的典型群体，也是这种基本人际状态最适合的外部表现形式。这种群体既带有某种家族的特点又具有某种契约组织的特点。就是将亲属集团的法则经过改造复制到二次集团中。缔结这种集团的原则是许烺光提出的"缘约原则"。"家元"组织的特点以多少淡化的形式出现在日本社会所有二次集团中。

当然，上述每个方面都有很大的分析空间，皆可撰一部专著细述，限于篇幅，这里只是撮其概要而已。

与"缘人"相关的价值观可称为"缘人主义"，由"缘人"缔结的社会可称为"缘人社会"。"缘人主义"和"缘人社会"也可以分别概括出若干特征，但同样限于篇幅，不拟在这里阐述。

三　"缘人"概念的日本文化本土特色

《说文解字》中说："缘，衣纯（装饰衣边）也，从糸，篆声。"日语中的"缘"字含义大体与汉语同。《广辞苑》上的几种含义是：边缘；佛教中指产生结果的助因，是与直接原因（因）相对的间接条件，如前世的缘；关系；人与人之间的关系，婚姻关系。"缘"的中国式读法为en，日本读法（訓読）有二：一为"enishi"，二为"yukari"。可见在"缘"这个汉字输入日本前，日本语言中就有这样的概念。

笔者主张用"缘人"概念指称日本人的"基本人际状态"的主要理由如下。

第一，"缘"字更能体现日本人人际关系模式的特点。"缘"是佛教的"缘起"（Pratityasamutpāta）之简称，佛教认为世上一切事物和现象的生起都由相待（相对）的相互关系和条件决定，离开关系和条件就不能生起任何事物，世界万象乃一大因果关系链。此谓"诸法（事物）因缘生，缘尽法还灭"。"若此有则彼有，若此生则彼生；若此无则彼无，若此灭则彼灭。"这种观点所体现的对人际关系的看法与日本文化对人的认知特点十分吻合。（1）人际关系的相关性。"是以一种巨大的时间和空间上的延展为前提。在这里，对人关系并非始于个人与个人的相会，而是本来就存在一个规模无限大的人与人的连锁系统，从这个大系统出发，特定者之间的关系仅仅是大系统的一个子系统。所以，某些特定的对人关系并不是自我完结的自主的圈子，而是与其他存在相关联并直接或间接受影响。这是一种相对的观点。""这种看法与西方的'由于人的相互不连续才产生了对人关系'的看法正相反。欧美的社会心理学理论的基础是两个相互独立的个人之间展开的相互作用（interaction）。总之，在'缘'这种观念之下，可以看出人的关系只有在连续中才能成立。"[1]（2）人际关系的相对性。个人、家庭、社会、国家、世界，一切皆因缘所成，因缘变化，人、事、物也随之而变化。日本人在讲"缘"的时候，也是从相对的观点来理解人际关系的。这与日本人时时参照他人的行为调整自－他关系（所谓"协调主义"）相契合。此外，缘起思想强调不以私我为中心（无我），无常、世间的是非、善恶、美丑、利害、祸福不过是缘起下的假象等看法，与日本人主要认知群体中缺乏"自己"这个中心相关联，与个体行为的更大的情境伦理取向有较大的契合。（3）人际关系的随机性和某种不可思议性。这主要指人际关系缔结的机缘。滨口这样用现代科学语言解释佛教的"缘"："在考虑独立变量（原因）与从属变量（结果）关系的时候，若不考虑两个变量之间的媒介变量以及与两个变量相关的其他多数外在变量的影响，就无法正确理解。把握许多媒介变量和外在变量，即把握'缘'，才能正确理解因果关系。当然，实际上，正确把握间接变量是很困难的，所以'缘'有某种不可思议性。"[2] 人与人关系

---

[1] 滨口惠俊：『日本らしさの再発見』，第133页。

[2] 滨口惠俊：『日本らしさの再発見』，第133页。

的缔结在某种程度上也可以说是一种随机现象，即同样的人，在同样的条件下，并不总是出现相同结果，可能发生的结果不止一个，而且发生哪种结果事先无法预知。最典型的例子如婚姻，与谁结婚可以说是随机的，和一个完全陌生的人走到一起常常使我们感到不可思议。有时候我们就用"缘分"来解释这种随机性和不可思议性。日本社会人际关系缔结的一个主要特点不是强调成员的"资格"而强调共同活动的"场"，① 即具有不同资格的人出于某种偶然的原因走到一起，除了血缘、地缘等因素外，业缘、社（会社）缘，甚至一次旅行、一次偶然聚会等皆可成为缔结密切关系的机缘并可能长期延续这种关系。这样的社会比强调"资格"的社会缔结人际关系具有更大的随机性。日本以"缘"字结合的描述社会形态的词语很多。例如，日本著名评论家堺屋太一认为，传统日本社会是以血缘、地缘为纽带的社会，战后是以工作单位——会社——为媒介的"职缘社会"，今后的日本发展趋势是以个人爱好、兴趣为中心缔结的所谓"好缘社会"。此外，日语中还有许多类似的词语，如以知识为媒介缔结的"知缘社会""学缘社会"等。该词极强的造词能力所表明的可能是这样的事实：某种带有偶然性的因素是日本缔结社会集团的重要机缘。"缘"字可突出这些特点而"间"字却不能。因此笔者认为"缘人"这个概念比"间人"更能准确地描述日本人的基本人际状态的神髓。

第二，日语中用"缘"指称人际关系的词语、惯用语、谚语较多。② 据笔者的了解，与"缘"字有关的惯用语如下。

縁と浮世は末を待て／缘分和机会都要等待

縁なき衆生は度し難し／无缘众生难超度

縁につける／嫁女

---

① 关于这一点，笔者在《中国人与日本人：社会集团、行为方式和文化心理的比较研究》（北京大学出版社，1998）中有详论。

② 日语词典中虽没有"缘人"一词，但似乎比"间人"更易被接受。例如，2004 年 10 月，日本电视台播放一个电视系列节目《缘人》，主要讲成功人士背后的支持者或与成功者关系密切的人。该节目的开篇词是："人，单个人一事无成。在那辉煌光环的后面，定有不可缺少的另一个人的存在，以一种强烈的关系相连接，灵魂彼此融合，内在的力量，内在的头脑。正是这样的人，我们称之为'缘人'（engine）。"

縁につながる/有血缘关系

縁に繋がれば唐の物/缘分之事不可预料

縁は異なもの味なもの／男女之缘不可思议

縁もゆかりもない／无缘无故

縁を切る／断绝关系（尤指血缘关系）

縁を離る/脱离世俗生活

縁を結ぶ/结缘（夫妇、养子或者其他关系）

袖ふれ合うも他生の縁/人生何处不相逢，皆因前世因缘定

平时讲话的时候，诸如"これも何かのご縁で"（这也许是由于某种缘分……）、"これも腐れ縁か"（恶缘）等也都是使用频率较高的表达方式。相比之下，日语中用"间"来描述人际关系的词语却少得多。根据笔者的初步调查，只有"人间"和"间柄"两个。这也说明"缘"字是一个使用更广、具有更大的社会学意义，也更具有日本本土特色的一个词，[1] 用它来表述日本人的基本人际状态更妥。

第三，已有学者注意到"缘"字的社会学意义并尝试用它表述日本人人际关系和日本社会的特征，"缘人"概念与他们的探讨相兼容。滨口本人除了阐述佛教"缘"的社会学意义外，还认为日本人的人际关系（间柄）是由"缘"结成的。[2] 学者增原良彦也提出，相对于西方的"契约社会"，日本是"缘社会"。[3] 用笔者提出的概念来看，"缘社会"即"缘人社会"（相对于西方的"个人社会"）。"缘人"概念也与许烺光提出的日本社会集团的缔结原则——"缘－约原则"（kin－tract principle）概念有很好的兼容性。根据许烺光的解释，"缘－约原则"是这样一种原则：一群人为了某一共同的目标，在共同的意识形态下采取共同的行动、遵守共同的规定并自发地结合在一起。这一原则部分根植于亲属组

---

① 在中文语境中，"缘人"也是一个比"间人"更易懂、更易接受的词。但根据笔者的研究，中文语境中"缘"的使用范围要比在日语语境中小，用在人际关系方面的"缘"多专指男女在婚姻或者感情方面不可思议的联系。

② 滨口惠俊：『日本らしさの再発見』，第 119 页。

③ 增原良彦：『「緣社会」と人間関係：仏教と共に生きてきた日本人の思考と行動原理』，PHP 研究所，1983。增原良彦在『"建前"と"本音"』（讲谈社现代新书，1984）中也阐述过这个概念。

织，部分根植于契约。故家元既有家族组织的特点又有契约组织的特点。日本学者滨口惠俊在征得许烺光的同意后，给这一原则下了这样的补充定义："不管组织方面是否遵守了事先的约定和安排，仍对拟亲属组织（pseudo‑kinship organization）无限定地、自发地尽忠"。① 这个特点也与"缘人"概念相一致：在"缘人"状态下，个体更趋向于自发地服从或献身于他因某种偶然机缘结成的群体。从这个意义上说，我们语境中"随缘""惜缘"这类带有佛教含义的话也许更适合描述日本人缔结人际关系的特点。

本章只是提出了一个概念以弥补"间人"理论之不足，目的是使我们对日本人人际关系特点的认识更精致一些。笔者期待着国内日本研究界和包括滨口氏本人在内的日本学界同人的评议。

---

① 〔美〕许烺光：『比較文明社会論』，第 375 页。

第八章 "缘人"的集团模式特点

集团是基本人际状态最外层的一个维度，或可称为基本人际状态的"外形象"。它说明的是人是以怎样的方式与他人缔结集团的。一种基本人际状态必有与之相适应的集团和缔结集团的方式。或者说，出于一种基本人际状态下的人必有与其"生命包"类型相适应的集团形式。集团与人的基本人际状态，不是谁决定谁的关系，而是相互影响的关系。基本人际状态携带了缔结集团的基因，而集团又是培育基本人际状态的场所。

"缘人"这种基本人际状态的最大特征是：亲属成员虽然也是个体"生命包"的重要内容，但并不像"伦人"那样至高无上，个体的亲人（身内）与熟人（仲间）之间并无清晰、不可转换的界限。人与人之间是基于一种半血缘、半契约性质的"缘约"原理相连接。缘人的生命包不像西方"个人"那样特别强调自我，也不像"阶序人"那样强调超自然的神明和圣职者的重要性，而是强调人际关系。但这种人际关系又与伦人特别强调亲属关系不同，人际关系的特化程度不高，是一种含义较广的人际关系。从比较文明的角度考察，缘人生命包的类型兼具个人、阶序人和伦人的某些特点。正是这种兼具性特点，决定了缘人集团的一系列特征。

关于缘人的集团，包括家、族人集团与家元。笔者已在《中国人与日本人：社会集团、行为方式与文化心理的比较研究》一书中从与中国人对比的角度做了阐述。这里，把这些内容综合起来，并作为日本人的基本人际状态——"缘人"的一个维度加以阐述。

一 家

日本虽然也使用"家"这个汉字来表达亲属集团，但其结构与中国人的亲属集团有些不同。区别主要表现在以下几个方面。

第一，个体的血缘资格并不特别受强调，日本家庭成员的资格较宽泛。

日本人的家庭没有中国人家庭那样的凝聚力和向心性。这表现在中日两个社会的传统家庭对成员资格认同上的差异：中国家庭更强调"共同血缘"这种资格，这是父子关系连续性的表现，而日本家庭对这一点的强调却没有那么极端，它还考虑其他因素，如共同生活的"场"（中根千枝语），故有一定的开放性。媳妇是因婚姻关系加入家庭集团的另一类非血缘关系者，在日本家庭中，媳妇的家庭成员资格似乎比在中国家庭中更容易被认同，其重要性也更强。媳妇通常比家中有血缘关系的"小姑子"更受重视，因为后者最终要到别家去生活。不仅如此，日本还有"媳妇比兄弟更重要"的谚语，因为在日本长子以外的其他男性多数是要离开家的。此外，传统日本人的"家"，还包括长期生活在一起的管家、仆人、佃户等非亲属关系者，这些人会改姓主人家的姓氏，死后也葬在主人家墓地，这表明日本人的"家"比中国人的"家"更开放一些。"场"的重要性说明，缘人的亲属集团有一定的开放性。不论有没有亲缘关系，只要生活在同一个场中，都可以成为个体"生命包"的重要成员。

第二，亲属成员之间明显存在的等级制度，拉大了家庭中男性成员之间的距离，增大了亲属集团内部的紧张和离心力。

日本人家庭成员之间存在明显的等级，而中国人家庭中等级制度并不那么明显，或者说中国虽有等级意识，但在家庭中并没有制度化。日本家庭中的等级制度首先表现在男性成员之间。家长和长子处于相对优越的地位。在家财继承方面，通行的是长子继承制度，而不是中国家庭那样的诸子均分制度。等级制度在家庭中的另一种表现是，日本的家长具有更大的权威。家长不仅有决定子女婚姻的绝对权力，甚至还有将女儿卖为艺伎、妓女的特权，而中国的家长的权威常被族中其他男性成员所冲淡。为了制约家长的绝对权威，日本有"隐居制度"，家长上了年纪后要把家长权让渡给长子（或婿养子）。让渡了家长权的父亲，不仅不再具有家长的权威而且常常要分居别处。中国家庭中没有"隐居"制度。

家庭中的等级制度，加大了亲属成员之间的离心倾向。这也增大了缘人"生命包"变动性的倾向。

第三，代际联系有所弱化，孝的理念并不特别受强调。

由于都是父子关系占优势地位，中日两个社会的家庭都强调亲子联系，强调子女对父母的忠顺，并都使用"孝"这一概念来表述。但二者的区别是：日本人的"孝"不是产自本身文化土壤，而是从中国引进，因而孝并没有被推崇到像中国那样绝对的高度。由于等级制度的存在，对孝的强调引向子代的单方面服从方向，加剧了家庭中男性成员之间的不满，增大了亲属集团的离心力。

"孝"虽然也是缘人"生命包"中"执着之念"的一部分，但并不像伦人那样绝对。这是缘人"生命包"中亲属成员之间关系比较松散的体现。

二　同族团

1. 构成方式："母集团"与"子集团"模式

由于缘人的家具有一定的离心力和变动性，日本社会并没有产生像中国那样的宗族组织。日本虽然也有"同族团"，但其构成方式与运作原理与中国的宗族也不完全一样。中国的宗族是家庭的直接延长和放大，而日本的同族团是由母集团（本家）和子集团（分家）组成的集团联合。中国人在加入宗族集团时仍遵循着与加入家庭相同的原则，即个人加入宗族的资格是依据出生或结婚所规定的在整个亲属体系中的位置，宗族完全是家庭的自动延长和放大。而日本的同族团通常是由复数团体组成的复合体。日本家庭中一般只有长子才有继承家产、维持家系的权利，非长子或者通过学艺、当养子等成为别的亲属集团之一员，或者作为一个"分家"依附在长子的门下。这样，日本人的同族组织一般是由一个代表直系的母集团（本家）和至少一个代表旁系的子集团（分家）组成。当中国人提到宗族这一概念时，更多的是指具有某种均一性质（如共同的祖先和姓氏）的个体的集合，而当日本人提到同族团时，指的是一种具有不同质的小集团的联合。从集团的构成特质来看，日本人加入同族团是间接的，是以集团方式而非个人方式加入的，个人需要借助中间集团这一媒介才能体会到同族团的存在。也就是说，个人首先必须是"本家"或"分家"

之一员才能成为同族之一员。一个人如果不是生活在那个有着共同"场"的"本家"或"分家"之中，即使他拥有相同的血缘资格也不会自动成为同族团成员。如果说中国宗族的基本构成单位是个人的话，日本同族团的基本构成单位则是小集团。后面的分析将显示，中国人和日本人加入亲属集团上的这种重要差异如何影响了他们加入其他社会集团的方式。

中国宗族成员的资格比日本同族团成员的资格更明确而牢固。前面讲到，中国家庭对其成员的认同更强调血缘资格。日本同族团成员资格所依据的标准比中国模糊而宽泛。日本人加入族人集团并不完全是自动的，对个人来说存在通过努力加入别的亲属集团的可能性。日本的婿养子制度，无论在法律上还是习俗上都被认为是正当的，无血缘关系者通过这一制度也能成为别的同族团之成员。许多人还可以通过随师学艺或外出谋生来改变自己的集团归属。也就是说，日本人加入同族团的资格存在一些模糊和不确定因素，受到居住的"场"等因素较大的影响。其必须居住在同族或家之内或附近，同其他成员在一个共同的"场"内活动。当其从一个地方移居到另一个地方时，理论上便失去了成员资格，即便确认了与别人有血缘联系也不一定能够成为族人组织的一员。另外，那些没有血缘资格的人却有可能作为"家"的成员加入同族集团。没有血缘关系的"家"也有可能通过作为"本家"的一个"分家"而成为更大复合体之一员。

2. 等级制度在族人集团中反映的是"本家"与"分家"的区分

日本人的同族团与中国人的宗族的另一个重要差异是，前者存在明显的等级制度而后者缺乏这样的制度。由于在家产分配上通行长子继承的做法，分离出来的"分家"至少在开始一段时间里做不到经济上的完全独立。非长子离开"本家"另立新家时，虽然有时也能分到一些财产，但这种分配完全以不损害"本家"的完整和延续为前提，因此数量远不能同本家相比。许多"分家"并不具备经营家业、维持生活的条件，他们必须依附于"本家"，如租借"本家"的土地、大农具和大牲畜，使用归"本家"所有的山林，以及通过为"本家"帮忙而获得食物、生活用品等。"本家"拥有的土地不仅数量多，地理位置通常也是最好的。也有这样的情况："本家"无力保障"分家"的生活条件，"分家"便以别的富裕家庭为"本家"，编入其亲属组织之内，构成庇护与服务关系，"本家"

的礼仪地位也比"分家"高。为加强同族人的联系而时常举行的祭祖会、族人会等，通常是"本家"的特权，同时也是"本家"显示其权威的机会。"分家"则在诸如新年、盂兰盆节、中元等时节以各种形式向"本家"表示敬意。同是"分家"，地位亦异：血缘性"分家"比非血缘性"分家"地位高。这样，根据血缘的远近，同族团内形成一种金字塔式的等级结构："本家"处在最高位，血缘"分家"次之，而那些由用人、雇工、佃户等组成的非血缘性"分家"处在这一结构的底层。

同等级制度相联系，日本同族组织中"本家"与"分家"之间以一种永久的恩义关系相联结。"本家"对"分家"有永久的恩情，是施恩者。这种恩情不仅表现在它代表了血系的正宗，是家系延续的担当者和父母的赡养者，还表现在援助"分家"的生活和庇护其社会地位。"本家"永远对"分家"有庇护之责任，"分家"则永远对"本家"有报恩之义务。"本家"是施恩者而"分家"是报恩者。"分家"成员不仅在语言和行为上要对"本家"成员（特别是对家长）表现出格外的尊敬，而且还要在适当的时候（如各种节日、"本家"家长生日等）表示感恩。此外，对"本家"发起的活动，"分家"必须积极配合参加。"本家"对于"分家"的报恩行为，不必马上作出反应，但在"分家"遇到麻烦时会尽帮助之义务。这种建立在恩义基础上的关系类似某种"主－仆"关系。

在日本的同族组织中，则缺乏这种统一、明确、对每一成员都适用的行为规则。因为"本家"与"分家"处于不同地位，适用于"本家"成员之规则未必适用于"分家"，适用于长子之规则未必适用于非长子。

3. 对祖先的态度：缓和了的崇拜

日本人的族人集团，只崇拜与自己距离较近的祖先，并不存在对远古祖先的崇拜。尽管日本也祭拜祖先，但一个人一旦死去，人们在心理上趋于认为他作为族之一员的资格便告丧失。日本还缺乏像中国那样发达的家庙，祖先崇拜通常在家内进行。日本人也有墓地，但即便是富有者的墓地也不像中国的富人那样比照活人的居所把墓地建得富丽堂皇，也不像中国人的墓地那样同活着的人之间有一种密切的心理上的联系。墓地里埋葬的并不都是相同血缘者，还包括仆人、长工、管家等非血缘者。日本人也常常把祖先的牌位与神明以及家族中其他非血缘关系者放在家中神龛里。日本人的同族组织中的这种向心力量要弱得多，对个人的约束也小得多。在强调共同生活的"场"胜于强调"血缘资格"的情况下，个人一旦离开所属的族人集团，在理论上便失去了成员资格，所以当个人再次回到族人集团的时候，远不像中国人那样受欢迎。

日本也有类似中国的家谱的东西，但既不普遍，也不发达。家谱只限于那些有钱、有地位的大家族。日本人的家谱并非像中国家谱那样，包括所有死去的祖先和所有支系，而多是以长子继承线为轴心的家谱。日本家谱中可能还包括仆人、管家等外姓人，而中国人的家谱没有这种情况。可见，中国人和日本人修撰家谱遵循着不同的原则。而且，日本人的家谱多是从现在活着的人开始往回追溯，而不是像中国的家谱那样从遥远的古代往今天推下来，把自始祖以降的每个分支、每个分支中的每个成员都记录下来。日本人族谱中个人资格的记录不是太明确，这也说明日本人有改变宗族归属的可能性。

三　家元

家元的字面含义为"家之根本"，但这里的"家"不是一般意义上的家，而是专指有某种特殊技艺的家庭或家族。家元是指那些在传统技艺领域里负责传承正统技艺、管理一个流派事务、发放有关该流派技艺许可证、处于"本家"地位的家族、家庭或人。以这样的家庭或家族为首，常常形成庞大的组织。日本最典型的家元组织存在于花道界和茶道界。今日日本花道界的草月流（东京）、小原流（大阪、神户）、池坊流（京都），茶道的千家流、三斋流、织部流等，各自称拥有上百万名成员，这些庞大的组织经常利用现代化设施，组织隆重、壮观的全流派大会。心理文化学把家元作为日本人的主要次级集团来把握，是缘人这种基本人际状态的一部分。

典型的日本家元在结构上有四个重要特征。

第一，师徒之间的主从关系。师傅收徒授艺，弟子绝对服从师傅。在技艺内容的解释方面，师傅禁止弟子作任何变更。基本技艺的传授、组织的扩大、分裂与组合等皆由师傅决定和控制。在技艺传授方法上，强调"腹艺"，即主要靠"心领神会"、"以心传心"和模仿习得技艺，这一特点使师傅的地位具有神秘性和权威性，从而进一步强化了师徒间的主从关系。

第二，连锁的等级关系。家元制度是一种等级制度，这个制度通过师傅连接着许多弟子，而师傅又与更高一层的师傅相联结。这样，便形成了一个以家元为顶点、联结众多师傅与弟子的、类似军队组织的庞大体系。亲属体系体现着某种阶序原理。

第三，家元的最高权威。家元有最高的权威，它对该流派有控制权，负责维持该流派的正统、制定和维护评定技艺优劣的标准、发放开业许可证、调整各分支集团的势力范围和利害关系等。家元还有权开除行为不端的弟子（即日语中所谓的"破门"）。

第四，拟家族制。家元制度虽不是真正的家族制度，但它的构造以及运作原理却模拟了家族制度的许多特点。师傅具有家长的身份，他的弟子类似他的孩子。弟子通过"名取"，获得新的家名和个人艺名，从而与家元师傅确立了一种类似父子关系的血缘关系。同一个派阀的人称为"自己人"。在家元祖先逝世纪念日，有一定级别的成员要去参拜墓地，在那里举行纪念活动等。

四　一般性集团

在当前日本社会，除了像茶道、花道等少数传统技艺领域，家元组织已不存在。当代大多数日本人归属于各种各样的现代团体，从街头巷尾的小摊贩的团体，到全国性的大银行或"钢铁公司协会"等。这些商业、企业协会像金字塔一样自上而下地组成广泛而有效的全国组织。小企业的最高组织是"日本商会"，大企业的最高组织是著名的"经济团体联合会"（简称"经团联"）。医生、律师、教师以及其他专业团体也以同样的方式紧密地组织在一起，"农协"和"工会联合会"也采取了这种形式。到处都有妇女协会，还成立了地区性和全国性的妇女协会。青年团体也起着很重要的作用。日本的"教师－家长协会"组织运作成熟而且影响力大。不计其数的业余爱好者团体，从体操、拳击、柔道到宇宙观测，从庭院修剪、钓鱼到建造炼钢高炉等，都有紧密的团体组织。那些处于社会边缘、没有资格加入上述团体的人，便以加入所谓"新宗教团体"来填补空虚。这类新宗教组织有"创价学会""世界救世会""灵友会""立正佼成会"等。应当说这些形形色色的社团不能与传统的家元组织同日而语。就非亲属、非地域社团的数量和对个人的重要程度而言，当代日本社会同重视结社的美国社会十分相似，而与缺乏这类社团的中国社会形成对照。

但进一步考察便知，当代日本人的社团有自己的特点。日本人的社团并非像欧美社会社团那样完全按"契约原则"缔结，日本人加入社团并未完全割断亲属联系，毋宁说日本人的社团是比照亲属集团缔结起来的，保留了许多亲属集团的特点，这就是人们通常所说的日本人社团的家族性质。缔结家元组织的原则（即"缘‐约原则"）仍影响着当今日本人的结社行为。当代日本人的社团，无论是像松下、日立那样的现代化大企业，还是像"创价学会"那样的新宗教团体，无论是大学中的学生"俱乐部"还是像自民党那样的大型政党组织，其内部构造多少具有这样的特点：由关系密切、高度协调的小集团组成；上位者与下位者之间存在某种程度的"主从"关系；成员之间以一种等级或类似亲子关系相联结；集团彻底地保护着个人，而个人则绝对服从集团中的权威和对集团本身保持很高的忠诚度和献身精神；当团体与个人的独立发生矛盾时，为了维护团体的利益而宁可牺牲个人的独立。也就是说，若将当代日本社会各种非亲属集团的特征作一抽象概括，我们仍可看出它们与传统的家元组织以及日本人的"家"之间存在某种一致性。以下，试将日本社会一般集团与家元组织的特征联系起来作一考察。

第一，小集团性。这是日本亲属集团凝聚力相对较小、人与缔结的集团的条件相对较宽泛的表现。当代日本人的社团，其内部构造多少具有这样的特点：由关系密切、高度协调的小集团组成。对许多日本人来说，他们往往不是以个人的方式而是以集团的方式加入各类社团的，或者说他们加入某一团体时，要首先成为某一亲密小集团之一员，通过该小集团而感知较大集团的存在。当代几乎所有较大的日本式集团都是由许许多多这样的小集团组成，其内部高度亲密、协调、配合，而集团与集团之间既相互竞争、对立，又合作、协调。这些小集团通过纵式关系与更大的集团联结起来，同其他企业或组织进行竞争，这是日本公司（株式会社）的重要特征。日本社团组织带有某种共同体性质，个人加入社团时一般要举行隆重的仪式，一旦加入某个社团便处在一个充满共同体气氛的集团之中，个体被一体化，他要全身心地投入，家庭和亲戚朋友也被放在次要地位。公司像家长一样关怀职工，如不轻易解雇职员，全面照顾职工的福利等，而职员则忠心耿耿地服从上司，献身公司事业，如加班加点不要报酬为公司工作，休息日陪上司喝酒等。

第二，权威性。这是家庭中父亲权威的体现。现代日本各类社团中下位者与上位者的关系仍或多或少地具有"主从"性质。集团内一般都有一个类似家元的权威人物。这个权威通常是一个集团的创始者，在宗教团体中是教主，在公司中是老板，在大学科研机构中是一位教授。银行、商社、政党等团体中也都有这样的"元老"人物。这个元老是家庭中家长的变形，他是一个施恩者，受到下属的尊敬。"恩义"观念仍影响着下级与上司、职员与老板之间的关系。当代日本社团也像家元组织那样强调下位者对上位者的服从。日本各类集团内必有一个权威的存在，这个权威一般是个领导型人物，像家元组织中的师傅一样受到尊敬，服从这个权威是所有成员的训条。

第三，纵式关系。这是亲属集团中等级制度的表现。当代日本社会各类非亲属集团中的人际关系模式仍在某种程度上带有家元制度下"连锁式的等级关系"的特点。日本法律不承认等级制度，但人际关系上的等级特点仍很强。等级表现在人际关系的各个方面。一群日本人缔结成一个集团，必根据一定的差别排列出上下等级序列来。年龄、学历、性别、毕业学校、入公司时间、持续工作时间等都可作为排定序列的标准。同是一所大学的教授，则以晋升日期排列顺序。

第四，拟家族制。这一点与家元组织的"拟亲属制"特点相一致，是缘人这种基本人际状态仍具有某种亲属原理的特征。明治维新以来，日本企业家习惯于把企业看成一个日本式大家族，"家族主义"曾经是日本企业领导人的最高哲学，甚至成为国家的意识形态。许多企业高唱"企业一家人"口号，培养员工的"以社为家"精神。其实，日本所有集团多少具有家族的特点。集团像家族关心孩子一样关心员工生活的方方面面，日本社会的结构像一个带有等级制特点的家庭。上位者拥有权力，但同时也被要求关爱、庇护下位者；下位者要接受父亲等上位者的权威，但同时也认为有时可以在上位者面前撒一下娇。

五 缘－约原理、缘人的"生命包"与心理社会均衡模式

血缘关系在缘人的生命包中并非至高无上。缘人的生命包类型具有一定的开放性。生命包中的"亲密之人"并不完全是亲属集团。祠堂、墓地等在倾注情感的物品中并不占重要位置。（"心爱之物"）"执着之念"并不像中国人那样与"孝""悌""仁"等基于亲缘关系衍生的道德规范。缘人"生命包"虽然具有某种变动性，但这种变动性没有达到"个人"那样的程度，个体还没有完全脱离亲属关系的束缚。

缘人亲属集团成员的资格没有伦人那样恒定和绝对，亲属集团在 PSH 第 3 层（生命包）中不是至高无上的，亲属集团有一定的开放性，日本传统社会的用人、管家、长工，以及现代社会的上司、同事等非血缘关系者也可能成为亲属集团或拟亲属集团的成员。个体有丧失亲属成员资格的可能，也有通过入赘、学艺等渠道获得别的亲属集团成员资格的可能，这就使缘人的"生命包"不像伦人那样稳定而坚实，为个体提供的安全感也不像伦人那样牢固和持久。缘人的心理社会均衡过程呈现一定的动态性，个体有可能对亲属集团以外的对象效忠，可将亲属集团的原则复制到非亲属集团中，在那里寻求密切的人际联系。

前面已指出日本人的亲属体系与中国人的亲属体系的差别：日本人对亲属集团成员资格的认同比中国宽泛、长子继承制以及弟兄间的等级关系、相对弱小的凝聚力。中国人亲属体系的强大凝聚力趋于把个体留在家庭以及家庭的直接延长线——宗族之内，与此相对照，日本人亲属体系的特点给个体心理带来的影响是矛盾的。一方面，日本人亲属体系中那些与中国人亲属体系的相似点（如对"孝"的强调、祖先崇拜、在子女教育方面强调群体而非个人、强调责任和义务而非权利和自由等），给个体心理带来了依赖、守常和凝聚的影响；但另一方面，那些与中国亲属体系不同的特征（如家产继承上的"长子继承制"以及弟兄间的等级关系、父亲的绝对权威等），对个体心理产生的一般影响是不安、反感和分离倾向。与中国人一样，日本人从小就不断被提醒亲属集团的重要和被亲属集

团抛弃的可怕，但与中国人不同的是，在日本社会，倘不是继承家业的嗣子（通常是长子），既无权对祖上家产提出分享的要求，通常也没有留在家里的法律和习俗上的理由。即便他能够继承一些财产或继续留在"本家"内，那也是由父亲或长子决定的。有时候出于土地经营或其他方面的考虑，非承业嗣子留在"本家"像雇工一样干活，但这种情况绝非本人乐意接受的。一旦条件成熟，他总是要离开家。由于非长子的数目多于长子，因此似乎可以说，对大多数日本男子而言必须考虑离开家、到亲属集团以外的地方寻求归依这一实际问题。从心理上说，日本男子脱离亲属集团的内心冲动要比中国人大得多。这样，我们看到，对多数日本人来说，一方面是对亲属集团的强调；另一方面，他必须准备着在适当的时候离开这个亲属集团。这是隐藏在日本人文化心理深处的一个矛盾，这一矛盾使缘人的 PSH 模式比伦人模式更难获得均衡。

在对权威的服从上也存在这种两难的情况。长子继承家业和对等级的更大强调，拉大了承业嗣子与非承业嗣子、长子与非长子之间的社会距离，强化了父亲（或长子）的权威。这在个人成长的早期带来的心理上的影响更多的是安全感、服从和依赖，但随着年龄的增长，他开始对父亲的权威产生反感，对自己在等级序列中的位置不满。不过，这种反感与西方人那种根植于"俄狄浦斯情结"有所不同，他不是企图摆脱父亲的束缚和惩罚而独立，而是抱怨父亲的不公和对权威的滥用。他对亲属关系的各种束缚并没有什么不满，甚至对兄弟间明显的等级关系也没有什么抱怨，他不满的仅仅是自己在这个等级关系中的位置，并希望通过加入别的集团来改变自己的处境。这样，在传统的日本人内心又出现了一个矛盾：一方面是对父亲权威的绝对服从和对等级秩序的固守，另一方面是对父亲权威的反感和对自己在等级序列中位置的不满。只要有可能，他会较容易地转而服从另一个权威，加入另一个等级序列。

解决这些矛盾的办法是在亲族集团以外的地方比照和模拟亲族集团的特点，缔结一种半亲属、半契约性质的集团。日本人不像传统中国人那样，个人紧紧束缚于亲族集团之内不愿离开，日本人有脱离亲族集团、缔结非亲族集团的内心冲动，但其所处的亲族体系的特点以及其在这个体系中接受的社会化过程，又使其不能完全摆脱亲属集团的影响。所以他不像西方人那样随着个人的成熟而趋向割断同亲属集团的联系，以平等的资格与他人缔结完全契约性质的社团，而只是对亲属集团的特点加以模仿和改造，缔结一种半亲属、半契约式集团，家元就是以这种方式缔结的典型集团，是缘人社会最主要的次级集团。

缔结家元所遵循的原理也是一种介于亲属和契约之间的原理，许烺光称其为"缘-约原则"（kin-tract principle）。根据许烺光的说法，这个词是根据托马斯·罗伦（Thomas Rohlen）的提议使用的。① "kin-tract"是一个新造的词，由 "kinship"（亲属）的前半部分和 "contract"（契约）的后半部分构成。根据许烺光的解释，缘-约原则是这样一种原则：它是一种固定化了的不变的等级制度，一群人为了某一共同的目标，在共同的意识形态下采取共同的行动、遵守共同的规定并自发地结合在一起。② 这一原则部分根植于亲属集团，因为它体现的某些特点（如等级制、自发性等）反映了日本亲属集团的特点；部分根植于契约，因为个人有选择是否加入家元组织的意志。它的前半部分是指家元是一种以亲属体系（家、同族）为模型序列化为世代的制度，后半部分指它是一种"目标志向团体"，故家元既有家族组织的特点，又有契约集团的特点。一方面，它具有一定的超越亲属集团的性质。它接受那些具有不同血缘资格的人，从这个意义上说，它同现代西方社会中的"社团"相类似，是一个"为了特定目的而人为缔结起来的集团"，个人在是否加入家元组织上有一定的选择自由，而与中国的宗族和印度的种姓区别开来。另一方面，它的一部分成员（至少是那些处于最高地位的家元成员）的资格是基于出身，那些非血缘关系者以一种类似亲属关系相互联结起来，它内部的主从关系、权威以及成员之间的等级排列，完全是对日本亲属集团诸特征的临摹和强化。虽然个人在加入家元组织时具有选择意志，但个人一旦成为组织的一员，就自发地无限对组织尽忠，一般很难改变这种做法。从这一点上说，它又与中国的宗族集团相类似。此外，各家元组织之间的相互排斥、自动分裂以及成员对等级地位的敏感，又使它接近印度教社会中

---

① Thomas Rohlen, "The Company Work Group," in E. F. Vogel (ed.), *Modern Japanese Organization and Decision-Making*, Berkeley: University of California Press, 1975.

② Francis L. K. Hsu, *Clan, Caste, and Club*; 『比較文明社会論』，第 304 页。

的种姓制度。以缘－约原则缔结的家元组织既具有宗族、种姓和当代社团的某些特征，又不是其中的任何一种。这一连带原则与缘人生命包的特点相一致。

前面业已阐述，缘人的生命包并不能完全为个体提供一个安全保障。或者说，缘人的生命包并不像伦人那样稳定，个体还需要到亲属集团以外的地方寻求安全感。但缘人这种基本人际状态也不像"个人"那样，完全"原子"化了的个体，以契约的方式缔结各种自由社团。缘人这种基本人际状态与血缘、地缘还有很大联系，个体无法完全脱离亲属组织，根据一种新的原理缔结新型集团。这样，个体便在亲族集团以外的地方比照和模拟亲族集团的特点，缔结了一种半亲族、半契约性质的集团。日本人不像传统中国人那样个人紧紧束缚于亲族集团之内不愿离开，日本人有脱离亲族集团、缔结非亲族集团的内心冲动，但其所处的亲族体系的特点以及其在这个体系中所受的教育，又使其不能完全摆脱亲族集团的影响。所以日本人不像西方人那样随着个人的成熟而趋向割断同亲属集团的联系，以平等的资格与他人缔结完全契约性质的社团。日本人有脱离亲族集团、改变现有地位的文化心理上的要求，却缺乏在亲族集团以外缔结完全契约性质的社团的心理训练和准备。日本人在缔结非亲属集团时，还不是完全独立的个体，无法摆脱亲属集团的束缚而以一种崭新的原则同他人建立联系，而只是对亲属集团的特点加以模仿和改造。家元就是以这种方式缔结的典型集团。

第九章 "缘人"的交换模式特点

一 现代社会交换理论的不足与"心理社会均衡"理论的应用

完备于 20 世纪 50 年代末期的社会交换理论①在方法论上倡导个人是社会学研究的根本原则。不过，这里的"个人"实际上就是"经济人"或"理性人"假设，即假设人都是自利的且能做出理性选择，行为者的文化背景和感情因素被排除在外。譬如 G. 霍曼斯提出的关于交换行为的五个普遍性命题②就是建立在这种预设之上的。在这样的模式下，"平等""公平""权利"等概念具有极重要的意义，"平等"既是交换行为的根本法则也是正义之所在，不按等价原则交换就是"不平等"，就是"剥削"。这样，现代社会交换理论趋于把人类的交换行为简化为一种单纯的给与取（gave and take）的关系。这种模式即便是在交易型交换关系占优势地位的西方个人社会也只是一种极端形式，更何况在像中国和日本这样的交易型交换模式并不占优势的社会。所以诚如许烺光所批评的那样："霍曼斯所做的，只是将他所研究的美

---

① 参见〔美〕许烺光《宗族、种姓与社团》，第 185 页。

② 这五个命题及其主要含义如下。1. 成功命题：一个人的某种行为能得到相应的奖赏，他就会重复这一行动；2. 刺激命题：相同的刺激可能会带来相同或相似性行为；3. 价值命题：某种行为的后果对一个人越有价值，他就越有可能去重复同样的行动；4. 剥夺与满足命题：某人（或团体）重复获得相同奖赏的次数愈多，这一奖赏对该人（或团体）的价值就愈小；5. 攻击与赞同命题：当个人的行动没有得到期待的奖赏或者受到了未曾预料到的惩罚时，就可能产生愤怒的情绪，从而出现攻击性行为。霍曼斯非常自信地认为只要将这五个命题综合起来就能解释人的一切社会行为（参见 George Homans, *Social Behaviour, Its Elementary Forms*, New York: Harcourt, Brace and World, Inc., 1961）。然而这几个命题没有考虑人行为的文化背景和感情因素，故用这几个命题解释人的行为可能远不如指导训练狗有效。

国人在其私欲、行动和互动中所表现出来的文化模式当作放之四海而皆准的理论而已。"①

对于认识中国人和日本人的人际关系模式来说，毋宁说法国人类学家马塞尔·莫斯对馈赠现象的研究更具启发意义。② 莫斯研究了波利尼西亚群岛诸民族以及北美印第安人社会的交换活动，将当地人的"夸富宴"③解释为一种附带了信用、服从、地位、崇拜等情感价值的交换方式：赠予方由于付出了财物而获得了受礼方回报的权利，而受礼方则因接受馈赠而具有了回报的义务，这种交换导致了双方社会关系的建立和巩固。"馈赠"是人类除了交易型交换（其表现形式为商品买卖，或物－物交换）之外的另一种交换形式，是一种附带感情的非对称型交换模式，莫斯的最大贡献在于首次研究了这种交换的意义。他虽然没有讨论中国和日本社会的情况④，但正如这两个社会中的"人情""恩""报""义理"等描述人际关系的概念所表明的那样，中国和日本社会人与人之间通行的也是一种附带了信用、服从、崇拜、地位诉求等情感价值的交换模式。在中国，"……那些企求更高地位的人经常会施惠于人，以使更多的人亏欠他们，有时候则借着加倍的回礼，使受礼者亏欠他们较多。"⑤ 这与"夸富宴"行为背后的原理十分相似。所以莫斯研究的虽是一个与现代文明相去久远的"过去的"世界，但他所揭示的体现在交换行为中的原理对于理解今日社会（尤其是非西方社会）的人际关系仍具有巨大的启示意义。

笔者认为许烺光提出的"心理社会均衡"（Psycho - social Homeostasis，PSH）理论模型对于考察人类的交换问题更具概括力。这个模型把人看作一个人与人、心与物交互影响的动态均衡体，把交换模式视作"基

---

① 〔美〕许烺光：《宗族、种姓与社团》，第185页。

② 马塞尔·莫斯（Marcel Mauss，1872～1950）的《论馈赠：传统社会的交换形式及其功能》原著出版于1925年，中文版由卢汇译，中央民族大学出版社，2002。

③ 在"夸富宴"（Potlatch）过程中，主办者会倾尽其所有家财来为宴会参与者进行礼物的交换，甚至有时会将自己所剩余的财物毁坏殆尽。这种交换的回报便使赠予者在社会群体中处于较高的地位。

④ 莫斯没有讨论中国人和日本人的交换模式。莫斯在书中说，中国有一种"哭泣券"（一译"悲叹的票据"），说明中国人保留"痛惜他的财产的权利"。我们不知道莫斯是从何处引用的材料，无从考证这种"哭泣券"究竟是什么。

⑤ 〔美〕许烺光：《彻底个人主义再省思》，第361页。

本人际状态"（即"人的系统"）这个均衡体的一个维度①，并与感情的配置和控制机制结合在一起。这个视角的特点如下。

第一，把交换模式与"基本人际状态"相联系。现代交换理论所研究的交易型交换模式具有等价性、利益性和计算性特点，抽掉了交换过程中的感情因素。这种模式下交换双方是独立、平等的个体并以契约方式相联结，交易行为在同一时间内完成，对象可以是任何人。这种模式更容易与"个人"这种以强化人的个体性、弱化人的相互性为特点的基本人际状态相联系，因为这种基本人际状态较强调个体的独立，人与人交往趋于手段化。据莫斯的分析，交易型交换模式源于古希腊人和闪人的传统，只是近代以来才在西方社会占优势地位。从我们的视角看，此种交换模式之所以在西方社会充分发达起来或之所以普遍化为人与人的关系模式，是"个人"这种基本人际状态的内在逻辑要求。中国人和日本人的"基本人际状态"都不是"个人"而分别是"伦人"和"缘人"②，这两种类型都以强化人的相互性、弱化人的个体性为特点，在这样的社会中占优势地位的人与人交换关系不是交易型交换模式，故用现代交换理论解释中国人和日本人的人际关系是不适用的。

第二，将人的交换行为与感情相联系。作为一个生物体的人，我们每时每刻都在与自然界进行各种交换，维持着动态平衡；而作为一个"社会文化场"的人，我们也在每时每刻与他人进行着各种交换，也维持着大体的动态平衡。与他人交换的内容不仅包括法国结构主义人类学家列维－斯特劳斯所列举的财物、女人和象征符号，③还包括感情。"基本人际状态"的交换维度与感情维度是一致的，④而PSH模型是一个能够描述

---

① 关于该理论的评论与完善，详见尚会鹏写的两篇论文：《许烺光的"心理－社会均衡"理论及其中国文化背景》，《国际政治研究》2006年第4期；《"基本人际状态"的类型、维度与心理－社会均衡的动力学关系：对许氏理论的若干阐释和补充》，《国际政治研究》2007年第3期。

② 参见尚会鹏的两篇论文：《"伦人"》：《中国人的"基本人际状态"》，《文明》杂志2008文明论坛特刊；《"缘人"：日本人的"基本人际状态"》，《日本学刊》2006年第3期。

③ 列维－斯特劳斯认为社会是各种交换的集合，社会可以还原为各种交换，用来交换的可以是女人（亲族的形成），可以是财物（经济活动），也可以是符号和象征（文化的形成）。

④ 尚会鹏：《论日本人感情模式的文化特征》，《日本学刊》2008年第1期。

附带感情的交换模式的框架。在这个框架中，可把人类的交换行为视为一条交换动态线，①各种交换模式依据在交换过程中投注的感情程度而处在这条线的某一点。这条线的上端是完全的感情交换，感情对感情，中间没有价值转换，如生活上的相互关心与体贴，精神上的相互鼓励与安慰，工作上的相互支持与帮助等。这是一种"你给我抓抓痒我给你抓抓痒"（许烺光所言）的交换；其下端是完全的市场交易（即等价交换），这是一种单纯的给与取的交换，排除任何感情因素，只是物对物（或其货币形式），中间也没有价值转换。此种交换符合数学同一性定理，即在 A 与 B 等价的前提下，若 A 等于 B，则 B 必等于 A。应当说，多数社会的交换模式处在这两端之间。中国人和日本人的交换模式就处在这条线的中间偏感情的一端，即在物的交换的同时还带有感情，中间经过了价值转换。这种非对称型交换毋宁说是人类更为普遍的交换模式，而现代交换理论所分析的交易型交换关系处在这条交换动态线的下端，它只是冻结了感情因素的一种特殊形式的交换类型。所以建立在这种特殊交换模式基础上的现代交换理论具有很大的局限性：它只能解释在西方社会个人占优势地位的交易型交换类型，而 PSH 模型既可解释交易型交换也可以解释附带感情的非交易型交换类型。

第三，这个视角不把带感情的交换模式视为"落后"，而视为一种更具后现代意义的交换形式。最新的交换理论引入了感情因素，说明后现代社会的主要交换原则不是等价交换，而是"等意义交换"。譬如后现代交换理论中的一种被称为"锚定"（anchoring）的理论较好地描述了价格形成的机理：在现实世界中人们确定的价值往往不是围绕理性的交换价值上下浮动，而是像抛锚那样将理性交换价值锚定在某个选定的参照系价值上，"意义"就是这个价值参照系，它是形成后工业社会的"一人一价""人性化商务"的根据。一个歌迷为什么会掏出更高的价钱购买他所喜爱的歌星的演出门票？因为这个歌星对他是有意义的。现代交换理论只注意到交换价值而忽略了行为者的感情价值。任何交换只有达到一定的平衡才

---

①　参见尚会鹏《"基本人际状态"的类型、维度与心理－社会均衡的动力学关系：对许氏理论的若干阐释和补充》（《国际政治研究》2007 年第 3 期）中补充图式 2 中的 E 线。

会发生，若交换价值不等，交换仍发生了，那肯定是意义相等。比如喜欢
歌星 A 的歌迷也许不会花高价买歌星 B 的演出门票，但歌星 B 的"粉丝"
就愿意出高得多的价格。这种理论与 PSH 原理相符合：一个人对什么人、
什么东西和什么文化规范投注感情以及视什么为有价值并将其放在第三层
（"亲密的社会文化"），是经过编码的。同样的东西、同样的人对于不同
的人来说可能具有不同的意义和价值。譬如某人把一个作为传家宝的金元
宝典进当铺，既是传家之宝就必有感情投注，当属他第三层的内容。他将
其典当，当铺只能按使用价值作价。而当他赎回元宝时绝不会同意当铺还
他一个相同含金量的元宝，因为虽然二者的交换价值相等，但后一个元宝
对主人来说只有使用价值而无感情价值。同样，一个歌星的"粉丝"之
所以愿掏高价买该歌星的演出门票，是因为"粉丝"对该歌星有感情投
注，歌星属于"粉丝"PSH 第三层的内容。通过价值转换，看来不等价
的交换实际上达到了"意义相等"。中国和日本社会人与人的关系都是基
于这种等意义交换模式的"互酬系统"而非基于等价交换的"互利系
统"。日本学者公文俊平从信息论的角度阐述了日本人的互酬式交换关系
更适合后工业时代的网络社会：与市场系统相比，互酬式交换系统更适合
信息的流通，因为在这种系统中，同一信息复制内容在向他人流通的时
候，由于知道卖者 A 与买者 B 之间的关系，故不仅节省了讨价还价的时
间，而且由于伴随某一行为出现的"借贷"的评价并不需要最终的决定
而是根据当事者、时间以及情境的变化而变化，故有更大的灵活性。① 他
这个看法对于我们理解中国和日本社会的人际关系具有启发意义。

二　互酬式交换的两种类型："信用借贷型"和"好意优先型"

中国和日本社会人与人的交换类型都是一种建立在强调人的相互性基
础上的互酬模式，这种交换系统存在的前提是人与人的相互依赖。在中国
和日本语境中，对"人"的界定都不是"个体"而是一种"关系体"，
人与人之间的关系不像个人社会那样"清爽"，而是受到各种束缚，这就
是人们通常所说的东方社会的"人情味"。用较专业的话语表述就是：中

---

① 公文俊平：『情報文明論』，NTT 出版株式会社，1994，第 240～241 页。

国和日本都是一种附带感情的不等价交换模式，或者说是一种经过价值转换后使用价值不等而意义相等的互酬式交换占优势地位的社会。与交易型交换模式相比，这种交换模式有以下特点。

第一，非同时性。交易型交换通常是双方在同一时间内完成的明确的相互行为，是一种对称的交换模式，获得利益的意图是必要的条件。而中国人和日本人的交换模式是非对称型的，即交换行为通常不是在同一时间内完成的，还报时间有延迟，即人们的交换行为存在时间差，获得利益的意图也不一定是必要条件。人际交往可以跨越时间距离，一方付出后往往需要经过一段时间才能得到回报。在某一时间单方面提供财物或服务——"施恩"或"借出"，在另一时间单方面接受还报，而且施恩行为本身可能是在对过去某个时候受恩的偿还。互酬式关系与交易式关系的一个很大不同是，双方都知道在交换之后他们之间的相互行为并没有完结，而是一个长时间的持续过程。如果交换行为在同一时间内完成，反而被认为是不正常的，譬如，一位好友送你一瓶酒，倘若你当场还他一瓶酒或付钱给他，这会使人尴尬。通常的做法是：在另外的时间、另外的事情上以另一种形式还报好友的好意。再如，一个人常去某酒馆赊酒，他与酒馆老板之间就是一种基于信赖关系的可以延迟还报的交换关系。此人若有一天将全部赊账还清，反而可能是一种结束关系的信号。单就某一时刻的交换行为来看交换可能是不对称的，但若把交换视为在一个"互酬系统"中的持续行为，就可知这只是还报行为的延迟。中国社会通行的概念是"恩""报""义""礼轻情谊重""滴水之恩，涌泉相报""渴时一滴为甘露""你敬我一尺，我敬你一丈"等说法就是这种非对称型交换模式的表述。"恩""报""义理"这些范畴在"间人主义"的日本也是重要的。这种模式是以行为者之间长期的信赖关系为前提。

第二，非等价性。商品交换是等价交换，表现为货物等价而感情不等价，而互酬式交换是不等价交换。此种交换中交往主体对交换投注了感情，表现为感情等价而物品可能不等价。互酬式交换用来交换的对象可以是任何事物，即一方提供所有形式的事物而另一方可以用所有形式的事物进行"偿还"，只要这些事物对对方来说具有意义就行。譬如，一方用钱或物换取另一方的服从、忠诚、爱情、崇拜、依赖。你在物质上帮助了我，我设法提高或维护你的声誉。你救过我的命，我就千方百计地为你做事。优位者向劣位者提供财物、庇护等恩惠，而下位者还报给上位者所希望的信赖、尊敬、忠诚等。在这里，有一个使用价值和情感价值的转换。不对等交换之所以发生是因为不同的交换内容经过价值转换后达到了意义相等，故这种交换不如说是一种"等意义交换"。在非西方社会，这种使用价值不等但意义相等的交换毋宁说是人际关系的一种常态。在互酬式交换关系中，进行交换的东西是否意义相等取决于行为者是一种怎样的或者说应该创立和维持怎样的社会关系。这种模式是建立在互补性原理之上的，即当事者在债权、债务或在供求方面相互依赖。双方越是相互异质就越有互补性，越是地位不同，互补性的交换就越可能实现。

第三，非限定性。互酬系统成为社会习惯而广泛被接受以后，就会超出两个当事人的相互关系范围，成为多数关系者之间关于财和服务的长期、多方面的相互关系模式。对于那些领受了"恩"的人来说，"还报"可以不是及时、直接的。当然不是说没有及时、直接的偿还，而是说从互酬系统领受的"恩"或借债，不用考虑彻底还清的问题，行为者在什么时候、向谁、提供什么或偿还什么等并没有明确的指定。① 互酬系统中人与人的交换关系类似基于信任的借贷关系。所谓"借"是接受的好处还没有偿还的状态，而所谓"贷"则是由自己发起的互惠性行为还没有得到对方还报的状态。互酬模式下的交换关系的非限定性特点主要表现为：第一，就交换的结果来看，行为者最终获得的财物或服务也许与通过市场交易所达到的结果相同，但就某一具体的交换行为来看，交换总是处于非对称状态，即双方总是处于或高于或低于市场交换的状态（即处于或"贷出"或"借进"的状态）。第二，要判断究竟什么时候处在"借"、什么时候处在"贷"的状态以及客观测定"借"与"贷"的量并非易事。尽管是非限定性的，但因为行为者都是相互熟悉、相互信赖之人，都十分清楚相互的行为预期，而且习俗的、舆论的力量形成的"看不见的手"半强制性地指导着人们的还报行为，故人们之间的

---

① 公文俊平：『情報文明論』，第 240～241 页。

交换仍能维持大体的平衡。公文俊平认为，互酬关系所期待的偿还只是一种暗地里的谅解，所以不能叫作交易，而只能说是一种诱导。[①]

中国和日本两个社会中的人际交换模式存在上述共同特点的同时，也存在重要的差异。在中国，亲族集团中的交换行为是无条件、自动进行的。祖先和父母自发的施恩（对自己来说是受恩）总是在先，而对其恩惠带有感谢意义的还报（报恩）的祖先崇拜和行孝在后。祖先对于自己的子孙，一般不是考虑到子孙会对自己还报才进行养育、保护和帮助的，而只是作为对祖先、父母恩惠的还报而自发地进行的。此外，施恩与报恩行为依据角色而定，只在特定人之间进行，且恒定而持久。[②] 在家庭以外，这种相互作用观念以一种稀释了的形式或拟造形式普遍开来。[③] 如果"交易型交换"模式的典型例子是市场上的买卖的话，那么中国人的这种交换模式类似亲戚朋友之间的借贷，故滨口惠俊将之概括为"信用借贷型交换"。[④] 此种交换模式下，行为者一定是具有特定关系者（通常是近亲者），双方在相互信赖的基础上"借出"或"贷进"。施恩本身就是一种责任，而且在实行这种行为时会引出对方的自发报恩行为，从而能够期待适当的偿还。如"养儿防老"的谚语以及"君子之报"等都是这种类型的交换形式。

滨口惠俊认为日本人的交换模式是一种"好意优先型"（"思いやり先行型"）。[⑤] 这也是一种不等价交换，交换者在交换之初也不一定有明显的获利动机，还报的时间也有延迟。但日本模式与中国模式是有区别的。如果把交易型交换模式看作顾客到食品店买面包，把"信用借贷型交换"比作亲属、熟人之间的借贷行为，那么可将"好意优先型"交换模式想象为：甲判断乙需要食物，就将面包提供给乙。这时候甲的食品作为关照或好意提供给乙，乙接受食品后很感谢，在另外的时候、以另外的形式酬

---

① 公文俊平：『情報文明論』，第 241～242 页。

② 许烺光用"超等号""≡"表示这种关系，参见 Francis L. K. Hsu：*Clan, Caste, and Club*；『比較文明社会論』，第 379 页。

③ 可参见尚会鹏《中原地区婚礼中"随礼"现象分析：以西村为例》，《社会学研究》1996 年第 6 期。

④ 滨口惠俊：『日本らしさの再発現』，第 116 页。

⑤ 滨口惠俊：『日本らしさの再発現』，第 118～119 页。

谢甲，并且将这种授受关系持续下去。交换者在交换之初未必是相互认识、相互信赖的人，可能会在任何有缘走到一起的人之间发生，交换行为的发生不是出于某种责任和义务，而是出于偶然的、对于对方是否需要的判断，交换者之间未必是有特殊关系的人，也未必有获得好处的企图。交换者之间的关系不因交换过程的完结而完结。交换价值未必等价，需要更多地考虑"地位差"问题，优位者与劣位者考虑对方的立场自发地提供超过自己接受部分的报酬。在许多情况下，家臣对主君负有更大的义务（如服务、服从、忠诚、献身），但是在另一些情况下，主君则自发地给予家臣超额的报酬（如完全的庇护、全身心的体贴、无微不至的关照等）。[①] 这是日本优位者与劣位者之间关系的特色。这种交换经过价值变换也达到大体平衡，或者说该交换模式有一种自动达到平衡的非正式机制。日本人"责任与酬报的比率"根据个人所处的位置不同而不同，有时候下位者对上位者要付出更多，有时候则相反。

三　日本人交换关系的三个圈子及其法则

中国人和日本人的交换模式在交换对象上的一个重要的共同点是差序性，即人际关系分成不同的圈子，依据不同的圈子，感情在交换中的比率不同，越向外感情度越趋淡薄。"缘人"状态下人与人之关系与"伦人"相似，[②] 人与人关系都是几重同心圆构造，这种构造在理论上的归结必然是：内部是不能再小的"内集团"，外面是很大的"外集团"。根据土居健郎的看法，日本人的"内"与"外"的空间可以划分为三个同心圆。关系的亲密程度向外渐渐疏远，测量的标准是"娇宠"（甘え，*amae*）感情的有无，即"娇宠"感情自然发生的"身内"世界，允许带入"娇宠"感情的"仲间内"世界，以及没有任何感情的"他人"世界。前两个世界是"内"，"他人"是"外"，中间是"世间"。日本人在这几个圈子的交换模式是不同的。越向内，交换中的感情因素越浓，越向外侧，感

---

① 许烺光用 ≤ ≥ 符号表示，意为或者对高位者有利，或者对低位者有利。参见〔美〕许烺光『比較文明社会論』，第 379 页。

② 分别是亲人圈子、熟人圈子和生人圈子。参见尚会鹏《伦人：中国人的基本人际状态》，《文明》杂志 2008 文明论坛特刊。

情因素越淡，越趋于交易型交换。

1. "身内"（miuchi）圈子及"娇宠法则"

这是一个由关系最亲密的人组成的最富感情的交换圈子，是一个"人情"世界（日语里的"人情"意为"人之感情"，与汉语常用含义不同），交换模式趋于一种无限定的、有时间延迟（有的是终身的依附关系）的高情感性交换。这个圈子中的行为者可以相互"娇宠"，交换行为遵循娇宠法则。木村敏认为"娇宠"的本质是"带着感情，以一种熟悉、亲切的态度撒娇"。"娇宠"关系的原型是幼儿与母亲的关系。譬如，幼年的田中，在感情和生活上都依赖母亲，从母亲那里获得各种照顾，他有时候对母亲撒娇，耍点小脾气之类，母亲则给他以多方面的照顾，包容他的撒娇行为并从中获得感情满足。有时候母亲训斥田中，但她是把他当作一个孩子对待的，与其说是训斥毋宁说是一种嗔怪。这种关系以多少淡化了的形式广泛存在于日本各类集团中。譬如，长大了的田中在一家公司上班，他若与公司老板关系密切，这个老板就进入了田中的"身内"圈子，田中与他的关系有点像幼时与母亲的关系。其行为可能表现为：自愿为公司加班加点工作，经常通过喝酒、聊天、回报工作、礼品赠答等与上司进行感情沟通，有时候对上司发点小脾气等非理性行为，像幼时在家里对待母亲那样。这就是"甘える"（撒娇）。上司的行为是：关心田中的身体、家庭生活，在节日、出游、生日一些时间赠送礼品，或给一些"零用钱"。以长者的态度接纳田中的一些非理性行为，嗔怪他的一些缺点等。这就是"甘えられる"（被撒娇）。一些亲密的上司与下级、年长者与年幼者、教师与学生、先辈与后辈之间，模拟亲子关系而缔结成"亲分"与"子分"关系，都是通过这样的方式达到亲密的。"甘え"可以作为测量日本人交换关系中感情浓度的一个指标，可以撒娇的关系一定是一种高情感性关系，这种关系不是为了某种利益缔结的功能性、计算性的等价交换关系，而是可信赖的人之间的依赖关系，成员之间的相互容许和依赖，能够交换感情。土居健郎的理论认为，亲子之间自然是可以"撒娇"的人，其他人是否可以撒娇，需要根据亲子关系以及与亲子关系是否有联系来判定。

从"心理社会均衡"视角来看，"缘人"也是一种比"个人"更容易达到PSH均衡的一种基本人际状态。从高度感性这一点来看，"缘人"的"身内"类似于中国人的"亲人圈子"。但与中国人不同的是，日本人的亲族体系没有中国人那样强的凝聚性和恒久性，因而个体的PSH不是那样自动地确保平衡。个体在这个圈子中的感情并没有像中国人那样依据在亲属关系的不同角色而高度"特化"（分化为"孝""悌""敬""信"等）。故有转向其他对象（如封建社会的藩主、国家、天皇，现代社会中的企业或某一特定权威人物）、转换成其他形式（如彻底的献身、绝对的忠诚等）的更大可能性。这一特点使日本人在缔结非亲属、非地域的"二次集团"时有较大的灵活性。但日本人通常是把亲属集团（"家"）的一些要素带到二次集团中，在那里维持一种半契约、半亲属性质的关系。这使感情密切的关系圈子与其他圈子的界限更为模糊不清，这意味着那些本来属于高情感性的关系——如亲子关系——变成冷淡的义理关系（交易型关系）的可能性更大。另外，那些本来属于"义理"范围的人，甚至那些没有任何感情关系的"他人"也可能变成高情感性的关系，即变成可以"娇宠"的对象。此外，"娇宠"还存在明显的地位差，这包括高位者提供好处、保护，低位者提供服从、献身、尊敬。这种带有地位差的依赖关系是与中国人亲人圈子中亲情法则的另一个不同之处。

2. "仲间"（*nakama*）圈子及"义理法则"

第二个圈子是由哪些相互认识或熟悉，有一定感情投注，但不亲密，感情的浓度还没有高到可以"娇宠"程度的人组成的"仲间"（伙伴）。这是一个需要"远虑"（客气）的世界。顾名思义，"远虑"的本义是"长远考虑"，而在日语中却成为"客气"，这个词含义的变化可能说明这样一个事实：这个圈子中的关系尺度的把握不是那么容易，需要"深谋远虑"。亲子之间属于"身内"，是最近的存在，感情浓度最高，可以"娇宠"，关系的尺度把握不需要"深谋远虑"，不需要客气，故有"内部的羞耻应当掩盖"（"家丑不可外扬"）之说；而外侧是没有任何感情、任何关系的"他人"，即便"深谋远虑"（客气）也没有用，故有"旅行中可以不要羞耻"之说。而恰恰是处于这二者之间的"仲间"是一个需要"远虑"的圈子。"远虑"可视为感情因素尚未完全进入、需要仔细把握的人际关系状态。土居健郎将这个地带称为"义理"的世界，荣誉感、"面子"（日语中的メンズ是中文"面子"的音译）、耻感、"建前"在这个世界起作用。从这些方面看，它与中国人的"熟人圈子"相似，但这个圈子的基本法则——义理法则——与中国人的"人情法则"很不同。"义理"是一种促使人们维护交换平衡、维护人际关系稳定的规范。"义理"虽是汉词，但它完全成为一个概括日本人行为准则的概念。它既是一种责任，也是履行责任的礼仪，还是偿还欠情的义务。它在父子、夫妇、同胞、亲戚、朋友、上司与部下之间以各种形式表现出来。义理的圈子是日本人人际关系最微妙、最难描述，同时也是最具特点的一个领域。

根据一些学者的建议，"义理"具有以下若干特征。[①]

第一，义理是一人对另一人应尽的义务，其内容和履行这些义务的强度取决于社会地位。第二，义理关系有感情投注，交往不是完全根据利害判断。它既可同"人情"结合亦可脱离。"义理"是社会关系的标志，而"人情"则是人在这种关系体系中体验的真实感情。义理不一定伴随着人情，例如下属给并不受他尊重的上司送礼，这是"义理"而非"人情"，但如果这位上司虽明白下属送礼不是出于尊敬，却仍怀着感激之情，这时"义理"与"人情"就结合在一起了，第三，义理关系带有持续性。义理关系一旦产生便是持久的甚至是终生的。譬如，同某人一起消磨闲暇时光就一般不再同别人结伴；购买某商人的货物就不再向另一商人购买等。[②] 第四，义理存在地位差，下位者对上位者的忠诚是义理的核心。上对下也遵循义理，但它是庇护者的义理。按照义理的要求，上司要关心下属的个人生活和家庭事务，而下属无须提醒就要为上司效劳。第五，背离义理被看成耻辱。

义理关系广泛存在于日本社会各个领域。仍以田中为例：设想田中在公司当上了一个部门的主管，这个部门与客户的关系通常是固定的，田中要经常维持与客户的良好关系。客户中若有一个歌手，田中要去观看他的演出，尽管他实际上可能并不喜欢音乐。某餐馆常给田中的团队

---

① 对义理的研究文献很多，有不同角度的定义。详见源了圆『義理と人情』，中公新书，1969，第33~34页。

② 阿部谨也也在『世間とは何か』一书中讲了小说家城山三郎的例子：城山三郎与他的老师（某名誉教授）一生持续着只有两个人的讨论课。一直到70多岁去世之前，还在向他的老师报告，老师也回答他。这是一个极端的例子。一般来说，是每年一次，学生围绕老师聚集。参见阿部谨也『世間とは何か』，讲谈社，1995，第30页。

送盒饭，由此形成一种持久的关系，田中便不会到别的餐馆订餐。而作为回报，该餐馆老板也积极参加田中公司组织的活动，如出国游、各种"祭"（まつり）等，尽管他内心可能并不乐意。在诸如中元、年末等节日，田中公司要给他的老客户送礼，受礼者也要回礼，相互感谢照顾。

　　这样看来，义理是一种半感情、半计算性的交换关系。一方面，义理是感情的交换，即对所接受的恩惠的谢意和还报是一种感情联系，具有非功利、非限定性、不等价之特点，故义理通常与"人情"结合在一起。当义理与人情结合在一起的时候，这个圈子就与"身内"圈子重合在一起了。"身内"与"仲间内"都是"内"，二者可较容易地转换，许多时候二者是重合的，这一点与"缘人"的 PSH 模型中第三层（"亲密的社会关系与文化"）与第四层（"作用的社会关系与文化"）的重合是一致的，也是日本人人际关系与中国人最重要的差异（中国人的亲人圈子具有不可转换性）。① 另一方面，义理关系中还有对损益的计算，行为者有"这样做对我有利"或"对方会还报我"的判断，有的是期望以后得到恩惠和好处，有的则是对以前恩义的还报或感谢。所以义理关系具有契约关系的功利性、可计算性的特点。譬如田中公司与它的客户主顾之间既是一种生意关系（有对受赠者的利益期待），因而带有计算性特点，但也不完全是生意关系（有对他人好意的感谢），而是带有感情成分。或者说，日本人向那些本属于无感情的交换关系领域注入了感情因素，但感情还没有浓到可以"娇宠"的程度的人际关系领域，就是"义理"的世界。

　　义理还是一种半强制性的行为规范。当事者一方自发地以好意的形式向他者"借出"，引出对自动还报的行为，义理变成了一种双方的义务。"带感情的、基于个人心情道德和内在规范的义理"，体现的是人际关系感情的一面。这就是所谓的"暖かい義理"。但有时义理并不是出自行为者的自愿，带有"使行为者不得不如此的制裁和强制力量的社会规范和

---

① 笔者在《论日本人感情模式的文化特征》（载《日本学刊》2008 年第 1 期）做了详细论述。

习俗"意义，这就是所谓的"冷たい義理"。① 不懂义理的人由于不能完成互酬行为而会被指责为"越轨者""忘恩之徒"，因而实际上形成了一个看不见的"舆论法庭"。担任这个"舆论法庭"作用的在日语里称为"世间"。"世间"可看作一个由那些虽然认识但并不亲密的人组成的无形集团（日本有学者称之为"准处集团"）。② 这样，"仲间"实际上是一个范围较大的圈子，最内侧构成"身内"的一部分，最外一层的人则构成"世间"。"世间"起着制裁不按义理原则行事者的作用，犹如一只"看不见的手"指导着人与人交换的平衡。日本社会较低的犯罪率与这个看不见的"世间"有很大关系。"恩"与"义理"作为一种促进双方义务的观念，与西方人社会关系中作为限定交换关系的明确的契约观念形成对照。在现实生活中，在什么时候、对什么人以及感情和功利的"度"如何把握都没有明确规定，"暖かい義理"与"冷たい義理"的界限也不清楚，都需要行为者见机行事。这是义理关系难以描述的主要原因。这种既有感情又有计算、半感情半契约、半自愿半强制的互惠关系增强了日本社会人与人之间关系的不确定性和复杂性。

3. "他人"（*tanin*）世界及"公平法则"

"他人"处于日本人人际关系圈子最外一层，它既不是人情世界也不是义理世界，而是一个没有任何感情关系的世界。这个圈子中交换行为趋于一种完全计算性、功能性、去感情的交易类型，行为者之间的关系随着交换过程的完成而彻底终结，付出与酬报没有时间差。由于对"他人"不需要投注感情，故与他们交往也是不需要"远虑"（客气）的。

应当说日本人的"身内"与"仲间"两个圈子的区分不是绝对的，但与最外面的"他人"的区分十分明显。"他人"原是中国语，指自己以外的人，但在日本语中则成了"亲属以外的人"，与中文的"外人"和"生人"含义类似（日语中也有"外人"一词，但主要指外国人）。"他人"一词给人一种生疏、冷淡之感，与这个词相关的词语如"他見""他

---

① 源了圆：『義理と人情』，第 26～27 页。
② 阿部谨也认为"世间"是连接日本人的关系环，它不是个人主动缔结的正式集团，没有规则和条款，但以一种很强的关系将个人与个人连接在一起。阿部谨也：『世間とは何か』，第 16 页。

言"他闻""赤の他人""他人のこと""他人の行事""他人扱い"
"他人付き合い"等皆有与己无关、冷淡疏远之意，而与之相对应的与
"内"相关的词语如"内分""内約""内定""内談""内示""内済"
等皆给人亲密之感。

在与"他人"打交道时设法不使自己处于"受恩"状态十分重要。
一个人倘若得到了"他人"的好处，就须马上偿还，当场两清，其交
换关系较接近等价交换。仍以田中为例：田中的邻居是一个刚搬来的外
国人，有一次这个外国人给田中家送来了自制的糕点，田中在接受糕点
的同时回赠一个苹果，两者之间的交换当场完成。此时的田中是把邻
居作为"他人"对待的，他在接受好意之后当场偿还是为了不使自己
处于"受恩"状态。交换过程中既没有还报的时间差，行为者之间也
没有地位差，交换趋于交易型交换。这样看来，在日本人的交换模式
下，只有与"他人"的交换关系才最接近"个人"社会中的"公平
法则"。

在日本，一般来说与"他人"较难建立亲密关系，但这只是相对而
言，实际上，与中国模式相比，"他人"更容易变为关系亲密的人。譬如
日语中有"夫妻是他人的组合"（"夫婦は他人の組み"）说法：夫妻本
来互为"他人"，但结了婚就成了"身内"，他人变为关系密切者；"弟兄
是他人的开始"（"兄弟は他人の始まり"）之说：兄弟之间本来是"身
内"，但结了婚各有了自己的家庭后便渐渐疏远，故关系亲密者亦可变为
"他人"。

日本社会在现代化进程中，这种互酬式交换关系扩大到了现代组织
中，形成了日本企业文化的重要特点。讲人脉、论资排辈、终身雇佣、年
功序列等被认为是战后日本经济奇迹的文化资源，恰是建立在日本人带有
互酬特点的人际关系模式之上。它的优点是能够使个人对企业保持较高的
忠诚度，人际关系较协调和个体能获得较高的安全感，但在企业的效率、
功能和活力方面却输给了建立在交易型交换模式之上的美国企业。泡沫经
济崩溃后日本模仿美国企业进行改革，从人际关系上看，这是将建立在契
约基础上的具有去感情性、功能性、计算性的交易型交换关系引入"娇
宠"和义理关系领域。我们知道交易型交换关系具有简洁、有效率等特

点，正像机器部件可与任何相同标准的部件结合一样，这种交换模式将人"无机化"以后使其能与任何陌生人缔结关系，即便相互不信任也可以合作，故尤其适合缔结大规模现代企业组织。然而带来的结果是互酬系统受到侵蚀，人际关系中感情（"人情"）因素的减少而趋于一种交易型交换关系。这种变化意味着个人能够"娇宠"的人少了，密切的人际联系变得更为难觅，人的内心焦虑加剧了。另外，自由职业者和变换职业者增多了，个人对集团的忠诚度和依赖性降低了，起着"看不见的手"作用的"世间"力量减弱了。这或许是今日社会的不确定性加剧和个人安全感降低的主要原因。

第十章 "缘人"的感情模式特点

一 作为基本人际状态一个维度的感情控制机制

感情需要是我们人类的基本需要之一。人与电脑的区别在于人会将感情投注于某些人、某些物或某些文化规范而电脑却不能。另外，人又不是完全"任情而动"，人与大猩猩的区别主要在于人能够将自然感情向"理"（伦理、理性）的方向转化而大猩猩却不能。人际关系分为两类，一类仅为角色关系，如与出租车司机、商店售货员的关系，缔结这种关系主要是因为"有用"，一般人们不向或很少向这类社会角色投注感情；另一类是角色与感情结合的关系，如与父母、情人、好友的关系，人们对这类关系往往投注较大的感情。并且，后一类关系对人类最重要，是人类生活的本质所在。

如前所述，心理文化学把人们的生活环境视为一个由不同层次（同心圆）组成的"社会－文化场"，依据文化的设计，感情在 PSH 图式各层的投注方向称为"感情配置"，自然感情向"理"的方向转化的机制称为"感情控制机制"，感情的控制机制在心理和行为方面的表现称为"感情控制的表征"。这三个方面构成基本人际状态的感情维度。

采用这个理论来描述感情的配置和控制的文化特点时需要指出以下两点。其一，此视角有一暗含的假设，即人的感情能量在总体上是一定的，如果向某些人、某些物或某些文化规范投入感情较多，就会对另一些人、物、文化规范投入较少；如果将较多的"情"转化为"理"，用于其他转化的感情就会少；如果感情高度"特化"为一种特定的感情，向其他领域转换的能力就弱。① 其二，考察感情模式的文化特点时，并非否定这种模式的个体差异和变化因素，只是需要暂时冻结这些因素而进行抽象概括。这是此种研究方法所需要的：此方法所把握的是事物的"原型"，需要尽量排除次要因素和次生变量。当需要了解该事物的"变型"时再逐一加入次要因素和次生变量进行分析，说明各变量之间的关系以最终得出正确或接近正确的结论。

感情是普通心理学和社会心理学涉及的一个重要范畴，但这些学科主要是对感情的普遍性规则进行探讨而不大重视文化差异性。的确，人类的感情有许多是共同的，譬如人皆有喜怒爱恨，人在激动时身体的肾上腺素的分泌都会增加等，但人类感情还有社会文化的方面，这主要是指对感情的评价、释放和控制受文化影响、形塑。这方面较多的是差异性，而正是这种差异性构成了我们这个世界文化多样性的心理基础。心理－社会均衡的视角就是从探讨这种差异性入手，将经过文化形塑的感情模式视为基本人际状态的一个维度，重点揭示的是不同基本人际状态下感情配置和控制机制的文化特点。由文化形塑的感情模式是一种比习俗、制度、价值观等更稳定的、类似某种文化基因的东西。例如虽然当今日本从政治和社会制度上说与美国更接近了（以至于有的政治家强调日本与美国的"共同价值观"），但似乎没有明显证据说明日本政治家的感情和行为模式以及在此基础上的人际关系和政治运作模式也向美国人靠拢了。

二 感情配置模式

相对于西方的"个人"，笔者建议用"缘人"和"伦人"分别指称日本人和中国人的基本人际状态。这两种基本人际状态都以强调人的相互性为特点，故其感情配置都较集中于对人关系方面，都具有重视人际关系的和谐而非解决内心焦虑的特点。但"缘人"的感情配置特点是：感情投注的范围比"伦人"要广泛，却又不像"个人"那样具有高度动态性，

---

① 这里使用的"感情"主要是指各类欲望和要求，类似弗洛伊德的"力比多"概念，是一种与爱和生存本能相关的心理能量或驱力。弗洛伊德借鉴了那个时代的能量守恒学说，认为人的心理能量也是有限的且不会消失，它以这样那样的方式操纵着心理机能。倘若心理能量消耗在某部分心理机能上，就不可能再用于其他机能。

它是一个受限定但较广阔的范围。以下结合许烺光提出的日本人与中国人PSH图式（见图10-1和图10-2）描述这种差异。①

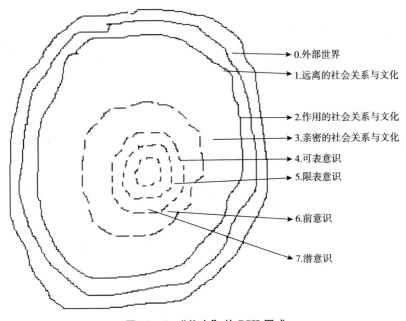

图 10-1 "伦人"的 PSH 图式

与"伦人"的PSH图式相比，"缘人"PSH图式的一个重要特点是其第三层（"亲密的社会关系与文化"，中国人对这一层中的人际关系投注较多的感情）和第二层（"作用的社会关系与文化"，这一层中的关系主要是角色关系而一般不投注感情）没有区分，或者说第二层包括在第三层内。这意味着亲属集团与那些由于某种机缘在一起生活的非亲缘者构成第三层的重要内容，二者之间不仅可以相互转换甚至有时候后者可能比前者还重要。② 换一个角度看，日本人在强化角色与感情联系的同时扩大了亲属集团角色运作的空间，将感情关系带到"作用的社会关系与文化"层中，个体在那里缔结成拟亲属（如"亲分"与"子分"、"先辈"与"后辈"等）关系并将家庭中的感情转变为工作场所的感情。这是日本的

① 这两个图式分别参见〔美〕许烺光《家元：日本的真髓》，于嘉云译，南天书局，2000，第127、138页。

② 米山俊直：『日本人の仲間意識』，讲谈社，1977。

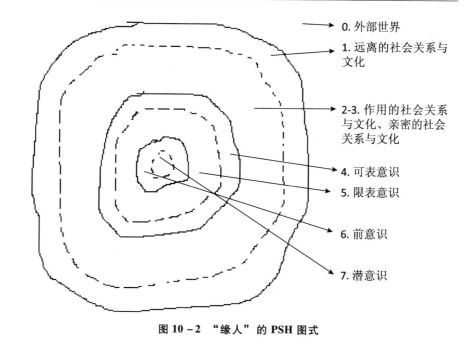

0. 外部世界

1. 远离的社会关系与文化

2-3. 作用的社会关系与文化、亲密的社会关系与文化

4. 可表意识

5. 限表意识

6. 前意识

7. 潜意识

图 10 - 2 "缘人"的 PSH 图式

企业等社会集团（本属"作用的社会关系与文化"层）有较高程度协调和默契，企业内人际关系及劳资关系类似家族关系，个体对企业组织的人、规范等有较高感情投入等特点形成的文化心理根源。

其次，缘人 PHS 模型的第二层与第一层（"远离的社会关系与文化"）也没有严格的区分（图 10 - 2 图式中以虚线表示）。这表明缘人的感情配置也较容易投注到这一层。第一层包括国家事务、统治阶层（如天皇）和文化规范（如类似民族主义等意识形态）。对这一层的感情投注意味着个体较容易将国家以及民族层面的意识形态等作为某种绝对或神圣之物而对其献身。不过，这个过程通常不是主动的，因为缘人"……之所以可以对第二层和第一层（而非第 0 层）感兴趣乃至牵涉其中，并非因为他需要走那么远来维持其社会心理和谐，而是因为他透过了人们与他直接的、亲昵的圈子的环节，来加入那些层次的人"[1]。笔者认为这种感情投注在少数情况下甚至扩延到第 0 层（"外部世界"），例如历史上日本对中国文化的推崇和战后对美国统治者的热情等。

---

[1] 〔美〕许烺光：《家元：日本的真髓》，第 136 页。

这两个模型最内的两个层次（"潜意识"和"前意识"）之间都没有严格区分（均用虚线表示）。"潜意识"层属于人心灵的最深部分，对神明、灵魂、彼岸的考虑属于这一层内容。这两层之间没有严格区分表明这最内的一层无论对于缘人还是伦人都不那么重要，因为二者的感情配置都趋于投向人的互动关系方面，而无须动员潜意识层，都无须到超验的彼岸世界中去寻找精神的寄托或通过洞察灵魂背后的东西以获得个体存在的真实感。二者的区别在于：其一，缘人较伦人更多地关注心灵方面的事宜，这在缘人PSH图式中的表现为第三、四层之间用实线表示。第三、四层之间的线是作为生物体的人的最外边界，这条实线意味着最内的两层对缘人来得更重要一些，这在现实中的表现是：缘人的感情模式更趋近人的生物体基础。例如，日本的传统小说、传统艺术更关注人的心理、心灵的事。"日本书里处理的是角色怎么感觉和怎么想，而中国小说则几乎完全在于众角色做了什么。物哀、寂、幽玄之类典型的日本的美学概念，中国大师很少提起。"[1]如后所述，日本本土思想更趋于承认人的自然感情。其二，日本模式的第五层与第六层之间也是实线，这意味着，无法说清楚的那部分意识（包括"潜意识"和"前意识"）对于缘人的行为可能具有更重要的意义。

由此我们似可看出，缘人的感情配置模式处于一种比西方"个人"更容易得到PSH均衡的状态，但不像伦人那样在以亲属集团为核心的狭小范围自动保持均衡。许烺光从比较文化的视野分析日本人的感情配置模式时指出："无论对中国人或日本人而言，角色与自觉感情是强烈地彼此关联。个人之所以工作并非为了维持他的社会心理和谐（结果工作是自觉感情的目标），而是因为工作只是表达他对于他处于特定社会关系的人的感觉（关怀、帮助、下属、上位、奉献诸如此类）。对中国人而言，角色与自觉感情是在亲属纽带及其直接的延伸的范围内联结起来的；对日本人而言，其社会组织使他们能离家更远，他们在更大的人的领域——家元中联结着。"[2]

三　感情控制机制

假如将人的感情能量比作池水，那么感情的控制机制则可比作可使

---

[1] 〔美〕许烺光：《家元：日本的真髓》，第139页。
[2] 〔美〕许烺光：《家元：日本的真髓》，第137页。

这种能量向特定方向、以一定的强度和方式释放的开关装置。感情控制主要是从文化中习得的。许烺光以中国、日本、德国、美国为例提出了感情控制与文化关系的两种模式。他认为西方"个人"的感情控制趋于"压抑"（repression）型，这是一种"把个人成长发育而在内心培养起来的一般束缚加之于思想和行动上"的控制机制，例如婴幼儿时期对异性父母的情欲因罪恶感而被埋藏在潜意识里。而中国、日本人的感情控制趋于"抑制"（suppression）型，这是一种"因为外在条件而刻意限制某些行为发生"的控制机制，例如驾车因害怕警察和车祸而遵守交通规则就是"抑制"。① 许烺光实际上提出了这样一个假设：由于文化不同，个体在感情的控制方面对于外在制裁和内在控制具有不同的敏感度，因而形成不同的控制机制。笔者认为这个假设是能够成立的，这与前文提出的基本人际状态特点是一致的："个人"模式下的感情控制趋于以作为本真存在的有机体为基础，较多地考量个体内部的感觉和欲望，要处理较多的个体的感觉、欲望、需要、焦虑、幸福、快乐、悲伤等问题。为了获得快乐，个体希望不受任何束缚地释放原始感情，但为了防止原始感情释放带来严重后果，一套尽量将原始感情压抑到内心的深层（潜意识层）的文化机制便发展了起来。此种机制或可比作采用"堵"的方式处理人的感情之水。但原始感情不会消失，不仅堵不住，被堵的感情反而会增加能量，随时可能会"溢出"而投射到任何方向，而且在这个过程中往往伴随着较大的心理焦虑。② 而"缘人"和"伦人"都是以强调人的相互性为特点的基本人际状态，感情控制趋于以有机体外部的对人关系为基轴，个体需要处理更为复杂的社会关系，追求外在的均衡以及和谐的人际关系成为人的社会化过程中的主要任务，故对于外在的制裁有较高的敏感度。这种情况下发达起来的是根据不同他者和情境控制自然感情的机制。这种机制或可以比作采用"疏"的方式处理感情之水，即承认人的原始感情无法消除，只是对感情进行框

---

① 〔美〕许烺光：《彻底个人主义再省思》，第 122～153 页。
② 在这个过程中伴随着激烈的冲突和严重的焦虑。对这个过程的出色分析就是弗洛伊德所谓关于"自我"的理论。"本我"遵循的是快乐原则，"超自我"遵循的是理想原则，"自我遵循"的是现实原则，人的内心世界就是这三个"自我"激烈战斗的战场。

限，在特定情境中通过特定渠道对特定对象释放特定感情。一般来说，被抑制的部分并不会埋藏在潜意识里，可随时被轻易召唤出来，因而内心的焦虑也不严重。

虽然属于同一种控制机制，但"缘人"和"伦人"感情模式还是有区别的，尽管其区别程度可能不像与西方"个人"那么大，那么具有根本性。

所谓感情的控制机制包含两个方面：第一，感情的评价，即文化是怎样看待人的自然感情的，这通常表现为宗教等意识形态对感情的看法，这是感情控制的前提条件；第二，感情的导向，即文化如何将自然感情导向特定的方向。这通常通过文化的特点表现出来。"缘人"和"伦人"感情控制机制的区别可以从这两个方面来阐述。

中国占主导地位的儒家文化趋于贬斥自然感情，试图将其完全道德化和理性化，儒家思想对人内在道德的完善有很高的要求，追求"修身齐家治国平天下"的圣人人格，对人的自然感情（非理性的需要和欲望）采用贬低的态度。特别是宋明之后的理学趋于认为"天理"与"人欲"根本对立，将凡超过维持人生存需要或违背礼仪规范的自然感情和要求统归于"人欲"，"存天理、灭人欲"成为"修身"的重要内容。这就是说，中国文化对于情理转换设置了一个较高的门槛。儒家推崇的榜样人物柳下惠以其"坐怀不乱"的行为而流传于世，家喻户晓。这样的伦理期待通过教育和代际传承潜移默化地影响着人们的行为。佛教对人的原始情欲更持否定态度，它虽来自印度，但其许多主张经过不同程度的改造以后，已部分为中国社会所内化吸收。中国人在感情控制上有较大的通过将自然感情伦理化追求内在道德完善的压力。与此相照，日本文化虽然也受儒教、佛教较大影响，但二者皆为外来文化，它们对个体设定的道德目标在个体的内化过程中都遭遇到固有文化取向的激烈抵抗，个体所面临的内在道德完善的压力不像伦人那样大。日本固有文化趋于承认自然感情是人性之重要部分，有其存在的合理性，人的非理性方面也被视为"人情"的表现。① 这种模式下的自我较多地与个

---

① 《广辞苑》中对"情""人情"的解释是：1. 自然具备的人之感情；2. 人心的自然活动与义理结合使用。义理人情是指"在与人交往中，出于种种关系上的考虑，即便不乐意也必须尽的义务"。

体的生物性的生存、欢乐和感叹相联系，趋于将自然感情视为生命自身的流露展示而给予较高的评价。结果是为人的感情指向对原始情欲、兽性冲动的欢娱留下了较大的空间。日本的思想史记录了日本固有文化取向如何同来自中国的儒学发生冲突，出现了许多极力调和天理与人欲甚至主张"人欲即天理"的学者。而以本居宣长等"国学者"更以"事物的幽情"之类的"主情主义"替代道德的善恶，肯定各种反道德的情欲叙述，认为此乃内心真情之所在。这种取向也同样与外来的佛教发生了冲突，所以日本佛教徒的生活几乎不遵守任何戒律。由于没有追求"乐而不淫"的约束以及中国士大夫社会阶层沉重的政治责任承担，在日本人的日常生活以及文艺作品中，放浪情欲的男女爱多于伦常观念的亲子情，个人抒情多于政治关注。与中国文学总与社会、政治、世事紧相联系不同，日本文学中流行的自然主义倾向的"肉身文学""私小说"等，较多地表露了纯粹私人性的、完全内部自我、不问道德价值和理性意义的东西，如享受身体的某种快意、酗酒、胡闹、追逐女人等。认为真实描绘出生活和感觉就是美，即使是痛苦、悲惨、丑恶、无聊也无妨，因为这是对生命的珍惜、放纵和爱恋。因此，在此种模式下更可能出现这种情况：感情和感觉更为开放、自由和浪荡，也更为多情和敏感。各种虐人、自虐、病态、多愁善感甚至野性冲动更可能以其坚韧地追求细致、纯粹、精巧和完满而成为美的形态。一方面是深深感伤人生和对超越的信仰；另一方面是原始的情欲和纵情享受。神秘与感性、虔诚与放荡更可能混杂交错。这种对自然感情的承认乃至赞美在日本文化的各个方面表现出来，形成了区别于中国文化的明显特征。①

不贬斥自然感情当然不是不经过任何控制。在"抑制"这种机制下，人的原欲（libido）②的释放需要考量的主要不是来自有机体内部的感觉和

---

① 或许是基于这样的观察，崔世广认为日本是"情"的文化，中国是"意"的文化（崔世广：《意的文化与情的文化——中日文化的一个比较》，《日本研究》1996年第3期）。将文化这样归类未必妥当，但如果"情"是指与人的自然情绪相联系的"感情"，"意"指与道德、信仰、修养等相联系的"意志"，那么这种差异至少在意识形态层面确实是存在的。从我们的视角看，这种差异反映了中日两种文化对自然感情的不同评价取向和遵循着不同的控制机制。

② 亦称"力比多"，即性力，由精神分析大师弗洛伊德提出，这里的性不是指生殖意义上的性，而是泛指一切身体器官的快感，包括性倒错者和儿童的性生活。弗洛伊德认为，力比多是一种本能，是一种力量，是人的心理现象发生的驱动力。

欲望等，而是来自外部的"情境"。这种"情境"主要包括以下几个方面。

（1）关系者的远近。是自己人（"身内""仲间"），还是外人（"他人"）。

（2）关系者的地位。是年长者还是年轻人，是地位高的人还是地位低的人，以及是否有权威等。

（3）关系者的角色和地位。

（4）表面与内心等。

缘人与伦人在感情导向上的不同在于：伦人在较为狭窄的领域（亲属和地域）内将自然感情导向亲密群体中的"角色"，高度特化、恒定为与某种角色相联系的感情，如与父子角色相联系的"孝"，与君臣和上下级角色相联系的"忠"，与朋友角色相联系的"信"，与夫妻角色相联系的"敬"等，而缘人感情的导向机制被强化的主要不是"角色"而是"位置"。这里的"位置"主要是在人际关系序列中的较不确定的相对位置。这意味着缘人的感情被导向一个比西方"个人"更受限定，但比中国人更广、更不确定的领域，其感情没有完全依据角色而高度特化，因而一种感情向另一种感情转化更容易。伦人的高度特化、恒定化了的感情像经济活动中的货币和信用卡一样，在一定范围内、一定的人群中用于人与人的联结十分高效和方便，这是中国在很长的时间、很大的地域内凝聚了众多的人口、社会高度统一、稳定的文化心理基础。但正像货币和信用卡不像曾经的黄金那样在任何时间、任何地点、对任何人都有效，一种高度特化的感情较难向另一种感情转换。由此或可解释伦人社会较缺乏变化内驱力。而缘人的感情未完全特化，仍保留着某种程度的"黄金"属性，故较容易转换到其他方向。由此或可解释近代为何日本比中国较容易地转变为近代社会，以及个体在人际关系圈子中与他者有较强的共情能力。① 同时这种理论也可解释日本人为何有时更容易以不可思议的、极端

---

① 源了圆曾举出一个极端例子：一个在美国的日本留学生，利用业余时间打工，住在一个郊外的美国人家。秋天，院子里落满了树叶，一日，这家的女主人说："秋天来了啊，看这树叶……"女主人实际上只是说说，并没有想让留学生打扫的意思。但是，共情能力极强的日本留学生马上说："夫人，我来打扫吧。"这家女主人仅仅是打招呼，但是这个留学生太富于共情能力了，结果弄得筋疲力尽。参见源了圆『義理と人情』，第1页。

的方式释放自然感情（有时候可能表现为绝对的忠诚、对工作的狂热释放以及自杀或自虐等）。

可以预期到的是，缘人的感情抑制模式可能更多地依据不同的情境，更需要参考多种因素。这或可解释日本文化和社会的一些特点。例如，日本社会仪式、礼节的发达以及对礼节、礼貌的高度敏感是世界公认的，有时候其对仪式和礼节的重视甚至到了忽视内容的地步。仪式和礼节本是文化为升华、净化人的自然感情而设，仪式和礼节的发达是感情抑制所需要的，是对日本文化中缺乏自身完善的高迈目标的一个补充。日本通过儒学建立起整套外在礼仪规范和行为，但儒学的那一套高度角色化、伦理化了的礼仪规范并没有完全被内化，个体的感情并不像中国人那样分散和落实在人世伦常、现实事务、历史感伤、政治事件，以及个人的怀才不遇、世路坎坷之类的有限而具体的事物中，而是将原始感情融合于无限、多元事物的具体细节之中，因而更需要借助繁杂的细节和礼仪，将生活的自然感情掩藏和改装，使其升华。日本允许原欲以其本真的形式存在（这在日语里称为"本音"），但需要根据场合将其或隐或露，故委婉、暧昧乃至沉默等只有根据情境才能判断真实感情的行为方式在日本文化中受到较高的评价。"道"的发达是日本文化的一大特点，从中国人的视角看，"道"是通过仪式和礼节使自然感情和自然行为升华的一种文化装置。如"茶道"和"花道"就是通过对"喝茶""插花"这种日常生活投注一种特殊的情感而使其艺术化并借此使感情升华。再如，日本人的"粹"（iki）带有一定媚态的艺伎美，这种改变了形状的性欲望成为一种审美理念，成为"色道"（如果也称为"道"的话）的真谛和精华。[①]

---

① 九鬼周造在『いきの構造』（岩波书店，1930）中有详细阐述。

第十一章　"缘人"的自我认知特点

一　对日本人文化心理特征的探索

"自我"（self）以及与之相联系的"人格"（personality）是心理学、精神分析学中两个重要概念。心理学对自我的定义是："对自己的特点、行为表现等属性的认知，它是对自己发生的动作、行为、采取的决定、逻辑推断、生活体验等的组织、调节与控制，是以人的躯体及其所属社会财富（社会资源）为基础的一种特殊心理过程。"① 对人格的定义是"与个人有关的心理过程以及心理状态的组织集合体"。② "人格是个人的内在力量与一致的态度、价值和知觉范式等复合体相关联的持久系统"。③ 但在当代心理学中恐怕再没有像"自我"与"人格"这两个概念那样引起广泛的争议了。目前心理学教科书上使用的人格概念多是西方人对个人主义理想的一种表述，它与西方人生活的现实也未必完全相符，遑论其他文化中的人。一些心理学家似已注意到这个问题，因此得出的结论都较谨慎。如美国人格心理学家 Jerry Burger 指出："关于自我概念的不同观点也意味着来自两种文化类型的人对于自我满足和感觉良好概念的看法有所不同。典型的个体主义文化中的人想到他们独特的价值和个人成就时就会感觉良好，相反，集体主义文化中的人的自我满足感来自于他们感知到自己与他人的关系。在这种文化中，当找到归属感、感到自己承担了适当的岗位的时候，人们的感觉会很良好。在集体主义文化中融入社会和完成自己份内

---

① 沙莲香：《社会心理学》，中国人民大学出版社，1987，第167页。
② 沙莲香：《社会心理学》，第66~67页。
③ 〔美〕维特·巴诺：《心理人类学》，第8~9页。

的事是骄傲的源泉，而在个体主义文化中个人成就和独立性最被看中。"①
他还以日本为例，指出现代人格心理学中关于自我、自尊、自我实现、自
我评价、自我表达、成功动机、人际关系等问题的看法并不适用。② 姑且
不论他关于"个体主义文化"和"集体主义文化"的概念是否妥当，他
指出现代心理学的局限性应当说是很诚实的。

其实日本早有学者认识到现代心理学中自我、人格等概念的局限性并
致力于探索日本人独特的文化心理，从这个意义上说称他们为"日本文
化心理派"或无不当。不过这方面的探讨构成一个很大的领域，涉及多
种学说。从方法论上看，这个领域中较严肃的观点大体上是沿着"精神
分析"和"社会心理"两个路子展开的。

"精神分析"路子的研究者大都有精神病医生的背景并有丰富的病案
积累，故他们多从精神病理的角度认识日本人的自我认知模式。被认为是
日本最早的精神病学者的古泽平作可称为此派的先驱。他早年留学德国并
深受弗洛伊德的影响，但他对弗氏提出的"俄狄浦斯情结"③的普遍性持
怀疑态度，并向弗氏当面提出与"俄狄浦斯情结"相对应的"阿阇世情
结"，遗憾的是当时并没有引起弗氏的注意。1933 年古泽发表论文正式提
出用来描述日本人文化心理的"阿阇世情结"概念。阿阇世是佛经中的
人物，其故事梗概是：阿阇世是王舍城的王子，母亲是韦提希夫人。韦提
希为保住夫君频婆娑罗王对自己的爱，决定怀孕生子，而这个孩子是住在
森林里一个仙人的化身。根据预言，这个仙人到去世还有三年的时间。韦
提希夫人生子心切，便害死了仙人，怀上的孩子就是阿阇世。由于恐惧仙
人的诅咒，阿阇世出生时从一高塔上跌落下来，所幸的是只受了轻伤。阿
阇世长大后知道了自己的身世，母亲的美好形象幻灭了，他要杀死母亲，

---

① Jerry Burger：《人格心理学》，陈会昌等译，中国轻工业出版社，2004，第 250 页。
② Jerry Burger：《人格心理学》，第 251 页。
③ 俄狄浦斯是希腊神话中的人物。相传，因神预言他将来会杀父娶母，俄狄浦斯一出生就
被其父弃在山崖，后为一牧人所救，由克林斯国王收养。俄狄浦斯长大后，想逃避杀父
娶母的命运，却在无意中杀死亲生父亲。后因除去怪物斯芬克斯，被底比斯人拥为新
王，并娶前王国王之妻，即他的生母为妻，生下四个孩子。后来全国瘟疫流行，出现神
谕说，必须除去前王罪人的罪恶才能消除灾难。他追究原因，才知自己杀父娶母。其母
知道真相后自缢身亡，他也在悲愤之中刺瞎双眼，后流浪而死。弗洛伊德认为男子自幼
有一种仇父恋母情结，他称他称其为"俄狄浦斯情结"。

却被臣下劝阻。阿阇世被一种罪恶感所困扰，身上起了脓疮，发出恶臭。这时只有他的母亲细心照料他。最后，韦提希夫人原谅了想要杀死自己的儿子，阿阇世也原谅了母亲。①

古泽平作从"杀父娶母"的俄狄浦斯想到了佛教中"杀父囚母"的阿阇世是很自然的，但当他对这个佛教故事进行文化心理学解读时发现两个故事的不同内涵：前者基于父性原理而后者基于母性原理，俄狄浦斯的结局是受惩罚而死而阿阇世是醒悟后对他人的原谅。基于这样的差别，古泽提出用"阿阇世情结"来描述日本人的文化心理特征。古泽的弟子小此木启吾将这一思想做了进一步修正和发挥，将"阿阇世情结"的主要特点概括如下。

（1）儿子与理想化了的母亲的一体感。

（2）当母亲的理想形象幻灭后，儿子对母亲产生了怨恨。

（3）当了解事情的详细经过后，儿子原谅了母亲，恢复了与母亲的一体感。②

这是一种基于母性原理的对罪恶感的自觉并通过忏悔恢复母子间亲密关系的心理特征，它反映的不单是对惩罚的恐惧而且是一种更高层次的意识，是相互原谅和相互依赖。如果说"俄狄浦斯情结"反映的是一种基于个人主义文化的罪恶观，那么"阿阇世情结"反映的则是以"关系""缘起"为特点的文化。

该学派的另一个代表人物是土居健郎。他也是一位精神病医生，在长期的医疗实践中，他注意到日本人的一种独有的心理特征，这个特征集中体现在日语中一个特有词 amae（汉译"娇宠"）中。关于土居的娇

---

① 引自滨口惠俊『日本研究原論』，第 8 页。佛教关于阿阇世"杀父囚母"的传说有不同版本，此处说法似乎经过了古泽的再创作。《观无量寿经》中的阿阇世故事梗概是：阿阇世受恶人教唆，下令将父王频婆娑罗王幽闭于深宫，断水缺粮。阿阇世的母亲韦提希夫人知道后买通狱卒，用蜂蜜和炒面遍涂其身，璎珞中暗盛琼浆，借探望之机送与国王充饥。然不久事情败露，阿阇世大怒，持剑欲杀母，有二大臣冒死劝阻。阿阇世杀母未成，遂将其囚于后宫。韦提希夫人被囚后日夜不安，百思不解其因果，只好虔诚礼佛。佛知道后，先派大目犍连和阿难前往探视，接着自己也从耆者崛山亲驾祥云，出入深宫，向韦提希阐说投身西方净土的"十六观法"。韦提希恍然醒悟，毅然照佛指点，修"十六观法"，最后升入极乐净土。

② 小此木启吾：『日本人の阿闍世コンプレックス』，中公文库，1982。

宠理论，笔者已著文专门评介绍过，① 这里补充的只是土居的"娇宠"理论与古泽平作的"阿阇世情结"的相通之处：二者都是指日本人对人关系中的一种源于母子一体化的对他人的依赖心理，反映的是一种相互依赖的自我认知模式，在某种程度上"娇宠"可视为对阿阇世情结的阐释。

同是精神病医生的木村敏也同意土居的"娇宠"理论，认为"娇宠"的本质是"带着感情，以一种亲切的态度撒娇"。他认为西方人的"自己"是"一种任何时候、任何情况下都不变的自我的一部分"，而日本人的"自己"（日语中称"自分"）不像西方"个人"的"自我"那样是一种确实的实体，而是一种在对人关系中获得的、带有流动性生活空间的东西。西方人的"自我"是一种带有独自性、恒常性和连续性的东西，而日本人的"自分"是指自己以外部分中自己应当得到的那一份，不具有恒常性、同一性。② 总之日本人的"自分"概念不是一种来自主体内部的抽象实体，"毋宁说是来自自身外部的、在具体的与他人关系中把握、从自己应得份额中获得的现实性"。③ 对于日本人来说"自己"并不在自身内部寻求存在的依据，所以"我是谁""你是谁"等问题并非由自身决定而是由"我"与"你"之间即人与人之间的关系决定的。④

另一个路子是一些社会心理学学者的探索。日本著名社会心理学家南博关于日本人自我的观点影响比较大。他认为，"在日本人的自我构造中，外在的'客我'意识特别强，过于在意他人看法的意识影响了自我构造的整体。由于外在的客我意识太强，内在的客我受到压制，形成了否定性自我。"⑤ 他提出了"日本人自我的不确实感"和"集团我"等说法，认为日本人之所以被认为缺乏主体性、没有确立自我、没有自我主张、不积极主动地行动等，皆是自我的不确实感造成

---

① 尚会鹏：《土居健郎的"娇宠"理论》，《日本学刊》1997年第1期。
② 木村敏：『人と人の間』；转引自滨口惠俊『日本研究原論』，第78页。
③ 木村敏：『人と人の間』；转引自滨口惠俊『日本研究原論』，第78页。
④ 滨口惠俊：『日本研究原論』，第79页。
⑤ 南博：『日本的自我』，第4页。

的。① 他概括的日本人的文化心理特点如集团依存意识、注意个人在集团中的位置、从众、行为的定型化（"型"的重要）等，也是个体为了获得一种自我的确实感产生的。南博虽然也指出日本人的这种文化心理有其优点，但他更多的是在否定意义上展开他的观点的。他认为，"社会的现代化的一个标志就是人的自我的确立以及在此基础上的个人主义的发展"②。这个观点明显带有战后日本社会急速追赶西方的时代烙印。

原京都大学社会心理学教授滨口惠俊在分析日本人自我认知特点的基础上提出的"间人"理论也是有代表性的一种。他认为西方"个人"的自我认知特点是存在一个不可侵犯、独自性的"人格"，自我存在的确实感和自我依赖的态度是"个人"存在的条件，也构成个人的核心部分（通常称为"自我"）。与此相对应，"间人"没有这样一个核心。"间人"不是"自我"的延长，而是一种"在对人的关联中意识到关联性就是人自身"的存在方式。③ "以与他者的一体感（有时候是对立的感情）为前提，在对人感觉中来确认自己。"他也同意土居健郎、木村敏等精神分析学派的观点，认为日本人的"自我"（"自分"）是一种与他者保有共有空间并带有相对特点的、依赖他者并与他者协调的自我，"自分"意识是受社会制衡并建立在对他者相互依存之上的。不过与精神病医生们的看法不同的是，他不仅不把这种特点视为病态或不成熟的表现，而且给予高度评价。"此种依赖性倾向容易被视为不成熟的人格，但这并非对他者的单方面依赖，而是相互依赖。而且由于相互依赖，人的恣意性要求被有意识地抑制，社会系统方面也不断要求这种自我抑制。此种相互间的自我抑制实际上是一种高度成熟的成年人的行为方式，而那种没有任何遮拦地提出'自我'主张的行为在社会生活中毋宁说被视为小孩子行为。"④ 与他持类似观点的还有公文俊平。公文指出自然界中数个原子结合成分子便变得稳定（一些惰性气体除外）的现象，认为美欧社会独立的"个人"恰如一

---

① 南博：『日本的自我』，第 1 页。
② 南博：『日本的自我』，序言。
③ 滨口惠俊：『日本研究原论』，第 76 页。
④ 滨口惠俊：『日本研究原论』，第 79 页。

个个与其他元素难以结合的原子，而日本人只有进入与他者的关系状态才能够获得安定感，可以说是一种容易分子化的人。日本人人际关系模式所具有的网络性特点更适合信息社会。① 滨口和公文都属于"日本文明学派"，他们对于日本人自我认知模式的高度肯定性评价体现了经济成功后日本人的自信。

属于社会心理学路子的还有"跨文化研究"学者的探索。他们也多是社会心理学出身，对日本人的自我认知、人格、人际关系、与之相联系的儿童哺育、家庭成员的习惯、学校功能、青少年的社会态度等问题做了跨文化研究，以翔实的调查数据证实了日本人自我认知的一些重要特点（也证伪了一些流行的看法），但限于篇幅这里不拟介绍。②

二 "缘人"自我认知群体的特征

上述学者们的努力旨在探讨日本人的自我认知模式的特点。但应当指出，无论是日本还是西方的研究者在说到日本人的自我与人格特点的时候，多是在相对于西方"个人"意义上立论。在这个含义上关于日本人自我认知模式特点的讨论似可扩大到包括中国在内的东亚社会甚至整个非西方社会。日本人和中国人的基本人际状态是以强调人的相互性为特点。上文提到的"阿阇世情结"、"娇宠"理论以及"间人"理论，虽然旨在描述日本人的文化心理特点，但就其体现的强调人的相互性、在与他人的相互关系中界定自我这个意义上，与中国人的自我认知模式有相同之处。中国人和日本人都不是以生物体个体为中心界定人而是在一个人际圈子中

---

① 公文俊平：『情報文明論』，NTT 出版株式会社，1994，第 270～291 页。顺便指出，滨口的"间人"概念的英文表述 the contextual 来自公文俊平。

② 较早的研究如考迪尔（Caudill）及其同伴们令人满意地证实了日本人的母子关系截然不同于美国人母子关系的原因。柏木见纪的研究证实了日本青年比美国青年更普遍地显示出一种消极的自我评价倾向这一事实。参见〔美〕A. 马塞勒等《文化与自我》，任鹰译，浙江人民出版社，1988，第 151～152、150～151 页。较新的研究可参见 *Human Behavior in Global Perspective, An Introduction to Cross - Cultural Psychology* by Marshall H. segall，Pierre R. Dasen，John W. Berry，Ype H. Poortinga，Allyn & Bacon，Inc，1990。该书日文版：『比較文化心理学』上下卷，田中国夫、谷川贺苗译，北大路书房，1995；岩田記：『こころの国際化』，北大路书房，1995。

界定人，自我认知模式都是"伽利略式"而非"托勒密式"，① 故而这些描述许多也适用于中国人。②

从与西方"个人"相对应的含义上认识日本人的文化心理固然很重要，但仅如此还不够，还需要认识日本人的不仅区别于西方"个人"也区别于其他非西方社会（如中国）人的文化心理特点，但遗憾的是目前此种讨论还比较少。从我们的视角看，上述日本文化心理学派揭示的日本人文化心理的特点有两个关键问题没有解决：第一，日本人自我认知的参照群体的特点是什么？与同样是在关系中界定自我的中国人的区别在哪里？第二，日本人的自我认知遵循着怎样的独特的文化机理？回答这两个问题才可以称为对日本人独特文化心理的真正把握。笔者认为，作为以强调相互性为特点的基本人际状态的一个亚类型，"缘人"这种日本人的基本人际状态的四个维度不仅与西方的"个人"不同，也与同样强调相互性的中国人相异，而这一点对我们来说更为重要。

我们先来讨论"缘人"的自我认知参照群体的特点问题。这个问题在我们的视角中可归结为"心理社会均衡"（PSH）模型中第三层（"亲密的社会关系与文化"层）的构成问题。③ 亲属成员也是日本人 PSH 第三层的重要内容，但并非处于绝对优先地位，亲属集团不那么恒定和持久，但也不是像西方"个人"的第三层那样总是由陌生者组成。"缘人"的第三层与第二层的界限较模糊，即第三层中常有本属第二层的成员。"缘人"用来界定自我的人际关系圈子也依关系的远近由内向外依次分为"身内"、"仲间"和"他人"，这与中国人由亲人、熟人和生人构成的人际关系圈子相类似，但与中国人的区别在于：它是由并非完全基于血缘资

---

① 这是许烺光对两种自我认知的比喻。西方人的自我认知模式类似托勒密的"地心说"：即"自我"是世界的中心，周围世界围绕自我转动。而中国人和日本人的自我认知模式类似伽利略式的"日心说"：自我不是世界的中心，自我与周围世界都处在运动之中。详见〔美〕A. 马塞勒等《文化与自我》，任鹰译，第 36～37 页。

② 学者对中国人的自我认知所概括的特点如界限模糊不清，伸缩性较大，个体对自我的独特性、方向感、目标和意愿均没有很强的自觉，以及"关系性自我"或关系取向的自我等。参见何友晖、陈淑娟、赵志裕《关系取向：为中国社会心理方法论求答案》，载杨国枢、黄光国主编《中国人的心理与行为》，桂冠图书公司，1989，第 49～66 页。

③ 对 PSH 模型的详细评论参见尚会鹏《许烺光的"心理-社会均衡"理论及其中国文化背景》，《国际政治研究》2006 年第 4 期。

格而是基于包括其他因素的某种机缘（血缘、地缘、业缘或者其他因素）走到一起的个体组成的，因而具有一定的可转换性和不确定性。中国人的"亲人"与"熟人"之间是不可转换的，而在日本人的"身内"与"仲间"之间则存在一定的可转换性，即亲属集团也包括一些出于某种机缘而共同生活在一起的非血缘关系者，或者具有血缘关系者也可能会加入别的亲属集团。例如传统日本人的"家"也包括非血缘关系者如仆人、雇工、弟子等。日本人所属的关系密切的小集团都具有这样的性质。[①]

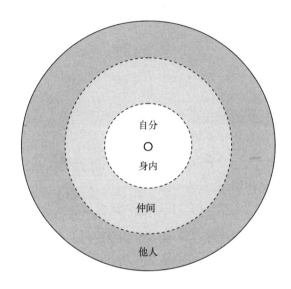

图 11－1　"缘人"自我认知群体的三个圈子

由于个体处在一个可以转换的和较不确定的人际关系圈子中，人际关系中的"自己"处于一个更不明显、更不确定的位置，这与中国人明显的以"自己"为中心的同心圆式人际圈子（费孝通所称的"差序格局"）形成对照。个体的行为所依据的既不是基于自我利益、自我感受、欲望等"个人"的"自我意识"，也不是某种固定的基于伦理规范的"角色意识"，毋宁说主要是依据个体与他者互动时的情境以及基于他者的反应和感受的"他者意识"。个体的存在通过他者的存在而界定，甚至这个交往圈子看不出中心在哪里。自我确定的相对困难性对个体带来的一般影响就

① 关于日本人的 PSH 模型参见〔美〕许烺光《家元：日本的真髓》，第 138 页。

是南博所说的日本人自我的"不确实感"。这个特点与我们分析过的"缘人"的自我与他者的关系具有更大的相对性有关。正如滨口惠俊在阐述"缘"的社会学意义上时指出的那样，在缘人社会，"我"与"他者"的关系"并非始于个人与个人的相会，而是本来就存在一个规模无限大的人与人的连锁系统，从这个大系统出发，特定者之间的关系仅仅是大系统的一个子系统。所以，某些特定的对人关系并不是自我完结的自主的圈子，而是与其他存在相关联并直接或间接受影响"①。佛教中关于"缘"的思想中有"无我"之说，这虽然是佛教追求的一种理想境界，但似乎也可以用来概括日本人自我认知中"自己"的不确定、不明确这一特点。在笔者看来，这是"缘人"状态下的个体在行为上更趋于与他人协调的文化心理原因。

日语的一些特殊的表达方式或许可以很好地说明"缘人"自我认知上的这一特点。日语在许多情况下可以省略主语，甚至可以不出现人称，讲话者与对方的关系、身份地位等完全可根据动词的变化清楚地判断出来。我们知道在中国语言（可能还有其他语言）中，在某些特定情境下也可省略作为主语的人称，但日语中这种情况似乎更普遍。日语中词尾变化的特点使许多情况下若出现作为主语、宾语的人称反而显得不够洗练，交流双方完全可以根据动词（特别是日语独特的授受动词）词尾的变化弄清句子所指的主与宾。不仅如此，句子中出现的人称还可以根据讲话者与对方的关系而变化，这也是非常独特的。例如，如果是对孩子讲话，"我"可称作"papa"，"你"可称作"omae"，但若是对友人，则是另外的表现方式。"我"与"你"在几种关系中的变化，见图 11-2。

图 11-2　"我"与"你"在几种关系中的变化

---

①　滨口惠俊：『日本らしさの再発見』，第 133 页。

这说明日本人对"我"与"你"的界定因关系不同而有不同的形式。这与英语中不变的"我"(任何时候都大写的 I)与"你"(you)完全不同。汉语中对"我"的称呼也有多种①,也表现出从与他人的关系中界定自我的特点,但中国语言中对"我"的不同称呼似乎更具有重视道德、重视自谦的特点,在实际生活中无论是对于孩子、朋友、地位高的人、兄弟等都可以你、我相称(有时候对于地位高的人称"您",但这种称呼主要流行于北方)。这种情况与英语类似而与日语有很大的不同。这可视为日本人的自我具有更大不确定性的表现。

三 "缘人"自我认知的文化机理

仅仅指出缘人自我认知参照群体的特点还是不够的,根据"心理－社会均衡"原理,"基本人际状态"是一个与文化变量相关的自均衡体,每一个维度也带有均衡的性质,因此还需要了解"缘人"的自我认知的均衡机理。在讨论这个问题时,需要指出现代心理学中一些概念的局限性,例如,现代心理学中对"自我"有各种分类:美国心理学家 G. H. 米德的主我(I)与客我(me),弗洛伊德的"本我""自我""超自我",以及现实我、理想我的分类等。应当说这些分类方法对于了解包括日本人在内的人类的心理活动是有用的,但这些概念基本上是基于西方个人社会的经验,比较适合对西方个人主义自我的分析,而在分析"缘人"独特的自我认知机理时就不完全适用了。② 基于这样的认识,笔者尝试从心理社会均衡的角度用几个适合日本文化特点的新概念来揭示"缘人"自我认知的文化机理。

第一,"个我"与"群我"的融合。在个人社会中,"个人"与"群体"处于二元对立状态,当代社会心理学中也多是在这种对立的意义上使用这一组概念的。但在基本人际状态并非"个人"的社会,个人与群体未必是对立的,如在日本社会中个人和群体之间就没有清晰的界限,因

① 如己、吾、余、俺、自己,古代还有朕、寡人、臣、不才等。

② 中国文化心理学的研究者也认识到这个问题并补充了新的分类,如人前我与人后我、大我与小我、公我与私我、表我与里我、真我与伪我。参见汪凤炎、郑红《中国文化心理学》,暨南大学出版社,第 45~48 页。

此用"个我"与"群我"的概念来阐述其自我认知模式比较合适。这一组概念反映的是人既具有个体性又具有相互性、个体性与相互性相辅相成的属性。"个我"不仅包括其界定趋于有机体基础的"个人"，但更多时候指的是一种"关系体"，有时候也用"私我"或"小我"来表述。"群我"包括多种群体形式，有时候以"公我"或"大我"来表述，南博的"集团我""家我"概念亦属此类。"个我"（小我）与"群我"（大我）具有相对意义，譬如一个家庭、一个小集团相对于个体来说是"大我"，但若相对于一个公司、国家来说则是"小我"。从一定意义上"个我"可以看作小的"我群"，"群我"也可看作大的"我群"。无论是中国还是日本文化，过度强调"个我"都被认为不妥，都要求将"个我"与"群我"融合在一起（这与强调个人的西方文化不同）。而"缘人"模式的特点在于："群我"是一个因各种机缘走到一起的人缔结的关系密切的集团，而且集团中的"他者"是个体界定自我优先考虑的，即个体有较强的"他者意识"。从这个意义上说，"缘人"的"群我"不是"个我"的扩大而是"他我"（他者眼中的自我）的集合。"缘人"的自我认知是通过个我与群我融合的方式达到均衡的，不过，个我与群我并非处于等量平衡状态，它更强调后者，即强调个我依存、融合于群我（如社会、家族、企业、利益共同体等），因而没有一个作为中心的明显的"自己"存在。当然，这样的认知模式并非没有自我，而是没有西方个人意义上的自我。称"缘人"的自我为"自-他协调性自我"或"自我·群体融合"之自我或无不当。

　　第二，"表我"与"里我"的切换。虽然文化上要求个我融合于群我，但这并非说完全否定作为生物体基础的个体的本真存在，而是将本真自我的表现置于适当的情境和针对适当的他者。这就有了另一套自我认知的文化机制，即"表我"与"里我"的区分和切换。"表我"与"里我"这一组概念也包括"人前我"与"人后我"以及"真我"与"伪我"。由于基本人际状态是以强调人的相互性为特点，生活中要较多地考虑他者的想法、感情和行为，因此个体有时就不能将真实自我表现出来，从这个意义上说"缘人"的人生带有较大的表演性质。这较突出地表现在日语中的"建前"（tatemae）与"本音"（honne）这一对概念中。[①]"本音"指的是"里我"或"人后我",表示的是个体真实的愿望和要求,较接近弗洛伊德的"本我"概念。而"建前"则是指"表我"或"人前我",它代表的多是理想、道德、原则、规则、仪式等,较接近弗洛伊德的"超我"概念。"缘人"状态下,个体的表我与里我并非处于对立状态,个体可以保留更多的本我部分。本我既没有像"个人"那样被深深压抑到潜意识中,也没有像中国人那样完全角色化。个我与群我均衡过程中需要牺牲的个我部分可以以"本音"的方式存在和释放,从而使个人的 PSH 获得动态平衡。这一机制可视为对上一个机制的补充。在这种情况下,人毋宁说是相当"自由"的,其"自由"在于个体既可以保持"本我"又可保持"超自我",而无须将"本我"压抑到潜意识中,至多是抑制到"限表意识"层次,将其限定在特定场合、特定的人和特定的事情上。当然无论是东方还是西方,人都是戴有"面具"的,尽管如此,对西方个人来说,行为上明显的"表我"与"里我"的区别更可能被视为某种病态人格(如分裂人格)的表现,而对"缘人"来说,将自我分为"表我"和"里我"并依据情境熟练地把握二者的切换,不仅不被认为是病态而且被视为一个人高度成熟的表现。"建前"与"本音"是一套文化设置,正确识别他者的"表我"与"里我"是一个人在社会化过程中需要掌握的"文化技能"。熟练掌握这二者的切换使个体角色可轻易地转换,并能对集团的原则、主义、道德作相对处理,从而减轻了因群我、个我融合所要求的对个我的抑制和牺牲而带来的内心焦虑,使行为上的"自－他协调"以及个体与群体处于动态均衡状态成为可能。这种情况下的个体与群体不是二元对立的,集团亦非个人的对立物,二者是融合在一起的。

第三,对序列的强调。界定自我的人际关系圈子的不确定性、自我的非固定性以及个我融合于群我等特点,无疑加大了行为中界定"自己"的困难,而根据 PSH 原理,个体在与他人的互动中需要界定自我与他者的关系,否则个体就无法与他者建立任何确实的联系而获得安全感。而要获得自我的确实感就需要借助与"他者"的某种差别来设定一个序列,

---

[①]　增原良彦:『タテマエとホンネ』,讲谈社,1984。

这就使序列以及在序列中的位置对于界定"自己"尤为重要。强调序列和位置是"自－他协调"性自我获得自我确实感所必需的，也是对前两个机理的补充。"缘人"为了在对人关系中界定自我而设置的序列，与印度教社会的基于超自然的种姓序列不同，它是基于现实生活的区别；也与中国人那样完全依据血缘的远近等人的角色以及与之相联系的人伦秩序规范的序列不同，它还要考虑其他差别，如年龄、性别、学历、力量、才能和情境等某些更不固定的、随情境而变化的因素。所以缘人社会的"他者"在许多情况下既不是个人社会那种处于平等地位的"相同资格者"，也不是中国社会那种完全固定化了的"角色"，而是一种依据种种差别处在一种或高或低位置的、带有更大机缘性的"缘者"，自我的决定也更取决于个体在当时当地情境下与他者的关系。这就是南博（还有中根千枝等文化人类学家）所概括的日本人有较重视个体在某种序列中的位置的特点。在笔者看来，这也是日本人在文化心理上具有较容易服从权威、较容易接受自己所处的位置（所谓"各守其位"）的原因。

四 "缘人"自我认知模式的利与弊

日本人自我认知的模式既不像某些西方学者所说的那样是"不成熟""病态"，也不像某些日本学者褒扬的那样完美无缺。日本人自我认知模式有利亦有弊。

"缘人"自我认知模式的优点之一是个体采取与他人的协调的行为方式融合于群体，人际关系具有较强的柔软性、融合性，表现出较强的以他人为本位的倾向以及个体与他者较大的协调性。这个特点使日本人更易在小集团中结成和谐关系和为集团献身，集团也表现出更大的一体感。一项问卷调查证实了这种模式的优点，如亲切、尊重对方的立场、信赖和诚实、自我抑制、与对方协调、合作、妥协等。① "缘人"状态的个体能较容易地与任何资格的人缔结密切关系，这是日本近代向现代企业组织较快过渡的文化心理原因。另一个优点是，缘人状态下个体的"本我"与"超自我"不是处在对立之中，个体在维持"超自我"的同时也可保持

---

① 滨口惠俊：『日本研究原論』，第89～96页。

"本我"。这意味着在一个集团中个体可以以"建前"的形式处理集团的原则、理想、主义、纪律,而同时以"本音"("本我")的形式处理个人的真实欲望、情感和想法等。在西方个人社会这两者处于对立状态并通常无法兼顾,一个人若要较多地保持"本我"就会与集团的原则、理想相冲突,这时个体通常要离开集团。由于本我处于被压抑状态,故群体与个体是对立的,而且个体常常有因本我受到压抑而产生的焦虑感。"缘人"状态下的个体能够熟练地掌握这二者之间的切换,从而减轻了由于对本我的压抑所产生的个体心理上的焦虑。另外,"缘人"在序列中确定自我的特点使日本人更易服从权威,日本人的集团表现出高效率。

"缘人"的自我认知模式也有缺点。这种认知模式从根本上说是以"群我"为中心,个体表现出对所属群体的较大的依赖,有过分强调服从群体、忽视个体的独立性、忽视作为个体人的权利和独立价值的倾向。这种模式中的个体呈现较缺乏主体性的特点。日本群体对个体表现出更强的规范制约作用,这种作用是多层次的,包括风习、道德、纪律、法律法规等,小到遇红白喜事时穿衣服都有特定的规范,这在日本人的文化心理上产生了一些负面的特点,如忠君思想、盲目崇拜权威、因畏惧被集团孤立和被"世间"(舆论)议论而出现内心焦虑和较强的随众心理(甚至有时候因为自己没有与他人一样穿合季的衣服也会觉得不安)、根据他者的想法来决定、调整自己的行为,以及人生有较强的表演性质等。

"缘人"的自我认知上的这些特点甚至也体现在作为日本人最大的"群我"——整体日本人的层面,例如日本在吸收外来文化上表现出的"和洋折中"的多面性,宗教信仰上的多元性和宽容性,以及日本在对外关系上的暧昧性、缺乏主体性和随机应变性等。①

20世纪90年代日本成为经济大国之后,日本人对于自己以不同于西方个人主义的方式获得的成功感到自豪。但泡沫经济崩溃后,美国式的个人主义文化在日本大行其道,特别是在年轻人中,出现了强调个人、突出

---

① 关于日本对外关系上的文化特点,笔者已在《文化与日本外交》(《日本学刊》2003年第3期)中讨论过。

个性、优先考虑个人利益和个人幸福等趋势。近期，一本关于日本年轻一
代自我的心理学专著《轻视他人的年轻人》① 在日本成为畅销书。该书从
心理学的角度入手，切入日本年轻人"干裂"的情感世界里存在两种截
然相反的心理变化，一方面是自我膨胀，另一方面是自我萎缩、极端轻视
他人等心理变化。该书认为自我膨胀只是如今日本年轻人的假面具，隐藏
在它背后的才是自我萎缩的真面目。② 从心理文化学的角度来看，自我认
知以及与之相关联的人际关系模式类似生物体的基因，是文化中较难改变
的部分。自我认知和人际关系模式不是说不会发生变化，而是说这种变化
类似生物基因的变化，不仅缓慢而且也难以判断变化的趋向和评估其得
失。从理论上说，如果"缘人"的自我认知模式出现从个我与群我的融
合向更强调个我、从表我与里我的切换向更强调里我、从重视序列转向无
权威和平等的变化（需要实证材料说明年轻一代的自我认知模式与老一
代有何不同），那么对于发展日本人个体的创造性、培养独立精神等弥补
日本人文化心理上的缺点应当说是有利的，但同时也可能出现"个人"
模式的一些问题，如人的孤独、冷漠、缺乏与他人协调能力、人际关系的
疏远等。不过这个推测仅仅是理论上的。与文化相关的基本人际状态的每
一个要素是相互整合和相互制约，从而构成一个自均衡体。"缘人"的
"自-他协调"性自我认知模式就是这样一个自均衡体。西方"个人"的
自我认知模式与基督教伦理相整合，基督教中强有力的神的存在、对自我
的弱化以及基于原罪伦理的罪感意识等对个人主义起着制约作用，并与后
者一道也构成一个自均衡体。日本缺乏基督教那样的伦理观，强调个人主
义若没有与之相应的制约因素，很难说会带来怎样的结果。我们知道人的
生物基因的变化既可能使人成为天才也可能使人成为傻瓜，"缘人"的自
我认知模式这个"文化基因"的变化，出现既丢弃了"缘人"模式的优
点又出现"个人"模式的弊端的结果亦非不可能。《轻视他人的年轻人》
一书的畅销毋宁说反映的就是人们这种对"缘人"自我认知模式变化的
不确定性的担心。

---

① 速水敏彦：『他人を見下す若者たち』，讲谈社，2006。
② 对该书的介绍，参见 2006 年 9 月 25 日《中华读书报》。

心理文化学视角下的日本国

第十二章 国际问题中三大范式的日本研究

华勒斯坦（Immanuel Wallerstein）等人认为，西方社会科学的学科分类系统成形于19世纪后期，有三条明确的分界线。（1）对"现代文明世界"的研究与对"非现代世界"的研究。前者包括历史学，以及政治学、经济学、社会学等三门以探寻普遍规律为宗旨的社会科学。后者包括专门研究原始部落的人类学，以及研究没落的东方古老文明的东方学。（2）对"现代文明世界"的研究又可细分为对"过去"与对"现在"的研究。"过去"指的是历史学，"现在"指的是政治学、经济学、社会学。（3）在以探寻普遍规律为宗旨的社会科学内部还可以进一步细分为对"市场"进行研究的经济学、对"国家"进行研究的政治学，以及对"公民社会"进行研究的社会学。①

但是在上述社会科学研究中能解释因果关系，较具有科学性的日本研究并不多。② 日本是东方学的研究对象（还包括波斯、中国、印度），但东方学主要研究日本的经典古籍、语言、历史，偏向人文性质的研究。③ 公认能解释日本人的行为，具有因果关系的日本研究，是二战期间美国人类学家所做的国民性研究。二战中，人类学家受美国当局所托，以心理分析为视角，从原始部落研究成功跨入日本研究，为美国获胜做出了重要贡献。二战后，美国为维持世界霸权，大力支持地区研究（area studies）④，

---

① 〔美〕华勒斯坦等：《开放社会科学》，第39~40页。
② 现代科学来自西方，笔者是从西方学科发展进程来进行讨论，不涉及其他国家的研究。
③ 关于东方学的研究，参见〔美〕华勒斯坦等《开放社会科学》，第24~26页。
④ 地区研究在汉语里，有区域研究、国别研究、地区与国别研究等诸多表述。

政治学、社会学、经济学、历史学等学科纷纷跨入日本研究，使日本成为国际问题研究的主要领域。那么，这些学科都不是为研究日本而产生的，被用来从事国际问题研究是否具有足够的解释力？以下拟选择三种范式进行讨论。

第一个是基于整体主义（holism）产生的范式。人类学文化与人格学派从整体来把握人，认为文化是建立在一个各部分相互联系的整合体，是整体主义思想的体现。它从整体性的角度（holistic approach）来考察人类行为，在国际问题研究中非常独特，日本是一个重要的案例，对它的讨论十分必要。

第二个是基于还原主义（reductionism）产生的范式。还原主义可细分为本体论还原（ontological reductionism）与理论还原（theory reductionism）。地区研究强调跨学科合作，把社会各个部分的知识整合起来是"理论还原主义"，认为社会整体可以通过不同学科的研究逐步揭示则是受"本体论还原主义"的影响。地区研究有狭义和广义之分，① 狭义仅是指"国别研究"，广义上则是研究路径（approach），这里就是指基于还原主义从事国际问题研究的范式。在组成社会整体学科的讨论上，将选择政治学为代表。地区研究的兴起是政治性的，选择它比社会学（研究公民社会）或经济学（研究市场）等更为合适。

第三个是基于化约主义（methodological reductionism）产生的范式。② 国际关系理论预设行为体具有相同的属性，研究国际体系对行为体的影响，所体现的就是化约主义的思想。③ 它把国家的行为简化到极致，认为

① 钱雪梅认为，地区研究与国际问题研究的概念有重合的地方。她指出广义的地区研究是国际问题研究的一种具体手段，即把辽阔的世界划分为若干地区而分别加以研究，而狭义的地区研究主要相对于"大国研究"而言。从这一角度出发，笔者在文中所用的地区研究与钱雪梅所说的广义含义相同，是一个研究的范式，但对于这个范式的分析主要针对某一国家而研究，是"国别研究"。这个概念的两个层次，必须区分清楚。参见钱雪梅《试论印度的地区研究：以公立大学为例》，《国际政治研究》2016 年第 5 期。

② 化约主义也是还原主义的一种，但是因为它的内涵与还原主义有较大区分，国内一般译为化约主义或化约论。

③ 华尔兹极力批评还原主义，认为它是从部分来解释整体，是不科学的。而他把国际体系看成整体，国家看成部分，以体系因素解释国家行为更加有解释力。从这个角度来看它也是整体主义，但与其他两个国际问题研究范式相比，把它定位于化约主义更为合适。因为它冻结了许多因素，使行为体面对国际问题仅仅要考虑国际体系因素，以便用一两个变量解释国际政治的发展规律。

每个国家之间没有差异，主张行为体是国际体系研究的最小单位。日本是国际上的主要行为体之一，有必要讨论。

以上这些范式的前提假设（assumption）都不相同，所做出的国际问题研究也有很大差异，以下将分析其起源，如何进行研究，以及所存在的问题，以期发现研究国际问题的最佳路径。

一　人类学的日本研究

全世界最有名的研究日本的著作《菊与刀》是人类学家写的，许多人类学家做过日本研究，如墨多克（George P. Murdock）、许烺光（Francis L. K. Hsu）等。但人类学这门学科本来是研究原始部落的，探究它为什么会被美国政府用来研究日本，有必要先厘清它的发展起源。

人类学诞生于1883年，一般认为爱德华·泰勒（Edward Tylor）受聘为牛津大学博物馆馆长并教授人类学是其标志。[1] 人类学这门学科源自西方人的猎奇，地理大发现以来，西方人在全世界游走，发现了许多民族的生活相当落后。当时，西方已发明蒸汽机，产生了工业革命，而一些原始部落连文字书写系统都没有，因此，人类学家尝试解释各民族的发展差异，形成了以"文化"研究为特点的学问。后来凭借对异民族的了解，人类学逐渐演变为替殖民统治服务的学科。

拉特雷（R. S. Rattray）是第一个被英国任命的政府人类学家（government anthropologist）。[2] 他在解决西非的阿散蒂问题上表现得非常出色，之后人类学家被聘为殖民地政府顾问成为常态。[3] 赫顿（J. H. Hutton）在

---

[1]　参见庄孔韶主编《人类学通论》，山西教育出版社，2002，第1页。

[2]　Noel Machin, "Government Anthropologist: A Life of R. S. Rattray," http://lucy.ukc.ac.uk/Machin/machin_TOC.html，2016年8月30日。

[3]　西非的阿散蒂王国（Ashanti）19世纪20年代以来一直反抗英国殖民统治，而且在20世纪初期有越演越烈的趋势，1921年拉特雷被委任调查阿散蒂问题。他发现问题症结在于阿散蒂王国的王权象征——金凳子（Golden Stool）。他指出，金凳子的地位在当地民众心中至高无上，具有宗教上的象征意义，历代阿散蒂国王都没有坐过金凳子。英国殖民地总督争夺金凳子犯了阿散蒂人大忌。于是，英国殖民地总督听从他的建议，不再争夺金凳子，还把流留放在塞舌尔岛上的国王放归故土，由他们自治。阿散蒂问题从而解决。参见李亦园《人类学与现代社会》，第11页。现今阿散蒂是加纳的一个保护区，人口有11万。

印度、威廉姆斯（E. E. Williams）在新几内亚、布朗（G. G. Brown）在东非，都为英国殖民地总督治理"原始部落"做过贡献。[1]

但人类学家跨入"文明社会"研究是以 1941 年日本偷袭珍珠港为契机。当年，日本的行径远超出美国人意料，他们根本想不到日本人胆敢主动攻击美国。由于对日本人缺乏认识，美国当局便号召对异文化学有专精的人类学家为战争出谋划策。[2] 他们成立了战时情报局（OWI），招募包括克拉克洪（Clyde Kluckhohn）在内超过 25 个人的人类学团队专门研究日本文化。[3]

传统人类学研究原始部落的路径是通过田野调查，在原始部落待上一两年，学习当地语言，观察当地人的生活，以便勾勒出当地文化的整体面貌。但战时人类学家根本不可能前往日本，而且，日本幅员辽阔，人口众多，即便在每一个社区只待一年，一辈子也难以走遍所有社区。传统的研究小型社区的方法难以应用。后来是文化与人格学派的专家利用心理分析的视角，从整体的角度来把握人，才在方法论上取得了突破，开发出研究文明社会的新范式。[4]

日本这样大型文明社会出现了聚集大量人口的巨型城市，各种职业有专门分工，阶级分化明显。人类学家面临的挑战是找出城市与村落、精英分子与贩夫走卒、古人与今人看似迥然而异的行为方式的共同点。文化与人格研究假定每一个民族都具有类似文化基因的传统，可以通过社会遗传

---

[1]　参见李亦园《人类学与现代社会》，第 12 页。

[2]　美国人类学家响应号召，1942 年成立了美国人类学"人类学与战争成就委员会"（Committee on Anthropology and the War Effort），并加入"战略服务办公室"（Office of Strategic Services）工作。如 E. Wyllys Andrews Ⅳ，William Bascom，Gregory Bateson，Lloyd Cabot Briggs，Carleton Coon，Cora DuBois，George Murdock，Anne Fuller，Nelson Glueck，Gordon Hewes，Frederick Hulse，Felix Keesing，Alexander Lesser，Edwin Loeb，Alfred Metraux，David Rodrick，Morris Siegel，Richard Starr，David Stout，Morris Swadesh。他们被派到世界各地从事秘密调查，并提供政策建议。

[3]　委任乔治·泰勒（George E. Taylor）担任远东区副主任。参见 Biographical Note，George E. Taylor Papers；John King Fairbank，*Chinabound：A Fifty - Year Memoir*，New York：Harper & Row，1982，p. 92。

[4]　值得注意的是，直至二战结束，英国人类学家都没有找到研究文明社会的突破口。英国的人类学研究被称为社会人类学，是从社会结构、组织的角度研究小型社区，与文化与人格学派不属于同一学派。

一代代继承下来，而且成为同一个民族中每个人都具有的行为模式，称为国民性或文化模式，然后借用弗洛伊德的心理学解释其形成的内在因素。

实际应用结果表明，这个新的研究范式具有解释力。日本士兵在战争中表现出的奋勇精神，使美国军方判断他们不可能在被俘后替美国军方工作。但《菊与刀》的作者本尼迪克特指出，日本人是处境型行为，不同于西方人的绝对标准，一旦处境改变，日本士兵的行为也有可能发生变化，因此，建议美国军方大胆利用日俘。结果出乎美军将领意料，有些日俘在被俘 48 小时之内就能为美军工作，而且其态度异常认真。[1] 当日本败局已定，美国政府不知该如何处置日本，有一些美军高层担心日本不会真心投降，主张实施种族灭绝，而本尼迪克特根据日本人对天皇的崇敬，判断可以利用天皇的权威来统治日本。[2] 后来，日本人果然听从天皇的"玉音"，投降美国后没有丝毫反抗。墨多克也在美军登陆冲绳后，在军政府中担任重要的角色，帮助当地进行治理。[3]

然而，这个研究路径也存在一些问题，其中最关键的是借用了弗洛伊德人格心理学，如本尼迪克特的观点"日本人双重性格的形成是源自于日本幼儿教养和成人教养的不连续性"同样也存在这个问题。[4] 弗洛伊德学说说到底是一种还原论，他把影响心理与行为的因素归结于生理因素，即性本能。人类学家不是不明白人类存在的前提是生活在群体之中，除家庭之外，还有各式各样的社会团体会影响人的行为之塑造，但当时弗洛伊德的学说是最前沿的理论，只能借用他的学说来做解释。后来一些学者盲目强调婴幼儿经验的重要性，把婴儿的喂养时间，甚至褓褓的方式都作为变量来解释不同民族人格的形成，导致其解释力受到质疑。[5] 简言之，它发展出的研究框架是整体主义的，但内核仍是还原主义的，影响了后来的发展。

---

[1]　参见李亦园《人类学与现代社会》，第 17 页。

[2]　参见〔美〕鲁思·本尼迪克特《菊与刀——日本文化诸模式》，译者序，第 1 页。

[3]　墨多克早先被海军军事学校派去研究日本在太平洋上的岛屿，后来随军队进攻冲绳。占领冲绳后，他调到军政府总部负责治理冲绳，成立了全冲绳自治委员会（Island - wide Civilian Council），组织和监督了两次全冲绳选举。参见 Robin W. Winks, *Cloak and Gown: Scholars in the Secret War, 1939 - 1961*, New York: William Morrow, 1987.

[4]　〔美〕鲁思·本尼迪克特：《菊与刀——日本文化诸模式》，第 199 页。

[5]　参见游国龙《文化与人格研究和心理人类学的方法论剖析——以〈菊与刀〉与〈家元〉为例》，《日本学刊》2010 年第 5 期。

　　一些学者指出，这个学派描述的日本人与过去有很大不同，以此来质疑它的科学性。但这样的批评是有问题的。所有理论必须对研究问题有所限定。文化与人格学派以心理分析为文化研究的切入点，只能冻结行为模式的变化，而专注于探索不变的那一部分，那是现今被称为文化基因的东西，一个民族千百年来代代相传的内核。今日人类的基因与过去也有很大不同，与1300万年前相比，现代人的基因已丧失了1216万个独特的DNA片段，① 但没有人否定现今基因研究的价值。文化与基因一样都会进化，不能因为变化就否定它的研究。②

　　如果还有限制这个范式的发展因素的话，是使用形容词进行概括的问题。前面提到本尼迪克特认为日本人的行为是一种处境型的行为，那么在说明不同文化的差异时，它就必须提出另一个对词作为对比，如以规范型行为或者定律型行为来形容其他文化的人，本尼迪克特是以"耻感文化"和"罪感文化"来概括日本与美国的心理文化特点及其文化模式。但是一旦涉及更多的研究对象时，它就会遭遇麻烦，如中国人的行为也偏向于处境型行为，以耻感文化描述中国人比以罪感文化来描述中国人更为合适，但中国人的行为与日本人又有明显差异。那么该如何处理？它的解决办法是提出更多的对词来描述日本人与中国人以及其他人的差异，但相较于讲究简约的化约主义，容易给人留下不严谨之感。③

二　以政治学为代表的地区研究

　　政治学这门学科的诞生最早可以追溯到古希腊，柏拉图的《理想国》、亚里士多德的《政治学》是政治学的创始之作，但近代政治学成为一门学科则发端于1880年，以美国哥伦比亚大学成立政治研究院为标志。政治学主要是西方人研究公共事务，探讨西方社会内部管理众人

---

① 《人类在进化过程中丢失数万DNA》，中国科技网，http://h.wokeji.com/explore/smam/201508/t20150812_1550036.shtml。

② 文化与人格学派的问题不止这些，参见游国龙《许烺光的大规模文明社会比较理论研究》，社会科学文献出版社，2014。

③ 关于这一个问题可以参考尚会鹏的研究，他在《心理文化学要义》中，以伦人、缘人、个人、阶序人这几个代词来指称中国人、日本人、美国人和印度人，较好地解决了这一范式的难题。尚会鹏：《心理文化学要义》，北京大学出版社，2013。

之事的规律。① 它跨入日本研究与地区研究兴起有关。

地区研究这个概念出现于二战期间的美国。大战中，美国需要了解不同地区的形势，因而提出了这个概念，当时他们主要委任人类学家进行这项工作。二战后，美国一跃成为世界超级强国，为了保持世界霸权的地位，发挥国际政治上的引领作用，鼓励大学和研究机构培养这方面的人才。福特基金会、洛克菲勒基金会、卡内基公司等旨在促进科学、教育发展的公益机构，在政府号召下也极力支持这方面的研究。② 曾在情报部门担任顾问的人类学家，纷纷被大学或研究机构委派为地区研究中心负责人，直接为美国中央情报局（CIA）和美国联邦调查局（FBI）服务。③

在这个大背景下，政治学、社会学、经济学等以探寻西方社会的普遍规律为宗旨的学科，为得到政府重视以及课题经费的支持，也纷纷投入地区研究。然而，这些本来是为研究现代文明世界产生的学科，如何研究日本呢？学者采取的手段是声称以探寻普遍规律为宗旨的社会科学的方法及模型不仅适用于研究欧洲和北美洲，而且也适用于研究西方以外的地区。④ 于是，成形于 19 世纪的对于西方世界的研究与对非西方世界研究之间的学术壁垒被打破了，地区研究在美国蓬勃发展。⑤

---

① 参见王浦劬等《政治学基础》，北京大学出版社，2014，第 17 页。

② 1953 年到 1966 年，福特基金会提供了 2.7 亿美元给 34 所大学从事地区和语言方面的研究，并且赞助了社会科学研究会、美国学术团体联合会数百万美元，以供举办会议、研讨会、出版之用。参见 David L. Szanton，"The Origin，Nature and Challenges of Area Studies in the United States，" in David L. Szanton ed.，*The Politics of Knowledge：Area Studies and the Disciplines*，University of California Press，2004，pp. 10 – 11。

③ 克拉克洪 1947 年加入麦克阿瑟将军幕下，参帷盟军统帅部对日关系事务，战后，回到哈佛大学建立了社会关系学系并担任俄罗斯研究中心主任。墨多克被引进耶鲁大学，成立"区域人类关系档案中心"（Human Relations Area Files），搜集全世界不同民族的民族志。参见李亦园《文化与行为》，台湾商务印书馆，1970，第 151 页；Robin W. Winks，*Cloak and Gown：Scholars in the Secret War，1939 – 1961*，New York：William Morrow，1987。

④ 参见〔美〕华勒斯坦等《开放社会科学》，第 43 页。

⑤ 现今美国较为出名的日本研究机构有哈佛大学赖肖尔日本研究所、密歇根大学日本研究中心、加州大学伯克利分校日本研究中心、哥伦比亚大学日本经济和商业研究中心、夏威夷大学马诺阿分校日本研究中心等。此外，牛津大学尼桑日本研究所、瑞典斯德哥尔摩经济学院欧洲日本研究所、荷兰格罗宁根大学日本研究中心、澳大利亚莫纳什大学日本研究中心也相当有名。参见袁韶莹《美国的日本研究机构》，《国外社会科学》1993年第 5 期。

以研究现代文明世界的学科从事非现代世界的研究会出现什么样的问题呢？列举一篇政治学研究的文章《自民党得票率与日本的米价——对自民党统治与其农业政策关系的数量分析》进行分析。① 作者从西方政党政治的经验看，认为不同政党轮流执政才是民主政治运行的规律。但日本自民党自 1955 年到 1993 年长期垄断政权，与民主政治运行的规律不符，所以被视为一个特别的案例。作者通过日本制定大米价格的过程，分析它与自民党选举得票率之间的因果关系，找到了一个规律："自民党在稻米产量高的地区得票率也较高；在稻米产量低的地区，得票率呈不规则分布；在稻米产量接近的地区，得票率与该地区的人口密度有关，即在人口密度较低的地区得票率比在人口密度高的地区为高。"这个研究统计了大量数据，有足够的证据支撑，可以说发现了自民党长期执政的因素。此前的研究认为财阀的金钱与农民的选票是自民党长期执政的因素，但这个研究让人们认识到并不是所有的农民都支持自民党，只有种植稻米的农民才支持自民党，而从事酪农业、以养殖奶牛为主的农民等就不支持自民党，细化了学界对自民党长期执政的认识。②

但地区研究至少存在三个问题：（1）它提出的问题可能是一个伪命题。日本式集团本来就拥有很长的生命力，如日本天皇"万世一系"，没有发生过朝代更替，而日本式的家元组织，如茶道、花道等也都有很长的历史。从西方政党政治的角度来看，自民党长期执政是特别现象，但从日本社会组织的角度来看，并不特别。（2）它把影响人类行为的因素简单化了。这个研究虽然从统计数据中发现了日本民众投票给自民党的规律，但实际上有许多种植稻米的农民并不投票给自民党，有一些从事酪农业的农民也会投票给自民党，甚至在城市工作的第二产业、第三产业从业人员，也有自民党的支持者。这个研究并不能解释这些问题。影响民众投票的因素非常复杂，作者把投票给自民党的因素完全归结于大米

---

① 选择这篇文章的主因是它收集了丰富的材料，采用严谨的数据分析，可以支撑其论点，是典型的还原主义研究。根据王新生统计，从 2000 年到 2014 年，在《日本学刊》这个权威性专业刊物中，日本政治类文章仅占 9% 左右，而时评性、介绍性、资料性文章居多。参见王新生《日本政治研究的历史、理论与方法》，《国际政治研究》2016 年第 5 期。

② 参见游国龙、尚会鹏《自民党得票率与日本的米价——对自民党统治与其农业政策关系的数量分析》，《日本学刊》2004 年第 3 期。

售价的补贴，是冻结了其他影响人们投票的因素，有把影响人类行为的因素简单化的倾向。（3）地区研究兴起的目的是政治性的，它或许能让人们了解自民党是通过什么手段达到长期执政的目的，但客观地说，地区研究很难给决策部门提出对付日本的建议。

在这三个问题中，第二个问题最不重要。因为它是把人假定为一个"理性人"进行分析。尽管理性不是影响人类行为的全部，但人的行为有时是理性的。在这种情况下，它具有一定的解释力。第一个问题则相当严重。因为它是使用研究现代文明世界的学科研究日本发生的问题。研究人员受西方中心主义影响，把西方的政党运作方式当成唯一标准来解释日本社会的现象，表面上它的研究颇具意义，实际上它所积累的知识对人类自身行为的认识并没有帮助，而且还可能误导人的认知。而必须解决的是第三个问题。美国呼吁进行地区研究是要求打破学科界限，进行"跨学科合作"[①]，对一个国家的不同部分展开研究，最终进行整合，得到一个完整的知识。然而，社会科学的产生是源于18世纪后期孔德（Auguste Comte）、史宾塞（Herbert Spencer）等人倡导借用自然科学的方法研究人类社会。他们受还原主义影响把社会整体与生命有机体进行类比，认为社会是以部分与整体直接分化与合作为特征的结构体系，进而解释构成整体各个部分组织的功能，后来产生了政治学、经济学、教育学、社会学等各个学科。但这些学科发展到如今有各自的范式，形成了诸多学派，要如何对它们的知识进行整合呢？

如华勒斯坦等人也认为，在社会科学（当然还有自然科学和人文科学）的理论推理中暗含着种种预设前提，其中有很多研究体现了既无理论依据又无经验依据的先验偏见或推理方法。[②] 而且，在自然科学领域，整体也大于部分的总和，"现代科学在许多领域里都表明，整体不是所有部分的总和，而是一种由部分之间独特的组合和相互联系而产生的新整体。这就像是火药并不是硫黄、硝石和炭的总和，即使认识了这三种物质在自然界中分别具有的所有形式，也不能表明火药的性质"[③]。更别说社

①　〔美〕华勒斯坦等：《开放社会科学》，第40页。
②　参见〔美〕华勒斯坦等《开放社会科学》，第59页。
③　〔美〕鲁思·本尼迪克特：《文化模式》，张燕等译，浙江人民出版社，1987，第46页。

会科学研究还有概念工具的问题。从政治学来说，主权、国家、权威、公民社会等与政治本质和政治分析相关的核心概念，马克思主义、宗教原教旨主义、法西斯主义、自由主义等与政治思想传统和理解政治相关的具有独特视角的概念，宪政、民主、平等、自由、宽容、福利等作为规范性原则或政治理想的概念，被用来研究时都必须进行转换才能使用，它大大增加了整合的难度。

　　社会科学的产生受还原主义的影响，各个学科在这个框架下，发展得越来越细，越来越专业。可是，国际问题研究要解决的不是社会内部的问题，而是国际问题，与某一个国家"打交道"发生的各种问题，它最终都要由人来处理。不可否认，研究问题可以分专业领域，如"当年美国面临是否废除日本天皇制"这个命题属于政治学的研究范围，但它实际上要处理的是废除日本天皇制是否会伤害日本民众的感情，进而对战后改造日本造成困难的问题，而这个问题必须从整体来考虑，而不能简单地仅从一个学科的知识来分析。鉴于此，笔者认为，由于研究人员难以整合各学科的知识，它或许能做出很有价值的基础研究，但在处理国际问题上难以做出直接有效的政策建议。

三　国际关系学的日本研究

　　国际关系学诞生于1919年。一般认为，英国的威尔士大学（The University of Wales）建立了西方第一个国际政治系及国际政治讲座教席是其诞生标志，[①] 迄今已有100多年的历史。[②] 国际关系研究本来与历史学的联系较为紧密。早期国际关系学学者主要通过历史事件来探讨国家的兴替，但后来国际关系学成为独立的社会科学学科就不再试图解释某一个体的历史事件，而是受化约主义思想影响，致力于发现国际政治的规律和事物之间的内在因果关系。[③] 从早期的学科分类系统来看，国际关

---

① 参见王逸舟《西方国际政治学：历史与理论》，上海人民出版社，1998，第45页。
② 也有人认为1919年，美国总统威尔逊在普林斯顿大学创立"伍德罗·威尔逊公共关系学院"，并设立世界上第一个国际政治系是其标志。但不论根据哪个说法，它起源于1919年是没有争议的。
③ 参见秦亚青《权力·制度·文化》，北京大学出版社，2005，第213页。

系学是现代文明世界研究的一部分，但不是一门独立学科，只是政治学下的分支学科。

尽管国际关系学起源于二战之前，但它很少或基本没有在战前起到政策建议方面的作用，如前所述，早年这些工作主要是人类学家做的。[①] 二战时，国际关系学的影响力主要在思潮方面。美国总统威尔逊（Thomas W. Wilson）提出的理想主义对国际政治的发展有不小的影响。然而，这门学科如今已经成为国际问题研究的代名词。二战后，许多被欧美国家殖民的民族纷纷独立。人类学传统的研究对象消失了，东方学这门学科没落了。[②] 研究人员更多以国际关系或者国际问题研究进行定位。在美国各高校，除政治学系下设有国际关系学专业外，许多学校专门开设国际关系研究与国际事务学院。美国还出现了大量的智库机构，如卡内基国际和平研究院、布鲁金斯学会、彼得森国际经济研究所、传统基金会、国际战略研究中心、皮尤研究中心、伍德罗·威尔逊国际学者中心等，国际关系学者在其中起到很重要的作用。另外，美国"学而优则仕"的情况非常多见，如约瑟夫·奈（Joseph S. Nye）既是理论家也是很杰出的外交家。[③]

那么，将国际关系学的主流理论用来研究日本会出现什么问题呢？国际关系学是政治学下的分支学科，它本来是研究现代文明世界的学问，现在被用来研究日本，与政治学、经济学、社会学等学科面临的问题类似，但因研究范式不同，遭遇的问题也有所差异。国际关系学旨在发现国际政治的规律与事物之间的内在因果关系，它的研究对象是国际体系，而不是像政治学、社会学等其他学科那样尝试解释社会内部的普遍规律，其代表是结构现实主义、自由主义、建构主义等主流体系理论。[④] 然而，正如斯特凡诺·古齐尼（Stephano Guzzini）指出的，对现实主义理论的最好解释

①　伦敦政治经济学院的普理查德（Evans - Pritchard）加入英国陆军，利用他对塞努西教团（Sanusi）的知识，在埃塞俄比亚、苏丹和利比亚出谋划策，对抗纳粹德国和法西斯意大利军队。纳达尔（S. F. Nadal）在英国陆军东部非洲司令部服务。

②　现今学界使用的东方学概念更多的是研究领域的含义而不是学科。参见〔美〕华勒斯坦等《开放社会科学》，第 42 页。

③　约瑟夫·奈是哈佛大学肯尼迪政府学院院长，也曾担任美国助理国务卿、驻日大使等职务。

④　国际关系学的理论都是借鉴其他学科的研究方法来构建的，如结构现实主义借鉴了经济学，建构主义借鉴了社会学。

就是：它是一种想把 19 世纪欧洲的外交准则转变成美国社会科学的普遍原则的不断遭到失败的努力。这种努力影响了学术研究的发展，也影响了决策者。① 扼要言之，国际关系学者尝试将研究欧洲国家内部得出的规律，扩展至国际社会。他们的做法是假定国际体系是一个整体，而每个国家都是其中的一部分，认为所有国家的行为没有差异，这样国际体系与国家之间的关系就变成整体与部分之间的关系，非西方国家也会受到西方主导的国际体系的影响。

在《序列意识与大东亚共荣圈——对二战时期日本国家行为的心理文化学解读》这篇文章中，作者以日本尝试建立的国际体系检视温特的建构主义。建构主义认为，国际体系的结构是可以建构的（它修正了现实主义的"结构"概念，把它从一个组织性的概念界定为一个观念性的概念），根据敌人、竞争对手、朋友这三种角色所占据的主导地位，国际体系的无政府状态有可能形成被称为霍布斯文化、洛克文化、康德文化的三种不同结构。这个理论的核心是模仿或称学习，即主张通过国家间的互动，国际体系会发生变化。从日本的例子来看，近代日本与欧美国家接触后，发现落后甚多，于是学习西方，迅速完成西化，在所有非西方国家中，它是第一个赶上西方的国家。而在完成西化后，日本并没有像温特的建构主义中所描述的，会经由国家间的互动，融入秩序，形成一种新的文化，反而是另起炉灶，尝试建立一个由日本主导，强调"八纮一宇"的国际体系——大东亚共荣圈。② 显然，日本人不是西方人，日本并没有因为学习西方，就成为与欧美一样的西方国家，主流的国际关系理论要解释日本的行为有一定难度。

或许有学者会提问，为什么不讨论结构现实主义在日本研究中的应用？那是因为华尔兹在解释日本问题上具有明显的错误。他引用日本学者细谷千博的一篇文章，认为日本与英国具有相似的政治结构。③ 可是，实

---

① Stephano Guzzini, *Realism in Inernational Relations and International Political Economy*, London and New York: Routledge, 1998, pp. 1 – 12.

② 参见游国龙《序列意识与大东亚共荣圈——对二战时期日本国家行为的心理文化学解读》，《日本学刊》2013 年第 2 期。

③ Kenneth N. Waltz, *Theory of International Politics*, The Mcgraw – Hill Companies, Inc. , 1979, p. 88.

际上，日本从 1955 年到 1993 年几十年间始终由自民党执政，而英国一直由工党和保守党两大党轮流执政。日本自 1885 年到 1998 年共经历了 81任首相（54 人），而英国在相同时期内才 31 任（23 人）。[①] 而且，他的学说中并没有讨论行为体行为变化的可能，而温特的建构主义认为随着观念结构的改变，国际体系文化有可能发生变化，[②] 考虑得比现实主义更全面。

卡普斯坦（Peter Katzenstein）、基欧汉（Robert Keohane）和克莱斯（Stephen Krasner）等知名国际关系理论家说：国际政治的学理研究和国际政治的实际之间存在一道鸿沟。[③] 这是因为受化约主义影响，国际关系理论家冻结了许多外在因素，使它可以通过极为简单的一两个变量，来解释国际政治的发展规律。理论是简洁了，但解释力受到局限。华尔兹坦言："在结构理论中国家被省略了。毕竟这是关于国际政治的理论，而非外交政策理论。如果有谁能够建构一个同时包容国际和国家两个层次的理论，我们都为之感到欢欣鼓舞。"[④] 我们同时也发现一些敏锐的学者从更具体的国家间关系进行研究，如日美关系、中日关系等，反而做出了更有解释力的日本研究。[⑤] 这是因为他们从"关系"来把握两个国家的互动，更强调两个国家的特性。

四　国际问题研究之有效途径

经由以上的讨论，我们可以总结出西方国际问题研究的一个谱系。首先是人类学，它早期以原始部落为研究对象，后来因应二战美国的国家需要，文化与人格学派利用心理分析的视角研究日本文化，成功跨入文明国家的研究。文化与人格学派是从整体来把握"人"，其研究国际问题的假设与其他社会科学学科都不一样，属于一个独特的范式，也可

---

① 感谢尚会鹏教授提供的数据，参见《不列颠百科全书》国际中文版，中国大百科全书出版社，1999，第 8 卷，第 521 页；第 17 卷，第 330～331 页。

② 自由主义强调国际机制的重要性，但实际上它并没有提出与现实主义不同的结构概念，可以说是在现实主义下的发展，所以我们也不讨论。

③ Peter J. Katzenstein, Robert O. Keohane, and Stephen D. Krasner, *Exploration and Contestation in the Study of World Politics*, Cambridge, Mass. : MIT Press, 1999, p. 44.

④ 〔美〕肯尼思·华尔兹：《国际政治理论》，信强译，上海人民出版社，2003，中文版序言，第 17 页。

⑤ 参见张建立《战后日美关系的心理文化解释》，《国际政治研究》2013 年第 4 期。

以说是行为科学的范畴。①

地区研究是二战后美国为维护世界霸权而产生的。为了在全世界范围内起到引领作用，美国鼓励社会科学各学科投入国际问题研究。这是如今地区研究蓬勃发展的主因，在日本研究领域就可分为日本政治、日本经济、日本社会等。但从事地区研究的这些学科本来都是研究西方社会内部的学科，被用来从事国际问题研究，首先要解决本土化问题，其次还要面对把各专业学科的知识整合起来的难题。

国际关系学本身就是研究国际问题的学科，但它的理论诞生很晚，二战中，美国处理国际问题主要靠人类学家出谋划策，而如今它是国际问题研究的主流学科。国际关系学预设行为体具有相同的属性，对国际体系会有相同的反应，构建出来的是解释国际政治发展规律的体系理论。

国际问题研究的范式可以用图 12 - 1 来表示。图中较粗的框线是笔者讨论的范式。从西方学科发展脉络来看，它们或者只是某一学科的分支，

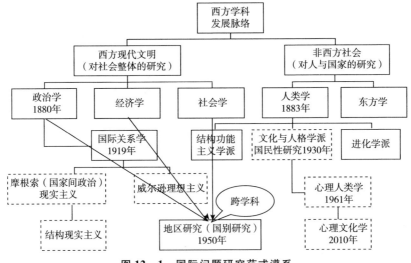

图 12 - 1　国际问题研究范式谱系

注：学科产生的年份都很难定论，以上年份只能说是大致上的时间。虚线箭头指的是各学科需要整合才能成为范式的意思。

---

① 1949 年在美国芝加哥大学举行的一次跨学科会议上，探讨了利用现有科学知识探寻人类行为规律的问题，并给这门综合性学科取名为行为科学。1953 年正式命名后，它得到社会的公认，在洛克菲勒基金会的资助和美国政府的支持下，1956 年美国出版了第一本行为科学杂志，从此，行为科学的研究有了较快的发展。冬青编著《揭开行为的奥秘——行为科学概论》，中国经济出版社，1987，第 142 页。

但从国际问题研究来看，它们是三个主要范式。那么，这三种范式，哪一个更具有解释力，未来有更好的发展空间呢？

文化与人格学派的路径是从整体来把握人，尽管如今学科的分类越来越细，不同学科跨入日本研究越来越多，但即便对部分的研究再精细，也不可能从而认识到整体。就像盲人摸象一样，对于象尾巴、象腿的认识再深入，也不可能到大象本身。所以，笔者认为，从整体人的角度来进行研究更符合人存在的本质，有可能对一些国际问题做出更合理的解释。①

前文提到这个范式遭遇的问题是所借用的弗洛伊德心理学理论，它不能解释社会关系与文化因素对心理的影响。但一些有创造力的学者钻研许久，逐步完善了这个范式。值得一提的是华裔心理人类学家许烺光，他在20世纪70年代就建构了心理社会均衡（PSH）理论，并以"基本人际状态"（human constant）这个概念取代"人格"（personality）成为研究工具，弥补了弗洛伊德人格心理学的缺陷，可以解释受社会关系与文化因素影响的心理，是一个整体主义的心理学理论。② 他对中国、美国、日本、印度等几个文明进行了深入的研究，较好地解释了不同文化下个人的行为模式，以及文明总体发展趋势。他研究日本的专门著作《家元：日本的真髓》在日本也有很大的影响力，③ 产生了一批追随者。④

中国学者尚会鹏在这个学说的基础上，用了20余年的时间，打破了既有的理论框架，细化、完善了这个学派的理论，命名为心理文化学。主要原因是"人类学"的研究对象是原始部落，但如今原始部落已不复存在，"心理人类学"这个学科名容易使人误会其研究对象，而"文化"研究如今也是国际问题研究关注的问题，所以用"心理文化

---

① 温特的建构主义已明确提出国家也是人，即便研究国际体系也不得不考虑人的因素。

② Francis L. K. Hsu, "Psychosocial Homeostasis and Jen – Conceptual Tools for Advancing Psychological Anthropology," *American Anthropologist*, Vol. 73, No. 1 (1971), pp. 23 – 44.

③ Francis L. K. Hsu, *Iemoto: The Heart of Japan*, Cambridge, Mass.: Schenkman Pub. Co., 1975. 许烺光有一本日文著作是将《家元：日本的真髓》与《宗族、种姓与社团》合起来一起出版，即『比較文明社会論』。

④ 以滨口惠俊为代表，出版了一系列相关著作。参见滨口惠俊『日本研究原論』；『日本らしさの再発見』。

学"取而代之。① 但更重要的是方法论的更新，他把心理文化学理论从"亲属关系"中心调整到"基本人际状态"中心，构建了以"心理社会均衡理论为核心，以许氏假说、次级团体假说、等意义交换理论、自我认知理论、情感控制理论为支柱，以三类别层次需要论、心理文化取向理论为辅助的完整理论体系，形成了一个"整体人模型"。② 由于这个范式存在的问题已经得到了较好的解决，用来解释文化认同、文明冲突等可能做出比较合理的解释，但如果要用在更宽广的国家间关系研究，则还有一些环节需要解决。③ 毕竟它的特点是解释人的行为，而不是国家行为，不能把人的行为与国家行为画上等号。

以政治学为代表的地区研究诸学科，所面临的是把部分整合成整体的难题。当年，社会科学的产生把社会整体拆分为各个部分，形成了对各个专业细致研究的学科，而如今，由于不同国家的交往增多，又鼓励这些原本研究西方社会内部的学科研究其他国家，然后还要把所得到的知识整合起来。但这个研究范式的产生是美国政府主导的，不是随着学术的研究自然发展的。所以，迄今为止学界仍然没有找到整合各个专业知识的较好途径。的确，有一些特别杰出的学者精通不同学科的学问，他们可以吃透所涉及问题的相关知识、做出较为出色的研究，但一般而言，仅限于较小的范围。

但我们不能因此否定社会科学各学科从事国际问题研究的价值。从政治学来说，它对日本政治制度、日本国家形式、日本政治过程等方面的研究，让人们对日本人所从事的政治活动有了更深的认识，而这些都是从事日本研究的基础。不过，以这个范式的学科进行研究必须避免生搬硬套。它们都是为研究西方社会所产生的，其研究方法、工具不见得能直接套

---

①　尚会鹏、游国龙：《心理文化学：许烺光学说的研究与应用》，南天书局，2010，第39页。

②　参见游国龙《缘人：日本人论的方法论透析——从心理人类学到心理文化学》，《日本学刊》2014年第3期；尚会鹏：『日中文化DNA解読』，日本桥报社，2016。

③　目前尚会鹏教授已经在进行这项工作，如提出了行为体侧面分析法，参见尚会鹏《人、文明体与国家间关系》，《国际政治研究》2013年第4期。也有对行为体侧面分析法的检验工作在进行。参见王冠玺《组织体与文明体维度下两岸关系的展望》，《云南师范大学学报》（哲学社会科学版）2016年第3期；游国龙《中国软实力对印度民众的吸引力研究：对行为体侧面分析法的检视》，《南亚研究季刊》2014年第4期。

用。二战后，大量非西方社会的学者从事社会科学研究，他们发现了许多西方学说的适用性问题，从而开始强调本土化研究。在日本政治研究方面，京极纯一、升味准之辅、筱原一、三宅一郎、福井弘治等就提出了研究日本政治的本土化理论研究。[①] 他们的做法值得借鉴。

国际关系体系理论主要研究国际政治的发展规律，它预设国家行为体的属性都是相同的，但除非每个国家的行为没有差异，否则研究国际体系所发展出来的理论就难以有较强的解释力。一些国际关系学者已经注意到这个问题。哈佛国际与地区问题研究所（The Harvard Academy for International and Area Studies）在 20 世纪末开始推动文化研究复兴工作。[②] 他们召集国际关系学者、国会议员、政府智囊、拉美专家、非洲专家探讨"文化价值观"对人类社会的影响，[③] 并且提供奖学金招收年轻学者，研究非西方大国或地区的语言、文化、社会状况。后来这个研究所的所长亨廷顿（S. Huntington）提出了"文明冲突论"，尝试构建一个能够解释文明差异的理论。尽管文明冲突论不像强调国际体系因素的主流理论那般简洁，一些相关论点也遭到批评，但它对学界还是有很大影响。2005 年巴里·布赞（Bary Buzan）和阿米塔夫·阿查亚（Amitav Acharya）发起了"为什么没有非西方国际关系理论"的研究项目[④]，提出了"全球国际关系学"的理念，也是试图厘清缺乏非西方国际关系理论的问题。应当承认，国际关系学者提出的一些概念，如软实力、地缘政治、公共外交等，对于国际政治研究有很大的影响。但由于这个范式预设行为体具有相同的属性，通过这个途径构建的国际关系理论的解释力受到局限。

综上，科学研究是随着社会发展而有不同的主题变化。最早西方人关心的是自身社会的运作，所以借用自然科学的方法，以有机体类比的方式

---

① 王新生也指出国内学术界对日本政治的研究在引用外来理论和方法上存在尚未完全消化，甚至仅为一个术语的现象。参见王新生《日本政治研究的历史、理论与方法》，《国际政治研究》2016 年第 5 期。

② 该研究所出版的著作有详细介绍。参见〔美〕塞缪尔·亨廷顿、劳伦斯·哈里森主编《文化的重要作用——价值观如何影响人类进步》，程克雄译，新华出版社，2010。

③ 这个名为"文化价值观与人类进步"的学术会议于 1999 年 4 月 23～25 日在美国马萨诸塞州剑桥市美国艺术科学学会举行。

④ Amitav Acharya and Barry Buzan, "Special Issue on 'Why Is There No Non-Western IR Theory'", *International Relations of the Asia Pacific*, September, 2007, pp. 287–312.

研究社会组织。而今，随着全世界的交往增多，了解异文化、研究其他国家反而成为最重要的主题。当年，他们借鉴还原主义的做法，对社会内部展开细部研究，形成了今天的学科分类系统，但对于国际问题的研究，不能以这个学科分类系统来理解。经由以上研究表明，在现有的国际问题研究中，基于还原主义与化约主义形成的范式还存在硬伤，有待学者攻破，而从整体的角度来把握人最符合人存在的本质，而且其方法论已逐步完善，如果能提出解释国家间关系的前提假设，如国际关系研究的基本单位①、国家间关系的类型等，来解决人的行为与国家行为之间关系的环节，那么，未来在从事国际问题研究上，可能有较好的发展空间。

---

① 华尔兹也认为自己的学说是整体主义的，他把国际关系研究的基本单位简化到行为体，但在国际体系里，所有行为体都会与其他行为体发生互动。把问题极其简化，限制了学说的解释力。这个范式要有更广泛的运用空间，必须提出更符合现实的前提假设。

第十三章　心理文化学国际关系研究的方法论：人、文明体与国家间关系

一　作为国家行为体的两个侧面："文明体"和"组织体"

当国际关系理论的现实主义鼻祖汉斯·摩根索宣称基于人性之恶国家之间争夺权力和利益不可避免时，他实际上把国家行为体预设为一头毫无文明可言的怪兽。而当文明学派的代表人物塞缪尔·亨廷顿强调文明的重要性，并预言未来世界的冲突将主要发生在各大文明之间时，[①]　文明在他那里似成了另一副面孔的怪兽。亨廷顿强调文明（他常将文化与文明相混淆[②]）的

---

① 塞缪尔·亨廷顿那产生了广泛影响和巨大争议的"文明冲突"观点集中在他的《文明的冲突与世界秩序的重建》一书中。参见〔美〕塞缪尔·亨廷顿《文明的冲突与世界秩序的重建》，周琪等译，新华出版社，2002。

② 他认为文明和文化都涉及一个民族全面的生活方式，文明是放大了的文化，它们都包括价值、规则、体制和一个既定社会中历代人赋予了头等重要性的思维模式。参见〔美〕萨缪尔·亨廷顿《文明冲突与世界秩序的重建》，第24～25页。然而，许多学者并不同意他这种把文明与文化混淆的做法。具有文化人类学背景的日本国际关系学者平野健一郎就批评亨廷顿把文明与文化概念简单地相提并论，平野把文明看成文化的机械性与制度性要素之集合，认为文化的层次高于文明。参见〔日〕平野健一郎《国际文化论》，张启雄等译，中国大百科全书出版社，2011，第31～32页。笔者认为，日本学者公文俊平对文明与文化的区分是妥当的：文化"是社会成员几乎在无意识情况下学习、适应和传承下来的人的行为诸方面的原理，以及文明的设计原理的复合体"；文明是"在文化设计原理作用及环境等各种因素的影响下人类有意识地产生出来的、在精神和物质两方面的社会生活类型的复合体或装置群，是人生活的制度"。参见〔日〕公文俊平『情報文明論』，第17页。文明可比作生物体的表现型，有成长、发育、衰老、死亡的变化，而文化可比作生物体的基因，比文明更稳定、更具根本性。

重要作用是对的，但他没有阐明"文明"与"国家行为体"之间是何种关系，他的"文明"概念庞大而含混，以至于我们根本无法把他所谓的文明作为一个可操作的分析单位用于国际关系研究。譬如，他所说的伊斯兰文明、儒家文明等，事实上都不是一个整体而是包括多个国家行为体，只能说若干国家行为体大体处于一种相似的、模糊的文明背景，而处在相似文明背景下的国家之间的矛盾和冲突，并不比与其他文明背景下的国家为小。亨廷顿为了说明文化的重要性，曾举出这样一个著名例子：20 世纪 60 年代非洲的加纳和韩国的经济统计数据十分相似，但 30 年后，韩国成为一个工业巨人，经济名列世界第 14 位，而加纳没有发生这样的变化，其人均国民生产总值仅相当于韩国的 1/14。他认为是韩国人的"节俭、投资、勤奋、教育和纪律"价值观造成了这种差异。① 这个例子看似很具说服力，实则是把文化与国家之间的关系简单化并夸大了文化的作用。按照亨廷顿的逻辑，贬低文化论者也可以举出这样一个相反的、说服力可能更强的例证加以驳斥：同属于一种文化的韩国和朝鲜，60 年前本是一个国家，应同样有节俭、投资、勤奋、教育、纪律之价值观，而现在（2018 年）朝鲜的人均国民生产总值（700 美元）仅相当于韩国（30000 美元）的 1/43。

尽管亨廷顿的文明冲突说引起了广泛的批评，但在他之后国际关系研究领域开始对文明和文化的重视②是不争的事实。自然，在这一研究领域，讨论的重点并非如前述那样的"价值观对社会发展的作用"之类的社会学和文化人类学视角的问题，而是文明作为国际政治施动者的作用是否成立，以及文明之间关系的本质等问题。亨廷顿的观点被批评为"本质主义"的，认为他把范围广泛、边界不清的文化共同体作为世界政治中至关重要的因素。批评者认为，文明对于国家中心的国际关系研究用处甚微，文明成员资格并不是影响国家之间关系的最重要属性。这两种观点可谓各视一面、各执一词，事实上，国家行为体既是

---

① 〔美〕塞缪尔·亨廷顿、劳伦斯·哈里森主编《文化的重要作用：价值观如何影响人类进步》，第 9 页。

② 标志可能是 2007～2012 年美国国际关系学者帕特里克·杰克逊和彼得·卡赞斯坦主编的文明三部曲出版。

"文明体"同时又是"组织体"。当亨廷顿说价值观的重要作用时，他是在"文明体"意义上讨论国家行为的，但文明不是行为体，因为文明本身不会行动，它只是一种"装置群"，"是个人或集团在社会生活中有意识地生产、享用的各种有形或无形的人工造物（artifacts）"，[①] 文明所体现的价值观必须通过国家行为体（组织体）的行为才能表现出来。他所称的韩国文化传统中的"节俭、投资、勤奋、教育和纪律"价值观（如果是这样）乃是通过人们缔结成一定集团、通过国家一系列制度设计和政策实施方能体现出来。而贬低文化作用的论者则没有看到，虽然今日朝鲜和韩国经济、社会发展差距巨大，但人们仍共享着某种文化内核，即人们在价值观、行为方式上仍有共同之处，譬如朝鲜人和韩国人仍有着节俭、勤奋、纪律等价值观，以及对家庭、组织、国家的忠诚心。[②] 文化内核与不同的集团组织、制度和政策相结合，朝着不同方向发展，产生了不同的结果。

国家行为体由"文明体"和"组织体"构成，"文明体"可视为文化与国际关系的中间环节。"国家行为体"、"组织体"和"文明体"三者的关系如图 13 – 1 所示。

国家由人组成，作为文明体和组织体，由同一群人构成，但二者强调的是不同侧面。文明体可视为一种知识、信仰、规范、观念的共同体，它强调的是人的生存状态、情感模式、价值观和行为方式等；而组织体是集团、制度

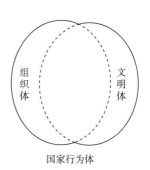

组织体

文明体

国家行为体

图 13 – 1　国家行为体及其两个侧面

的集合体，强调的是社会结构、制度等。作为组织体的国家可分类为民主国家、专制国家等。而作为文明体的国家，则可以依据人的生存状态（"基本人际状态"，详后）划分为建立在"个人"社会之上的国家和建

---

① 公文俊平：『情報文明論』，第 3 页。

② 在亚洲金融危机中，韩国人表现出的对国家的忠诚与朝鲜人对国家和领袖的态度有相似之处。朝鲜最高领导人金正恩在 2013 年新年讲话中称"以征服了宇宙的精神开创经济强国"，几乎同时，韩国总统李明博在卸任演说中称韩国已是"世界的中心国家"。从这样的表述中我们似乎看到了某种相似的精神。

立在"间人"① 社会基础上的国家。

需要指出，这里的"文明体"概念既包括作为"社会生活类型的复合体或装置群"的文明，也包括作为"文明原理"的文化。这里的文明与文化的关系，不是亨廷顿所说的是大与小的关系，而是类似生物表现型与基因的关系。文明体与组织体是相互影响的。一方面，文明体影响组织体，并通过后者影响国家行为体对外部世界的看法及与他国的关系；另一方面，组织体也会影响文明体。从性质上看，组织体变化较快，也很容易观察到，而文明体则变化较慢，具有较强的延续性。一个社会制度层面的急剧变化（对这方面研究构成所谓"现代化"研究的重要内容），会影响文明体的变化，但这种变化主要表现在作为"社会生活类型的复合体或装置群"的文明上，而作为"文明的原理"的文化则不易变化。只有把国家既理解为组织体又理解为文明体，才能正确把握国家行为体的行为。伊曼纽尔·阿德勒把文明体视为一种"实践共同体"，他对文明体与组织体意义上的国家之关系的表述是对的："一方面，实践共同体赋予政治实体以行动的属性，政治实体可以代表实践共同体的知识、身份、话语和规范采取独特的行动。另一方面，政治实体通过实践手段，强化实践共同体的知识和话语，并将其合法化和制度化。"② 从这个意义上看，美国攻打伊拉克是一种组织体行为，但美国宣称要在伊拉克乃至中东推行自由、民主制度和价值观时，可以说是要做文明体意义上的事。

处于同一种文明背景下的国家可能是完全独立的国家（如儒家文明圈中的中国、越南、朝鲜、韩国，印度文明圈中的印度、尼泊尔等），这些国家都有文明体和组织体两个侧面，只是它们有共同的文明背景，或者说是一个更大文明共同体的分支。但有时，作为文明体是统一的，而作为组织体可能是分裂的，如美国与英国、今日中国大陆与台湾等。文明体通常与组织体结合而构成国家行为体，但也不尽然，也有这种情况：作为组织体的国家灭亡了，或者长期缺乏作为组织体意义上的国家

---

① 心理文化学认为，在"人的系统"意义上，与"个人"相对应的不是"集体"或"群体"，而是"间人"。参见尚会鹏《心理文化学要义》，第 60 ~ 63 页。

② 〔美〕彼得·卡赞斯坦主编《世界政治中的文明：多元多维的视角》，秦亚青等译，上海人民出版社，2012，第 76 页。

形式，但作为一种文明体一直延续。例如，印度文明在相当长时间内和相当广的区域内兴旺发达，却少有完整的作为组织体的国家形式，亦缺乏强大的军事力量和有效的政治形态，不断内乱和被外来民族征服。组织体是制度、组织的集合，而文明体是生存方式的集合。组织体可以被摧垮而文明体无法用武力摧垮。苏联的垮台说明作为组织体的国家无论建立在怎样高科技的武器和强大的经济基础之上，都可被轻易摧毁，苏联解体了，但俄国人的价值观和生活方式并没有被摧毁。

　　基于此，文明体与组织体的关系或可比作营养液与菌株的关系：营养液通过菌株获得存在形态，菌株无法脱离营养液而成活，一种营养液可培育多株独立菌株。只有将文明体与组织体结合起来，才能有效地把握文化对国家行为体的影响，所谓"世界政治中的文明"才能定位，"多元、多维的文明视角"① 才能成立。

　　必须承认，虽然自亨廷顿之后，对文明和文化的讨论开始在国际关系理论研究中受重视，但这方面尚存诸多争议并远没有成为国际关系研究的主流，构成现代主流国际关系理论的应当说仍是以国家为中心、把国家行为体预设为某种"经济人"或"理性人"的现实主义和自由主义学派。主流国际关系理论强调的是国家的组织体侧面，如把国际体系视为一种无政府状态。若仅从组织体层面看，他的看法是对的，因为国际上的确不存在一个具有权威的、类似世界政府的组织体。但这一视角完全冻结了国家的文明体层面，而缺乏文明体视角的任何理论，无论有多么简洁、优美的形式，其解释力注定有局限性，因为国家行为体不能简化为单纯的组织体。既然如此，那么为什么这种理论能够成为今日国际关系理论的主流呢？这可能是由两个容易被研究者忽视的原因所致：第一，文明体本来隐于组织体中，而现代国际秩序产生时的国家行为体处于同一文明（即西方文明）背景之下，作为组织体的国家——民族国家和作为文明体的国家重合在一起，国家的文明体侧面变成了"民族体"，而国家的行为亦可简化为组织体行为。而当这种源于西方的秩序普遍化为一种涵括了非西方国家的国际秩序时，人们仍沿袭旧的思维定式，忽略文明体侧面。人们在

----

　　① 〔美〕彼得·卡赞斯坦主编《世界政治中的文明：多元多维的视角》，第 1 页。

同一屋子中活动，屋子对行为者的影响相同，故可忽略不计，但若考察住在不同屋子（文明）中人的活动，就不能忽略所处环境（屋子）的影响。第二，现代主流国际关系理论（许多社会科学学科亦如此）为了追求"科学性"，必须冻结文化、文明等不易把握的变量，基于"经济人"假设把国家简化为争取自身利益最大化的理性行为体，更容易"科学"地概括出简洁而优美的定律，更容易形成一门科学理论的坚硬内核，从而更容易被认为是一种科学理论。

　　或许是受主流国际关系理论的影响，人们对于今日之中国往往仅从组织体侧面把握，即仅视其为西方意义上的"民族国家"而忽略其文明体侧面。其实不仅中国，今日南亚、非洲、南美洲、中东等大多数国家严格说来都不是西方意义上的"民族国家"，在把握其行为时都不能仅关注其组织体侧面而无视其文明体性质。一些学者注意到了这个问题，但因现有国际关系理论框架中缺乏适当的表述系统，常出现概念混乱。譬如，英国学者马丁·雅克在其题目有些耸人听闻的著作《当中国统治世界：中国的崛起和西方世界的衰落》中指出，现代民族国家的概念不适合称呼中国，中国不是"民族国家"而是"文明国家"，认为今日中国人政治行为背后的一些原理仍遵循传统中国的政治经验。"这么说不是否认中国发生了根本性的变化，而是要强调中国的特点还包括极具生命力的联系性——做一个科学上的类比，它的DNA仍然完整如初。"① "今日中国的主要面貌，包括社会关系和习俗、生活方式、优越感、国家观念和对统一的执著，都是中国文化的产物，而不是近代成为民族国家的表现。表面上它似乎像民族国家，但骨子里是文明国家。"② 另有人则把今日中国称为一个将"民族国家"与"文明国家"融为一体的"文明型国家"（civilizational‑state），认为是"……一个把'民族国家'和'文明国家'的长处结合起来的国家，这本身就是一个奇迹，体现了中国文明的巨大整合能力"。③ 然而，与他们所使用的"文明国家"或"文明型国家"相对应的

---

① 〔英〕马丁·雅克：《当中国统治世界：中国的崛起和西方世界的衰落》，张莉、刘曲译，中信出版社，2010，第332页。
② 〔英〕马丁·雅克：《当中国统治世界：中国的崛起和西方世界的衰落》，第332页。
③ 张维为：《中国震撼：一个"文明型"国家的崛起》，上海人民出版社，2011，前言。

概念应为"野蛮型国家"或"蒙昧型国家"，若称中国为文明国家或文明型国家，难道其他国家是野蛮国家不成？国家本来就有文明体和组织体两个侧面，如果说当今中国在经济和社会方面取得了什么成就，那不是因为什么"把民族国家和文明国家的长处结合起来"的"奇迹"，而是中国的文明体性质即中国人独特的生活方式和价值观与作为组织体的性质即独特的国家制度和政策相结合的产物。如果说世界对今日中国的行为还无法了解甚至有诸多误解，那大多是因为中国在表达自己的诉求和解释自己的行为时不得不将记录在文明体中的丰富信息挤压在狭窄的组织体（民族国家）侧面，世界也趋于据此理解中国的行为而忽略其文明体侧面。解决问题的办法是：不仅从组织体侧面，也应从文明体侧面把握今日中国的行为。中国不是"民族国家"，至少不是现有主流国际关系理论中界定的"民族国家"。"文明体"概念或许更能解释今日中国所具备的诸多与当代民族国家不同的特征。①

二　"人"与"文明体"："基本人际状态"与"心理社会均衡"

既然文明体和组织体皆由人构成，考察国家行为体就不能离开对人的把握。一些研究国际关系的中国学者认识到国际关系研究中"人"的关怀问题，呼吁把人融合到国际关系研究中去。② 应当说目前主流国际关系理论也融合了对人的把握，只不过其所把握的"人"是"个人"（并进而简化为"经济人"）。"自利""理性"的国家行为体乃由"个人"推衍而来。所以，严格地说，现代主流国际关系理论存在的问题不是缺乏对"人"的关怀，而是它以一种特殊的视角和方法关怀了一种特殊类型的"人"，并试图将其作为普世理论。

文明体中的"人"不能简化为个人，而应是一种"人的系统"，一种

---

① 文明体似乎也不能由"民族体"取代："民族体虽已成为中国社会科学'想象的共同体'，但却不能解释现实上依旧具备那么多文明体特征的当代中国；反过来说，文明体的概念虽不如民族体成熟和流行，但却能解释现实上依旧'多元一体'的中国。"参见王铭铭《中国：民族体还是文明体?》，《文化纵横》2008 年第 12 期。

② 例如，"把人融合到国际关系研究中去"。参见秦亚青《第三种文化：国际关系研究中科学与人文的契合》，《世界经济与政治》2004 年第 1 期。"国际关系也是一种人际关系和文化关系。"参见潘一禾《文化与国际关系》，浙江大学出版社，2005，第 2 页。

生存状态，"个人"只是一种特殊的"人的系统"。

心理文化学开发了"基本人际状态"（human constant）概念来指称一种作为"心物交互多维动态平衡体"的"人"。基本人际状态有不同类别，每种类型又有若干亚类型。① 每一种文明体都是建立在与之相适应的独特的基本人际状态类型之上。易言之，不同类型的基本人际状态构成不同文明体之基础。学者罗伯特·阿德里（Robert Ardrey）将生物体的社会视为一种进行划分势力范围、确定群内序列、进攻和防卫的游戏，一种"通过规定的手段以获得规定的奖品为目标的竞争游戏"。人类的这种游戏可分为两大类：一类是以个体为单位的游戏，另一类是以集团为单位的游戏。② 从我们的视角看，把人类文明看作是人类在两大类基本人际状态下玩出来的游戏似更妥当：一类是在"个人"系统下玩出来的游戏，玩者是"个体"；另一类是在"间人"③ 系统下玩出来的游戏，玩者是一种"关系体"。"个人"只是基本人际状态的一种特殊形式，这种"人的系统"在西方社会占优势，西欧文明（我们把今日美国以强调个人的独立、摆脱传统羁绊、控制大自然、重视个人权利、重视法律等为特点的文明视为其一种精致形式）是建立在这种基本人际状态之上的。在这样的社会中，基本人际状态与作为生物体基础的个体的人大体重合，而多数非西方社会的"人的系统"并非"个人"。④ 因此，现代主流国际关系理论将人简化为"个人"并进而简化为"经济人"的把握方法，说到底主要是基

---

① 尚会鹏：《"基本人际状态"的类型、维度与心理 - 社会均衡的动力学关系：对许氏理论的若干阐释和补充》，《国际政治研究》2007 年第 3 期。

② 这后一类游戏又分为两种情况：（1）共同体式。集团之间有竞争，但集团内个体之间平等性较高。（2）阶序式。为了避免集团间竞争，集团内部个体之间有严格的阶序排列。参见 Robert Ardrey, *The Territorial Impertive: A Personal Inquiry into the Animal Origins of Property and Nations*, New York: Dell Publishing Co., 1966；转引自公文俊平『情报文明論』，第 209 页。

③ "间人"概念是日本学者滨口惠俊提出的，用以与"个人"相对应。"个人"强调的个体（"个"），"间人"较强调相互之间的关系（"间"），前者是一种个体，后者是一种关系体。参见滨口惠俊『日本研究原論』，第 15～29 页；『日本らしさの再発見』，第 51～95 页。

④ 根据笔者分类，中国人的基本人际状态是"伦人"，日本人的基本人际状态是"缘人"，印度教徒的基本人际状态是"阶序人"，它们都是"间人"的亚类型。详见尚会鹏、游国龙《心理文化学：许烺光学说的研究与应用》，第 15、16、17 章。

于西方个人社会的经验。

笔者认为，文明体的内核不是宗教而是"基本人际状态"。亨廷顿从宗教角度划分文明的做法带来了这样的问题：某一文明体有时分属于不同的宗教意义上的"文明"，譬如韩国被认为属"儒教文明"，只能说历史上如此，而今日韩国人中有超过一半的人信奉儒教之外的宗教，而在信教者中，佛教徒和基督教徒几乎相当。根据亨廷顿的划分，"西方文明"也应划分为基督教（新教）文明和天主教文明，因为既然同是源于基督教的东正教是一个独立文明，基督教（新教）和天主教就没有理由不划分成两个文明。宗教固然是文明体的重要标志，但根据我们的看法，宗教只是特定基本人际状态在特定心理文化取向下经过整合的价值观的表述体系，[1] 基本人际状态是人存在的基本系统，它携带着社会和文化的遗传信息藏于文明体中，属于"文明的原理"，虽然也会受社会变化的影响，但它类似生物体的基因，具有更稳定的性质。文明可能会衰落、灭亡，宗教信仰可能会改变，但只要构成文明体的人不被消灭或打散，这些人还会依据某种原理排列出相同的基本人际状态。[2]

与基本人际状态概念相联系的另一个重要概念是"心理社会均衡"。如果说基本人际状态概念涉及的是对行为体（人和国家）的假设，"心理社会均衡"概念则涉及行为体行为的原动力问题。现实主义理论把国家简化为"经济人"，自然将"利益"的追求作为国家行为的即便不是唯一的也是主要的动力，于是，利益和权力分析便成为国际关系学科的核心。从尽量单一的现实因素解释人的行为动机是人的一种愿望，也是现代社会科学追求的目标。近代以来的思想家，从卡尔·马克思的"人们首先必须吃、喝、住、穿，然后才能从事政治、科学、艺

---

[1] 关于这一点，笔者在《心理文化学要义》一书的第九章"心理文化取向：心理社会均衡的引导力"做了较详细的阐述。参见尚会鹏《心理文化学要义：大规模文明社会比较研究的理论与方法》，北京大学出版社，2013。

[2] 一种新的、外来的宗教能够改变人的行为，甚至可以完全摧毁或取代一个族群的原有信仰，但这里强调的是：第一，作为一种凝聚大规模文明社会的基本人际状态价值观体系的宗教，无法被另一种宗教完全摧毁或取代，被摧毁或取代的通常是相对简单社会的信仰；第二，宗教会改变人，人也会改变宗教，因为人是按照自己熟悉的观念、逻辑和生活经验理解新的信仰的。这是一种宗教会变异出许多派别的原因。

术、宗教等等"① 看法，到弗洛伊德的"文化成就是由于净化了性本能的组成成分之后才取得的"② 的表述，可以说都是这种努力的反映。社会科学的这种取向当然是受自然科学的影响，而从我们的视角看，也与孕育了社会科学的西方社会——建立在"个人"这种基本人际状态之上——的特殊经验有关：由于在这种基本人际状态下人的生活较趋近人的生物性基础，较强调个体的欲望和利益（包括身体、生理需要、衣食住行和其他所有物等），故把行为体的动机归结为对利益的追求是合乎逻辑的。

但行为体的动机不能简单归结为对利益的追求。心理文化学的"心理社会均衡"概念把人理解为一个人与人、人与物、人与文化规范互动的动态均衡"场"，人们从事政治、科学、艺术、宗教等活动只是"人"这"场"动态均衡过程的一部分。不同的基本人际状态有不同的心理社会均衡模式。根据这一理论，人是一个心理社会意义上的自均衡体，对安全、地位和社会交往的追求，以及由此造成的心理社会均衡过程是人行为的原动力，其中，是否有足够的安全感是影响我们对外部世界（敌或友、安全或威胁等）判断的重要因素。人的安全感主要来自心理社会均衡模型第三层（"亲密的社会关系与文化"），所以，是否有一个稳定的第三层是判断个体进而判断族群乃至国家行为体是否有足够安全感的重要指标。有的基本人际状态类型能够给个体以较大的安全感，而有的带给个体的安全感就相对较小。采用"心理社会均衡"概念来考察人的动机时，不能不考虑人的心理和情感问题，从而赋予行为体的动机更为复杂的特性。国家既然也是由"人"组成的文明体，那么国家行为体的动机也不能简单归结为"利益"，还应当考虑对地位、安全、交往等需要的满足等心理因素（如由于缺乏安全感产生的恐惧，想获得更高地位或不至于陷于劣位的努力等）。因此，就不能不考虑作为文明体的基础——基本人际状态——及其特点。

人是生活在文明体中的，人的行为原理及人际关系模式的信息记录在文明体中，文明体通过人影响到国家的行为和国家间的关系。建构主义所

---

① 《马克思恩格斯选集》第3卷，人民出版社，2012，第1002页。
② 〔奥〕弗洛伊德：《弗洛伊德论创造力与无意识》，孙恺祥译，中国展望出版社，1986，第186页。

称的"共有知识"、"观念"（如利益、威胁、安全等）的建构也是通过人完成的，因此，也受文明体的影响。国家行为体之间的关系当然不能简单还原成人与人之间的关系，但肯定是受后者的影响，这是因为：（1）一个国家的政治制度由人运作；（2）国家组织和集团由人构成；（3）国家的外交政策由人制定和执行；（4）国家对他国乃至整个外部世界的判断和认知由人完成。一般来说，生活在同一社会文化系统中的人在处理问题、待人接物等方面与生活在另一社会文化系统中的人比较起来具有更大的相似性，这使一个国家的外交模式不同于另一个国家，对外部世界的判断，以及外交政策的制定和实行也打上了文化烙印。从这一视角判断，人们在国际政治中的知觉、判断和决策，不仅有个体差异，还有文化的差异。人的存在系统（基本人际状态）与动机系统（心理社会均衡模式）（这些都记录在文明体中）便构成一个国家对外部世界认知的重要背景，并以潜移默化的方式对国家外交政策和对外行为产生影响。为什么说"国家也是人"和"国家之间的关系也是人际关系"？学理上的根据是心理文化学关于基本人际状态和心理社会均衡理论：人的行为模式受基本人际状态形塑，心理社会均衡模式的特点决定对外部世界的态度和行为。处理人际关系的原理会延伸、投射到国家间关系上。文明体概念对于说明人与国家行为、人际关系与国家间关系的联系提供了工具。

就从整体把握人的视角来看，"基本人际状态"概念与人类学中"文化与人格"学派使用的"国民性"概念较为接近。国民性研究兴起于20世纪三四十年代，第二次世界大战时达到鼎盛，[1] 此后因受到批评而衰落。[2] 但国民

---

[1]　国民性研究对国际关系理论产生的影响，恐怕要算第二次世界大战时期鲁思·本尼迪克特关于日本人国民性的著作《菊与刀——日本文化诸模式》。此著作是受美国中央情报局之托所写，对美国制定占领日本的政策产生了影响。

[2]　主要原因有：（1）受弗洛伊德精神分析学说影响，多从病态角度把握人，得出的结论多为负面。例如，日本人的强迫症特点、俄罗斯人的服从人格。如果真有"专制性格类型""需要取得成就类型"的人，也是少数。（2）国民性研究偏重性格，所谓国民性格是直接从个人的人格推演而来。"国民性格是人格的典章式放大"。必须承认，"同一文化内部的个人与个人的差别，比他们与其他文化的个人的差别还要大"。"不同性格类型可能与相同社会制度相联系，而相同性格类型有可能与不同的社会制度相联系。"参见〔美〕塞缪尔·亨廷顿、劳伦斯·哈里森主编《文化的重要作用：价值观如何影响人类进步》，第214页。

性研究的衰落并非说从整体上把握一个国家、一个族群的努力就不需要了，现在世界一体化潮流中的文化认同问题，从某种意义上也是对"国民性"的探索，故其把握人的视角对今天的国际关系研究仍有启示。心理文化学的"基本人际状态"概念避免了"国民性"概念的缺陷，可以说是后者升级版。

从关注人的心理的角度看，心理文化学的视角与国际关系研究领域的心理学派——国际政治心理学——类似，但又有根本的不同。后者关注的是国际政治的心理基础，并且探寻的是心理活动的普遍规律，学术脉络上较多源自普通心理学；而心理文化学更关注国际关系领域中国家行为的文化差异，其学术脉络更多源自心理人类学。从心理文化学视角看，同是征服者的亚历山大大帝和成吉思汗，以及同是航海家的哥伦布和中国的郑和，其对外部世界的看法和行为，除个体差异之外，还应有文化意义上的差异。每个国家都是具有特殊性格、特殊行为模式的行为体。退一步说，即便我们承认现实主义的"国家理性"的假设，承认"利益"动机的重要性，那么何谓理性何谓不理性、何谓"利益"等，也是受人们的价值观决定，由文化所形塑。

三　文明体与国家间关系

正像应当把"人"从"个人"还原为一种系统（基本人际状态）一样，也应把国家从组织体（民族国家）还原成一种由组织体和文明体结合的系统。当我们考虑了文明体侧面之后，国家就不能仅仅理解为"民族国家"（尽管它是现在国家行为体的主要形式），国家之间的关系也不仅仅是组织体之间的关系，它同时还是一种文明体之间的关系。二者之间有联系，但不是一回事（见图13－2）。

从构成基础上看，组织体是由家庭、社会集团、国家形式、政治制度等组成的功能体（即主流国际关系理论所称的"结构"）；而文明体是文化信息载体，是由基本人际状态、价值观、行为方式、共有知识等构成的信息共同体。

从影响力上看，组织体主要体现的是"硬力量"，包括军事力、经济力、政治力；而文明体的影响力主要是"软力量"，包括吸引力、诱导力、说服力。

	构成基础	影响力	关系形式	连带	
组织体	集团、制度功能体：家庭、社会集团、国家形式、政治制度等	硬力量：军事力、经济力、政治力	合作或对抗：各种国际组织、军事结盟组织等	国际条约、国际法等	某种意义上的世界政府
文明体	文化信息载体：基本人际状态、价值观、行为方式	软力量：吸引力、诱导力、说服力	文明整合：文化冲突或融合	共同价值观、共同的判断等	人类文明共同体

图 13-2　文明体与组织体的区别

就关系形式而言，组织体之间的关系形式是国家间的合作与摩擦、政治上的结盟与对抗，并由此产生各种国际组织、军事结盟组织、地区合作组织等。而文明体之间的关系形式有文明之间的相互借鉴、价值观的相互渗透、国际文化交流活动，以及由此产生文化冲突或融合。

组织体之间一般是通过国际条约、国际法等连带的，而文明体之间的连接纽带是共同的价值观和对人类前景的共同的担心所产生的判断等（建构主义所称的"共有知识"，包括这两种连接纽带）。

在各种国际条约、国际法连接下的组织体意义上的国家，通过互动会逐渐出现各种国际组织及某种国际性制度（如今日的联合国等），最终可能（只是可能）出现某种世界性管理组织——世界政府。而作为文明体的国家，则以人类的最低道德守则和某些共同价值观彼此约束，最终可能出现某种"人类文明共同体"。

考虑到文明体和组织体这两个侧面，国家行为体之间的关系可以排列组合出下属四种类型：（1）相同（或相似）文明体下，不同组织体间的关系。如，中国分裂时期地方政权之间的关系、中国大陆与台湾的关系、朝鲜与韩国的关系等。（2）相同（或相似）组织体下，不同文明体间的关系。如，今日美国与日本的关系、美国与韩国的关系、冷战期间社会主义国家（如中国与苏联）的关系。这可解释冷战时期为什么属于同一阵营的国家却无法更好地合作。（3）不同文明体下，不同组织体间的关系。

如，朝鲜与美国的关系、中国与美国的关系、伊朗与美国的关系等。（4）相同（或相似）组织体下，相同（或相似）文明体间的关系。如，美国与英国的关系，一定意义上的欧盟国家之间的关系，以及朝贡体系下中国与韩国、越南等国家的关系。

　　这四种类型的国家间关系可用图 13 – 3 表示。

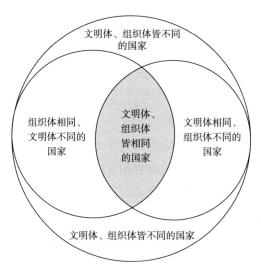

图 13 – 3　四种类型国家间关系

注：这四种类型国家间关系及其示意图是根据游国龙博士的建议提出。

　　这四种类型可概括所有国家间关系，而且只有如此概括才更接近国家之间关系的事实。从这一视角看，我们现在使用的"国际关系"（international relations）概念明显具有局限性：它主要是指独立的民族国家之间的关系。民族国家起源于近代西方，这些国家大体上可视为"文明体、组织体皆相同的国家"（大体属于第四种类型），当把国际关系概念扩大到所有国家之间的关系时，仍趋于将文明体因素忽略。所以严格说来，目前使用的国际关系只是我们所概括的国家间关系的一部分，而现代国际政治理论所称的"体系""结构"等概念的充分有效性，也只是在这一类型的国家间关系中才成立。

　　上述这四种关系类型都既可能发生冲突也可能不冲突。国家行为体之间是否冲突，取决于组织体的性质（社会制度、政权性质）、文明体的性质（基本人际状态和人的心理社会均衡模式），以及国家行为体对安全、利益的判断等复杂因素。相同文明体下的国家之间不一定没有冲突，今日朝鲜半岛的对抗（可能是今日世界最严重的）也是发生在文明体性质相同的国家之间。即便是文明体、组织体皆相同的国家之间，也并不一定比不同文明体、不同组织体的国家间更少敌意，譬如，两次世界大战皆发生在文明体、组织体皆相同的国家之间。

从文明体层面考虑国家的行为，我们需要承认文明体具有延续性和不同特点的内核，此内核会对国家的行为产生持续而重要的影响。文明体的内核赋予文明体以某种"性格"，使国家行为体的行为表现出差异性：或更为积极、主动，或比较内敛、温和、保守等。① 从这个视角出发，我们对未来的判断是，具有国际意义的冲突仍将是发生在以某种文明为背景的国家行为体之间而不是如亨廷顿所预言那样在含混的"文明"之间。我们的提醒是，人们在判断这个问题时需要超越仅从"民族国家"（或"地缘政治"）角度思考的局限而对文明体的性质给予必要的重视。以中国为例，近些年，随着中国的崛起，至少在西方世界出现了对"中国威胁论"的担心。从我们视角看，这种看法主要基于近代民族国家（产生于近代西方的个人社会）的经验，而忽略了中国独特的文明体侧面，即中国人的基本人际状态、价值观和文化传统对国家行为体的影响。当年，美国发动越南战争以及后来又与越南改善关系的一个重要借口就是要防止中国的扩张。许烺光曾从心理文化的视角揭示了中国人的生活方式、对外部世界的态度和行为特点，列举了大量例证回应了当时盛行的"中国扩张论"，他指出，"中国扩张"的看法只是一种神话。② 这个问题今天仍没有解决，今日的"中国威胁论"可以说是当年"中国扩张论"的延续和翻版，我们也可以从同样的视角指出，

① 汉斯·摩根索也承认这种差别："有些原始民族缺乏制度化的教育，但他们一般是爱好和平而且乐于接受外来文化的影响，甚至达到了自我毁灭的地步。也有其他的民族，例如日耳曼人，受教育程度很高，又有古典文化的熏陶，但它们在历史的大部分时间里都是民族主义的和好战的。"参见〔美〕汉斯·摩根索《国家间政治：权力斗争与和平》，徐昕等译，北京大学出版社，2006，第 13 章。

② 许烺光的《中国扩张主义的神话》（The Myth of Chinese Expansionism）一文，参见 *Journal of Asian and African Studies*, Vol. XIII , Nos. 2 - 4, pp. 184 - 195，部分内容收录在〔美〕许烺光《美国梦的挑战》，单德兴译，南天书局，1997，第 109 ~ 125 页。

今日的"中国威胁论"也是西方依据自己的经验得出的判断。当然，这不是说未来中国完全不会与其他国家发生冲突，如前所述，国家行为体之间是否冲突取决于更为复杂的因素，如果未来中国完全内化现有国际秩序，中国文明体的性质也会发生改变，那么国家行为体对外行为或许会变得更为积极、更富有进攻性。但文明体性质的改变正如生物体的基因改变一样，是极其缓慢的，从目前来看，中国文明体的性质还没有大的改变。思考国家行为体的行为时把文明体的性质考虑在内，至少可以避免仅仅从组织体方面考虑问题带来的局限性，它有利于思考国家行为体之间的合作、世界政治中持续的文明对话，以及文明共生的重要意义，有助于理解彼此的社会，理解它们是如何走到了今天，以及在其发展的背后保持着怎样的传统因素和民族心性。唯有如此，我们才能知道自己所处的位置以及在与他国交往中最适当的方式是什么。

从这个视角亦可以思考现有国际秩序的一些深层次问题。例如，目前世界面临的一些重大问题难以解决，其根本原因在于当前这种源自个人社会的国际秩序背后的两种基本驱动原理：利益和力量。环境污染问题的根源是产生于西方、后向世界扩散的消费主义生活方式，倘若这种生活方式不收敛，其解决前景则不乐观。目前，核武器困境难以解决的根本原因在于目前主导世界的基本原理仍是在事实上起作用的力量原则，拥有核武器的国家若不首先放弃核武器，可以预期拥有核武器的国家还会越来越多。这两个原理与现有国际秩序密切相连，而现有国际秩序源自西方以"个人"为基本人际状态的社会，带有明显的文明特点，因而也不大可能依靠该秩序本身解决这些问题，解决之道或许需要一种整合了包括非西方文明在内的各大文明经验的新文明。换句话说，像中国、印度这样的大规模文明体所记录的文明经验或可构成未来人类文明共同体的组成部分，为解决此类深层次问题提供借鉴。

必须指出，对中国来说，强调国家的文明体侧面并非说中国不需要熟悉现有国际秩序、不需要内化国际法则而自行其是。必须看到，世界各文明体之间融合的趋势导致各独立国家之间的信息知识的共享、价值观的相互渗透越来越明显，未来世界有可能在出现某种世界政府的同时也出现某种世界性的文明体。对中国而言，一方面，作为文明体，中国已经有几千年的历史，我们对于记录在文明体中丰富的文明经验要有足够的自信；另一方面，中国作为近代民族国家的历史还很短，在这方面经验还不足，在阐释自己的行为和接纳现有国际规则方面还面临诸多繁重任务。譬如，领土、主权、国家平等都是现代民族国家的概念，中国作为现代民族国家，不能不申明其明晰的边界和排他性主权，而这常常与作为文明体的中国边界不清晰、统治消于无形的历史经验相左。不言而喻，我们不能完全以自身的文明经验看待世界和处理今日国家间关系，譬如不能把古代"普天之下，莫非王土，率土之滨，莫非王臣"的观念用于今日的对外关系。今日中国不能无视国际秩序的变化，要成为国际秩序的一员，就不能因为强调自己独特文明经验或强调自己不是现有国际秩序和国际法则的制定者而无视国际法则和国际组织的约束。

四 国际关系理论中的"中国学派"问题：新视角和新范式的引入

中国学界讨论如何创立国际关系理论的"中国学派"（它的另一种表述是"中国特色的国际关系理论"）问题已有多年。这些年，强调社会、文化因素的建构主义学派和文明学派在中国国际关系研究领域受到关注不是没有道理的，因为现实主义、自由主义学派已经把理论的内核搞得很硬、很精确，再无大的发挥余地，而建构主义学派和文明学派强调文化、观念等"软"的方面，似乎能够为提升包括中国在内的非西方文明经验提供较大空间。应当说，建构主义学派注意到了国家的文明体侧面，然而从学科背景来看，无论是建构主义学派抑或文明学派，与现实主义、自由主义理论是一脉相承的，其基本假设相同，使用的话语体系相同，只是强调的方面不同，故在解决中国面临的问题时，它们能提供的借鉴资源恐亦有限。而若无新学科、新视角和新概念工具的引进，现有国际关系理论的局限性就无法克服，任何关于新学派的讨论都只能陷于空谈。

当我们把主流国际关系理论中对行为体的假设由"个人"转换到"人的系统"（基本人际状态）、把行为体的动机假设由"利益满足"转换到"心理社会均衡"模式之后，这就从根本上动摇了现代主流国际关系理论的基础，开拓出一个更广阔的话语空间。新的话语空间犹如一个可运行不同系统的电脑操作平台，各种基本人际状态下的人类游戏皆可放在该平台上运行，无须再把"拔河"的游戏规则放在"抢椅子"游戏系统中检视。利用这样一个新的操作平台，我们至少可以在以下几个方面获得新的认识。

第一，当放宽了对国家行为体的理论界定，将人的生存状态、心理社会均衡模式概念作为国家行为体的重要因素加以考虑后，目前以国家为主要分析对象的主流国际关系理论的局限性更清晰。现有主流国际关系理论的有效性是有一定条件的，即它所分析的行为体基于"个人"这种西方社会特殊的基本人际状态之上。在我们所了解的人类几种重要的基本人际状态中，"个人"这种基本人际状态是一种个体最难获得安全感的设计，这种方式把个体打造得最为"清爽"，个体最大限度地摆脱了对他者的依赖，获得了最大限度的自由，但同时也意味着密切的人际关系以及由此带来的安全感最难获得。在这种基本人际状态之上的国家行为体的安全感的缺乏，与这种状态下个体焦虑、不安的内心世界具有相同的心理文化基础，将前者视为后者的一种群体性外部投射亦无不当。这样，我们就可以理解现代国际关系中所谓"霍布斯恐惧"的深层心理文化原因。现实主义理论告诉我们，国家间的冲突和战争源自人类对利益和权力追求的本性，这种看法的基本逻辑是：人性本恶故有国性恶，国性本恶故导致国家间的冲突。现有国际关系经典理论中的重要概念如"无政府状态""结构""权力""利益""主权""国家对外政策""战略及安全"等，可以说都是建立在"人性恶"这种基本判断之上，而这种判断乃是基于"个人"社会的经验。沿着这一思路我们还可以进一步分析这样的问题：西方社会的基本人际状态——"个人"——与现代国际秩序起源问题，[①] 美国人的基本人际状态及其对美国对外交往模式的影响。[②] 还可以对奴役、自由与西方社会的基本人际状态的关系、美国人的基本人际状态与美国的软力量——"人权""自由""平等"观念的关系等问题做新的探讨。当我们以相对的眼光看待现有国际秩序时，既削弱了

---

① 尚会鹏：《"个人"、"个国"与现代国际秩序：心理文化的视角》，《世界经济与政治》2007 年第 10 期。

② 尚会鹏、游国龙：《心理文化学：许烺光学说的研究与应用》，第 421 ~ 440 页。

国际关系理论中现实主义解释体系中对实力的崇拜，也削弱了自由主义认为普世的、世俗的自由主义规范具有超出其他规范的观点。它可以解释像欧洲产生的那种超越国家的集体认同现象，也为亚洲等具有相似文明背景的国家产生同样的集体认同预留了理论空间。

第二，从组织体和文明体两个侧面把握国家行为体，可以使亨廷顿提出的命题变得具有学理性支撑和容易操作。由于文明经验主要记录在文明体中，强调从文明体侧面把握国家行为体，对于理解像中国、印度等具有悠久文明传统的新兴国家行为体的行为显得意义重大。如前所述，中国、印度等都不是现代意义上的"民族国家"，其行为都无法仅从民族国家的角度进行解释。在现有国际秩序下，它们或出于自愿或出于被迫，内化了源于西方社会的国家行为原理，但并不那么完全、彻底，其行为仍遵循着自身的逻辑，带有自己独特的文明经验和对国际秩序的独特理解。正像无法把中国人的基本人际状态的内涵挤压在"个人"概念中一样，我们也无法（亦无必要）把中国文明体的内涵完全挤压在狭隘的民族国家框架（即组织体）中，因为这种与现代民族国家的"距离"或许正是中国基于其独特的文明经验对国际秩序做出新贡献的空间。如果理论无法解释现实，错的必定是理论而非现实。从这个视角我们还可以对下述问题提出新的解释：中国人的基本人际状态与国家形态是怎样的关系，[1] 中国人的基本人际状态与国际秩序——"天下体制"[2] 的原理是什么？以及中国文化的"和谐"理念有怎样的心理文化基础[3]等。这些探索为提升中国的文明经验提供了空间。当然，这一视角也可以尝试解释中国以外的非西方国家的行为。[4]

第三，当我们考虑了文明体侧面从而扩大了国家行为体的界定时，

① 尚会鹏：《"伦人"与"服国"：中国国家形式的心理文化学解读》，《国际政治研究》2008 年第 4 期。
② 尚会鹏：《"伦人"与"天下"：从"基本人际状态"的视角解读古代东亚国际秩序》，《国际政治研究》2009 年第 2 期。
③ 尚会鹏：《"和谐"与"伦人"的心理社会均衡模式：心理文化学角度的探讨》，《国际政治研究》2012 年第 2 期。
④ 这方面的尝试参见游国龙《序列意识与大东亚共荣圈：对二战时期日本国家行为的心理文化学解读》，《日本学刊》2013 年第 2 期。

"国家"这个概念在一定程度上是传统中国语境中"国"概念的回归。回归后的国家概念既包括现代国际关系语境中的国家（独立的"民族国家"）之间的关系，也包括同一文明体下不同组织体之间的关系（如中国历史上"春秋五霸"之间的关系，三国时代魏、蜀、吴之间的关系等）。

　　对于国际关系中的中国学派问题，笔者一直秉持这样的看法：与其高喊建立什么学派，莫如先考虑这样的一些问题：在解决中国崛起所面临的问题时现有国际关系理论有何局限性？引入怎样的新视角和新概念工具才能克服这种局限性，以使中国的文明经验得以学理性提升？引入了心理文化学主要概念工具和方法的国际关系理论或许会变得不那么"科学"，或许更难以得出简洁优美的结论，但可能更接近事实，更能解释中国的现实问题。如果中国学者采用了不同的概念工具、从新的视角经过缜密思考解释了许多具体问题并皆有足够的学理性支撑，那么称其为"中国学派"乃是水到渠成。当然，这或许需要几代人的努力。

第十四章 日本国的组织体构建研究：
天皇世袭的原因分析

在日本的历史发展过程中，国家元首的称谓，经历了从 3 世纪前后称"王"，4 世纪以后称"大王"，7 世纪初才正式称"天皇"这样一个变迁。[①] 与之相对，作为学术和政治概念的"天皇制"则出现得要比"天皇"的称号晚很多。一般认为，共产国际在 1932 年制定的《关于日本的形势和共产党的任务的纲领》中首先使用了"天皇制"一词。当然，作为政治制度的"天皇制"的建立，则应该是自日本大化改新以后就形成了，虽然不同时期具有不同的内涵。[②]

在二战以前，日本流行一种所谓的皇国史观，宣扬日本自神武天皇以来天皇治世一脉相承，即所谓万世一系从无间断。毋庸赘言，所谓的日本天皇乃"万世一系"之说无凭无据，但若称其"千世一系"倒还是基本符合史实的。因为若从其国家元首称"王"的 3 世纪前后算起，日本天皇世袭至今，已经有 1700 多年的历史了。其间，天皇虽然总是一个居于政治峰尖上的存在，但其真正执掌实权的时期非常短暂，除了飞鸟、奈良、平安前期以及建武中兴时两年多的天皇亲政以外，更多的时候天皇仅是作为摄关政治、镰仓幕府、室町幕府、江户幕府等武家政权所挟制下的一个象征或者说是一个政治傀儡而存在的。在经过尊王攘夷倒幕的激烈抗争之后，1868 年王政复古，使失去政治实权很久的天皇终于又得以大权独揽，并且天皇亲政直至 1945 年日本战败。这段长达近 80 年的天皇亲

---

① 王金林：《日本天皇制及其精神结构》，天津人民出版社，2001，第 2~7 页。

② 解晓东：《日本天皇制研究》，博士学位论文，吉林大学，2009，第 28~29 页。

政，在日本天皇制的历史上可谓一个非常特殊的时期。总体来看，尽管日本的政局经常风云变幻，政权由摄政、关白、幕府将军、藩阀官僚几经易手，但天皇作为日本唯一合法的君主的地位始终没有改变。

另外，在日本的历史发展过程中，皇室成员围绕皇位的继承虽然也不乏同室操戈的血腥争斗，但天皇险遭血脉之外的力量灭绝之灾仅有两次：一次是武将织田信长（1534～1582）主政时期，[1] 另一次是第二次世界大战日本战败之时。[2] 在织田信长主政时，本来已经是天下一统在即，不料壮志未酬却遭到其亲信明智光秀的背叛偷袭而自绝于京都本能寺，天皇因而得以继续世代相承；在第二次世界大战日本战败之时，本来取消天皇制、问罪天皇的呼声也很高，但最终美国因顾虑天皇在日本人心目中至高无上的权威地位，而不得不听从心理学家和人类学家的建言，保留了天皇制，使天皇得以再度逃过一劫。于是，千百年来，日本皇统连绵，虽然日本的社会性质经历了由贵族社会向封建社会、由封建社会向资本主义社会的重大转折，可是任凭社会如何动荡和变化，却从未有过中国封建王朝频频发生的"易姓革命"，作为政治体制的天皇制一直延续了下来。时至今日，在早已进入了发达国家行列的日本，没有姓氏，没有身份证，也没有选举权和被选举权的日本天皇，仍然被作为日本国家的象征，被视为日本民族的精神支柱，成为所谓的日本"人种的纯粹性与文化的同质性的体现者"[3]。

天皇制是日本政治文化传统的核心要素之一，也是日本人文化优越感的重要思想根源。日本的天皇制在世界政治史上是独一无二的，它充分体

---

① 本乡和人：『天皇はなぜ生き残ったか』，新潮社，2009，第215页。

② 南博：『日本人論』，岩波书店，2006，第447页。

③ 参见〔美〕道尔《拥抱战败：第二次世界大战后的日本》，胡博译，三联书店，2006，第254页。另外，事实上，非但日本皇室的血统并不纯正，日本文化亦非同质。日本皇室和朝鲜的古代皇室有血缘关系是学术界众所周知的史实，但长期以来，普通日本国民对此几乎一无所知，一直以为日本皇室拥有纯正的血统。2001年12月23日是明仁天皇68岁生日，在当天的新闻发布会上，明仁天皇说："就我而言，我感觉自己与朝鲜半岛有某种亲切感。据日本编年史记载，（日本）桓武天皇的母亲是古代朝鲜百济王国一位国王的家族中人。""那些从古代朝鲜半岛迁移或受邀前往日本的人带来了文化和科技。通过日本人的热情和朝鲜人的友好态度，这些文化和科技得以传播到日本，实在是件幸事。"明仁天皇的声明打破了日本皇族血统纯正的神话。

现了日本政治文化的民族性。解析天皇能够世袭至今的原因，对了解日本文化、日本的国民性，具有很强的现实意义和理论价值。对这个问题，已经有很多历史学家、人类学家和心理学家进行了认真的研讨，也发表了很多相关研究论著，下面，笔者也就此问题，一边梳理诸位先贤之研究成果，一边略陈浅见。

第一节　古代天皇一系世袭的原因

一　以土地为主体的经济基础是古代极权天皇一系世袭的重要保证

作为历史概念的"天皇制"，从时间上来看，可以分为古代、近代、战后三个阶段；从内涵上来看，可以分为古代极权天皇制、古代象征天皇制、近代君主立宪集权天皇制、战后君主立宪象征天皇制四种内涵。[①] 天皇之所以能够一系世袭千余年，首先是因为天皇曾集权力和权威于一身之故。马克思1859年在《〈政治经济学批判〉序言》中指出："人们在自己生活的社会生产中发生一定的、必然的、不以他们的意志为转移的关系，即同他们的物质生产力的一定发展阶段相适合的生产关系。这些生产关系的总和构成社会的经济结构，即有法律的和政治的上层建筑竖立其上并有一定的社会意识形式与之相适应的现实基础。物质生活的生产方式制约着整个社会生活、政治生活和精神生活的过程。不是人们的意识决定人们的存在，相反，是人们的社会存在决定人们的意识。"[②] 简言之，即经济基础决定上层建筑。在思考日本天皇世袭的原因时，依旧不能忽略历史唯物主义的这个基本原理。特别是在探讨古代极权天皇和近代天皇一系世袭的原因时，尤其要关注经济基础的影响。大化改新时期，日本在经济上废除贵族私有的土地制度和部民制，将全部土地和部民收为国有，使之成为公地、公民，实行班田收授制，在租税方面实行租、庸、调、徭役制。班田收授制成为维持天

---

① 解晓东：《日本天皇制研究》，第20～21页。

② 《马克思恩格斯选集》第2卷，人民出版社，2012，第2页。

皇大权和权威的经济基础。明治维新时，明治政府通过地税改革，使封建领主土地制转化为地主土地制，地税维系着近代天皇制官僚体系，近代地主土地所有制成为近代天皇专权和权威的经济基础。一些日本左派学者早期的研究论著，基本上是遵循着这个基本原理来研究天皇与天皇制问题的，① 而且其研究成果对中国学界也产生了很大的影响。②

但是，恰如王金林研究指出的那样，如果仅仅用经济基础与上层建筑的关系这一理论，并不能对日本天皇世袭至今的过程中发生的许多史事完全解释清楚。例如，9世纪中叶以后，国有土地所有制瓦解，私有庄园制兴盛，断绝了维系天皇制官僚体系的财源，天皇和皇室的经济地位下降；与之相反，封建领主的经济实力则日渐上升。天皇制经济基础的动摇和瓦解，导致了中央权力的削弱和分散，统治实权或旁落外戚，或旁落武士阶层，或完全受幕府和将军的制约，天皇几乎就是一个政治傀儡。按照常理，失去经济基础的古代天皇制也会随之土崩瓦解，然而它却存续了下来。在幕府统治下，天皇的权力虽然已经十分微弱，但是幕府将军的任命、国家的重大事宜均需通过天皇发布诏书、敕令来实现。又如第二次世界大战后，在美国占领当局的监督下，实行了农地改革，废除了近代地主制，作为近代天皇制经济基础的土地制度被彻底废除了。天皇和皇室不但失去了固有的经济来源，而且现存的全部财产也被收为国有。按照《日本国宪法》规定："皇室的一切费用，必须列入预算，经国会议决。"天皇和皇室成了名副其实从国库领取薪金的人。依照经济基础决定上层建筑的原理，至此天皇制也理应"寿终正寝"了，然而，它并未因此而退出历史舞台，却作为日本国的象征、国民统一的象征而留存至今。

因此，王金林指出，千余年来"一系"的天皇与天皇制，虽然在不

---

① 如较具代表性的论著有〔日〕井上清：『天皇制』，东京大学出版会，1958；中译本：〔日〕井上清：《天皇制》，辽宁大学哲学系研究所译，商务印书馆，1975。

② 解晓东：《近年来我国日本天皇制研究述评》，《渤海大学学报》（哲学社会科学版）2008年第1期，第55～59页；沈才彬：《论日本天皇的本质特征》，《日本学刊》1989年第5期，第37～42页。

同历史阶段有其不同的特征，但彼此之间有着内在的同一性和连续性。维系其内在同一性和连续性的因素，不是物质的因素，而是精神的因素。王金林所指的精神因素"包括政治理念、思想意识、宗教信仰、传统习俗等方面"。① 王金林从精神因素方面探讨日本天皇和天皇制存续至今之原因的大作《日本天皇制及其精神结构》，于 2001 年 8 月由天津人民出版社出版，该著作被日本天皇制研究同人评价为"迄今为止国内学者研究日本天皇制最具代表性和最高水平的学术著作"。② 在该书中，王金林指出，"古代天皇制是以儒家思想、佛教和神道为支柱的；而近代则是以国学（神道）、传统儒学和西方资本主义思想为支柱的。明治维新以后，西方思想的作用不可小视，但其地位始终未超越传统的国学和儒学，其在天皇制的精神结构中占主导地位则是在战后"③。

二　日本文化家元的地位乃古代象征天皇一系世袭的唯一依靠

其实，在中日学界，早在 20 世纪七八十年代，就已经有学者带着与王金林先生一样的问题意识开始研究日本的天皇制了。如王家骅研究儒家思想与日本文化的关系时就曾指出，7 世纪以后，日本的封建统治者是在日本尚未形成自己的政治理论，而国内外形势又迫切需要进行社会改革的情况下，援用中国儒学为其提供政治理念，对儒学表示认同的。中国儒学的"天命"观和"王土王民""德治""仁政"思想等，在日本由奴隶制社会向封建制社会变革的历史进程中，对建立古代天皇制中央集权制度的确曾发挥了有效的推动作用。④ 再如日本学者朝尾直弘，也在 20 世纪 70 年代就探讨过百姓的王孙意识对天皇世袭的影响等。⑤

但是，在日本学界，从思想文化的视角，真正全面深入探讨天皇能世袭千余年之原因的研究，也是近些年才日渐增多，其中，著名的

---

① 王金林：《日本天皇制及其精神结构》，天津人民出版社，2001，第 8 ~ 9 页。
② 解晓东：《日本天皇制研究》，第 5 页。
③ 王金林：《日本天皇制及其精神结构》，第 10 页。
④ 王家骅：《儒家思想与日本文化》，浙江人民出版社，1990，第 41 页。
⑤ 如朝尾直弘「幕藩制国家与天皇」，收载于『大系日本国家史 3 近世』，东京大学出版会，1975。

日本中世文化史学家胁田晴子与本乡和人的著作是较具代表性的研究成果。①

　　中日学者间在谈到天皇能世袭千余年的原因时，经常会提到的一个理由是，天皇具有至高无上的权威，所以天皇能够一系世袭至今。例如，在我国学界，有的学者还通过将日本的天皇与中国的皇帝进行比较来探讨日本天皇一系世袭的原因，称："如果我们将天皇制与中国皇帝制度作一番比较，就会发现日本的天皇制是政权与神权相对分离的体制，与中国皇帝拥有无限权力、有限权威的情况相反，日本天皇的神权即宗教权威是绝对的、无限的，而其政权即世俗政治权力却是相对的、有限的，天皇长期地超脱、超越于世俗政治权力，虽君临而不统治。换言之，日本历史上，天皇主要是作为神性权威的象征而存在，并以他的绝对权威来保障政治权力的正统性、合法性。天皇的这种特殊地位，使之历经沧桑，随遇而安。因此，总起来看，天皇制的大部分历史，是天皇与政权分离，远离世人追逐争斗的权力中心，这是天皇能够一系世袭至今的第一个原因，也是最重要的原因。"② 这种日本天皇仅仅是"君临而不统治"就会具有权威，就能够保证世袭的观点还是值得商榷的。

　　与之相对，日本学界对日本天皇为何会拥有如此高的权威，分析研究得要更全面也更深入一些。如有的学者就主张，因为天皇得到了统一权力的保护，所以才拥有权威。天皇处于统一权力保护下维持其权威的时期，一个是在幕府统治时期，另一个是下文我们要介绍的二战战败后至今这段时期。主张武家政权时代天皇的权威是幕府统一权力赋予的，③ 这种讲法虽不够严谨，但也不能说算错，但是，它并未能解释清楚统一的武家强权为何不干脆废掉无力的天皇而将权力与权威集于其自身。胁田晴子与本乡和人的研究成果，可以说主要就是为了回答这个问题。

---

① 胁田晴子：『天皇と中世文化』，吉川弘文馆，2003；本乡和人：『天皇はなぜ生き残ったか』。

② 沈才彬：《论日本天皇的本质特征》，《日本学刊》1989 年第 5 期，第 41~42 页。

③ 水林彪：『幕藩体制における公儀と朝廷　統一権力形成期の天皇制復活の論理』（《日本の社会史第 3 巻　権威と支配》，岩波书店，1987）；富田正弘：『室町殿と天皇』（《日本史研究》319 号，1988）；上横手雅敬：『鎌倉・室町幕府と朝廷』（《日本の社会史第 3 巻　権威と支配》，岩波书店，1987）。

胁田晴子认为，向某种神秘性或者是宗教性去探寻天皇权威的根源是错误的，虽然天皇可能需要借助宗教的力量来维护其统治，但是，天皇本身并非具有宗教性的存在，也谈不上具有什么神性权威，相反天皇才是需要宗教救济、护持的对象。天皇的权威，源于天皇乃是"贵族文化之家元"的地位。自古以来，以天皇为中心的贵族文化一直占据绝对优势地位，到了室町幕府时期，各种民众文化和贵族文化在天皇的主导下进行了大的整合，因此，作为"贵族文化之家元"的天皇的权威，通过官位制等广泛渗透到了普通民众之中，大大提高了民众对天皇的景仰，加深了民众对天皇的感情。[1]

本乡和人在其著述中，通过对史料的精细解读，简明扼要地再现了古代天皇的真实境况，并指出，天皇的权力被粗野的武家政权一点一点地剥离殆尽，有的天皇为了保住皇位甚至会像一个幕府家臣一般地对将军表忠心，谢"芳恩"，[2] 尽管天皇软弱卑躬如此，但仍能使皇统连绵不断，使手握实权的粗野武士依旧不得不借重日本天皇的权威，其原因就在于天皇守住了其所拥有的"芯"——"信息和文化"，天皇坚守住了"信息和文化"之王的位子。[3] 换言之，粗野的武士尽管可以羞辱、恐吓乃至换掉坐在天皇位子上的人，但是，要其废掉天皇这个"信息和文化"之王的位子还是有所顾忌的。

胁田晴子和本乡和人的观点，针对古代象征天皇一系世袭的原因而言是具有解释力的，那么，近代天皇能够一系世袭的原因又何在呢？若借用本乡和人的话说，其原因就在于权力与权威复归一身的天皇，通过制度设计等，在经济基础和思想教化等方面全方位地进一步强化了"信息和文化"之王的位子。

第二节 近代君主立宪集权天皇一系世袭的原因

一 巩固经济基础是维系天皇一系世袭的根本

为建立立宪天皇制，明治政府采取了一系列措施，其中最为重要的措

---

① 胁田晴子：『天皇と中世文化』，第2~3页。
② 本乡和人：『天皇はなぜ生き残ったか』，第155页。
③ 本乡和人：『天皇はなぜ生き残ったか』，第204~205页。

施之一是，为保证天皇大权和权威，巩固皇室基础，在岩仓具视的建议下，政府竭力扩大皇室财产，以保证未来立宪天皇制的经济基础。根据《皇室财政沿革记》的记载，明治天皇从孝明天皇那里只继承了 10 万余日元的财产。① 1875 年增加到 51 万余日元，到 1884 年增为 1927600 余日元。1884 年 12 月，日本政府决定把政府持有的日本银行的股份 500 万日元、横滨正金银行的股份 100 万日元，编入皇室财产。1887 年，日本政府又把它在日本邮船公司的股份 260 万日元编入皇室财产。到 1887 年日本皇室财产激增到 7885000 余日元。到 1889 年宪法公布时，已达到 1000 万日元。② 这样，天皇"又成了日本最大的地主和最大的财阀"。③

二　《大日本帝国宪法》赋予天皇极权法律依据

1889 年 2 月 11 日，明治天皇颁布了《大日本帝国宪法》。该宪法由天皇、臣民权利义务、帝国议会、国务大臣及枢密顾问、司法、会计、附则共 7 章 76 条构成，其核心内容就是规定了天皇的地位、性质及权力的"第一章 天皇"。

《大日本帝国宪法》"第一章 天皇"共由 17 条构成，其中第 1 条规定"大日本帝国由万世一系的天皇予以统治"④，开宗明义，宣称日本由天皇统治。而且，该宪法还规定："天皇统帅陆海军"（第 11 条）；"天皇在帝国议会的协助下行使立法权"（第 5 条）；"天皇召集帝国议会，命令其开会闭会停会及众议院的解散"（第 7 条）；在紧急必要之时天皇可以"发布敕令代替法律"（第 8 条）。如上所述，《大日本帝国宪法》不仅将政治、军事大权集于天皇一身，而且其权力也超越于立法权之上，所谓的议会几乎形同虚设。另外第 3 条还规定"天皇神圣不可侵犯"，这无疑又

① 冈田章雄等：『日本历史·明治的历史（第 11 卷）』，读卖新闻社，1965，第 63 页；转引自解晓东《日本天皇制研究》，第 54 页。
② 黑田久太：『天皇家的财产』，三一书房，1966，第 97 页；转引自解晓东《日本天皇制研究》，第 54 页。
③ 伊文成、马家骏主编《明治维新史》，辽宁教育出版社，1987，第 613 页。转引自解晓东《日本天皇制研究》，第 54 页。
④ 有关《大日本帝国宪法》的条文，皆引自小森义峰著『天皇と日本宪法』"附录"（皇学馆大学出版部，1991）。

对天皇拥有的祭祀大权的宗教性权威赋予了法律依据。

如果说，通过《大日本帝国宪法》，树立了天皇的国家元首、家长和神统继承人的形象，那么通过《教育敕语》，天皇则成了亿万臣民的师表和维护皇国精神的守护神。①

三　《教育敕语》强化了天皇的精神权威

1890 年 10 月 30 日，明治天皇批准颁布了由井上毅和元田永孚起草的《教育敕语》。《教育敕语》是一篇阐述了当时的日本国的教育理念、教育精神的文章，文字非常简洁，其全文如下："朕惟我皇祖皇宗，肇国宏远，树德深厚，我臣民克忠克孝，亿兆一心，世济其美。此我国体之精华，而教育之渊源，亦实存乎此。尔臣民孝于父母，友于兄弟，夫妇相和，朋友相信，恭俭持己，博爱及众，修学习业，以启发智能，成就德器，进广公益，开世务，常重国宪、遵国法，一旦缓急，则义勇奉公，以扶翼天壤无穷之皇运。如是者，不独为朕之忠良臣民，又足以显彰尔祖先之遗风矣。斯道也，实我皇祖皇宗之遗训，而子孙臣民之所当遵守，通诸古今而不谬，施诸内外而不悖。联与尔臣民俱拳拳服膺，庶几咸一其德。"②

通读这尚不足 400 字的《教育敕语》，即可发现其理论构成实际上是以儒学的忠孝、国学的神统思想为基础，并融合了"进广公益，开世务，常重国宪、遵国法"等西方伦理思想的结合物。它不仅将儒学的"忠孝"之道说成"教育之渊源"，还将其提升为日本"国体之精华"，明确地予以政治化、正统化，其根本目的就在于培养遵守"通诸古今而不谬，施诸内外而不悖"的"皇祖皇宗之遗训"的"忠良臣民"，使其在平时服从天皇制的统治，而"一旦缓急"则可为之效忠卖命。

《教育敕语》颁布后，明治政府将其向公私立学校、幼儿园、教育艺术团体、感化院、养育院等颁发，③ 并发布训令，让学校每逢举行仪式之际，要召集学生举行集体诵读《教育敕语》的"奉读式"。《教育敕语》

---

① 王金林：《近代天皇制的理论结构》，《日本学刊》1995 年第 6 期，第 118 页。
② 小森义峰：『天皇と日本宪法』，第 306 页。
③ 详见『文部省例规总览』，东京玄文社，1942，第 11～12 页。

不仅规定了学校的德育方针，而且将其作为全体日本国民的道德准则，其所提示的神话式的"国体的理念"是以天皇之名而使国家官僚统治绝对化的言论。正因如此，《教育敕语》才必须被反复"奉读"，"奉读式"的场面庄严肃穆。有人回顾参加"奉读式"的气氛和心境时说："当开始读'朕惟我皇祖皇宗……'时，校长已经成为'现人神'的代行者而居于'神'的位置，我们则伏地化为'臣'。此时，国家、天皇这些非同寻常的字眼笼罩着我们。至少在我的童心中感到了这种非同寻常的气氛。"[1]于是，"在这种朗声'奉读'行为的现场，在学校仪式的进行中，通过《教育敕语》的朗声'奉读'这一行为媒介，'国体'这种仅仅是观念的产物在对师生的身体性动员的形式中得到实体性显现。因此，'奉读'的现场只不过是一个确认的场所，一个反复确认皇国的意志是否传达到了每一个'臣民'的场所"。[2]而且，学校"修身"课的内容就是举具体的例子来详细讲解《教育敕语》，并要求学生们都达到背诵的程度。就这样，政府通过天皇颁布《教育敕语》，并在学校内强制性向学生灌输，使日本人从幼年时便开始接受忠君爱国思想的洗脑教育。

在二战以后，如小森义峰所指出的那样，在日本，积极评价或解说《教育敕语》的论著非常少，连小森义峰本人的著作算在内主要的论著也不过8本而已。[3]在中国国内对《教育敕语》的评价，也尽是一片批判之声。对尚不足400字的《教育敕语》的功过是非，似乎还有待于学者们更加冷静全面而缜密地研究。《教育敕语》提倡的某些理念，如"孝于父母，友于兄弟，夫妇相和，朋友相信，恭俭持己，博爱及众，修学习业，以启发智能，成就德器"等，如果单纯地来分析这些理念，的确是不可全用一个"封建道德"就可将其予以否定的，不但不能予以否定，甚至可以说时至今日仍是一种值得提倡的道德。但是，将其放在《教育敕语》的全文语境中来理解时便知，这些本具超越时代性的美德，全都是为了培养"一旦缓急，则义勇奉公，以扶翼天壤无穷之皇运"的忠良臣民而提倡的，因此仍称其为封建道德也就无可非议了。而且，"诸多历史事实表

① 山住正己：『教育敕语』，朝日新闻社，1980，第8页。
② 〔日〕小森阳一：《天皇制与现代日本社会》，《读书》2003年第12期，第8~9页。
③ 小森义峰：『天皇と日本宪法』，第313页。

明，无论如何高迈的理想，一旦被纳入现实社会的权力网（即被政治权力意识形态化），都可能丧失其基本精神，变得面目全非，甚而成为残酷的事实"，[①] 日本近代天皇制政权，以"神国日本"的名义，打着"忠君爱国"的旗号，对内镇压思想言论自由和民主主义、社会主义运动，对外驱使盲从的日本民众侵略东亚各国，走上军国主义道路，在第二次世界大战中遭到毁灭性惨败，就是一个活生生的例证。这同时也证明了，《教育敕语》的颁布，的确对维护近代天皇一系世袭发挥了重大的作用。

此外，在天皇亲政时期，还再兴神祇官，强行神佛分离，确立国家神道，创立祭政合一体制，复活各种祭祀仪式，向民众渗透天皇思想，巩固了其祭政合于一身的"现人神"地位，强化了天皇一系世袭的权威。关于这方面的内容，村上良重在其著作中有过很详尽的论述，[②] 在此就不赘言了。

第三节　战后君主立宪象征天皇一系世袭的原因

1945 年 8 月 15 日，日本接受《波茨坦公告》，宣布无条件投降，第二次世界大战结束。负有战争责任的裕仁天皇曾被列入战犯名单，国际舆论亦强烈要求废除天皇制、追究天皇的战争责任，就连在日本国内，"从战争末期到投降时，在政府或重臣之间也普遍认为天皇应负战争责任"，[③] 天皇制因此又开始面临生死存亡的危机。但是，结果天皇制还是被保存了下来，裕仁天皇的战争责任也没有受到任何追究。1946 年元旦，裕仁天皇在美国的授意下公布诏书否定自身的神格，1946 年 11 月公布《日本国宪法》，规定天皇为"日本国民统合的象征"，这使明治政府以来一直集行政、军事大权于一身并被视为"祭政合一"的"现人神"的天皇，被剥夺了所有实权，再一次失去了亲政近 80 年的权力宝座。天皇虽已成为一个不具实权的象征，但能依然无恙存续，究其原因如下。

---

① 王家骅：《儒家思想与日本的现代化》，浙江人民出版社，1994，第 214 页。
② 村上良重：『天皇と日本文化』，讲谈社，1986，第七章"王政复古と皇室祭祀"。
③ 〔日〕井上清：《天皇的战争责任》，吉林大学日本研究所译，商务印书馆，1983，第 198 页。

一 日本统治集团的政治利益抉择使然

由于自明治政府以来对天皇制所采取的种种保护举措，在日本人的思想意识当中，天皇的宗教和精神权威已是根深蒂固，不可动摇，在日本的政治统治以及日本国民的政治社会化的过程中，天皇对国民的政治心理、政治行为的影响是不可替代的。因此，二战后以来，日本统治集团加强天皇地位和权威的活动始终没有停止过。

在二战后日本政界人物中，吉田茂可以说是维护和发挥天皇传统权威的急先锋，是一个最顽固的保皇主义者。例如，1952 年 11 月，在以国家规格为皇太子明仁亲王举办册立太子礼时，他不惜违反宪法自称"臣茂"，结果招致了舆论的强烈谴责。但吉田茂不屑一顾地辩解说：称"臣"有什么不好？我自己就是总理大臣。① 他曾在回忆录中直言不讳地说："我国自古以来君臣如一家，相辅相成，这就是日本的传统和历史。"②

战后制定的《日本国宪法》第 1 条规定："天皇为日本国的象征，是日本国民统合的象征，其地位由拥有主权的日本国民的总意决定"；第 9 条规定："日本国民诚实期盼以正义与秩序为基调的国际和平，永久放弃将国权发动的战争、武力威吓或行使武力作为解决国际纷争的手段"。③ 吉田茂曾企图将该宪法的第 1 条和第 9 条予以修改，将象征天皇变为国家元首，再度为天皇复权；将"放弃战争"变为"自主防卫"，实现重新武装。在当时，吉田茂的妄想无异于痴人说梦，但时至今日，随着日本国内右翼势力的增强，虽然《日本国宪法》第 1 条和第 9 条尚未被修订，但是向伊拉克派兵等日本政府曲解宪法第 9 条的行动也逐渐无所顾忌，而且倡议修改宪法第 9 条的政客的呼声也日渐高涨。

二 战后美国占领当局的私心纵容之结果

二战日本战败时，美国出于自己的战略利益考虑，决定利用天皇对日

---

① 井上清：『天皇制』，序言第 1 页。
② 郑毅：《铁腕首相吉田茂》，世界知识出版社，2001，第 31 页。
③ 小森义峰：『天皇と日本宪法』"附录"，第 422～423 页。

本实施间接统治，没有接纳广大国际舆论的意见废除天皇制，而是予以了温存，这为天皇制的存续提供了决定性的转机。美国做出如此决策，完全是心理学家和文化人类学家建言献策的结果。对于美国的具体决策过程，在美国人道尔的著作《拥抱战败：第二次世界大战后的日本》中有较为详尽的介绍。

例如，有人在阐述为何要保留天皇时就说："废黜或是绞死天皇，将会引发全体日本人极大的激烈反应。绞杀天皇对他们而言，就相当于对我们来说把耶稣钉死在十字架上。所有人将像蚂蚁一样奋战到死。军国主义分子的地位将被无限巩固。战争将会过度拖延。我们将不得不付出更为惨重的伤亡代价。"[①]

麦克阿瑟评价日本天皇的作用时亦指出："天皇的力量胜过机械化部队 20 个师团。"[②] 因此，美国为了避免废黜天皇而带来的负面影响，决定剥夺其政治实权，而保留其象征地位，以便利用天皇至高无上的精神权威的影响，更好地实施美国的占领政策。出于这种目的，美国政府指示麦克阿瑟说："只要能促进满足美利坚合众国之目标，最高司令官将通过日本国政府的机构包括天皇在内的诸机关行使其权力。"[③] 麦克阿瑟对"大日本帝国"的天皇制"国体"的保存，使曾经位于美国外部的天皇的攻击性"已经被收编进美国在亚洲的新殖民主义的势力扩张的策略中了"。[④]

在此，在战时为美国的决策建言献策的专家学者中，不能不提到美国人类学家本尼迪克特。众所周知，第二次世界大战后期，德日败局已定，美国亟须制定二战后对德、日的政策。对德国，美国比较了解，政策也比较明确，即武装占领，直接管制。对日本，美国不太了解。当时有两大问题需要研究：第一，日本政府会不会投降？盟军是否要进攻日本本土而采用对付德国的办法？第二，假如日本投降，美国是否应当利用日本政府机

---

① 〔美〕道尔：《拥抱战败：第二次世界大战后的日本》，第 258 页。

② 井上清：『天皇制』，序言第 2 页。

③ ルース·ベネディクト：『菊と刀—日本文化の型』，长谷川松治译，社会思想社，1967，第 346 页。

④ 〔日〕小森阳一：《天皇制与现代日本社会》，《读书》2003 年第 12 期，第 12 页。

构以至保存天皇？为了回答这两个问题，美国政府动员各方面的专家、学者研究日本，本尼迪克特这本书就是受美国政府委托（1944 年）研究的结果。她根据文化类型理论，运用文化人类学的方法，把战时在美国拘禁的日本人作为调查对象，同时大量参阅书刊和日本文学及电影并写成报告。1946 年，本尼迪克特把这份报告整理成书出版，立刻在日本引起强烈反响。

在本尼迪克特的《菊与刀》中，对日本人如何崇拜天皇有很多详尽的描述。例如，"在日本生活过的人都非常清楚，没有什么比用言辞侮辱天皇，或者攻击天皇，更会激怒日本人，并激起他们的斗志。""那些负隅顽抗到底的日军俘虏，把他们的极端军国主义归根于天皇，认为他们自己是在'遵奉圣意'，是为了让'陛下放心'、'为天皇而献身'、'天皇指引国民参加战争，服从是我的天职。'然而，反对这次战争及日本的未来侵略计划的人，也同样把他们的和平主义归之于天皇。对所有人来说，天皇就是一切。厌战者称天皇为'爱好和平的陛下'，他们强调天皇'始终是一位自由主义者，是反对战争的'、'是被东条欺骗了'。'在满洲事变时，陛下表示反对军部'、'战争是在天皇不知道或没有许可的情况下发动的。天皇不喜欢战争，也不允许让国民卷入战争。天皇并不知道他的士兵受到怎样的虐待。'这些证词和德国战俘完全不同。德国战俘不管他们如何对希特勒手下的将军或最高司令部背叛希特勒的行为表示不满，他们仍然认为，战争和备战的责任必须由最高的战争赔偿者——希特勒来承担。但是，日本战俘则明确表示，对皇室的忠诚与对军国主义及侵略战争的政策是两回事。"①

"对他们来讲，天皇和日本是分不开的。'日本没有天皇就不是日本'、'日本的天皇是日本国民的象征，是国民宗教生活的中心，是超宗教的信仰对象。'即使日本战败，天皇也不能因战败而受谴责。'老百姓是不会认为天皇应对战争负责的。''如果战败，也应由内阁和军部领导来负责，天皇是没有责任的。''纵然日本战败，所有的日本人仍会继续

---

① ルース・ベネディクト：『菊と刀—日本文化の型』，第 39～40 页。

尊崇天皇。'"①

"正如许多日本战俘所说，日本人'只要天皇有令，纵然只有一杆竹枪，也会毫不犹豫地投入战斗。同样，只要是天皇下令，也会立即停止战斗。''如果天皇下诏，日本在第二天就会放下武器。''连最强硬好战的满洲关东军也会放下武器。''只有天皇的圣旨，才能使日本国民承认战败，并情愿为重建家园而生存下去。'"②

正是因为有了上述对日本人心目中的天皇权威的认识，本尼迪克特在报告中推断出的结论是：日本政府会投降；美国不能直接统治日本；要保存并利用日本的原有行政机构。因为日本跟德国不同，不能用对付德国的办法对付日本。战争结束，美国的决策同这位文化人类学家的意见一致，事实发展同她的预料和建议一样。

无论是日本政府精英们的做法，还是《拥抱战败》中记录的心理学家对天皇的认识，以及《菊与刀》中记录的内容，都关注到了天皇具有的至高无上的权威，但只有《菊与刀》尝试着解释了为何天皇具有那样至高无上的权威。

"将军并不是这一等级制拱桥中的拱心石，因为他是奉天皇之命来掌握政权的。天皇和他的宫廷世袭贵族（公卿）被迫隐居在京都，没有实际权力。天皇的财政来源甚至低于最小的大名，甚至宫廷的一切仪式也由幕府严格规定。尽管如此，即使有权有势的德川将军，也没有丝毫废除这种天皇和实际统治者并列的双重统治。双重统治在日本并不是什么新奇事，自从十二世纪以来，大元帅（将军）就以被剥夺了实权的天皇的名义统治这个国家。有一个时期，职权分化更为严重，徒有其名的天皇把实权托付给一位世袭的世俗首领，后者的权力又由其世袭政治顾问来行使。经常有这种权力的委托和再委托。"③

"按照日本人的定义，天皇，哪怕他在政治上无能，'几乎是军事首领的政治犯'，也是填补了等级制中的'一个合适的位置'。在日本人看来，积极参与世俗事务，根本就不是天皇的分内之事。在征夷大将军统治

①　ルース・ベネディクト：『菊と刀―日本文化の型』，第40~41页。
②　ルース・ベネディクト：『菊と刀―日本文化の型』，第42页。
③　ルース・ベネディクト：『菊と刀―日本文化の型』，第80页。

的长达几个世纪的年代中，日本人始终如一地珍视天皇和他在京都的宫廷。只是从西方的观点看来，天皇的作用才是多余的。处处都习惯于严格的等级地位角色的日本人，却持有不同的看法。"①

应该说，本尼迪克特的描写、分析判断都是正确的，但是，众所周知，无论是等级制度，还是权威崇拜，皆非日本之专利，本尼迪克特并未能解释清楚为何日本人会那样倾心维护其等级制度，为何那样崇尚权威，并将天皇奉为至高无上的权威。对这个问题的回答，恐怕目前就只能倚重心理文化学了。

第四节　日本独特的社会心理均衡模式才是
天皇一系世袭千余年的根本原因

所谓"心理文化学"，即以心理与文化相结合的视角和方法，从事大规模文明社会比较研究的学问。该方法的创始人是美籍华裔学者许烺光（1909～1999）。心理文化学的起源，最早可追溯到文化人类学的"文化与人格"学派的国民性研究。由于"文化与人格"学派在"人格"概念使用上的缺陷，后被许烺光以心理人类学所取代。而今，对于大规模文明社会比较研究这一部分，又从心理人类学中分离出来，成为行为科学系统下的一个分支学科。2010年，尚会鹏和游国龙对许烺光的研究方法进行了严谨的学科定位，正式将许烺光的学说命名为"心理文化学"。心理文化学的发展背景使然，这门学科带有心理学色彩，但与普通心理学不同，它研究的不是人类心理活动的通则，而是关注影响个人的社会和文化心理特点，以及人格特征在维持、发展以及社会变迁中的作用。心理文化学的基本理论包括：角色与情感理论，社会心理均衡理论，优势亲属关系假说，次级集团理论和社会动力学等。②

① ルース・ベネディクト：『菊と刀―日本文化の型』，第82页。
② 欲详细了解该学说者，可参阅下列文献：〔美〕许烺光（Francis L. K. Hsu）《边缘人》（*My Life as a Marginal Man*），徐隆德译，南天书局，1997；《祖荫下：中国乡村的亲属·人格与社会流动》（*Under the Ancestors' Shadow*），王芃、徐隆德译，南天书局，2001；《驱逐捣蛋者：魔法、科学与文化》（*Exorcising the Trouble Makers：Magic，Science，and Culture*），王芃、徐隆德、余伯泉译，南天书局，1997；《中国人与美国人》（转下页注）

心理文化学理论的两个关键词是"社会心理均衡"和"基本人际状态"。"社会心理均衡"（Psychosocial Homeostasis，PSH）是许烺光在其学术巅峰时期提出的理解人的心理、行为与文化关系的理论模型。该理论把人的存在理解为一个由人与人、人与物、人与文化规范、内心世界与外部世界相互影响的"社会文化场"，这个"场"由内向外分为8个不同的层次，它包含心理学的概念，以及许烺光在此基础上提出的社会心理方面的内容。

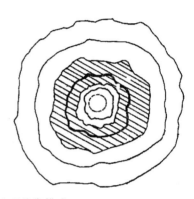

0. 外部世界
1. 远离的社会关系与文化
2. 作用的社会关系与文化
3. 亲密的社会关系与文化
4. 可表意识
5. 限表意识
6. 前意识
7. 无意识

图 14 - 1　人的社会心理均衡模式

资料来源：参照《家元：日本的真髓》第 124 页内容及尚会鹏、游国龙的译语制作而成。

将上述 PSH 理论第 0 层到第 7 层的内容简要予以概述，即第 7 层无意识与第 6 层前意识是弗洛伊德的概念。第 5 层限表意识，是不与他人进行交流的内容。第 4 层可表意识，是日常生活人进行社会交往沟通的主要内容。第 3 层亲密的社会关系与文化，是投入大量感情的人、事、物与文化规范等。第 2 层作用的社会关系与文化，是对于我们有用的人、事、物

（接上页注②）（*Americans and Chinese：Passage to Differences*），徐隆德译，南天书局，2002；《宗族、种姓与社团》（*Clan，Caste，and Club*），黄光国译，南天书局，2002；《文化人类学新论》（*The Study of Literate Civilizations*），张瑞德译，南天书局，2000；《美国梦的挑战》（*The Challenge of the American Dream：The Chinese in the United States*），单德兴译，南天书局，1997；《家元：日本的真髓》（*Iemoto：The Heart of Japan*），于嘉云译，南天书局，2000；《彻底个人主义的省思》（*Rugged Individualism Reconsidered：Essays in Psychological Anthropology*），许木柱译，南天书局，2002。关于心理文化学的发展历程及学科定位，请参见尚会鹏、游国龙《心理文化学：许烺光学说的研究与应用》，南天书局，2010；游国龙《许烺光的"大规模文明"比较理论研究：内容、方法及其对国际政治研究的启示》，博士学位论文，北京大学，2011。

与社会习俗等。它与第 3 层的差别就是一个有投入大量感情，而一个只是取决于用途。第 1 层远离的社会关系与文化，是既不投入感情也不使用的人、事、物等。第 0 层外部世界，指的是异文化，我们对它们不是不了解就是有误解。"基本人际状态"（human constant）是一个与"社会心理均衡"理论相联系的重要概念，一般是由 PSH 图示中第 3 层、第 4 层以及第 2 层与第 5 层的一部分组成，可以理解为"人的系统"，它是一个比"个体人"更大的概念，是一种"社会文化场"，所谓的人的"社会心理和谐"过程就是在这个"场"内进行的。①

日本人的社会心理均衡模式，如图 14 - 2 所示，不仅第 3 层与第 2 层之间没有明显的界线，而且第 2 层与第 1 层之间也没有严格的区分（图示中以虚线表示）。这表明日本人的感情配置也较容易投注到这一层。第 1 层包括国家事务以及国家层面的人（如天皇）和文化规范（如类似民族主义之类的意识形态）。对这一层的感情投注意味着个体较容易将国家以及民族层面的意识形态等作为某种绝对或神圣之物而对其献身。

另外，心理文化学的一个基本假定是："如果由于亲属体系的本质加上塑造他的理想生活方向的文化取向，个人无法在基本亲属集团中满足他的社会心理和谐的话，他必须为了这个目的参加或形成其他集团。他在这么做的时候，所寻找集团的模式，以及他在该集团中的行动模式，都深受他的初始亲属集团加诸给他的内容种类的支配。"②

许烺光根据其优势亲属关系假说和次级集团理论得出日本的亲属关系的特点是，与中国人有同样的父子优位的亲属体系，是单嗣继承（一子继承）和母子亚优位。这一亲属体系使日本社会形成了独具特色的次级集团——家元。典型的日本家元在结构上有四个重要特征：家元的地位具有神秘性；家元是一个以家元为顶点、联结众多师傅与弟子的、类似军队组织的等级分明的庞大体系；家元有最高的权威；家元虽不是真正的家族制度，但它的构造和运作原理模拟了家族制度的许多特点。所以"虽然

---

① 尚会鹏、游国龙：《心理文化学：许烺光学说的研究与应用》，第 200 页。
② 〔美〕许烺光：《家元：日本的真髓》，第 206 ~ 207 页。

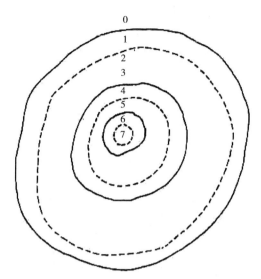

图 14 - 2　日本人的社会心理均衡模式

资料来源：〔美〕许烺光《家元：日本的真髓》，第 138 页。

大部分日本人的个人都得远离他们的第一个亲属基地，但他们的文化使他
们不必搬得离它太远就能获得永恒的亲密关系圈。而在一个庞大的阶等组
织的任何两个层次的成员间的那种全包性的、交杂的互惠，具有将亲昵感
延伸到最近的圈子之外的效果。在这些情况之下，个人之所以可以对他的
层次 2 与层次 1（不过非层次 0）感兴趣乃至牵涉其中，并非因为他需要
走那么远来维持他的社会心理和谐，而是因为他透过了人们与他直接的、
亲昵的圈子的环节，来加入那些层次的人。在最高的层次，天皇成了包
含全国的阶等组织之首。我们可以带着辩解地把日本的家元描述成类似
中国的亲属组织，来包括与已逝祖先的环节。如将家元做最广义的诠释
的话，日本天皇之于中国活的氏族元首如同天皇的祖先也是他的臣民的
祖先一样"。①

　　"日本从中国接受了儒学与佛教，但透过日本的亲属结构来利用他
们，并把它们按照日本的家元内容来转化。……日本人把祖灵与菩萨融
合，并崇拜天皇家作为共同祖先。"② "日本人无法依赖他的基本亲属集团

---

　　① 〔美〕许烺光：《家元：日本的真髓》，第 136 页。
　　② 〔美〕许烺光：《家元：日本的真髓》，第 202 页。

来满足社会心理和谐的要求。反之，他得离开亲属集团而到我们称之为家元的虽更大但仍类似亲属的集团去取得。由于家元的境界并不受亲属限制，它比中国的族更具弹性，并有更大的空间做大幅扩展。在其最大的延伸中，天皇家好比包含全日本的巨型家元的本家。"① 所以，"日本人的文化理想是对主人和天皇效忠，当有需要时，比人的和谐和其他一切都更重要"②。在现实的日本社会中，我们也经常能够看到日本人不惜牺牲人与人关系的和谐，而为类似"天皇、主君"的某一优位者、某一权威人物或某一组织体等尽忠的社会现象，这也正是日本人带地位差的相互依赖模式的必然指向。

总之，如上所述，通过许烺光对日本人独特的社会心理均衡模式的解析，我们也就可以理解为何日本人那样崇尚权威，以及为何又总是将天皇视为至高无上的权威了。当然，日本天皇制在不同的发展阶段具有不同的发展特征，天皇千余年的一系世袭，也会因时代不同而受到不同的因素左右，我们并不否认前文提到的影响天皇一系世袭的诸般原因，但我们认为最根本的原因还是在于日本社会的隐性社会结构——家元式组织和种姓式的等级制度。

以上，就中日学界对日本天皇能够千余年一系世袭至今的原因进行了扼要的梳理，最后，再谈一点研究启示和一点关于日本天皇及天皇制未来的展望。

一点启示是，至少在日本国民性研究这个领域，如想研究有所发现，就必须对西方的学术概念进行认真的反思，注重运用提升中国经验的学术方法来解决我们遇到的问题。另外，所谓的"封建残余"中，的确有很多世袭的东西，但是，不能反过来说"世袭"就一定是封建残余，就一定是消极的东西。

一点展望是，日本人独特的社会心理均衡模式，就如一种文化基因，不会轻易改变，所以天皇及天皇制短时期内仍将安然无恙。近几年，由于日本德仁天皇没有儿子的缘故，日本朝野关于未来皇室继承人的议论不绝

---

① 〔美〕许烺光：《家元：日本的真髓》，第 207～209 页。
② 〔美〕许烺光：《家元：日本的真髓》，第 207 页。

于耳，有的甚至担心皇室就此衰败，甚至被废除等。这些担心其实都是杞人忧天，日本皇统中女天皇并不是什么稀罕事情，在日本皇室 1000 多年历史产生的 125 代天皇中，就有 10 代 8 位女天皇，而且其中 8 代 6 位女天皇集中出现在 7～8 世纪两个世纪。① 只要日本人独特的社会心理均衡模式安然无恙，天皇的性别并不会对天皇乃至天皇制的存续产生根本的影响，凭日本人的国民性，凭日本人的智慧，只要"家元"这种社会隐性结构不变，不愁找不到去坐那个"天皇"之位的男人或女人。但是，日本少子老龄化、个人化及由此带来的日本人亲属体系的变迁，将会对日本人的基本人际状态带来怎样的影响，倒是很值得关注。就目前来看，日本社会出现个人化现象还只是一定范围内的变化，只是出现了一些倾向，还不足以改变日本人的基本人际状态。只要日本人的基本人际状态能够维持不变，天皇的世袭也定能得以维系。

---

① 马红娟：《日本古代女天皇及其成因探析》，《日本问题研究》2000 年第 1 期，第 60～63 页。

第十五章　日本国的文明体构建研究：
文明开化政策分析[*]

　　"文明开化"一词较早出现在 1873 年加藤祐一的《文明开化》与 1875 年福泽谕吉的《文明论概略》中，尤其后者著述主要目的即为宣传文明开化。福泽谕吉在第二章"以西洋文明为目标"中，指出，"文明开化这个词也是相对的。现代世界的文明情况，要以欧洲各国和美国为最文明的国家，土耳其、中国、日本等亚洲国家为半开化的国家，而非洲和大洋洲的国家算是野蛮的国家"[①]。可以看出，这位被印在 1 万日元纸币上的思想家、教育家对于文明开化相对性与序列性的认知，主张"现在称西洋各国为文明国家，这不过是在目前这个时代说的"，而"以现在的中国与西洋各国相比，不能不说中国是半开化。但是，把中国与南非各国相比，或取更近的例子来说，以日本近畿地方的人民与虾夷民族相比，那么，前者就可以称作文明了"[②]。这位被日本国民敬仰的明治元勋对日本国民的激励之情与对日本国运的无限希望溢于言表，其对于强者的向往与对于弱者的不屑之意也隐含其中。

　　明治维新三大政策之一的"文明开化"，在明治初年广为流行，不仅明治政府大力提倡、启蒙思想家著书立说，报纸媒体也广为宣传，最为典型的当属 1871 年 5 月第 2 期的《新闻杂志》上登载的一首歌谣："敲敲半发头，发出因循姑息声；敲敲总发头，发出王政复古声；敲敲散切头，

---

　　* 本章作者为李姝蓓，中国社会科学院研究生院 2017 级在读博士生，山西师范大学外国语学院讲师，研究方向为日本文化、日本文学、日本国民性。

①〔日〕福泽谕吉：《文明论概略》，北京编译社译，商务印书馆，1982，第 9 页。

②〔日〕福泽谕吉：《文明论概略》，第 10 页。

发出文明开化声"。广义的文明开化，是指一系列学习西方资本主义社会的启蒙运动，包括近代资本主义的科学教育、思想风潮及生活方式在内。换言之，就是要以西方先进资本主义国家为榜样，实现日本的国家近代化，将日本社会由封建社会迅速转变为资本主义社会。已有的对于日本明治时期"文明开化"政策的研究多从历史学的角度进行分析，本章尝试引入心理文化学的视角，透过明治日本"文明开化"政策层面，探析其建构国家"文明体"侧面的特点及心理文化机制。

心理文化学，是关于大规模文明社会比较研究的一个学科，与20世纪初文化人类学"文化与人格"学派的国民性研究、美籍华裔学者许烺光的心理人类学相承接。北京大学尚会鹏教授在对许氏学说进行梳理完善的基础上，2010年将其命名为"心理文化学"。"从心理文化学的视角来看，国家作为行为体，既是'组织体'同时又是'文明体'"。[1] "文明体可视为一种知识、信仰、规范、观念的共同体，它强调的是人的生存状态、情感模式、价值观和行为方式等；而组织体是集团、制度的集合体，强调的是社会结构、制度等"。[2] 由此可以看出"文明体"隐性存在于"组织体"中，但它是"组织体"发生变化的强大"内驱"。作为明治维新方针的"富国强兵"和"殖产兴业"无疑为近代日本的发展奠定了经济与军事"硬实力"，而"文明开化"则在社会文化和国民意识形态方面为日本由封建专制社会向近代民族国家的转型提供了"软实力"。

一　对明治日本"文明开化"政策的研究现状

对于日本历史上第二次重大开国的明治维新，学界从时间段划分、外部条件、性质及内容等方面进行了见仁见智的分析研究，可谓成果丰硕。在中国知网以"明治维新"为主题关键词进行检索所得文章数以千计，相比之下，自1988年至2018年以"日本文明开化"为关键词所得论文共计30余篇，数量的巨大差距一目了然。其中围绕"明治维新"的研究虽然也涉及了"文明开化"，但大多并未做深入分析，而对于"文明开化"

---

① 张建立：《战后日本的国家认同建构特点——心理文化学视角的考察》，《东北师大学报》（哲学社会科学版）2017年第5期。

② 尚会鹏：《人、文明体与国家间关系》，《国际政治研究（季刊）》2013年第4期。

的研究则可分为两类：一类引经据典详细分析某一具体政策的来龙去脉，另一类对文明开化政策进行整体性的梳理，二者对于日本明治时代"文明开化"政策或微观或宏观的平面式剖析，其意义自不待言。但作为明治近代国家转型时期的重要政策，"文明开化"对于日本近代国家"文明体"建构的深层意义往往却被忽视。

从历史学的角度来看，"文明开化"对西洋文明和东洋文明的态度转变始于德川幕府末期，可以说"文明开化"是对"锁国令""异学之禁"等的华丽转身后又对封建传统的频频回首与念念不忘。德川幕府自1633年至1639年5次发布锁国令，规定欧洲船只只能在平户和长崎两港停泊，直至1853年、1854年的"佩里叩关""黑船来袭"为止。在此期间，八代将军德川吉宗的享保改革，在扶持朱子学的同时，颁布"洋书解禁令"，引进"兰学"，尽管只限于农业、地理等的实学，但无疑是对西洋文明态度的一次转变。佐久间象山、横井小楠、桥本左内等儒学者主张将东洋道德与西洋技术相调和的"东西洋调和论"，表面上承认西洋与东洋在文明上的对等地位，但在思想道德方面强调儒学的优越性，究其实质仍然并非"调和"。明治初期大规模地引进西方文明，国民在传统伦理与近代文明间犹疑徘徊。被日本人视为"国民作家"的夏目漱石在《现代日本的开化》中指出，"始于明治时代的所谓的'文明开化'，只不过是学习到了西方文化的一点皮毛而已。西洋的开化是内在性的，而日本的开化不过是外在性的。内在化的开化，就像是花瓣的绽放一样，是种自然的冲动；而外在的开化则是被动的，是受了外来的压力不得已而为之"①，表明自己对于仅仅照搬西方器物、模仿西方制度，但未能接受西方观念的"文明开化"的认知与批评。从明治前期的全盘西化到后期的德育论争、民法论争等，形成了由对西方文明的崇尚向服从主义、等级主义等传统思想观念翻转的局面。

关于文明与文化的关系，心理文化学主张文明是制度、组织、器物、心智产品等的复合体，可以创造与建设；文化指这些东西背后的原理，表现为宇宙观、价值观、审美观、情感模式、人际关系模式、行为方式等，

---

① 夏目漱石：『现代日本的开化』，岩波书店，1929，第273页。

通常在无意识中习得和内化。文明与文化的关系，可以比喻为生物的表现型与遗传基因的关系，文明是生物的表现形式，变化较快。而作为文明设计原理的文化，是控制生物表现型的遗传密码，可以"遗传"。文明的变化类似生物表现型的变化，而文化的变化则类似生物基因的变化，变化缓慢，也难以观察。[1] 日本明治时代前后对于东西方文明态度的转换与其外部世界剧烈变化有密切关系，与自身内部长期培养起来的心理文化特点也不无关系。正如有学者指出，长期以来的"神国"思想、等级主义，在近代外部压力与危机下，"'一君万民'的国家意识已经初步成型。日本人的这种国家意识，是以民族主义为特色的；而这种民族主义是以神授国家至高无上性为意识形态的"[2]。在历史学的基础上，运用心理文化学可以分析明治日本建构国家"文明体"侧面的特点，挖掘这种建构过程深层的心理文化机制。

二　"文明开化"政策的三大主要内容

"文明开化"，指的是日本在明治维新时期，面对外来压力，由明治精英倡导、明治政府主导的自上而下一系列向西方学习的举措及革新运动。它是明治维新主要措施之一，其核心为教育改革，配合启蒙思想、社会改革，促进了日本明治维新的深入发展。

"狭义上的文明开化主要是指近代科学文化教育事业的普及"。[3] 明治改革精英们特别关心各国的立宪政体和国民教育，主张以国民教育为基础，实现日本的"文明开化"。1871 年出访欧美的代表团首脑人物之一木户孝允在给国内写信时说："吾人今日之开化非真正之开化，为防十年后之弊病，唯在于兴办真正之学校……确立……牢不可破的国基者唯在于人，而期望人才千载相继无穷者，唯真正在于教育而已。"[4] 日本近代教育改革的初衷是理想化的，但在实施过程中在近代资产阶级自由民主和封

---

① 尚会鹏：《心理文化学要义——大规模文明社会比较研究的理论与方法》，第 17 ~ 18 页。
② 李小白、周颂伦：《明治维新所见近代日本的国家意识》，《日本问题研究》2018 年第 4期，第 39 页。
③ 万峰、沈才彬编《日本近现代史讲座》，甘肃人民出版社，1987，第 38 页。
④ 石塚裕道：『日本资本主义成立史研究』，吉川弘文馆，1973，第 100 页。

建伦理道德的抵牾中走向了畸形，表现为注重近代资产阶级民主自由和掌握近代科学技术文化知识的智育教育，同宣扬传统的日本神道和儒家思想的所谓德育教育两大教育方针和思潮的对立斗争。经历了1872年明治政府文部省颁布的第一个教育改革法令《学制》，六年之后幕末儒学出身的天皇侍读元田永孚拟就天皇颁布的《教学大旨》及次年公布的《幼学纲要》，1879年颁布、1880年修改、1885年重新颁布的《教育令》及次年颁布的《学校令》等，近代日本的教育理念最后定型在1890年由天皇发布的《教育敕语》上，明治政府通过学校教育，将社会和家庭的思想与道德规范统摄起来，规定民众必须崇拜天皇，对天皇尽忠，做天皇的"忠臣"；在家应听从父系家长，做父长制的"孝子"。以办事拖沓著称的明治新政府在教育改革方面一变再变，在连续性的变动中强化教育的保守性，最终将教育改革的基调定在了"忠君爱国"上。

说起近代日本思想启蒙，便离不开"明六社"。明治六年（1873年）成立的这一具有启蒙性质的思想团体由新型知识分子组成，主要包括森有礼、福泽谕吉、津田真道、加藤弘之、中村正直等人，皆为兼备汉学修养和西洋近代知识的学者。明六社成员以"开启民智""文明开化"为己任，通过机关刊物《明六杂志》宣传西方的哲学、政治、法律、历史等。其早期特点表现为：在"实学"与"虚学"间主张学习欧美的"实学"，效仿西方的科学技术与社会制度，但在人文思想方面继承幕末改革派"和魂洋才"观念；在国权与民权间采取温和、保守的立场，主张渐进的政治改革；在德育与智育间虽然重视"开启民智"，但主张德与智不可分割；此外，还提倡功利主义、实用主义，宣扬唯物主义、实证主义，主张信教自由、政教分离。毋庸置疑，前期思想运动所具有的启蒙性对日本近代化具有积极意义，但其倾向性与矛盾性也在前期便有端倪。站在历史进程中回顾其所走过的历程，这一思想运动所具有的局限性与后期的异化一览无余。其一，团体内部的知识分子精英虽被初次接触的西方学问所"炫目"，但对长期所受的汉学修养已经形成无意识的"倾心"。其二，将西方的"天赋人权"扩大至"天赋国权"，在实际操作中进一步将其转成"天赋国权""国赋人权"。其三，依托明治政府，紧随国家政策，视明治政府不仅为实现个人理想的

"靠山"，而且是带领国家走向独立富强的"舵手"。因此当明治政府"一君万民"的政治框架形成，"君国一体"已成大势，民主理想只能化为泡影，明六社解散也只能是必然。

　　除了政治精英们领导的教育改革与启蒙思想家倡导的民智开启外，广大民众社会生活方式的转变也是明治"维新"的一大风景。正如李卓教授指出的"断发、易服、改历是明治初年发生的生活方式的三大变革，不仅体现了社会的进步，更反映出人们观念的变化，也在很大程度上取决于社会精英的带头作用"①。断发、易服、改历集中在1871年至1873年实施，即在明治政府宣布王政复古，实施"废藩置县"，基本稳定政权后进行的。主要通过天皇表率、知识精英推动、政府颁布政令强制实施，其目的在于适应被迫开国后带入的西方工业文明与欧美生活方式，改变日本的国家形象，建立拥有独立主权的近代国家。明治新政府于1871年虽颁布太政官布告《散发脱刀令》，但对于发型未做强制要求。由于没有强制实施断发，因此并未得到及时而广泛的响应，明治政府转而宣传以天皇为表率，将明治天皇西式发型、军服姿态的"御真影"下赐至全国，推动断发。1871年明治天皇发布《更改服制敕谕》："朕以为，风俗之移转，随逐时宜，以国体之不拔而制其势，今衣冠之制流于模仿唐制，成软弱之风，朕不胜感慨。夫神州以武治世固来久矣，天子亲为元帅，庶众仰其风，如神武创业神功征韩，绝非今日之风姿。岂能片刻以软弱示于天下耶。朕今断然更服制，使风俗一新，欲立祖宗尚武之国体，望汝臣民体朕之意。"② 自此，断发、易服实现了"自上而下"的"一新"。改历晚于断发、易服一年多时间，1872年明治天皇发布《改历诏书》，紧接着明治政府据此发布太政官布告。启蒙思想家福泽谕吉听闻《改历诏书》后，即刻撰写了《改历辩》，详细阐述阴历与阳历的差异、指出旧历的弊端与新历的便利，介绍西方钟表及时刻等知识，大大消解了由明治新政府强制急速改历而引起的民众恐慌与迷惑。广大民众在天皇表率、舆论引导下，争相效仿，断发易服、改用新历之风蔚然兴起。"断发乃西洋文明诸国之

---

① 李卓：《从生活方式的变革看近代日本的社会转型》，《世界近现代史研究》2015年第12期，第132页。

② 中村定吉编集、出版『明治诏敕辑』，1893，第12~13页。

风，天子且为之，况四民乎?"① 当时民众因西洋如此、因天皇如是的盲从心态从断发一举便可见一斑。

三 "文明开化"政策建构国家"文明体"侧面三大特点

日本 19 世纪七八十年代的文明开化运动正是围绕新的政府主导的教育改革、知识分子倡导的思想启蒙、广大民众实行的生活方式转变进行的。这场可谓浩荡的运动对于日本近代转型具有深远意义，人们的观念为之一新，明治国家近代化的步伐加快。从心理文化学的角度来看，明治"文明开化"政策对于近代日本国家"文明体"建构具有重要意义，其建构过程与心理文化特点有密切联系。

(一) 强调其"神国""皇国"优位的绝对性

一国的历史走向总是要受到该国的文化积淀和历史传统等因素的影响，形成自身的特色。天皇这一要素最能体现日本特色，无论是王政复古还是明治一新，天皇从"古"至"新"都具有不可撼动的权威性。

1868 年明治天皇发布《王政复古大号令》，令幕府将军德川庆喜"辞官纳地"，经由戊辰战争推翻了幕府。明治天皇率领公卿、诸侯及文武百官向"天神地祇"宣誓，颁布新政府的施政纲领——《五条誓文》，宣布"求知识于世界，大振皇基"，与此同时发布了明治天皇《国威宣扬宸翰》，发表了"继承列祖列宗之伟业，不问一身艰难辛苦，经营四方，安抚亿兆，冀终开拓万里之波涛，布国威于四方，使天下如富岳之安"的信条。如果说此时年仅 15 岁的明治天皇是维新派用来打倒幕府、稳定政权独一无二的角色，那么 1879 年天皇开始亲政，磨炼自身的文韬武略，1879 年 8 月授意元田永孚起草并公布《教学大旨》，向国民强调仁义道德等传统，躬身实践散发易服表率于民众的行为，便是在有意识地强化自身日本国大家长的地位与权威。明治政府则从阶级经济基础、政治权力支柱及神道宗教神秘主义三个方面确立天皇制绝对权威，1889 年 2 月 11 日颁布的《大日本帝国宪法》以国家大法的形式确立了"万世一系之天皇统

---

① 高见泽茂：『东京开化繁昌志第三编』，天籁书屋，1874，第 11 ~ 12 页。

治"的"神圣不可侵犯"性。不仅如此，同日颁布的《皇室典范》"尽管包含大量非近代因素，……保证了作为所谓'大日本帝国'最高核心的稳定"①。

在近代日本国民心目中，天皇是现人神，具有政治权力与精神权威，而天皇"无与伦比"的崇高地位有着悠久的历史渊源。大约7世纪初，圣德太子以"天皇"神的概念取代了"倭王"的称谓，陡然将日本的统治者提高到了神乎其神的地位。712年成书的《古事记》与之前702年的《日本书纪》更是为"天皇"的神化提供了理论依据。江户时期本居宣长等的日本国学研究以"记纪神话"为中心，推崇万世一系的天皇进而宣扬君民一家、君国一体的"日本精神"，主张挖掘其中的日本"古道"，阐述日本神皇神统思想。明治初期实行"神佛分离""废佛毁释"，进而确立神道的国教地位。在这样的历史路径下，天皇拥有至高无上的精神权威性，是"亿兆臣民"的"家父长"，日本民众作为"太阳神"的子民，对天皇须绝对服从。天皇自古至今在日本人的人际状态中都属于或观念上或现实中"亲密的社会关系与文化"中的要素，这也正是日本天皇保留至今的要因。在这种天皇代表的"神国""皇国"思想支配下，日本国民被统摄在天皇制下，对天皇的诏令敕谕言听计从，这种"御恩－奉侍"的主从关系对于树立日本国民的民族优越感，成功实现近代转型不无裨益，但同时也成为将"神国""皇国"演化为"军国"，进而走上侵略道路的心理文化助推器。正是基于此，如有些学者所指出的，"伊藤博文等人创造性地运用宪政原理，将天皇改造成因权高位重而不必亲政的近代君主。天皇的功能就是源源不断地为国内建设和发动对外战争提供精神驱动力"②。

（二）重视国家间的序列性

近代日本国家不仅对内主张日本历史的神秘性及天皇制的优越性、独特性，在对外方面始终重视国家间的序列性。1868年9月出版的《官版明治月刊》第二卷载文，把世界各国区分为文明国、开化国、半开化国、

---

① 李卓：《日本的皇位继承制度与〈皇室典范〉》，《日本问题研究》2016年第6期。
② 李小白、周颂伦：《明治维新所见近代日本的国家意识》，《日本问题研究》2018年第4期，第40页。

夷俗国、野蛮国等五种类型。称赞英、法、美等文明国人民守法、自由、工业发达，文化兴隆，贸易发展，国家极为富强。日本历史上最初的学习对象为中华文明，日本历史上第一次开国的目的为吸收华夏文明。自东汉赐倭奴国王金印至圣德太子派遣隋使，日本经历了"唐风文化"后，因9世纪末10世纪初唐朝衰落遣唐使废止转向培育"国风文化"。12世纪日本与宋朝重新建立关系，大力汲取宋朝文化，而自元朝开始关系渐趋淡化，其中一个重要的原因为"华夷思想"，近代以前日本的这套"华夷秩序"伴随着欧美列强的东渐转向了另一套"文明秩序"，即将原来视为"蛮夷"的"南蛮文化"列为"文明秩序"之首并提倡学习吸收。除此之外，还主张这种秩序只是相对的，鼓励日本民众各司其职，各自努力，提高自身的"德智"，那么"人类的智德已经高度发达，能够到达太平美好的最高境界，再回顾现在西洋各国的情况，也会为其野蛮而叹息的"①。

　　日本人在基本的人际状态中重视人与人之间的位置关系，这样的心理文化模式也衍生到处理日本"自我"与外域"他者"的关系中。这种"位置"主要是在序列中较不确定的相对位置，由此所带来的便是情感被导向一种更为不确定的领域，不像中国人重视的是"角色"，与"角色"相匹配的情感导向也较为稳定，因"角色"的不易变，情感被高度特化。② 由于自身岛国特殊地理环境，对于外部世界有着高度的危机感，为化解这种不安，坚信只要自身努力就可转变形势。这种心理状态使在对待外界的态度上呈现出或亲近或排斥的不稳定性。大化改新后的日本，借7世纪中期朝鲜半岛各势力混乱之际出兵，不惜与唐朝发生白村江海战；奈良朝对盛唐文明的憧憬与不断仿效，平安朝因唐朝的盛转衰而自觉切断与"唐风文化"的联系，转而培育自身"国风文化"；16世纪末完成统一大业的丰臣秀吉在出兵朝鲜后对大明用兵，意图"四百州尽化我俗，以施王政于亿万斯年"；250多年安定封闭的江户幕府时期更是滋生出"唯我独尊"的国学思想，甚至否认颠倒中国文化对于日本的影响作用。这种对于中华文明态度的"大起大落"与日本对"自我"和近邻"他

---

① 〔日〕福泽谕吉：《文明论概略》，第11页。
② 尚会鹏：《心理文化学要义——大规模文明社会比较研究的理论与方法》，第221页。

者"实力位置考量有着明显联系。日本人"基本人际状态"的另一个特征为"亲密的社会关系与文化"与"运作的社会关系与文化"的易转换性，在日本的两次开国中表现为谁强学习谁，原先对唐朝文化、宋朝艺术的仰慕之情较容易地转变为对欧美文明的向往之心，甚至不惜"脱亚入欧"。

（三）建构封建军事资本主义国家的迷幻性

日本近代转型过程中，采用了封建、军事、资本主义的混搭模式，营造出工业文明、西方式"三权分立"政体、君主专制中央集权、保守封建思想观念等杂糅在一起的"光怪陆离"的氛围。在日本的"文明开化"中始终存在论争与运动，三宅雪岭与德富苏峰的国粹主义与欧化主义论争、民法论争、自由民权运动国权与民权之争、君主立宪政体确立过程中稳健派与断行派之争等，围绕的中心问题便是传统文化与欧美文明的取舍去留。自幕末的攘夷至明治初期的全盘西化，再经中期的论争，最后形成了底层传统文化表层欧美文明的双重结构。"文明开化"时期的日本人穿着西洋大礼服，受到表面自由实则专制政体的牵制，听着集权政府的各种"训诫""敕语""敕谕"，这成了日本这一后进资本主义国家、从属资本主义国家建构"文明体"侧面的又一大特色。

近代日本自上而下的"文明开化"运动，可谓保持了幕末改革派的"和魂洋才"的"初心"，建构起了双层文明结构，对外改变了国家形象，有利于1894年至1911年不平等条约的修改，对内安抚了自由民权运动，更为重要的是保留了封建残余，维持了专制统治，因此成为一场不彻底的资产阶级改革。广义的文化是指较大群体在较长历史时期形成的思想、态度、行为等的综合体，具有成员共享性和代际传递性特征，从层次上可以将其分为器物文化、制度文化和观念文化。器物文化较易受容，相对表层；观念文化较为稳定，相对深层。明治政府积极引进西方工业技术，武装日本近代国家"机器"，但在国家意识形态方面难以割舍对封建等级主从关系的"依恋"，对内将民众统摄在天皇制下，对外将这种意识形态表征到处理民族、国家关系上，一味宣扬自身的国家利益，行侵略扩张之实。就这样，明治政府精英在面对欧美外来的自由、民主等新式思想的同时，被传统原型封建思维牵扯，在吸收西方工业文明的同时，将狭隘的民族主义裹挟其中，最终走上了对外侵略扩张的道路。

四 对明治日本国家"文明体"建构的综合评价

明治维新使日本从一个闭关锁国的封建国家，逐步转变为近代资本主义国家，摆脱了沦为殖民地国家的命运，成为日本历史的重大转折点。日本强大以后，加速走上对外侵略扩张的军国主义道路，与其民族主义的心理文化及国家"文明体"建构有密切联系。早在幕末时期主张倒幕维新的吉田松阴就曾提出"培养国力，降服易取之朝鲜、满洲、中国，将同俄、美交易之损失，以鲜、满土地补偿之"①。与这一主张相呼应，与狭隘民族主义相承接，日本明治政府相继采取了一系列扩张行为。1871年与清朝签订了《中日修好条规》，打着友好外交的幌子，获得了与当时清朝"比肩同等"的地位，为打开朝鲜大门创造有利条件。1874年出兵台湾未果后通过《北京专条》勒索清政府。1875年侵入朝鲜，1876年迫使朝鲜签订了《江华条约》，打开了朝鲜国门。1879年吞并琉球设为冲绳县等。

1961年出任美国驻日大使的美国日本史学家赖肖尔在谈及日本明治维新时大加礼赞日本为"唯一以自力发展经济成功的非西方国家""日本迅速成为产业现代化的历史经验，可以称为后进开发国的模式和指南"②。明治百年（1968年）日本举行了纪念活动，将明治之后的日本历史描绘成民族"赶英超美"的画卷，而在此过程中所带来的负面影响，尤其是对中国等受害国所犯下的罪行，消失得无影无踪。这样的纪念活动得到了正享受高速经济增长实惠的普通日本国民的支持，赫尔在当时曾撰文评论道："新一代人正在出现，对现实的自信使他们对于历史的争论缺乏兴趣，包括那些不再拘泥于旧的历史记忆和过时的意识形态的知识分子。"③据日本共同社2018年1月1日报道，时任日本首相安倍晋三在新年感言

---

① 井上清：『日本帝国主义Ⅱ』，东京大学出版社，1953，第10~11页。
② 卓南生、杜海怀：《"日本近代化模式"及其官制"舆情"走向》，《新闻与传播评论》2018年第4期，第17页。
③ John W. Hall, "Reflections on a Centennial," *The Journal of Asian Studies*, Vol. 27, No. 4, (Aug 1968): 714–715.

中，提到 2018 年是明治维新 150 周年的节点，指出当时"为了克服殖民统治浪潮涌来，应被称为国难的危机，一举推进了近代化"。

　　以上种种皆指出明治日本国家近代化成功转型的一面，但对于与之相伴随的扩张化有着"躲闪"嫌疑，正如有学者曾指出，"近代日本国家意识的形成属于政府主导型的，它具有应急性的特点（即一切都围绕摆脱殖民地危机而展开）"①。其结果，使日本走上了一条侵略扩张的道路。其扩张性和侵略性无疑与近代日本国家建构"文明体"特点及其心理文化机制有密切联系，值得我们深入分析。站在新的时代，回顾历史，警醒世人正视历史有着积极意义。

---

①　陈秀武：《论近代日本国家意识的形成》，《东北师大学报》（哲学社会科学版）2005 年第 4 期，第 71 页。

第十六章　日本近代国际秩序构建研究

　　亚历山大·温特（Alexander Wendt）认为，体系结构是可以建构的，根据敌人、竞争对手、朋友这三种角色所占据的主导地位，无政府状态在宏观层次上可以形成三种不同的结构。这里所说的体系结构，与强调权力分配的华尔兹（Kenneth N. Waltz）所指并不相同，是一种观念结构，随着国家施动者间的互动，霍布斯文化、洛克文化、康德文化这三种体系文化得以造就、再造并有时发生变化。① 然而，把日本放在温特的建构主义里，我们却发现了不少问题。近代日本进行明治维新，制定大陆政策，侵略朝鲜、中国，打败俄国，成为最早步入发达国家行列的非西方国家，但后来尝试建立以"八纮为宇"的肇国大精神②为基本理念的大东亚共荣圈。温特的建构主义告诉我们，通过国家施动者的互动，可以形成不同的体系文化，但日本向西方学习进行维新，却不像温特所描述的，把角色理解为敌人、竞争对手或朋友，形成霍布斯文化、洛克文化、康德文化，而是试图建立基于类家族制度的大东亚共荣圈，以与所谓的霍布斯文化或洛克文化相对抗。③

　　那么，日本为什么要建立大东亚共荣圈？它的内在动力又是什么？是什么因素导致它的行为不像温特所预测的？日本是第一个步入发达国家之列的非西方国家，以它为例检视温特的建构主义，不只可以分析日本的国

---

① 〔美〕亚历山大·温特：《国际政治的社会理论》，秦亚青译，上海人民出版社，2008，第 245 页。
② 情报局记者会：『大東亜共同宣言』，新纪元社，1943，第 142 页。
③ 温特认为，17 世纪欧洲进入了洛克文化，但在有些地方是通过霍布斯式的殖民主义进程建立的。参见〔美〕亚历山大·温特《国际政治的社会理论》，第 245 页。

家行为，还可以探讨国际政治理论，而运用心理文化学对二战时期日本国家行为进行解读，属于新的尝试，别具意义。

一　大东亚共荣圈的性质与内涵

1931 年日本发动"九一八"事变，揭开侵华战争序幕，但直到 1940 年 8 月 1 日外相松冈洋右发表《皇道外交宣言》，大东亚共荣圈才作为基本国策被提到议程上来："我虽然主张向世界宣布皇道是皇国的使命，从国际关系来看，皇道要让各国民、各民族得到好处。也就是作为我国现行的外交方针是皇道之精神的体现，首先必须力图确立日、满、支大东亚共荣圈，为树立公正的世界和平颁布皇道作贡献。"① 事实上，大东亚共荣圈与 19 世纪 70 年代日本鼓吹的"大亚细亚主义"，或者 20 世纪 30 年代的"东亚联盟论"，在本质上都没有根本的差别。② 它还有"大东亚协国经济圈""大东亚的建设""大东亚新秩序"等类似名称。它是日本尝试建立国际秩序的总体思想，酝酿了几十年之久，最后以"大东亚共荣圈"为名，成为其基本国策。

1940 年的"荻洼会议"上提及的大东亚共荣圈构想包括："日、满、华为基本，旧属德国委任日本统治诸岛，法属印度支那、法属太平洋岛屿、泰国、英属马来亚、英属婆罗洲、荷属东印度、缅甸、澳大利亚、新西兰及印度等。"③ 日本在战败投降前，实际控制了伪满洲国、菲律宾、关岛、中国香港、英属马来亚、缅甸、俾斯麦群岛、爪哇、苏门答腊、婆罗州、西里伯斯、帝汶等。④ 根据日本的说法（第二次近卫声明），"帝国所期求者，即建设确保东亚永久和平的新秩序"，换言之，日本对中国侵略的主要目的，不在于领土或者其他资源，而在于建立新秩序。这个新秩

---

① 转引自林庆元、杨齐福《"大东亚共荣圈"源流》，社会科学文献出版社，2006，第 389 页。
② 转引自林庆元、杨齐福《"大东亚共荣圈"源流》，第 357 页。
③ 张跃斌：《"大东亚共荣圈"的迷梦》，载李玉主编《太平洋战争新论》，中国社会科学出版社，2000，第 224 页；桥川文三ほか：『近代日本政治思想史Ⅱ近代日本思想史大系 4』，有斐阁，1976，第 366 页。
④ 西伯利亚、印度、新西兰、澳大利亚未被日本染指。参见张跃斌《"大东亚共荣圈"的迷梦》，第 226 页。

序是相对于欧美的旧秩序（相当于温特所谓的霍布斯文化或洛克文化）而言。它表明了日本企图用新秩序取代欧美在亚洲的统治秩序。[①]

按照日本天皇的诏书，大东亚共荣圈建设的基本理念，源自日本独特国体"八纮为宇"的肇国大精神，它与西方殖民体系强调国家间主权平等有很大差异。"弘扬大义于八纮，缔造坤舆为一宇，实我皇祖皇宗之大训……八纮一宇的大精神是大东亚建设的基调，也是我国世界政策的基本。八纮一宇的大精神，一言蔽之，是全世界恰如其分地如一家的思想。家族制度是日本大家族国家的基底，是维持了三千年的国体传统……它的本质就是以联结亲子、兄弟、夫妇之间的血缘情义、情爱，同时联结于各民族之间……使万邦各得其所，兆民悉安其位……这个八纮为宇的大精神必须由日本人来把握。在建设世界新秩序时，教导给其他的民族……"[②]"八纮一宇"是建立大东亚共荣圈的核心概念，它最早可追溯至神武天皇"橿原建都"的诏书，是神武天皇东征西讨，最后建立"大和朝廷"所立的文书。它的本义，是指使天下与日本合为一家。[③]据《古事记》记载，伊奘诺尊、伊奘冉尊男女二神开天辟地，通过交合生殖，生下百千诸神以及主宰这些神的天照大神，而日本第一个天皇是天照大神的后裔，所以，日本被视为神国，日本人也成了神孙，形成了独特的日本"国体"。

1937 年日本文部省发行的《国体之本义》指出："大日本帝国乃奉万世一系之天皇皇祖之神敕永远统治之国家，此乃我万古不易之国体。基于此大义，作为一大家族国家，亿兆一心奉体圣旨，发挥克忠克孝之美德。此乃我国体精华之所在。"可是，在日文中，"国体"一词的内涵不甚清晰，曾任日本首相的冈田启介在贵族院答辩时说道："我国国体实乃尊严，无法用语言表达之。"[④]事实上，没有经过比较，即便日本人也难指出其国体的独特性。它与西方政治学里表示国家体制的"国体"（constitution polity）在内涵上并不相同，并不是按照主权所属，如君主制、共和制等来区分的国家形态。庄娜的研究表明，日本的国体包括了三个

---

① 林庆元、杨齐福：《"大东亚共荣圈"源流》，第 382 页。

② 企画院研究会编『大東亜建設の基本綱領』，同盟通信社，1943，第 14～17 页。

③ 文部省教育调查部编『大東亜新秩序建設の意義』，目黑书店，1942，第 58 页。

④ 増田知子：『天皇制と国家』，青木书店，1999，第 263 页。

侧面：（1）政治性的侧面。国体不仅是政治制度（天皇制）还是其背后的运作原理。（2）社会性的侧面。它还是一套社会组织原理和价值体系。（3）宗教性的侧面。通过国家神道形成一个以天皇为顶点的金字塔形的国家祭祀体系，支配国民的信仰。① 因此，日本尝试建立的大东亚共荣圈实际上是使之成为一个日本"国体"式的新秩序。在建立"大和朝廷"时，日本是基于八纮为宇的精神，而建立大东亚共荣圈仍旧是基于同样的精神。八纮为宇的精神，可以说是日本人独特"国体"的向外投射。

二 序列意识的根源

投射是心理学的概念。弗洛伊德认为，"所谓投射，自我将本身所具有的驱力和感觉归到别人或物上，这是一种防卫的过程。"② 文化与人格学派大量利用投射机制进行实验，如罗夏克墨迹测验（Rorschach Test）、主题统觉测验（Thematic Apperception Test）等，揭示了不同社会文化体系下的个人行为模式差异。③ 这个学派的主要代表人物本尼迪克特也利用了投射心理来分析日本的国家行为。"日本人对国际关系的全部问题也都是用等级制这种观念来看待的。在过去的十年间，他们把自己描绘成已高踞于国际等级制的金字塔的顶端，现在，这种地位虽已被西方各国所取代，但他们对现状的接受，仍然深深根植于等级制观念。"④ 在《菊与刀》中，她谈到日本参加二战的起因。日本认为，只要各国拥有绝对主权，世界上的无政府状态就不会结束。日本必须为了建立等级秩序而战斗。只有日本是唯一建立起自上而下的等级制度的国家，也最了解各得其所的必要性。必须由日本来领导这个国际秩序，帮助落后的兄弟之邦——中国，将美国、英国、俄国赶出东亚，使之各得其所。而万国应在国际等级结构中

① 参见庄娜《日本"国体论"研究——以现代国家建构为核心的考察》，博士学位论文，北京大学，2010，第190~191页。
② 参见〔美〕维特·巴诺《心理人类学》，第341页。
③ 〔美〕理查德·格里格、菲利普·津巴多：《心理学与生活》（第16版），王垒、王苏等译，人民邮电出版社，2003，第412~413页。
④ 〔美〕鲁思·本尼迪克特：《菊与刀——日本文化诸模式》，第31页。

确定其位置，才能形成统一的世界。① 本氏的研究，为美国在太平洋战争中制定对日作战方针与战后对日治理，起到重要作用。她饶富洞见地指出，日本是为了建立由它领导的等级秩序而战斗，但她并没有令人信服地论证其因果关系。虽然有一些学者对本氏的研究方法提出批评，② 不过，必须肯定，本氏已窥及日本尝试建立大东亚共荣圈的心理动力。在这件事情上，她的问题在于美化了美国加入战争的原因。③

文化与人格学派的集大成者、心理人类学的主要创始人许烺光曾说，日本的大东亚共荣圈，对世界的规划，是一种家元模型的世界建制。④ 笔者认为，许烺光开发了一套较完整的理论体系，而且近年来被尚会鹏补充与完善后应用于解释美国与中国的国家行为，取得了较好的效果。⑤ 他对于大东亚共荣圈的看法，也许有助于我们来解释日本的国家行为。

"家元"（iemoto）指的是有某种特殊技艺者的组织，是在传统技艺领域里负责传承正统技艺、管理一个流派事务、发放有关该流派技艺许可证、处于本家地位的家族或家庭。它是日本传统的次级团体（secondary group），茶道、花道、剑道等都属于一种家元组织。许烺光认为，"家元"体系的结构，尤其是内容，提供了现代日本企业最重要的组织性忠诚和组织性力量的资源。所以，日本从 19 世纪 60 年代起，对西方的挑战反应如此良好，在二战全面溃败后又复兴得如此之快。⑥ 许烺光研究日本的目

---

① 〔美〕鲁思·本尼迪克特：《菊与刀——日本文化诸模式》，第 15～16 页。
② 参见游国龙《文化与人格研究和心理人类学的方法论剖析——以〈菊与刀〉与〈家元〉为例》，《日本学刊》2010 年第 5 期。
③ 许多材料显示，日本侵华之后，美国还卖给日本很多物资，包括石油、武器等。美国对日宣战的主因是日本偷袭珍珠港，并不是因为弱小民族被日本侵略，要维持正义。
④ 〔美〕许烺光：《家元：日本的真髓》，第 212 页。
⑤ 参见尚会鹏《"伦人"与"服国"——从"基本人际状态"的视角解读中国的国家形式》，《国际政治研究》2008 年第 4 期；《"伦人"与"天下"——解读以朝贡体系为核心的古代东亚国际秩序》，《国际政治研究》2009 年第 2 期；《"和谐"与"伦人"的心理社会均衡模式——心理文化学角度的探讨》，《国际政治研究》2012 年第 2 期；《"个人"、"个国"与现代国际秩序——心理文化的视角》，《世界经济与政治》2007 年第 10 期。
⑥ Francis L. K. Hsu, *Iemoto: The Heart of Japan*, Cambridge, Mass.: Schenkman Pub. Co., 1975, pp. 218 - 219.

的，是解释其现代化如此之快的原因，他认为根本原因是家元的内容起了作用。质言之，家元这种广泛流行的次级团体的内容，不只在家元组织中发挥作用，在新型的现代日本企业中也仍扮演着重要的角色。实际上，在其他的次级团体，如政党、社团、学校等各式各样的团体中，家元的内容仍然发挥着作用。这是许烺光次级团体假说的主要观点，社会组织的内容作为一种"隐性结构"，① 体现着同一文化背景下人们行为的一些基本原理。作田启一把"家元"这样的组织称为"原组织"，认为它是具体组织特征的抽象概括，而不是某种具体的组织体。② 许烺光提醒我们，日本的国际秩序也是一种家元模型的建制，那么，根据次级团体假说的观点，也许可以找到日本建立大东亚共荣圈的根本原因。

家元的内容，指的是它的缔结方式，在这里就是缘 – 约原理（Kin – tract principle）。所谓缘 – 约，是指一种固定化了的不变的等级制度，一群人为了某一共同的目标，在共同的意识形态下采取共同的行动、遵守共同的规定并自发地结合在一起。"Kin – tract principle"是许烺光造的一个新词③，由"kinship"（亲属）的前半部分和"contract"（契约）的后半部分构成。这一原理部分根植于亲属组织，因为它体现的某些特点（如等级制、自发性等）反映了日本亲属集团的特点，但另一部分又根植于契约，因为个人有选择是否加入家元组织的意志。所以，家元既有家族组织的特点，又有契约集团的特点。一方面，它具有超越亲属集团的性质，可以接受那些具有不同血缘资格的人；另一方面，它的一部分成员（至少是那些处于最高地位的家元成员）的资格是基于血缘，那些非血缘关系者以一种类似亲属关系相互联结起来，但它内部的主从关系、权威以及成员之间的等级排列，完全是对日本亲属集团诸特征的临摹和强化。④

缘 – 约原理具有一定的优点，它比亲属原理更具有弹性，不像亲属原理是基于血缘资格进行缔结，不易形成较大规模的组织，缺乏扩张性。它

---

① 中根千枝：『タテ社会の人間関係』，第185页。
② 参见尚会鹏《心理文化学要义——大规模文明社会比较研究的理论与方法》，第127页。
③ 根据许烺光的说法，这个词是根据托马斯·罗伦（Thomas Rohlen）的提议使用。
④ 参见尚会鹏《心理文化学要义——大规模文明社会比较研究的理论与方法》，第152页。

虽然也具有选择的意志，但也不像契约原理那样不受拘束，可以自由来去同时加入数个社团。一般来说，一旦成为组织的一员，终身就是组织的成员，没有改变机会。而且，从另一方面来看，家元组织也不喜欢带艺投师的成员。但由于家元都是论资排辈，所以在一个组织中待的时间越长，对个人来说也越有利，特别是那些技艺不太出众的成员，也可以靠着资历得到一定的地位，因此一般也不倾向于改变身份。然而，缘-约原理也有它的缺点。由于它缔结的资格不像血缘那般牢靠，身处于这种类家族组织中的日本人具有相当大的不安全感。他们自发对主子无限效忠的主要原因，是害怕失去他们在家元中或准家元中的位置。"上门女婿"的不安心态，特别是"入赘"到的女方家中还有儿子的情况，或可比拟。因此，日本人对于序列中的位置具有相当大的敏感性。有许多学者已经观察到，日本人在与他人互动前，必须先确定对方的身份，才能使用恰当的语言与人交谈，以最自在的方式自处。认为日本人在生活中无时无刻不在为自己定位，以便做出最适合的反应，并不为过。

每一个社会应该说都有不同程度的等级制度，如印度的种姓制度、欧洲的封建制度等，但不论是印度教徒还是西方人都没有产生日本人那样的序列意识。对序列位置的敏感，可以说是日本所独有的，而它的形成与家元的缔结原理有关。它不只影响日本人在家元里的行为模式，它还有可能影响日本的国家行为。

三　序列意识在日本国家行为中的表现

许多日本学者把建立大东亚共荣圈的因果关系追溯到百年之前。林房雄认为，这场战争从美国人佩里的黑船来到日本海岸的1853年之前就开始了。他指出，日本发动战争主要是为了阻止西洋入侵东洋，同时为了"促使清国的改革"。[①] 服部卓四郎说道："英国不在欧洲大陆上谋求建立自己的势力范围，却专门依靠大陆上列强间的势力均衡，在世界范围内广泛地掠夺殖民地，剥削文化落后的弱小民族。与此相反，苦于土地狭窄、物质贫乏、人口增多的日本，唯一的出路就是要和亚洲大陆保持紧

---

① 　林房雄：『大東亜戦争肯定論』，番町书房，1970。

密的联系，这是它为谋求生存的必要的。"① 这些学者的主要目的是为日本发动战争辩护，他们强调，日本发动战争的根本原因是面对西方国家扩张所采取的必要举动。应当承认，每个民族面临生存危机都不会坐以待毙，但以侵略他国的方式作出回应并非理所当然。这些学者的观点明显是一种强辩。这些言论的价值在于透露出，日本恐惧也沦为殖民地，在国际秩序的序列中远远落后，故发动战争侵略朝鲜、中国以图强。

福泽谕吉是日本近代的启蒙思想家，他对于近代日本发展的重要性再怎么强调也不为过。他把世界上的国家依文明发达程度分为三个等级："现代世界的文明情况，要以欧洲各国和美国为最文明的国家，土耳其、中国、日本等亚洲国家为半开化的国家，而非洲和大洋洲的国家算是野蛮的国家。这种说法已经成为世界的通论。"② 他认为中国与日本属于相同序列的国家，并且以避免被西方视为与中国、韩国一样落后、不思进取的国家，来鼓吹日本进行革新。"假如支那、朝鲜政府的陈旧专制体制无法律可依，西洋人就怀疑日本也是无法律的国家；假如支那、朝鲜的知识人自我沉溺不知科学为何物，西洋人就认为日本也是阴阳五行的国家；假如支那人卑屈不知廉耻，日本人的侠义就会因此被掩盖；假如朝鲜国对人使用酷刑，日本人就会被推测也是同样的没有人性。如此事例，不胜枚举。"③ 这是著名的"脱亚入欧论"的内容。福泽以日本人对于序列的敏感性、丧失地位的恐惧，来激发日本的行为动力。身处家元中的日本人，清楚地知道较低的序列意味着什么，把这种忧虑投射于国际秩序的序列中，积极地进行改革，甚至是发动侵略战争。与福泽同时代的学者不在少数，但他成为近代日本的精神导师，可以说是他的言论符合了日本的心理需要。有一些学者指出，福泽是日本第一位军国主义理论家，但假如不是因为福泽的言论满足了日本人的心理需要，他的言论也有可能被束之高阁，无人问津。

---

① 〔日〕服部卓四郎：《大东亚战争全史》第一册，张玉祥等译，商务印书馆，1984，第3页。
② 〔日〕福泽谕吉：《文明论概略》，第9页。
③ 〔日〕福泽谕吉：《文明论概略》，第9页。

　　日本进行明治维新，用六七十年的时间，走完了英法老牌资本主义国家150~200年走过的路程，[①] 在日俄战争一举打败了俄国，可以说爬上了福泽所谓的文明国家的序列。许烺光描述过日本人在家元组织中相互竞争的几种情况。日本人会努力学艺争取成为大家元长之下最大的分支家元；如果他们已经爬升到归属某师傅，则会尝试创立新的更大的家元；如果他们已经是家元长，那么就会设法招募更多的弟子或随从等。[②] 作为一个国家，日本表现出类似的心理动力。为了追求更高的国际秩序中的序列位置，不顾虑其他国家的意愿，试图建立与西方分庭抗礼的大东亚共荣圈，给世界带来动乱。

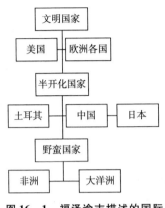

图16-1　福泽谕吉描述的国际秩序中的序列

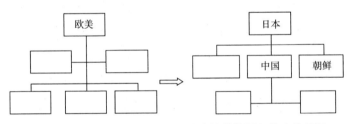

图16-2　日本尝试建立与西方分庭抗礼的国际秩序的目标

　　1942年7月，日本举行了一个名为"近代的超克"（现代性的超越）的学术讨论会，旨在为1941年12月发动的太平洋战争提供思想依据和正当性基础。[③] 论者指出，以前世界秩序的主导者是西方国家，它们凭借启蒙时代以来的科技优势，获得了君临全球的政治优势乃至文化优势。但这种近代观念在文化上显示出极大弊端，是造成近代危机的根源。[④] 下

[①]　参见汤重南等《日本文化与现代化》，辽海出版社，1999，第126~128页。

[②]　〔美〕许烺光：《家元：日本的真髓》，第210页。

[③]　参见赵京华《"近代的超克"与"脱亚入欧"——关于东亚现代性问题的思考》，《开放时代》2012年第7期。

[④]　参见李河《东亚国家的文化民族主义与中华文明圈的解构》，《战略与管理》2010年第9/10期。

川寅太郎说："我们所称的'近代'是由来于欧洲的，至少成为今天要超克的问题'近代'不外乎如此。因此，如果说由我们可以将近代的超克作为问题的话，那具体而言，无非是与欧洲近代化的对决。"[①] 铃木成高指出，如果说大东亚战争要颠覆欧洲近代对世界秩序的外在支配，那么，"近代的超克"则应该是针对内在秩序的变革，即人类精神的变革。[②] 与会学者对这个问题有不同的看法，被分为浪漫派、哲学京都学派、现代科学技术相关的学者，但总的来说，他们高度强调日本需要承担起用东洋精神拯救世界的责任，表现出超越西方的渴望。

不可否认，对于一个研讨会探讨的内容不可过高地估计，但二战后日本面对世界格局发生的大变化，日本学者再度提起"近代的超克"。1959年，竹内好等学者在冷战形成、日本面临新的世界格局位置的定位时，重提"近代的超克"。1995年，子安宣邦面对冷战结束，反思日本现代化道路乃至国家未来走向的时刻，重提"近代的超克"。正如竹内好所指出的，那些在战争中引发学者思考的问题，如日本的近代化、日本在世界史上的地位等问题，仍是日本人面向未来为自己制定生存发展目标时不可缺少的认识现状之重要组成部分，在战争后日本人仍要认真地回答。[③] 事实上，对这些问题的关心，反映的正是日本人的序列意识。早先日本国力较弱，担心被西方视为落后、不思进取的国家。后来，随着国力提升，日本又积极制定了超越西方的目标。但随着战败，面临世界格局的变化，日本又不断地重新进行定位。

四 心理、文化因素与国际关系理论

经由以上讨论，笔者认为，日本尝试建立大东亚共荣圈是为了追求更高的国际秩序中的序列。家元是基于缘－约原理进行缔结的，它可以把非血缘关系者以一种类似亲属关系相互联结起来。但由于缺乏确切恒定的资

① 转引自刘岳兵《日本近现代思想史》，世界知识出版社，2010，第301页。
② 河上彻太郎、竹内好：『近代の超克』，富山房百科文库，1979，第175～180页。转引自赵京华《"近代的超克"与"脱亚入欧"——关于东亚现代性问题的思考》，《开放时代》2012年第7期。
③ 参见〔日〕竹内好《近代的超克》，孙歌编，李冬木等译，三联书店，2005，第295页。

格，日本人产生了独特的序列意识。最早发动战争侵略朝鲜、中国，是因为日本恐惧沦为殖民地，在国际秩序中的序列落后，后来尝试建立大东亚共荣圈，则为了追求更高的国际秩序中的序列。过去不少学者把日本的国家行为解释为资本主义国家的对外掠夺。他们认为，日本国内市场过于狭小，资源缺乏，原料产地没有保证，封建的农业国的特征仍十分明显，由于无法逃脱经济危机的袭击，因此通过发动侵略战争转嫁危机。这种解释指出了日本建立所谓"共存共荣"共荣圈的虚假性，但在因果关系的解释上，忽略了社会文化因素的影响。本尼迪克特注意到了日本等级秩序的特点，却没有给出有信服力的解释。本章提供了一个新的视角的解释，可以弥补既有研究的不足。

笔者把日本比拟为一个巨型的家元组织，利用"国际关系是人际关系的投射，人际关系又受到亲属关系的影响"这个研究假设进行讨论。① 由于日本独特的国体，我们把日本人的群体心理视为自变量，在学理上可以进行解释。而温特假定国家是有意图的行为体，将国家拟人化，从微观的个体层次上来建构宏观的体系理论。二者在前提假设上并不相同。温特认为，国家的行为更多地受到国家间互动的影响。可是，本书研究结果表明，家元的缔结原理起到决定性的作用。事实上，放宽历史的视野，作为一个东亚国家，日本也没有完全内化（internalization）由中国长期主导东亚的国际秩序。② 日本在朝贡体系中的地位不像朝鲜、安南那样稳固，定期、频繁地向中国朝贡，仅仅是在有经济需要时，才向中国朝贡。③ 而且，研究发现，日本还尝试与外围国家建立小"华夷秩序"。

---

① 参见游国龙《许烺光的"大规模文明"比较理论研究：内容、方法及其对国际政治研究的启示》，第156页。尚会鹏在讨论中指出，这个假设需要增加一个"文明体"的概念，才能使之更具有说服力。

② 这个国际秩序所反映出的是伦人的服国与天下模式。参见尚会鹏《"伦人"与"天下"——解读以朝贡体系为核心的古代东亚国际秩序》，《国际政治研究》2009年第2期。

③ 作为朝贡的前提是朝贡国以接受中国对当地国王的承认并加以册封，在国王交替之际以及庆慰谢恩等之机去中国朝见，是以围绕臣服于中央政权的各种活动，作为维系其与中国的关系的基本方式，但朝贡体制的根本点是靠贸易关系在支撑。参见〔日〕滨下武志《近代中国的国际契机：朝贡贸易体系与近代亚洲经济圈》，朱荫贵、欧阳菲译，中国社会科学出版社，1999，第34~35页。

罗伯特·酒井的研究显示，琉球同时对中国与日本进行朝贡，他有信服力地指出，琉球与中国和日本的关系在程度和种类上都是不同的。① 这说明了日本虽然自 7 世纪起即进行大化改新，模仿唐朝的各种制度，但仍旧保有其文化特性。日本历史上进行了两次重要的社会变革，使社会文化体系发生较大的变化，日本文化也加入更多异文化的色调，但日本始终保持着其文化特性，文化基因没有根本的改变。② 表面上看，社会组织结构发生了很大变化，但社会组织的内容发挥着一定的作用，还没有像温特认为的那样形成了一种体系文化。

人类行为会受到各种不同因素的影响，国家行为同样如此。温特的贡献在于把国家拟人化，讨论国家间互动对共有观念（socially shared knowledge）形成的影响，使国际政治理论发生了社会学转向。如今，在他的影响下，许多学者从事国际关系文化研究的理论建构。理查德·勒博（Richard N. Lebow）提出了欲望（appetite）、精神（spirit）、理性（reason）、恐惧（fear）四种人类心理动机，探讨与社会秩序之间的关系，对国际关系中的变革作出解释。③ 勒博认为，理性世界是有序的，恐惧世界是无序的。如果理性不能有效实现约束和教导欲望或精神，恐惧便会产生。在恐惧世界中，人们担心其他成员会剥夺其自身利益，每个人都试图使自己变得足够强大以威慑和打败所有可能的对手。社会成员追求的目标及其手段都不受规范约束，冲突不可避免而且愈演愈烈。④ 尽管勒博的研究还有完善的空间，但他指出主流的体系理论过于强调理性的缺陷，并且论证了恐惧在国际关系中同样起到关键的作用，可以说突破了以往心理学从微观层次解释国际现象的局限。笔者在本研究中所指的序列意识，有一部分就是源于日本人恐惧在序列中处于落后的

① 参见〔美〕费正清编《中国的世界秩序：传统中国的对外关系》，杜继东译，中国社会科学出版社，2010，第 125 页。
② 笔者曾利用模因学的视角检视温特的进程理论，指出他在文化选择建构上的问题。参见游国龙《模因学与温特建构主义进程理论——文化选择的剖析与探讨》，《国际政治研究》2011 年第 3 期。
③ Richard N. Lebow, *A Cultural Theory of International Relations*, Cambridge: Cambridge University Press, 2008.
④ 参见邓子方《国际关系的社会心理学——评〈国际关系的文化理论〉》，《国际政治科学》2011 年第 2 期。

位置。尽管笔者所述与勒博所指的恐惧的成因不尽相同，但符合目前国际关系研究强调心理、文化的因素的新动向，希望也能作为一个有效分析国家行为的视角。

笔者专门探讨了序列意识在日本二战时期的表现。二战后，序列意识当然还会作用在日本的国家行为中。日本在二战中对美国表现出极度狂妄自大的态度，但战后极力讨好美国，凡事唯美国马首是瞻，形成了极大的反差。近些年日本前后几任首相，虽然提出了"全方位外交""等距离外交"等目标，但实际上从属于"对美协调外交"。日本几乎只关心美国在想什么，美国的外交政策发生了什么变化，似乎根本没有自己独立的外交政策，以致在多数美国人心目中，日本是"一个没有独立人格的客观存在"，或者说在国际事务中只不过是美国的一个影子而已。① 但是，如果把美国视为家元长，把日本看成美国这个大家元组织中的一个成员，就可以理解日本的国家行为。日本所做的就是在序列中"各安其位"。跟随着家元长的脚步，日本从而获得了极大的安全感。

---

① 参见《美国人如何看日本：一个没有独立人格的客观存在》，新浪网，http：//news. sina. com. cn/cul/2005－02－18/4022. html。

第十七章　日本战后组织体与文明体构建研究

国家认同的建构，深刻地影响着国家的稳定。战后日本社会呈现出很高的凝聚力，其社会秩序一直都处于比较稳定的状态。研究战后日本国家认同建构的特点，对了解日本社会稳定发展的原因及现状，认识战后日本国家认同建构的积极和消极影响，前瞻日本国家发展走势，均具有重要的现实意义。

一　对战后日本国家认同建构特点的研究现状及视角

经济全球化促使信息、物资、人员等跨国流动日益频繁，民族问题在许多地区日益凸显，国家认同问题亦因此受到严重冲击。对于一个由多民族构成的国家而言，在建构国家认同时，往往要面临的一个困境是，既不能通过民族的"同质化"来强化"国家认同"，又不可为保持民族文化的多样性而削弱"国家认同"。因而，综观国内外学界关于国家认同问题研究的丰硕成果，其研究内容大多聚焦多民族国家认同建构所面临的"民族认同"与"国家认同"的关系问题及相应对策建言、国家认同的一般理论等。[①] 日本的民族构成，除了少数的阿伊努人、被强行合并的冲绳人以及因历史问题造成的在日朝鲜人，几乎是单一的人种。[②] 也许正因为日本国家的民族构成相对单一，国内外学界多将日本国家认同建构等同于其

---

① 陈茂荣：《国家认同问题研究综述》，《北方民族大学学报》（哲学社会科学版）2016年第2期；袁娥：《民族认同与国家认同研究述评》，《民族研究》2011年第5期。

② 远山茂树：『日本の民族形成の特質，岩波講座日本歴史24』，岩波书店，1982，第117～118页。

民族认同建构来进行研究。

目前，关于战后日本国家认同建构研究还十分薄弱。截至 2017 年 1 月，通过中国知网检索，篇名含有"日本""认同"字样且内容是研究日本人的认同问题的期刊论文仅有 19 篇，硕士学位论文 8 篇，报纸文章 8 篇。其中，研究战后日本"国家认同"问题的期刊论文仅有 3 篇，硕士学位论文 2 篇，报纸文章 1 篇。[①] 篇名含有"日本""国家意识"或"民族意识"字样的论文合计近 50 篇，大多是研究日本近代国家、民族意识或者是泛泛而谈的文章，明确论述战后日本国家意识或民族意识的论文仅有 2 篇。[②] 专著中特设章节专门论述战后日本国家认同的图书仅见 1 本。[③]

既有的战后日本国家认同建构研究，主要运用历史学的研究方法，对战后日本国家意识的发展变化进行了扼要的解析，对战后日本国家建构中发挥着重要作用的象征天皇制进行了深入分析，对战后日本建构国家认同依托的内外资源进行了清晰的梳理。国家认同主要是指人们对自己的国家成员身份的知悉和接受，是对本国的历史文化、政治制度及国家主权等方面的认可。在国内外学界，国家认同建构问题已经成为多学科研究的主题，人类学、民族学、政治学、历史学、社会学、文学都加入了这一阵营。国家认同建构，实质上也是对国家的心理归属感的建构。本章尝试引进心理文化学视角的考察，旨在拓展战后日本国家认同建构的研究视野，以期能有助于更全面系统地把握战后日本国家认同建构的特点。

心理文化学是进行大规模文明社会比较研究的学问。作为一个学科，它可追溯到 20 世纪初文化人类学的"文化与人格"学派的国民性研究。国民性研究是一门回答"我们是谁""他们是谁"的学问。由于"文化与人格"学派在"人格"概念使用上的缺陷，后被美籍华裔学者许烺光以

①　田庆立：《象征天皇制的成立背景及其国民统合机能》，《东北师大学报》（哲学社会科学版）2016 年第 4 期；《战后日本建构国家认同依托的内外资源探析》，《四川大学学报》（哲学社会科学版）2015 年第 5 期；肖刚：《国家认同：德国与日本的联合国外交比较》，《德国研究》2001 年第 3 期。

②　陈秀武：《论战后日本的国家意识》，《日本学论坛》2004 年第 4 期；邱建伟：《大民族主义与日本政治主流意识》，《理论导刊》2005 年第 12 期。

③　李友梅、肖瑛、黄晓春：《社会认同：一种结构视野的分析——以美、德、日三国为例》，上海人民出版社，2007，第 122～153 页。

心理人类学所取代。北京大学尚会鹏教授历时 20 多年可谓倾其学术生涯大部对许氏的学说进行梳理，厘清其各部分之间的联系，并提出了若干新的概念予以补充和完善，将其中对大规模文明社会比较研究这一部分，从心理人类学中分离出来，作为行为科学系统下的一个分支学科，于 2010年正式命名为"心理文化学"。尚会鹏教授的弟子游国龙，也为心理文化学理论方法的发展做出了重要贡献。① "心理文化学"作为升级版的国民性研究理论方法，不仅能够为当今世界寻求身份认同提供帮助，亦是解析各类身份认同建构特点等问题的有效工具。

从心理文化学的视角来看，国家作为行为体，既是"文明体"同时又是"组织体"。文明体可视为一种知识、规范、观念、信仰的共同体，它强调的是组成该国家的人的生存状态、情感模式、行为方式和价值观等。组织体是由社会集团、国家形式、政治制度等组成的功能体，强调的是社会结构、制度等。文明体与组织体相互影响。由于文明体本来隐于组织体中，现代国际秩序产生时的国家行为体，处于同一西方文明背景之下，作为组织体的国家——民族国家和作为文明体的国家重合在一起，致使国家的文明体侧面长期以来被作为"民族体"看待了。但是，显然"民族体"不能取代"文明体"。② 国家行为体亦不能简化为单纯的组织体。引进心理文化学的这一视角，有助于更全面地解析战后日本的国家认同建构特点。

二　战后日本在国家组织体侧面的认同建构特点

作为国家行为体两个侧面的"组织体"与"文明体"，从性质上看，前者变化较快，也很容易观察到，而后者则变化较慢，具有较大的延续性。关于国家"组织体"侧面的易变性，战后日本在国家组织体侧面的认同建构可谓一个非常好的例证。

---

① 尚会鹏：《心理文化学要义——大规模文明社会比较研究的理论与方法》，北京大学出版社，2013；游国龙：《许烺光的大规模文明社会比较理论研究》，社会科学文献出版社，2014；尚会鹏、游国龙：《心理文化学——许烺光学说的研究与应用》，南天书局，2010。

② 尚会鹏：《人、文明体与国家间关系》，《国际政治研究》（季刊）2013 年第 4 期，第 3~19 页。

　　在日本投降之前，英国皇家国际问题研究所（Royal Institute of International Affairs）发布的一份报告中将日本民众称为"顺从的畜群"。[①] "拥抱战败"，则是美国历史学家约翰·W. 道尔对战后日本国家认同建构特点的一个形象评价。战后日本在国家组织体侧面的认同建构，首先体现在对战后改革举措的积极接受和认同。1945 年 8 月 15 日，日本无条件投降后，在美国占领当局主导下，除了解散军队等战争机构、惩治战争罪犯并大规模清洗军国主义分子外，还在日本强制推行了包括政治、经济、社会、文化教育领域的一系列民主化改革，史称此次改革为战后改革。其中，最具代表性意义的战后改革，莫过于日本人对和平宪法的欣然接受。1946 年 11 月 3 日颁布，自 1947 年 5 月 3 日起实施的《日本国宪法》，可谓战后民主化改革的总结和结晶。它规定了日本国家的根本制度、国家生活的基本原则，成为战后日本国家组织体侧面认同建构的总目标。

　　对于推动日本战后改革的动力问题，学界一直存在两种不同的观点：一种观点认为是来自美国占领当局；另一种观点则认为是来自内外两个方面，即日本国内人民群众和中产阶级是改革的内在基本动力，美国占领当局是外在的附加动力。[②] 这两种观点体现在对待和平宪法的态度上，前者倾向于认为和平宪法是美国强加给日本的，后者则倾向于认为是日本主动选择的结果。如中国的日本法学学者就曾指出，日本民间对宪法起草发挥了作用。"主权在民、放弃战争、取消天皇统治权力、生存权、义务教育的延长等基本原则最早出现在宪法研究会《宪法草案纲要》等日本民间的草案中。根据美国方面公开的资料，可以认定一个被长期忽视的事实，即 GHQ（盟军最高司令部）提供给日方的草案实际上是在这些民间草案基础上生成的，在日本国会的宪法审议委员会的讨论中，重要的条款也是在宪法研究会成员的建议下采纳的。因此，关于战后宪法，至少应当承认日本的知识分子是最早的提案者，也是主要起草者，宪法研究会的成员发挥了重要的作用，而美国的 GHQ 则是宪法颁布过程的具体推动者。"[③] 也有日本的学者称："日本在二战战败后，被置于盟军最高司令官占领之下

---

① 〔美〕约翰·W. 道尔：《拥抱战败：第二次世界大战后的日本》，第 191 页。
② 王振所：《评田桓著〈日本战后体制改革〉》，《日本学刊》1991 年第 2 期，第 154 页。
③ 李薇：《成功与遗憾——日本战后宪法的制定》，《读书》2009 年第 4 期，第 72～73 页。

的日本国民，遵照《波茨坦宣言》的精神，作为日本在战败后获得再生的基本法，接受了《宪法》。当时，日本国民具备了支持和遵守宪法的决心与希望的内在心理条件。换言之，'内在'于日本国民心中的深厚的'和平文化'的思想根基，在日本的近代化之前就已产生。在经历了全民战争所带来的被害与加害的惨祸之后，这一和平思想最终在宪法的制定中得以结晶。"①

当然，无论哪一种观点，实质上都没有否认战后日本在国家组织体侧面认同建构过程中所体现的"顺从的畜群拥抱战败"这种盲从性特点。如有学者指出："从宪法修改过程看到，日本政治体制的解体与重构是在瞬间完成的。日本全民参与讨论的缺位和天皇制的保留以及旧官僚体制的复活，导致日本社会没有得到完成彻底意识变革的机会。本来，国家宪法的重大修改意味着社会的重大变革，需要社会民众彻底的意识变革的伴随。但是，日本是在不得不接受《波茨坦宣言》的情况下否定了明治宪法。这种来自于外部的强力推动，不能不使得日本的'市民革命'带有外观性，缺少内在的自省。"② 道尔在其著作《拥抱战败：第二次世界大战后的日本》中对日本人的顺从表现进行了非常详尽的记述。其中，记述了这样一件事：日本北海道的一群原住民阿伊努人捕杀了一头鹿，特意把鹿皮和鹿茸敬献给了麦克阿瑟，称以此"作为对他为我们国民保卫疆土，并给日本带来建立在法律与秩序基础上的民主社会的感激之情的象征"。还有一位因新宪法颁布而欣喜不已的日本人，使用蝇头小字将整部《宪法》写在扇面上寄给了麦克阿瑟。③ 另外，当时各行各业的很多日本人还自发给麦克阿瑟写信表达感激之情。据官方记录，从1946年9月到1951年5月，同盟国翻译通译局（ATIS）阅读并处理了441161封信函和明信片。④ 其中，有人竟然给麦克阿瑟写信称："迫切要求日本被吞并，或者成为美国的永久殖民地，否则民主改革将很快破灭"。⑤

① 〔日〕深濑忠一、〔日〕铃木敬夫：《日本宪法和平主义的历史意义与现实意义》，《太平洋学报》2008年第11期，第28~30页。
② 李薇：《成功与遗憾——日本战后宪法的制定》，《读书》2009年第4期，第76页。
③ 〔美〕约翰·W.道尔：《拥抱战败：第二次世界大战后的日本》，第206页。
④ 〔美〕约翰·W.道尔：《拥抱战败：第二次世界大战后的日本》，第204页。
⑤ 〔美〕约翰·W.道尔：《拥抱战败：第二次世界大战后的日本》，第207页。

其实，普通日本民众对美国占领当局表现出的这种顺从，从一定意义上讲，也可谓响应了日本政府的号召。自1945年东久迩内阁至1956年，日本历届首相在施政方针演说中强调最多的就是号召日本国民要以美欧等西方国家为榜样建设日本，以期早日成为西方自由民主国家的一员。① 时至今日，日本首相依然在重复着类似战后初期的日本民众的顺从行为。例如，2016年12月27日，日本首相安倍晋三访问美国珍珠港慰灵发表讲话时依然很煽情地说："战争结束了，日本化作一望无尽的焦土废墟。就在日本贫困交加、痛苦挣扎之时，不惜一切送来食物、衣服的正是美国、美国国民。多亏美国国民送来的毛衣、牛奶，我们日本人的生命才得以延续。此外，美国还为日本在战后重新回归国际社会开辟了道路。在美国的领导下，我们作为自由世界的一员，得以享受和平与繁荣。"②

当然，被英美学者讥讽为"拥抱战败的顺从的畜群"的日本民众和政治家们，虽然表面上的言行对美国极度顺从，但内心是否也是那样想就不一定了。事实上，日本这种举国一致唯美是从的表现，自20世纪50年代就已经开始发生明显改变。1955年11月15日成立的日本自民党，在阐述其"建党使命"时，就明确将当时日本面临的种种社会问题归咎为美国占领当局，称"导致日本社会诸多问题的一半原因就在于战败初期的占领政策的错误"，"要大力完善以现行宪法的自主修改为首的独立体制，以不辜负国民的委托。"而且，在建党大会通过的"政治纲领"中明确表示，要"开始进行现行宪法的自主修改。另外，要依据国情重新探讨修订和废除各类占领法制"。③ 日本自民党建党后不到一个月，就成立了"自民党宪法调查会"，由岸信介任会长。在1956年1月30日第24届国会上，时任首相鸠山一郎首次宣称，日本已经成为自由主义国家的一员了。同时，他再度强调："我国欲实现真正的自主独立，就要按照我国国情对被占领时期制定的各种法令制度进行修改。我在上次国会提出了修改

---

① 张建立：《战后日本国家自我认知的轨迹及成因》，《日本学刊》2015年第5期，第29页。

② http：//www.kantei.go.jp/cn/97_abe/statement/201612/1220684_11167.html。

③ 日本自民党：「党の使命」，自民党网页，https：//www.jimin.jp/aboutus/declaration/。

宪法和改革行政机构的施政目标。我坚信，在终战十年的今天，这两个目标才是作为衷心期盼日本独立的为政者最当优先考虑的事情。特别是对于规定国之大本的宪法，其内容与制定时的经纬和形式具有非常大的意义。我一直在思考，为推动日本国民用自己的手来制定自己的宪法，首先内阁应该通过设立宪法调查会的手续，来开始慎重地探讨此事。"① 日本前首相安倍晋三也曾在其著作中表达了与此相同的观点，称："《旧金山和约》只是让日本恢复了形式上的主权。战后日本的体制，如宪法以及规定教育根本方针的《教育基本法》，都是被占领时期制定的。国家的框架必须由日本国民自己亲手从空白做起。如此方能恢复真正的独立。实现修宪才是恢复独立的象征，亦是恢复独立的具体手段和途径。"② 安倍晋三自 2006 年首次执政以来就明确提出要"摆脱战后体制"和"修宪"。如今，虽然安倍的修宪目标经历了由"修改宪法第 9 条"到"修改宪法第 96 条"，再到不拘内容只要修了宪即可的"结果论"的调整，一再降低，但从当前日本政治生态来看，继 2014 年 12 月大选自民、公明两执政党控制众议院 2/3 以上绝对多数议席后，经 2016 年 7 月的参议院定期选举，以执政党为核心的"修宪势力"又控制了参议院 2/3 以上绝对多数议席，当下也许是 1947 年以来最有利于日本实现修宪、重建日本国家组织体认同的时候了。

　　总体来看，战后日本在国家形式、政治制度等国家组织体侧面的认同建构，大体经历了一个 1955 年之前对美国如"顺从的畜群"般的依赖期后，开始进入对组织体侧面认同建构的反省和抗争期。这一特点，在战后日本的经济制度等国家组织体侧面的认同建构过程中也有几乎同样的体现。③ 关于战后日本建构以经济绩效为基础的国家认同对日本社会稳定所发挥的重要作用，也已经有较全面的研究成果发表，④ 在此不复赘言。

---

① 众议院：「第 24 回国会会議録第 4 号 鳩山国務大臣の演説」，『官報（号外）』，1956，第 21 页。

② 安倍晋三：『新しい国へ美しい国へ 完全版』，文艺春秋，2013，第 3 页。

③ 杨栋梁：《日本近现代经济史》，世界知识出版社，2010，第 204～456 页。

④ 李友梅、肖瑛、黄晓春：《社会认同：一种结构视野的分析——以美、德、日三国为例》，第 122～153 页。

三　战后日本在国家文明体侧面的认同建构特点

战后日本在国家文明体侧面的认同建构，主要体现在追求日本的独特性和日本文化的优越性方面。随着日本国力的兴衰，一些所谓的日本独特性，时而变成日本民族劣等论的立论依据，时而又会被视为宣讲或探究日本民族优秀论的素材，① 甚至对世界的日本研究都产生了重大影响。

以中国学界的日本研究为例，自1980年以来的30余年间，中国学界也曾醉心于日本国家文明体的研究。据对中国知网收录的关于日本国民性研究论文的不完全统计，以题名中含有"日本型""日本式""日本模式"字样为首的、研究日本独特性或说日本国民性优秀程度的论文，占了日本国民性研究论文的绝大部分。而且，大多是对"日本人"或者作为日本人"身份"的对象而存在的"日本文化"特殊性，进行礼赞或肯定性评价的文章。② 本来，研究日本国民性，若能通过解析真正的"日本式""日本型"现象，深入了解日本人及其国家社会，不仅具有重要的学术意义，也具有很重要的现实意义。但实际上，正如有学者所指出的那样："'日本式'这一概念的内涵到底是什么？既然可以称之为日本式，那么就必须是其他任何社会都不具备的属性，至少这种属性需要在日本表现得最为明显，否则就不能冠之以'日本式'的名号。但事实上，时下流行的日本人论，虽然对日本情况如数家珍，但对于作为比较对象的其他社会，不管是信息还是认识，都了解甚少。"③

也有学者指出："日本的某些特质使人们乐于封闭地看待它，而战后的密闭空间，也极易使人将其夸张地视为'典型的'独特的日本经验。不仅是外来者倾向于孤立和隔离日本的经验，其实没有人比日本国内的文化本质主义者和新民族主义者，对国民性与民族经验假定的独特

---

① 张建立：《日本国民性研究的现状与课题》，《日本学刊》2006年第6期，第132~134页。

② 张建立：《中国的日本国民性研究现状与课题》，《日本学刊》2011年第1期，第134~135页。

③ 罗斯·摩尔、杉本良夫编著《日本人论之方程式》，华东师范大学出版社，2007，第80~81页。

性更为盲目崇拜了。甚至是在刚刚过去的 1980 年代，当日本作为全球资本主义的主宰出现时，也是其'日本'经验的独特性，在日本国内外吸引了最多的注意。尽管所有的族群和文化都会通过强调差异区分自我，也被他者所区分，但是当论及日本的时候，这种倾向被发挥到了极致。"①

　　作为国家组织体侧面的内容，诚如上述学者指出的那样，所谓"日本式""日本型"的制度、经验，往往既可能是"西式"的，也可能是"全球式"的。但同时也不能否认，作为国家文明体侧面的内容，亦确实存在如天皇制这类"日本式""日本型"的现象。日本放送协会（NHK）从 1973 年开始每隔 5 年就会关于"日本人的意识"进行一次舆论调查。其中，每次都会调查日本国民对天皇的认同情况。天皇在战后日本建构国家文明体侧面认同时发挥的作用之大，如图 17 - 1 所示，从 2014 年 8 月 NHK 公布的连续 40 年的调查结果亦可一目了然。

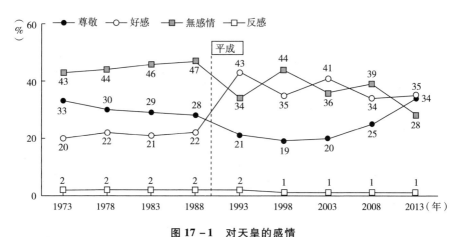

图 17 - 1　对天皇的感情

资料来源：高桥幸市、荒牧央：「闵毡救捽我庚 R・40 年の軌跡（2）」，『惴潘脱芯郡日査』2014 年第 8 期，第 9 页。

　　战后日本在建构国家文明体侧面认同时，除了注重发挥作为文明体核心要素的天皇的作用外，在挖掘日本独特的文化资源方面亦做了很多努力。② 篇

①　〔美〕约翰·W. 道尔：《拥抱战败：第二次世界大战后的日本》，第 10 页。
②　张建立：《试析日本文化软实力资源建设的特点与成效》，《日本学刊》2016 年第 2 期。

幅所限，在此仅就其海洋国家认同建构情况做一简要的梳理。

四面环海的地缘特征，虽非日本独有，但的确有利于日本人建构海洋国家认同。"日本'记纪神话'中关于海洋神话的记载，成为后人探讨海洋国家起源的主要根据。"① 但事实上，对于四面环海的日本，虽称之为岛国没有争议，但是否可以称之为海洋国家，至今在日本学界、政界精英中依然存在争议。岛国，一般会给人一种内向、狭隘闭塞之感；海洋国家，则多给人一种外向、开放的感觉。其实，很多时候，包括日本的精英们在内，更倾向于把日本视为岛国，而非海洋国家。例如，时任首相鸠山由纪夫在 2009 年 10 月 26 日第 173 次国会上发表施政方针演讲时说道，现在鸠山内阁要推动的平成维新，就是想尝试把日本从岛国改变为开放的海洋国家。② 另外，谈到日本国民性时，人们常常会提到日本的"岛国根性"，指的就是日本人长期居住在狭小而封闭的环境中逐渐形成的狭隘保守、自卑小气但又妄自尊大、盲目自信的国民性格。"岛国根性"概念最早出现于 19 世纪末，就是由当时的日本留美学者久米邦武提出的。③

从日本众参两院国会会议记录中关键词"海洋国家"出现频率的检索结果来看，1945 年 1 月至 1967 年 12 月出现 2 次，1968 年 1 月至 1979年 12 月出现 128 次，1980 年 1 月至 1999 年 12 月出现 218 次，2000 年 1月至 2017 年 1 月出现 366 次。作为日本国家意志，日本政府明确表达要建设海洋国家的意愿，始见于时任日本外务大臣三木武夫在 1968 年 1 月27 日召开的第 58 次国会上做的关于外交的演讲。三木武夫讲道："一般而言，一国的外交政策，要受该国家所处的环境这一基础条件限制。那么，我国的基础条件究竟是什么？日本是被海包围的岛国。国土狭窄资源匮乏，邻接巨大的亚洲大陆。这就是日本所处的环境。这样一个环境，作为基础条件，给予了决心和平生存下去的日本如下三个方向。即，日本作为海洋国家不采取孤立主义，必须考虑作为世界中的日本、亚洲太平洋中

---

① 陈秀武：《幕末日本的海洋国家论》，《日本学论坛》2007 年第 4 期，第 44 页。
② 众议院：「第 173 回国会会議録第 1 号（一）鸠山内閣総理大臣の所信についての演说」，『官報（号外）』，2009，第 6 页。
③ 参议院：『第 107 回国会 国民生活に関する調査会会議録第 2 号』，1986，第 4 页。

的日本生存下去的道路……无论时代如何变化，只要日本置身的环境没变，作为日本生存下去的方向及指针的日本外交基本路线就不会变。（会场鼓掌）即使是在光辉灿烂的明治百年历史中，也曾因违背了这一基本路线，想要做大陆国家而招致过失败。这是历史的宝贵教训。"① 与三木武夫的讲话相比，日本前首相中曾根康弘的讲话则更简明易懂。他曾在《日本经济新闻》"我的履历书"专栏中以援引德富苏峰谈话的形式讲道："回顾日本的历史，染指大陆时需格外慎重。神宫皇后、丰臣秀吉、大东亚战争，皆为失败的历史。海洋国家染指大陆必须慎重，否则将来会遭大殃的。"② 国家认同的建构，是一个既"求同"又"斥异"的过程。从日本政要及智库精英的发言来看，战后日本的海洋国家认同建构之初，更侧重于向内"求同"，是在重新反省日本的地理环境特征基础上，作为吸取对外发动战争失败的教训，而倡导建构海洋国家认同的。而且，直至 20 世纪末，日本的海洋国家认同建构之初的目的基本没有发生大的变化。

进入 21 世纪以后，从日本国会会议记录中关键词"海洋国家"出现频率明显增加的检索结果亦可知，日本关于海洋国家认同建构的探讨不仅增加了，而且，从相关智库的研究报告以及一些日本政要的发言来看，日本关于海洋国家认同建构的目的也开始发生明显转向，即由当初基于对日本地缘特征的认知而向内"求同"，转向了以中国为"斥异"对象的所谓开放型海洋国家认同建构。③ 日本民间国际问题和外交政策的智囊机构——财团法人日本国际论坛的"海洋国家研究小组"活动亦可视为一个标志。该研究小组成立于 1998 年，历时四年，分设如下主题，就日本海洋国家认同建构的内容进行了详尽的研究。1998 年度的主题是"日本的认同：既不是西洋也不是东洋的日本"；1999 年度的主题是"日本的战略：从岛国到海洋国家"；2000 年度的主题是"日本的战略：

---

① 众议院：「第 58 回国会会議録第 2 号（二）三木外務大臣の外交に関する演説」，『官報（号外）』，1968，第 13~14 页。

② 福留民夫：「明治・大正・昭和の教訓と新世紀日本の進路」，『経営論集』2002 年第 12 期，第 17 页。

③ 星山隆：『海洋国家日本の安全保障—21 世紀の日本の国家像を求めて』，财团法人世界和平研究所，2006。

海洋国家日本的构想"；2001 年度的主题是"海洋国家日本：其文明和战略"。该海洋国家研究小组成员不仅是日本学术界的中坚力量，而且，其中很多人还是当时小渕内阁"21 世纪构想"政策集团的重要成员。随着海洋国家研究小组的研究报告及其成员的大量相关论著的发表，扩张性的海洋日本论或者海洋国家论对日本社会逐渐开始产生影响。①

2007 年 7 月 20 日，日本《海洋基本法》正式实施。其中的第七条规定，日本要以为海洋国际秩序的形成及发展发挥先导性作用为宗旨，来推进日本海洋政策的实施与海洋方面的国际合作。2007 年 7 月 31 日，时任首相安倍晋三参加综合海洋政策本部第一次会议致辞时说："必须把海洋基本法颁布并实施的今年，作为迈向真正的海洋国家的元年。"② 如前文所述，2009 年时任首相鸠山由纪夫在第 173 次国会上发表施政方针演讲时称，其内阁要推动的平成维新，就是想尝试把日本从岛国改变为开放的海洋国家。安倍、鸠山的发言说明，在 21 世纪第一个 10 年里，日本自民党、民主党等主要政党都尚未把日本视为一个真正的开放型海洋国家。但待到安倍晋三再度执政后，2013 年 2 月 28 日，在第 183 次国会上发表施政方针演说时已明确声称："世界最大的海洋国家美国与亚洲最大的海洋民主主义国家日本成为搭档伙伴是理所当然，有必要不断加强彼此的关系。"③ 有学者甚至指出，从 20 世纪初到 21 世纪初的 110 多年中，与海洋国家结盟一直是日本外交遵循的轨道和推进的重点。"不论是上个世纪初的日英同盟，还是战后建立起来的日美同盟，抑或是当今日本欲构筑的价值观联盟、铁三角同盟等海洋国家联盟体系，中国均是日本针对的目标：或者是日本蚕食、掠夺的对象，或者是日本牵制、抗衡、围堵、遏制的对象。"④

---

① 周伟嘉：《海洋日本论的政治化思潮及其评析》，《日本学刊》2001 年第 2 期，第 46 页。
② http://www.kantei.go.jp/jp/abephoto/2007/07/31kaiyou.html。
③ 众议院：「第 183 回国会会議録第八号　安倍内閣総理大臣の施政方針に関する演説」，『官報（号外）』，2013，第 4 页。
④ 屈彩云：《论日本与海洋国家结盟的历史演变》，《亚太安全与海洋研究》2016 年第 6 期，第 113～114 页。

四　对战后日本的国家认同建构的总体评价

战后日本从 1945 年至 1968 年仅用 23 年时间便发展成为世界第二大经济体，截至让位于中国的 2010 年，一直保持世界第二经济大国地位长达 42 年。如今作为世界第三经济大国，其经济实力依然不容小觑。学界大多把日本战后的状况概括为"一片废墟"，认为日本是一个从废墟中崛起的国家，视战后日本的发展是东洋的奇迹。也有学者指出，这种概括是不符合历史实际的错误看法。"战后的日本是一个稍受损失的已步入重化工业阶段的中等发达资本主义国家，是有相当物质技术基础和生产潜力的国家，决不是一片废墟，更不是一切从零开始。'一片废墟'论可以休矣！"[1] 无论如何，国际社会对战后日本国家的发展大多还是给予了高度评价。从日本战后国家认同建构的角度来看，这种赞誉应该说首先是来自对战后日本国家组织体侧面认同建构的认可。

其次，战后日本通过追求日本的独特性和日本文化的优越性来进行国家文明体侧面的认同建构，与组织体侧面的国家认同建构相得益彰。从一些较权威的舆论调查数据来看，不仅对内大大地提升了日本人对其历史文化的自信，而且对外亦打造了良好的日本国家形象。

例如，作为国政参考的基础资料，日本内阁府从 1969 年开始对普通国民的国家和社会意识开展调查。其后，几乎每年都会进行 1 次这样的调查。每次调查的主题设定、问卷设定都会略有调整，但有些问答选项是恒定的。从 1971 年 10 月 "关于日本人的社会意识舆论调查" 起，调查问卷中加入了 "你对于日本的国家或国民一直引以为自豪的是什么？" 这一问答选项，并沿用至今。通过这个长达近 50 年的调查数据分析，可以对战后日本在国家组织体和文明体侧面认同建构情况有一个定量的把握。笔者根据日本内阁府每年所做的 "关于日本人的社会意识的舆论调查" 结果，选取对该问题的问答选项比率在前 5 名的选项制作成表（见表 17 - 1）。其中，"社会稳定程度" 选项是一个综合性的选项。在 1971 年至

---

[1]　高新民：《投降后的日本是"一片废墟"吗》，《学习与探索》1998 年第 1 期，第 132 ~ 135 页。

1979 年的调查中，该选项是以"国民的团结与社会安定"的形式作为一个答案选项供选择的。在 1980 年的调查问卷中，将其分为"国民的团结"和"社会安定"两个回答选项。1981 年，又添加了"治安的良好度"这样一个选项。这三个回答选项，其实都是在回答对日本社会稳定程度的看法。为了参阅研读方便，在制表时将其统称为"社会稳定程度"了。

表 17 - 1　日本引以为自豪之处

单位：%

调查时间	悠久的历史与传统	美丽的自然	优秀的文化与艺术	国民的勤劳、才能	社会稳定程度
1971. 10	17. 8	10. 7	8. 2	21. 2	4. 4
1972. 8	32. 6	25. 0	18. 8	26. 7	6. 9
1974. 2	36. 4	26. 4	23. 4	31. 9	5. 8
1975. 12	35. 8	29. 2	22. 5	27. 5	5. 8
1976. 12	35. 6	28. 0	23. 0	29. 0	7. 2
1977. 12	35. 2	28. 5	20. 5	28. 5	7. 7
1978. 12	35. 0	28. 5	19. 2	27. 5	7. 9
1979. 12	36. 0	27. 9	20. 3	29. 3	8. 9
1980. 12	27. 9	26. 4	18. 4	28. 0	16. 6
1981. 12	29. 2	27. 0	19. 5	30. 5	42. 1
1982. 12	30. 4	27. 7	18. 4	32. 7	42. 5
1983. 12	30. 7	30. 0	20. 1	33. 9	48. 6
1984. 12	29. 9	29. 4	20. 9	33. 0	50. 6
1985. 12	31. 2	27. 2	19. 5	34. 8	47. 8
1986. 12	35. 8	33. 8	26. 3	29. 6	61. 6
1987. 12	34. 3	34. 6	25. 1	30. 6	65. 5
1988. 12	36. 0	35. 8	25. 1	31. 6	67. 3
1989. 12	37. 2	36. 8	25. 7	31. 8	79. 8
1991. 12	36. 7	34. 6	29. 7	36. 5	69. 4
1992. 12	35. 1	36. 5	27. 2	34. 1	67. 9
1993. 12	40. 2	39. 8	29. 4	32. 8	73. 4

续表

调查时间	悠久的历史与传统	美丽的自然	优秀的文化与艺术	国民的勤劳、才能	社会稳定程度
1994. 12	41. 2	40. 8	32. 0	32. 3	62. 4
1995. 12	39. 1	40. 2	32. 4	33. 8	51
1996. 12	38. 0	38. 6	32. 3	30. 1	56. 9
1997. 12	37. 2	36. 2	33. 4	30. 8	51. 9
1998. 12	36. 6	34. 8	33. 7	28. 8	51. 3
2000. 12	37. 4	36. 2	34. 1	25. 5	42. 2
2002. 12	36. 1	37. 3	32. 6	25. 3	37. 5
2004. 1	39. 7	38. 5	34. 9	24. 9	32. 6
2005. 2	39. 9	39. 1	38. 4	25. 1	30. 9
2006. 2	42. 4	41. 0	40. 4	27. 9	34
2007. 1	43. 6	36. 5	41. 8	29. 8	37. 3
2008. 2	48. 1	46. 6	44. 9	28. 1	44. 4
2009. 1	47. 5	50. 9	47. 2	32. 9	50. 1
2010. 1	47. 9	49. 4	46. 3	32. 5	55. 9
2011. 1	47. 1	53. 9	47. 5	34. 6	59. 9
2012. 1	47. 6	53. 2	48. 3	37. 9	68. 2
2013. 2	46. 3	52. 6	50. 1	41. 5	79. 1
2014. 1	44. 2	54. 1	50. 5	41. 7	84. 6
2015. 1	46. 0	54. 0	49. 5	42. 4	84. 4
2016. 1	46. 6	55. 4	49. 9	41. 3	85. 5

资料来源:「社会意識に関する世論調査」, http：//survey. gov - online. go. jp/index - sha. html。

对比 1971 年至 2016 年，日本人对其地缘特征的认知、对其民族历史文化的自信心、对日本社会稳定程度的认可、对日本人自身能力优秀程度的自信等数据变化，战后日本国家认同建构效果可谓一目了然。篇幅所限，对表 17 - 1 所体现的战后日本国家认同建构详细情况就不展开分析了。

此外，战后日本国家认同建构为打造良好的日本国际形象也发挥了重要作用。2012 年 12 月至 2013 年 4 月，英国广播公司（BBC）对 25 个国家的影响力调查结果显示，获得正面评价最高的是德国，为 59%；排名第 4 位的是日本；中国排名第 9。[①] 2016 年 1 月 20 日，《美国新闻与世界报道》公布全球最佳国家（Best Countries）排名，日本名列第 7 位，是整体评比排名前十的国家中唯一的亚洲国家。中国排名第 17 位，韩国第 19 位。这项评比是以全球 60 个国家的 1.6 万人为对象进行的意见调查。评分标准包括冒险性、公民权、文化影响力、企业家精神、遗产、未来 GDP 及人均购买力走势、对企业的开放性、权利和生活品质等几大类，每一个单项标准满分为 10 分。日本的文化影响力（Cultural Influence）单项得分是 7.1 分，企业家精神（Entrepreneurship）单项得分高达 9.9 分。[②]

战后日本的国家认同建构举措不仅产生了如上的积极效果，也存在不容忽视的消极因素。战后日本虽然接受了新宪法所设定的战后日本国家组织体侧面认同建构总目标，但否定组织体侧面的国家认同建构成果，以谋求日本"正常国家化"为目标，主张要自主修宪谋求日本军力国际化的声音一直未有停歇，而当下的日本政治生态使这一切都变得越来越有可能。此外，传统文化是一个国家的集体记忆，是建构国家文明体侧面认同的重要手段，一个民族的崛起常常以该民族文化的复兴为先导。战后日本在国家文明体侧面认同建构过程中，以建设"美丽日本""强日本"为目标，挖掘民族历史中曾经有过的辉煌和传统文化价值中的日本特性，幻想再次垂范世界。这虽重建了日本民族自信心和自豪感，但也煽动了其民族主义情绪，乃至出现了日本普通民众的历史认识与右派政治家开始趋同的态势。尤其是近些年以对抗中国为目的的海洋国家认同建构，更是蕴含着诸多在亚洲地区制造事端的风险。有学者曾指出："近代日本国家意识的形成属于政府主导型的，它具有应急性的特点（即一切都围绕摆脱殖民地危机而展开）。"[③] 其结果，使日本走上了一条侵略扩张的道路。战后日本的国家认同建构，无论组织体层面还是文明体层面的国家认同建构，其

① BBC 民调：《中国国家形象排名第 9》，《参考消息》2013 年 5 月 24 日，第 3 版。
② 张建立：《试析日本文化软实力资源建设的特点与成效》，《日本学刊》2016 年第 2 期，第 133～134 页。
③ 陈秀武：《论近代日本国家意识的形成》，《东北师大学报》（哲学社会科学版）2005 年第 4 期，第 71 页。

实也是在政府主导下进行的，一定意义上讲，一切都是围绕尽快摆脱战后体制的束缚而展开的。特别是以对抗中国为目的的开放型海洋国家认同建构，应急性特点也颇为明显。在国际形势复杂多变的今天，对日本国家认同建构中这些消极因素的影响，也当予以足够的重视。

第十八章　日本战后大国意识的表现、成因及国际反应

人们习惯依据国土面积、人口、经济总量、人均国民收入、军事力量、政治外交影响力、科技实力、某个产品或行业地位、某个区域的影响力等"单一指标界定"的方法，或者是将其中几个要素组合到一起进行判断的"复合指标界定"的方法，把世界上的国家分为大国和小国。无论按照哪种界定方法，日本客观上一直都是一个大国要素与小国要素并存的复杂国度。但是，很多日本人拥有根深蒂固的强烈的大国意识。他们主观上对大国身份的追求从未改变，改变的只是客观上实现大国身份的程序而已。因此，以一个综合而连贯的视角来分析日本的大国意识变迁轨迹，将有助于人们对战后日本社会发展的整体性认知和规律性把握。

一　日本国民大国意识的表现

战后日本国民意识层面的大国意识，不仅可以从各界精英人物的著述言论中看到，[①] 而且在互联网时代，日本网民的言论也足以体现。比较而言，从定量的角度来分析，日本内阁府所做的"关于外交的舆论调查"数据，可为我们提供重要参考。

---

① 例如，著名的日本社会心理学家南博指出，在日本成为世界第二大经济体后，日本国民方从战败的打击中振作起来，大国意识开始在国民中恢复和普及（南博：『日本人論：明治から今日まで』，岩波书店，2006，第255页）。还有的日本历史学家直接以"大国日本"为著作题目名称的关键词（岩月秀和：『大国日本の政治指導　一九七二－一九八九』，吉川弘文館，2012）。

例如，1977 年日本内阁府所做的"关于外交的舆论调查"中有一问题是：你认为日本的外交政策今后最应该在哪些方面投入力量？请从中选一项回答。六个选项中回答"作为亚洲地区的先进国家，应该着力于亚洲的发展与和平"的占 35.5%，回答"应该与世界各发达国家一起成为世界经济繁荣的牵引力"的占 13.0%，回答"日本的经济力量已经达到世界最高水平，所以今后在政治方面应该成为世界的指导者"的占 6.0%，回答"在外交上不求引人注目，对发展中国家给予援助等，踏踏实实地为世界谋福祉"的占 25.3%，回答"其他"的占 0.6%，回答"不清楚"的占 19.6%。①

1978 年的调查，将上述问题分开设问："日本在经济方面已经达到世界最高水平，所以今后在政治方面应该成为世界的指导者吗？"回答"这样认为"的占 23.4%；回答"不这样认为"的占 37.9%；回答"不可一概而论"的占 18.7%，回答"不清楚"的占 19.9%。② 针对同样的问题，1979 年的调查，回答"这样认为"的占 23.5%；回答"不这样认为"的占 38.2%；回答"不可一概而论"的占 19.8%，回答"不清楚"的占 18.5%。③ 1980 年的调查中，回答"这样认为"的占 66.1%；回答"不这样认为"的占 13.1%；回答"不清楚"的占 20.8%。④ 1981 年又调整了一下问法："你认为日本应该在国际政治领域为世界的和平与安全发挥更大的作用吗？"回答"这样认为"的占 63.7%；回答"不这样认为"的占 12.0%；回答"不清楚"的占 24.3%。⑤

另外，1980 年"关于外交的舆论调查"中，首次出现"日本是世界经济大国"的措辞。1987 年的表述中略去了"世界经济"这一定语，只

---

① 「外交に関する世論調査」（昭和五十二年），http：//survey. gov – online. go. jp/s52/S52 – 08 – 52 – 07. html。

② 「外交に関する世論調査」（昭和五十三年），http：//survey. gov – online. go. jp/s53/S53 – 08 – 53 – 07. html。

③ 「外交に関する世論調査」（昭和五十四年），http：//survey. gov – online. go. jp/s54/S54 – 08 – 54 – 07. html。

④ 「外交に関する世論調査」（昭和五十五年），http：//survey. gov – online. go. jp/s55/S55 – 05 – 55 – 04. html。

⑤ 「外交に関する世論調査」（昭和五十六年），http：//survey. gov – online. go. jp/s56/S56 – 05 – 56 – 03. html。

是笼统地表述为"成为大国的日本"，① 而未明确某特定领域的大国。
2009 年明确表述为"作为世界第二经济大国的日本"。② 由于 2010 年世界
第二大经济体的地位被中国所取代，2010 年、2011 年的调查问卷中的表
述就变成了"世界有数的经济大国日本"，③ 而 2012 年、2013 年和 2014
年的问卷中则不见了"大国"这一措辞。当然，需要指出的是，"关于外
交的舆论调查"问卷的设问用语措辞乃日本内阁府所做，而非普通日本
国民本身。因此，仅从设问用语来看，的确是国家官方意志的一种体现，
可能会有碍国民真实意愿的表达，但鉴于回答该问卷的多为普通日本民
众，且是数十年持续做的一项调查，所以从措辞中针对"大国"一词的
使用变化，也还是能够在一定程度上较直观地反映日本国民大国意识的微
妙变化。当然，后来的调查在措辞上不使用"大国"一词，并不是说日
本人的大国意识也随之消失殆尽了。

　　另外，从日本民众关于是否赞同日本加入联合国的舆论调查结果来
看，日本国民对大国身份的诉求依然很强烈。日本内阁府"关于外交的
舆论调查"中最早设立"日本在联合国中的作用"这一调查项目始于
1984 年，并一直延续至今。其中，"关于是否赞同日本加入联合国安理会
常任理事国"，1994 年至 2014 年的调查数据如图 18 - 1 所示，持赞同意
见者逐年增加并占大多数。

　　从 2014 年的最新调查数据看，从性别上看，赞成者中男性越来越多；
从年龄上看，30 岁至 50 多岁的人居多。究其理由，回答"从日本的世界
地位来看，应该积极地参加到构筑世界和平中去"的占 27.5%，回答
"日本在财政方面对联合国做出了非常大的贡献，但却不能参与重要事项
的决定是不正常的"的占 25.8%，回答"非核保有国且以和平主义为理
念的日本入常有益于世界和平"的占 23.7%，回答"能够将日本的想法

---

①　「外交に関する世論調査」（昭和六十二年），http：//survey. gov - online. go. jp/s62/S62 -
　　10 - 62 - 12. html。

②　「外交に関する世論調査」（平成二十一年），http：//survey. gov - online. go. jp/h21/h21 -
　　gaiko/index. html。

③　「外交に関する世論調査」（平成二十二年），http：//survey. gov - online. go. jp/h22/h22 -
　　gaiko/3_chosahyo. html；「外交に関する世論調査」（平成二十三年），http：//survey. gov -
　　online. go. jp/h23/h23 - gaiko/3_chosahyo. html。

反映到联合国关于安全保障做出的重大决定中"的占 13.6%，回答"作为亚洲代表之一成为安理会常任（理事）国，有助于减少联合国的地区偏向"的占 7.9%。① 虽然自 1984 年以来关于同样问题的回答者所占比例略有变化，但这几个设问本身归根结底都是日本要在国际舞台发挥作用的大国意识的反映。有日本学者称："日本加入联合国（安理会）常任理事国，就好比有钱的商人想成为武士团的正式成员一样。"② 现任东京都知事的舛添要一也曾说："如果把联合国比作公司的话，那么'入常'就是加入董事会，可以获得秘密情报。"③ 上述言论，与日本内阁府"关于外交的舆论调查"中关于入常理由的回答颇为相似。2015 年 4 月 7 日，日本政府发布《外交蓝皮书》称，日本将联合国成立 70 周年的 2015 年及日本加入联合国 60 周年的 2016 年定位为"具体的行动之年"，将以前所未有的力度强化联合国外交。④

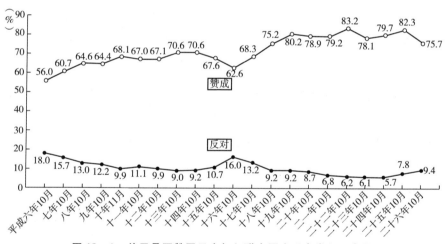

图 18 - 1　关于是否赞同日本加入联合国安理会常任理事国

资料来源：「外交に関する世論調査」（平成二十六年），http：//survey. gov - online. go. jp/ h26/h26 - gaiko/zh/z27. html。

①　「外交に関する世論調査」（平成二十六年），http：//survey. gov - online. go. jp/h26/h26 - gaiko/zh/z27. html。
②　奥宮正武：『自衛隊では日本を守れない ‐ 真の独立国になるために何が必要か』，PHP 研究所，1998，第 176 页。
③　舛添要一：『21 世紀の国連と日本 世界を読む!』，学習研究社，2000，第 152 页。
④　『平成二十七年版外交青書（外交青書 2015）要旨』，第 12 页，http：//www. mofa. go. jp/ mofaj/files/000075243. pdf。

二　日本大国意识不断的原因

关于战后日本追求大国身份的原因，学界大多是从国际社会中权力分配格局的角度进行分析。① 另外，中国社会科学院日本研究所李薇研究员建议，希望日本将自己打造成精致、优美并宁静的"亚洲的瑞士"，这样做将更有利于日本发挥自身的高科技和环境优势，树立在亚洲的良好形象，实现历史和解。② 其实战后初期，在日本国内就曾有这种希望日本做"中立国"的议论，但遭到了吉田茂首相非常明确的否定。1950 年 7 月 14日，吉田茂首相在国会发表施政方针演说称："诸如永世中立之类的议论，即使是出于真正的爱国心，也完全是游离于现实之言论。"③ 1951 年 10 月12 日，吉田茂首相在国会发表施政方针演说时再次提到日本做中立国是不可能的，"今天虽然还有人倡导以中立条约来守护我国的独立。但是，从围绕日本的国际形势来看，关于日本的中立，难以想象能够在相关国家间达成共识。另外，即使做出了尊重中立的约定，也不要忘记还有言而无信的国家存在。另一方面，还有人想要通过联合国的一般保障来寻求活路。联合国是世界最大的，也是最高的安全保障机构，但是，现状则是即使欧美列国也在联合国的保障之外在不断地完善补充性的安全保障体制。作为签订和平条约后的日本，其安全保障之路，与爱好和平国家的集体安全保障，即目前除了依靠日美条约提供的安全保障以外，我认为别无他法。"④ 目前，关于战后日本追求大国身份的原因，从历史、思想文化切入来探讨日本这个国家民族精神层面的内容，进而探讨其追求大国身份的

---

① 例如，刘慧华《从不平衡发展看日本"政治大国"的提出》（《复旦学报》（社会科学版）1993 年第 1 期）、冯昭奎《日美安保体制与日本的大国战略》（《世界经济与政治》1997 年第 8 期）、〔美〕吉尔伯特·罗兹曼《日本对大国身份的寻求》（《国外社会科学文摘》2002 年第 6 期）、徐万胜《日美同盟与日本的军事大国化倾向》（《当代亚太》2004 年第 4 期）。

② 李薇：《日本的国家定位与历史反思》，《国际经济评论》2012 年第 4 期。

③ 「吉田茂内閣総理大臣施政方針演説」（1950 年 7 月 14 日），http：//www. ioc. u－tokyo. ac. jp/~worldjpn/documents/texts/pm/19500714. SWJ. html。

④ 「吉田茂内閣総理大臣施政方針演説」（1951 年 10 月 12 日），http：//www. ioc. u－tokyo. ac. jp/~worldjpn/documents/texts/pm/19511012. SWJ. html。

深层心理文化原因的研究成果并不多。[①]　鉴于此，笔者拟借鉴心理文化学的研究方法，从人的基本需要的视角与日本传统文化规则、特点切入，对日本大国意识的成因做分析。

（一）"情感性地位"需求的不满足

在心理文化学的视野里，所谓"国际关系"或"国际政治"就转变成了国内人际关系在国家行为体对外部世界的反应和行为模式上的一种投射。国家行为体的基本需要也具备人的基本需要的一些特征。心理文化学认为，人的基本需要有三大类，即安全、社会交往和地位。每一类需要都可分为三层，即生物性的、社会性的和情感性的。[②]　其中，地位通常通过"身份"表现出来。身份通常指一个人在社会中担当的职务。就国家而言，可以理解为一个国家行为体在国际社会中所发挥的作用和影响力。"地位"需求的三个层次是生物性地位、社会性地位和情感性地位。所谓生物性地位，是指由于出身而带来的位置。对于国家而言，可以理解为一个国家的天然地理位置。所谓社会性地位，是指社会成员在社会系统中所处的位置，常以财产、权力和权威的形式表现出来，也可以称为一种"角色地位"，可以代表个人努力工作取得的象征，如豪宅、前呼后拥的车马随从等，但不一定会获得尊敬，就如同有些高官令人畏惧但并不能获得人们的尊敬一样。对于国家而言，可以理解为一个国家的经济总量、军事力量、科技力量等硬实力方面的内容，以及在国际社会中所担负的职务等。所谓情感性地位，是来自亲密的家庭、朋友或同事的尊重和评价，这也是最高层次的地位需求。地位需要的满足可以使人快乐，但真正使人快乐的不是多高的职位，也不是职业和经济地位，而是受他人评价和尊重的情感性地位。就国家而言，可以理解为一个国家受到来自国际社会的评价和尊重。

按照目前学界常用来划分大小国的方法，无论是依据国土面积、人口、经济总量、人均国民收入、军事力量、政治外交影响力、科技实力、某个产品或行业地位、某个区域的影响力等"单一指标界定"的方法，

---

① 参见廉德瑰《"大国"日本与中日关系》，上海人民出版社，2010。
② 尚会鹏：《心理文化学要义：大规模文明社会比较研究的理论与方法》，第42页。

或者是将其中几个要素组合到一起进行判断的"复合指标界定"的方法，①可以说日本一直是一个大国要素与小国要素并存的复杂国度。从生物性地位来看，日本难以克服面积狭小的局限，是天然的小国。但是，从社会性地位亦即角色地位层面来看，日本无疑早已是数一数二的大国。日本孜孜以求的，实质是在国际社会中受他国评价和尊重的情感性地位。但遗憾的是，从历史上看，日本的情感性地位一直未能得到满足。朝贡体系时期，日本在亚洲一直被视为蛮夷之国，中国几乎无视其存在。朝贡体系崩溃后，一直想主导东亚的日本依然没有能够成为东亚秩序的核心。日本在历史认识问题上出尔反尔，不仅难以获得亚洲各国的评价和尊重，甚至受到了鄙视和斥责。日本作为世界第二经济大国在位长达42年之久，但一些日本政治家认为日本一直屈居美国一个州或者说是属国似的政治地位，②并未能从其盟友那里获得希冀的评价和尊重。从战后历任首相在其施政方针演说中对其国家的定位来看，大多将日本界定为身首两端的国家，即从地理位置上承认日本是一个亚洲国家，但从经济发展特别是精神、价值观层面又将日本归属为一个与欧美诸国同类的国家，并希望在国际事务中发挥与之地位相当的作用。日本作为一个一直介于世界战略力量板块之间的边际国家，虽然也曾发挥过连接亚洲与世界的桥梁作用，但近年来随着日本因经济衰退丧失了世界第二经济大国之位，加之各国权力的重新分配，使其角色地位需要也益发难以得到满足。日本的"安全、社交、地位"这三种基本社会需求，不仅过去一直处于难以完全得到满足的情况，而且将越来越多地直面各类危机，这直接导致日本在追求大国身份的行为上日益显得焦躁不安。

（二）唯强是从的传统文化规则

日本传统将棋中有一条不同于中国象棋的游戏规则，叫作"持驹"。中国象棋的游戏规则规定，被吃掉的棋子不能复生，也绝不可能作为某一

---

① 较全面而详细的研究可参阅下列论文。欧阳峣、罗会华：《大国的概念：涵义、层次及类型》，《经济学动态》2010年第8期；郑捷：《如何定义"大国"？》，《统计研究》2007年第10期；马宁：《中等大国的分化与概念重塑》，《当代亚太》2013年第2期；韦民：《小国概念：争论与选择》，《国际政治研究》2014年第1期。

② 〔澳〕加文·麦考马克：《附庸国：美国怀抱中的日本》，于占杰、许春山译，社会科学文献出版社，2008，第3页。

方的兵力重新加入战斗掉过头来攻击对阵方。而日本将棋的"持驹"规则规定，除了代表敌我双方的首领"王将"或"玉将"之外，任意一个被吃掉的棋子均可复生，可以再次作为吃掉该棋子一方的兵力被随时投入使用。被吃掉的棋子，也就是说"大死一番"的棋子，可以重新来过，即使是效力对象变成了昔日的敌人，它依然会全力以赴。当然，若再被原来的主人俘获，依然还可以为原来的主人效力至死。所以，日本将棋子都是清一色盾形，棋盘下难以辨识其归属，只有摆到棋盘上，定了盾形棋子尖端指向才会分出敌我。"持驹"这种游戏规则，反映了日本人将善恶标准相对化且唯强者是从的一个重要行为心理特征。①

就如同一个被吃掉的棋子可以复活并能够轻易地被再度摆放到棋盘上攻击其原属团队一样，具体到现实生活中的日本人，在从一种行为转向另一种截然相反的行为时很少会感到心理苦痛。对此，本尼迪克特在《菊与刀》中曾以二战期间日本俘虏判若两人的改变及战后日本公众对美国态度的180度大转变等为例做过说明。投降是可耻的，这已深深地烙在日本人的思想深处。对于日军战俘而言，被俘使他们丧失了名誉，也就丧失了作为日本人的生命。有些人求死不能便表示要做一个模范战俘，认真为美军写宣传品，仔细说明日军兵力的配置，给美军指出弹药库的位置，与美军飞行员同乘轰炸机指点军事目标。日本战俘这种种与美国人的信条格格不入的180度大转变，出乎了美国人的预料。②

另外，即使是在今天，只要稍加留心就会注意到，现代日本人在与人日常交往中依然格外在意自己于社会空间的定位，其行为方式也会随着其所属的社会空间变化而相应地发生改变。有学者将日本人的这种行为特点归结为由等级观念派生出的"位置意识"使然。日本人的"位置意识"，既包括纵向的上位意识和下位意识，亦包括横向的竞争和看齐意识。前者决定了"上位者"对"下位者"的傲慢、欺压和控制，当然不排除呵护、提拔与照顾；同时也决定了"下位者"对"上位者"的谦虚、服从和顺从。后者则决定了日本人顽固、保守、狭隘和自私排外的特点以及日本人

---

① 张建立：《从游戏规则看日中两国国民性差异——以日本将棋与中国象棋为例》，《日本学刊》2009年第1期。
② ルース・ベネディクト：『菊と刀—日本文化の型』，第50～51、199页。

灵活、善于模仿和接受新事物的特点。日本人很多时候是这种横、纵位置意识的矛盾统一体。① 这种"位置意识"也可以理解为心理文化学所讲的人的地位需要的三个层次的矛盾统一。日本人在追求满足地位需要时所采取的手段往往高于道德判断，所以，结果往往是忍辱负重使角色地位得到满足，但情感性地位一直难以得到满足。因而，也就促使日本更加渴望凭借大国身份来满足其情感性地位。

三　日本大国意识的国际反应

日本的大国意识影响到方方面面，并引起了国际社会的反应。

（一）经济大国梦受美国的"捧杀"

如日本银行国际局前局长增永嶺曾指出的那样，20 世纪 80 年代，日本经济在过去长时间的高速增长使其人均 GDP 达到了世界最高水平。"所谓'日本第一'② 的幸福感贯穿了整个 80 年代。"③ 1985 年美、日、英、德、法签订的"广场协议"导致日元币值迅速飙升，使日本人因此变得空前富裕，在美国掀起了一股购买不动产的风潮，特别是当年洛克菲勒中心与哥伦比亚影业公司这一美国国家文化的重要象征分别被三菱公司和索尼公司购买引起了美国社会的极大反响。美国人甚至自嘲说，说不定什么时候日本人连自由女神像都买走了。④ 但是，随着日本三菱公司因为经营不善难以承受巨额亏损不得不以当时购买的半价再次将洛克菲勒中心出让给美国原主，以及日本索尼公司购买哥伦比亚影业公司被公认为是日本亏损最大的企业并购案大白于世后，沉浸在"日本第一"幸福感中的日本很快就意识到，买下美国只不过是一场噩梦，最终非但未能买下美国，反

---

① 廉德瑰：《"大国"日本与中日关系》，第 41～42 页。
② 1979 年，哈佛大学教授傅高义出版了《日本第一：对美国的启示》（Japan as Number One）一书，该书作者伴随着日本经济的崛起而声名大震。但就在"日本模式"甚嚣尘上的时候，泡沫破灭，股市、房地产暴跌，日本从此进入连续十几年的经济停滞和衰退期。面对多方面的责难，2000 年傅高义又写了新书《日本仍是第一吗？》（Is Japan Still Number One），书中历述了当年的研究过程和判断的依据，他解释写那本书的目的是想告诉美国人，在有些方面应当向日本学习，而且他从不相信日本当前的危机意味着幻灭。
③ 〔日〕增永嶺：《广场协议后的日本经济》，常思纯译，《银行家》2008 年第 5 期。
④ 李子：《日本买下美国之后》，《意林》2009 年第 2 期。

倒在未来的发展中被美国再次抢得先机。①

　　泡沫经济崩溃后，日本经济一直萎靡不振，经济增长疲软，国际经济地位相对下降，财政状况不断恶化，长期通货紧缩，地区差距与贫富差距扩大，陷入了长期低迷状态。日本经济发展在总体低迷中虽然也出现过多次"小阳春"，存在不少亮点，② 但依然未能阻止其经济大国地位的下滑。中国国家统计局 2015 年 2 月 26 日发布的《2014 年国民经济和社会发展统计公报》显示，2014 年中国国内生产总值（GDP）为 636463 亿元人民币，首次突破 60 万亿元人民币。以美元计，亦首次突破 10 万亿美元大关。按照国际货币基金组织 2015 年 4 月公布的国内生产总值（GDP）统计数据，美国 174189.3 亿美元居世界第一，中国 103803.8 亿美元稳居世界第二，日本 46163.4 亿美元居世界第三，不及中国的一半。③

（二）政治大国梦受到受害国的"棒喝"

　　20 世纪 50 年代以来，日本政府利用各种机会，积极改变其在国际政治中的地位和形象。从历届内阁总理大臣的施政方针演说来看，日本政府的外交原则基本上是以联合国为中心，积极与欧美"自由主义国家"联合，发挥作为亚洲一员的作用。日本通过 1952 年 4 月正式生效的《旧金山和约》与签署和约的 48 个国家和地区结束战争状态恢复了外交关系；通过加入国际货币基金组织（IMF）实现了重返国际经济社会的第一步。1956 年 12 月正式成为联合国成员国重返国际社会。1960 年日美签订新《日美安全保障条约》，在外交上取得了更多的自主权。

　　大国意识一直是激励日本前进的重要精神动力之一。无论是日本国家意志，还是民间舆情，追求"政治大国"身份的意愿都比较强烈。这种追求有其积极的一面。恰如 1984 年 2 月 6 日，时任首相中曾根康弘发表施政方针演说时所讲的那样，正因为追求在国际政治领域的领导地位，其认识到"作为国际国家的重要的责任义务之一就是帮助发展中国家"。为

---

① 张焕利：《日本"买下美国"的教训》，《炎黄春秋》2011 年第 11 期。
② 张季风：《重新审视日本"失去的二十年"》，《日本学刊》2013 年第 6 期。
③ 该数据来源于 IMF – World Economic Outlook Databases（2015 年 4 月版，http://www.imf.org/external/ns/cs.aspx? id = 28），亦可参见"世界经济のネタ帐"网站"世界の名目 GDP（USドル）ランキング"，http://ecodb.net/ranking/imf_ngdpd.html。

此，他特意在编制国家预算时就留好经济合作费用，并规划出帮助发展中国家搞经济建设的中期目标等。这些举措客观上无疑为发展中国家的发展做出了很大的贡献，的确也因此获得了世界各国的认可和评价。①

但是，与此同时我们需要清醒地认识到，恰如中曾根康弘在1984年2月6日发表施政方针演说时所讲的那样，他这么做的初衷或说真正目的在于"推进日本的综合安全保障"。中曾根对日本的未来充满了憧憬，称"日本作为位于亚洲大陆东岸的碧波荡漾的太平洋国家，将会创造出融合东西方文明的新的文明"②。这种自信在今天的日本社会几乎荡然无存。2014年10月，日本内阁府公布了同年8月21日至31日针对20岁以上的日本人进行的《关于人口、经济社会等日本愿景的舆论调查》。其中，第一问是"你认为50年后的日本的未来比现在光明还是暗淡？请从以下单选一项予以回答"。总体来看，回答"认为光明"的占33.2%，回答"认为暗淡"的占60.1%，回答"不清楚"的占6.7%。具体从性别来看，男性回答"认为暗淡"的为58%，女性回答"认为暗淡"的为61.8%；再从年龄段来看，20~29岁回答"认为暗淡"的占53.9%，30~39岁回答"认为暗淡"的占65.3%，40~49岁回答"认为暗淡"的占63%，50~59岁回答"认为暗淡"的占64.7%，60~69岁回答"认为暗淡"的占64%，70岁以上回答"认为暗淡"的占50.9%。③

导致日本人这种社会心理状态的原因很多，日本国民期盼第二次当选首相的安倍晋三能够信守其承诺建设美丽富强的日本。然而，以涓滴效应理论为支撑的安倍经济学迟迟不见效。标榜开展地球仪外交的安倍东奔西跑地忙了一大圈，终了却发现一衣带水的邻邦相看两厌的事态日益严重。日本国家发展正确的方向究竟是什么？没有哪一个政党、哪一个人能给出一个满意的答案。1984年2月6日，中曾根发表施政方针演

---

① 例如，日本外务省近年来在美国、中亚、南美地区、东南亚等做的舆论调查数据，以及英国BBC做的关于世界各国国家形象的调查，对日本的评价还是比较高的。

② 「中曽根康弘内閣総理大臣施政方針演説」（1984年2月6日），http://www.ioc.u-tokyo.ac.jp/~worldjpn/documents/texts/pm/19840206.SWJ.html。

③ 「人口、経済社会等の日本の将来像に関する世論調査」，http://survey.gov-online.go.jp/h26/h26-shourai/2-1.html。

说时曾提到日本为了将 21 世纪变成日本的世纪，使日本成为世界上最具影响力的大国必须具备如下三个条件。"其一，日本在国际社会中，能否作为合作且可信赖的国家被持续接纳？其二，日本人今后能否维持勤勉性？其三，日本人能否在丰富的物质生活的基础上珍惜人类精神的崇高感，构建尊重彼此的人格和重视礼仪的共同社会，维护其团结，建设值得世人尊敬的国格？"① 日本国内的因素且不说，仅从国际层面来看，恰恰是日本人没有做到当年中曾根所列举的三点，才出现了目前这种态势。

作为一个政治大国，应该是具有制定和掌管国际社会规则的能力，即具有政治权力的国家，而政治权力不仅来源于经济实力和军事实力等物质的有形权力资源，而且来自无形的关系。关系可以放大权力，也可以制约权力。② 经济大国身份的追求比较倾向于社会性地位亦即在国际社会中的角色地位的追求，相对而言比较容易。而政治大国身份的追求虽然不能没有硬实力的支撑，但更需要关系性权力资源的支撑。日本在大国意识的推动下，为世界特别是发达国家的发展做出了贡献，也获得了一定的积极评价，但这种评价，从心理文化学的视角看，也不过是对日本在国际社会中的一种角色地位的评价而已。日本或可以从这种评价中获得角色地位需求的满足，但难以获得情感性地位需求的满足。由于日本社会保守化日益严重，特别是日本政要在历史问题上缺乏反省甚至推行历史修正主义，日本的政治大国梦缺失了来自关系这一权力资源的支撑，因而也就难以获得情感性地位，难以获得评价和尊重。只有正视历史，才能取信于国际社会，这是日本实现政治大国目标的重要前提。③

---

① 「中曽根康弘内閣総理大臣施政方針演説」（1984 年 2 月 6 日），http：//www. ioc. u－toky-o. ac. jp/～worldjpn/documents/texts/pm/19840206. SWJ. html。

② 秦亚青：《关系与过程——中国国际关系理论的文化建构》，上海人民出版社，2012，第 68 页。

③ 张森林：《正视历史才能取信于国际社会——日本实现政治大国目标的重要前提》，《东北亚论坛》1996 年第 1 期。

第十九章　战后日美关系特点分析

一　战后日美关系的特点

在当今世界各大国关系中，日本与美国或许是最奇特的一对：一方面，日美两国都是经济和科技超级大国。从国内生产总值来看，美国是世界第一，日本1968～2010年居世界第二，现在依然居世界第三；按联合国《包容性财富报告2012》中提出的包容性财富指标进行评估的结果来看，美国的总资本财富约为118万亿美元，居世界第一，日本约为56万亿美元，居世界第二，中国约为20万亿美元，排名第三。① 另一方面，日本一直高度依附美国，日美关系一直处于"美主日从"状态，这与二者的经济地位极不相称。尽管战后日美关系经历了一些变化，② 但日美关系的"美主日从"特点没有根本改变。正如中国社会科学院日本研究所冯昭奎研究员指出的那样，"在日本尚不具备迅速发展独立军事力量的条件下，唯一可行的是在维持日美安保体制现状的前提下，逐步增强'独自的军事力量'和'政治自主性'。这意味着日本仍然需要依赖美国，而只要日本在安全等方面继续依赖美国，日美之间在实际上还是没有达到真正的平等关系，因为自己国家的防卫要靠人家，谈何与人家平起平坐呢？

① 胡飞雪：《开辟包容性财富创造新境界》，《上海证券报》2012年7月23日，第4版。
② 1979年5月2日，日本首相大平正芳和美国总统卡特发表的联合声明，曾让一些学者认为这标志着战后日美关系的发展进入了一个新的历史阶段，两国关系已由过去的"从属"关系，转化为"老大与老二"的战略伙伴关系。参见杨伯江《日美关系的特征及其中近期走向》，《现代国际关系》1990年第2期。也有学者把1992年1月美日《东京宣言》的签署视为日美关系由从属关系转变为"全球伙伴关系"的标志。参见张宝珍《评日美伙伴关系》，《经济研究参考》1992年第Z2期。

何况，即使在作为日本的'强项'的经济方面，进入 20 世纪 90 年代以来，美国以'日元升值'和经济制裁（适用'超级 301 条款'）两手。事实上，仅日元升值这一手就让日本引为自豪的竞争力'亮了底'，在 1995 年春甚至使缓慢复苏的日本经济停下了复苏的步伐，这意味着日本即使在经济方面也仍然不能与美国'平起平坐'"。① 也就是说，所谓"全球伙伴关系"是徒有其名，虽然日本在经济上可为美国构筑世界新秩序提供某些支持，但无论是在政治还是在军事上，日本还都无法担当起"政治大国"的重任，日美关系实质上还是一种"美主日从"的从属关系。

当然，日美关系的特点在各个时期有所不同，一些专门研究日美关系变化的学者甚至总结了日美关系的周期性规律。日本学者五十岚武士在 1991 年首次提出日美关系存在两个历史周期的论点。美国学者威廉·R. 内斯特亦认为日美关系存在两个周期：最初的伙伴关系和最终的竞争对手两大周期，构成迄今为止的美日关系：一是地缘政治的（1853～1945 年），二是地缘经济的（1945 年至今）。② 中国社会科学院日本研究所日美关系研究专家刘世龙对上述日美关系周期论又做了进一步解析，指出日美关系以 1911 年为界，可分为近代、现代两个周期。每一周期历时约为一个世纪，具体分为四个发展时期：平等时期、过渡时期、不平等时期和准平等时期。"在 2020 年以前，日本不大可能成为美国的挑战者。美国是个旧式霸权国，不愿放弃对日主导地位。"③ 也就是说，日美关系周期论者也承认迄今为止日美关系依然是美主日从的相互依赖关系。

对于战后日美关系，学界大多认为小泉纯一郎执政的约 5 年半期间（2001 年 4 月至 2006 年 9 月）是日美最亲密的时期，日美两国政府也都如此宣称，但澳大利亚学者加文·麦考马克却犀利地讽刺说："美国与'属国'的关系被双方说成是从未有过的亲密。但是，这种'亲密'只意味着日本单方面遵循美国的要求，逐步提高给美国的补贴金以坚挺美元和

---

① 冯昭奎：《日美关系：从战后到冷战后》，《美国研究》1996 年第 3 期。

② 参见 William R. Nester《力量跨越太平洋》，麦克米伦出版股份有限公司，1996，第 1 页；转引自刘世龙《日美关系的两个周期》，《日本学刊》2002 年第 3 期。

③ 刘世龙：《日美关系的两个周期》，《日本学刊》2002 年第 3 期。

支持美国所发动的战争，而日本从不会对美国的政策发生影响"，"主权的自我放弃是附庸国心态的先兆"。①

除了上述基于学术分析而得出的代表性论断外，对战后"美主日从"的日美关系特点还有诸多形象的表述。据 2003 年 2 月 19 日《朝日新闻》记载，时任自民党政策调查会会长的久间章生在被记者问及在伊拉克战争逼近时，日本应该持何立场时回答说："我认为日本别无选择。毕竟，日本就像美国的一个州。"据 2004 年 9 月 21 日《朝日新闻》记载，著名保守政治家后藤田正晴在去世前曾痛心疾首地写道："日本已沦为美国的仆从国或者说属国。"有的学者继承此说，称："在日本宪法的前言与第 9 条被制订之时，日本将成为美国之属国的地位几乎就已被确定。只要这个宪法存在，日本就不会真正实现国家的独立。"② 2011 年，早在 20 世纪 80 年代就著书主张日本要对美国说"不"的石原慎太郎，③ 又在其新著中称，日本就是美国的"妾国"，"看看至今美国每年强加给日本的《年度改革要求书》的实际内容，就知道这个国家无疑是一直隶属于美国的，就像美国的'妾'一样的存在，此间，我们作为被圈养者，当然一直没有任何自主可言"。④ 也有中国学者认为，以前日本充当的是仰仗美国鼻息的"小妾"角色，如今已逐步升级为"情人"：其军事上的独立性和灵活性大大加强，在承担更多自我防卫责任的同时，日本军力的自由度大大提升。⑤ 美国传统基金会高级研究员克林格纳曾形容民主党鸠山由纪夫内阁时代的日美关系是一种"家庭内分居的夫妻"关系。⑥ 也有学者将美日关系说成"师生关系"，称"正由于日本挑战美国失败，第二次世界大战后又得到美国扶植，日美才结成师生关系"。⑦

---

① 〔澳〕加文·麦考马克：《美国怀抱中的日本》，序言，第 6~7 页。
② 藤原正彦：『日本人の誇り』，文春新书，2011，第 64 页。
③ 盛田昭夫、石原慎太郎：『「NO」と言える日本——新日米関係の方策』，光文社，1989。
④ 石原慎太郎：『新·堕落論』，新潮選书，2011，第 49 页。
⑤ 三眉：《日美关系：日本从"小妾"变成了"情人"》，《新华每日电讯》2005 年 11 月 15 日，第 3 版。
⑥ 『「普天間」迷走　きしむ同盟　日米関係は「家庭内別居」』，『産経新聞』2009 年 11 月 7 日。
⑦ 刘世龙：《日美关系的两个周期》，《日本学刊》2002 年第 3 期。

综上所述，战后日美关系的本质特点可概括为"从属式依赖"。顾名思义，日美间的依赖关系是一种非对等的依赖，是一种极特殊的从属性依赖关系。目前，主流国际关系理论趋于用权力（实力、力量，英文为power）解释国家间形成的非对称性依赖的关系，① 具体到日本对美国的极度顺从，往往被顺理成章地理解成美国的权力使然，这也是目前已有的数百篇日美关系研究论文和部分研究著作的大体共识。但日美关系的特点无法完全用权力解释，日本虽然在政治、经济等实力方面逊于美国，但远远没有到足以使日本如此顺从美国的程度。即便承认"权力"是决定国家间关系的主要因素，那么这种外在因素也会因行为体双方的不同特性而有不同表现，这方面的例子在国际政治领域有很多，从越南战争②、伊拉克战争③，以及阿富汗战争来说，美国一厢情愿设计输出的政治民主模式在这些国家举步维艰，④ 可以说，无论哪一场战争，美国自身及被其拖进战争的发达国家之力量都不可谓不强大，其对越南、伊拉克、阿富汗的国家组织体层面的摧毁也都不可谓不彻底，但强权对这些国家的文明体的损伤并不是很大，无论哪一个国家都没有让美国一厢情愿输出的民主生根，无论哪一个国家都没有让美国再度尝到当年改造日本的成功之喜悦。

主流国际关系理论把解释的重点放在了国家的"组织体"层面，而国家还有"文明体"层面，解释国家行为体的行为和国家间关系模式，还必须考虑文化和文明因素。当分析转向文化视角时，早年"文化与人格"学派的学者对日本行为的解释或许仍不过时："想用命令方式创造一个自由民主的日本，美国做不到，任何外国也做不到。不论在哪一个被统治国家，这种办法从未成功。任何一个外国人，都不能强迫一个与其具有

---

① 关于"相互依赖"的详细论述，可参见〔美〕罗伯特·吉尔平《国际关系政治经济学》，杨宇光等译，经济科学出版社，1989；〔美〕肯尼思·华尔兹《国际政治理论》，信强译，上海人民出版社，2003；〔美〕大卫·A. 鲍德温主编《新现实主义与新自由主义》，肖欢荣译，浙江人民出版社，2001。

② 梁志明：《越南战争：历史评述与启示——越南抗美战争30周年胜利纪念》，《东南亚研究》2005年第6期。

③ 田文林、郭襄平：《伊拉克：美国的另一个越南?》，《现代国际关系》2007年第3期。

④ 张红：《阿富汗撤军：美国体面得起来吗》，《人民日报（海外版）》2011年8月13日，第6版。

不同习惯和观念的国民按照其愿望去生活。"① 实际上，日美 60 余年来"美主日从"的独特关系，不是美国的权力所能达到的。或许有人会说，造成日美关系这种特点的原因是日本的战败国地位，但同样是战败国的德国，也曾被美国占领和统治，与美国的关系却不具有这样的特点。美国麻省理工学院历史学教授约翰·W. 道尔评价战后日美关系时曾指出："日美之间的这种关系是史无前例的，而战后任何其他的经验也无法真正与之相比。日本从前的轴心国伙伴德国，在被占领时期由美国、英国、法国和苏联分而治之，缺乏像美国对日本进行单边控制那样高度集中的关注。而且，德国逃脱了东京投降后的当权人物——道格拉斯·麦克阿瑟（Douglas MacArthur）将军那救世主式的高涨的热情。对于胜利者来说，占领战败的德国，也不能感受到在日本的异国情调，那完全是一种对异教徒的降伏。毫无疑问，在麦克阿瑟将军看来，是领受基督使命的白人拯救了'东方'社会。对日本的占领，是殖民主义者妄自尊大的'白人的义务'之最后的履行。"② 因此，至少现实主义理论所强调的"权力"并非形成这种关系模式的唯一原因。

建构主义的代表人物亚历山大·温特举出当代国际社会中的三种基本文化，即以战争、杀戮为特点的霍布斯文化，以规则、竞争为特点的洛克文化和以合作、友谊为特点的康德文化。笔者认为，战后日美关系似乎无法用这几种文化中的任何一种来描述。战后日美关系的特征，显然不属于霍布斯文化，因为日美关系已不是敌对关系；不属于洛克文化，因为美国总是规则的制定者，日本只是规则的执行者，日美间并不具有实质性的竞争关系；日美关系也不属于康德文化，因为康德文化中的体系成员关系是平等的，而日美关系完全是美国主导、日本处于从属地位的双边关系。

前述所谓"日本就像美国的一个州""日本已沦为美国的仆从国或者说属国""夫妾关系""情人关系""家庭内分居的夫妻关系""师生关系"等说法，都是在以人际关系来比拟日美关系。国家间关系当然不能

---

① ルース・ベネディクト：『菊と刀—日本文化の型』，第 365 页。
② 〔美〕约翰·W. 道尔：《拥抱战败：第二次世界大战后的日本》，序言第 5 页。

简单还原为人际关系，但二者并非完全没有联系。主流国际关系理论完全不考虑二者的联系，把国家行为体简化为受权力驱动的自利的"经济人"，忽视对国家行为体的行为起重要作用的文化因素，从而无法解释像日美关系这样的两国关系的特殊性。心理文化学注重人际关系与国际关系的联系，或许能为解释这种特殊性提供启发。心理文化学理论把人理解为一个"社会文化场"，"心理社会均衡理论"和与之相联系的"基本人际状态"是心理文化学的两个重要概念。所谓"基本人际状态"就是"人的系统"，或可视为人的生存方式。该视角的一个基本预设是：国际政治中的主要行为体"国家"是建立在不同的基本人际状态之上的。既然基本人际状态的类别、各个维度和心理社会均衡机制不同，那么从理论上说，国家的形式、对异文化的看法和对国际关系的认知模式等都有不同，这在实际中会导致不同的心理文化基础，以及相应的对外政策和行为。如前文所述，比较日本、越南、伊拉克、阿富汗在面对美国强权时的不同表现就会发现，基本人际状态的不同，既可令强权完全发挥效用甚至放大强权的权力效果，亦可抵制强权，使其无效。

在心理文化学视野里，所谓"国际关系"或"国际政治"就转变成了国家行为体对外部世界的反应和行为模式，这种模式归根到底是处理国内人与人之间关系的一种反映。具体到日美关系而言，从心理文化学的视角来看，前述日美关系的"美主日从"特点在一定程度上与日本人的"亲子"（oyako）关系类型相一致。上述关于日美关系的种种说法，可以说都是对日本人际关系中亲子模式下的主从关系的不同表述。既然主流国际关系理论无法很好地解释日美关系的特殊性，那么，引进心理文化学理论的视角或可得出更具说服力的解释。

二　日本人的基本人际状态与日美关系

心理文化学用"缘人"概念来表述日本人的基本人际状态，这种基本人际状态在日本社会占有优势地位。日本社会可称为"缘人社会"，表述缘人社会的主要价值观体系可称为"缘人主义"。①

---

① 详见尚会鹏《"缘人"：日本人的"基本人际状态"》，《日本学刊》2006 年第 3 期。

1. 日本人的基本人际状态的特点

日本人的基本人际状态的特点是，其最亲密的人际圈子成员并非完全基于血缘资格，还包括基于其他某种机缘（地缘、业缘等）而共同生活在一起的非血缘关系者。而且，这些成员都是按照"缘－约原则"① 按等级排列成一个拟血缘的、序列区分明显的集团，人们把本来投注于亲属集团的感情扩展到亲族之外的人、事、物，通过对集团序列中上位者的忠顺来获取安全感。形象地说，日本人的人际关系宛如一个长链条，每个人是这链条上的一个环节，从一个环节出发理论上只有两个点与其他环节相连接，一个是上面的一环，一个是下面的一环。个人的安全感主要靠加强这两头的连接取得。对上，要尊崇、服从，同时得到庇护；对下，要保护、支配，同时得到尊崇。日本社会强调这种纵向的人际关系，从而形成精细的序列区分，使日本人具有强烈的等级意识，对自己的位置十分敏感，日本人随着自己所属社会空间的变化，不仅其行为方式会相应地发生变化，就连其言谈举止的内容也会相应地改变，日本人只有弄清了自己在集团中的位置，才能决定自己的言行。如果序列不明，日本人甚至不知该如何入席就座，也不知该怎样行礼、该如何措辞谈话等。在日本人的人际关系中，这种明确的"地位差"无处不在，即便强调社会结构的日本学者中根千枝也称："在资格、身份相同者之间，经常会意识到序列带来的差别，而这种序列的实际存在，对该集团内部的个人来说，由于是人们直接关心的事情，它更容易具有超出职业、身份和职位不同的重要性。事实上，先辈后辈的序列在社会集团内部具有出乎人们预料的作用。"②

2. "地位差"在人际关系中的典型表现是亲子关系

"缘人"基本人际状态下的日本社会集团比较重视其成员间的纵向关

---

① 所谓"缘－约原则"，即介于"亲属原则"和"契约原则"之间的原则，它是指一群人为了某一共同的目标，在共同的意识形态下采取共同的行动、遵守共同的规定并自发地结合在一起。这一原则部分根植于亲属组织，因为它体现的某些特点（如等级制、自发性等）反映了日本亲属集团的特点；部分根植于契约，因为个人有选择是否加入亲子集团的意志。详见尚会鹏、游国龙《心理文化学：许烺光学说的研究与应用》，南天书局，2010，第108～109页。

② 〔日〕中根千枝：《纵向社会的人际关系》，陈成译，商务印书馆，1994，第40页。

系，明确的"地位差"成为日本纵向社会集团的一个最主要特征，其典型表现就是纵向亲子关系。

亲子关系本意是指父母与子女关系。父母与子女关系是所有亲属关系的核心组成部分，但在日本社会，"亲子"具有特殊的含义和特别的重要性。缘人社会的基本人际状态特点使日本的亲子关系并不仅限于血缘之亲，还可凭借各种机缘将这种关系扩展到非血缘人际层面。事实上，日语的"亲子"关系也常被描述为"亲分子分"（oyabun·kobun）关系或者是"亲方子方"（oyakata·kokata）关系。"亲""亲分""亲方"，不仅指家庭中的父母，也泛指各种集团的头人、统帅者等像父母一样的人或构成单位；而"子""子分""子方"不仅指子女，也泛指集团的一般成员、下位者等像子女一样的人或构成单位。① 人们在谈到亲子关系时，不仅包含基于血缘联系的父母与子女的人际关系，更多是指一种基于拟血缘的社会性关系，其性质是庇护与效劳、主与从的关系，是一种明显带有地位差和保护与被保护的关系，② 如父与子、兄与弟、师父与徒弟、公司老板与职员、黑社会组织中的头目与喽啰等等。中根千枝亦指出，"亲子"这种关系广泛存在于日本人的人际关系之中，"以'亲子'为象征的人际关系，不仅在政治家和黑社会的世界里，实际上在有进步思想的人士，被称为文化人的人士、在大学讲授西欧经济或西欧社会课程的教授，或是在最尖端技术的大企业里工作的人们中也能看到。这个根深蒂固的人际关系状况，决不是像人们历来所说的那种'封建性'的简单关系，又不是用工业化或西欧文化影响便能简单纠正的东西"。③

维系这个根深蒂固的纵向亲子关系的情感纽带，就是"娇宠"（amae）和"被娇宠"（amaerare）。娇宠理论的提出者土居健郎指出，"娇宠"心理是一种"爱"，它根植于人的爱的本能，但它不是一般意义上所说的"相互爱"（symmetrical love），或称"对象爱"，而是一种

---

① 鸟越皓之：『家と村の社会学　増補版』，世界思想社，1993，第127~128页。
② 鸟越皓之：『家と村の社会学　増補版』，第138页。
③ 〔日〕中根千枝：《纵向社会的人际关系》，第86~87页。

"单方面爱"（asymmetrical love），又称"非对象爱"。娇宠心理以"地位差"和"权威"为前提，是下位者对上位者的依赖，含有"服从权威"的因素。① 不仅日本人的文化心理具有"娇宠"的特点，日本社会也是一种能够允许这种心理存在的结构，即日本人在自己所属的集团中相互依赖、相互"娇宠"。可以说，日本人的人际关系就是一种相互"娇宠"关系，强调个人服从父母、上司及所有处于上位者，同时从他们那里得到娇宠、爱护和帮助。上位者对下位者拥有权威，同时也从下位者对自己的尊敬、孩子般的依赖中得到满足，并感到自己的责任。而且，上位者有时也像孩子般地依赖下位者。日本人的劳资关系、统治者与被统治者、个人与企业，以及同事之间的关系都具有这样的特点，日本社会各种活动都贯穿着"娇宠"这根线。因此，土居健郎说："'娇宠'不仅是理解日本人精神结构的关键概念，也是了解日本社会结构的关键概念。"②"娇宠"不仅是一种心理状态，同时也是日本人人际关系的模式，其行为表现是依赖、服从。

3. "缘人"的心理社会均衡模式与日美关系

当将日本人的人际关系的这种特点与前述日美关系的特点联系起来思考时，会发现二者有很大的一致性，即日美之间的主从关系与"亲子关系"很相似，或者说日美关系就是一种特殊形式的亲子关系。尚不确切知道二者之间的机制，但有几点可以肯定：第一，这种一致性绝非偶然，它不大可能出现在美国与其他国家的关系中；第二，这种一致性无法用"权力""战败国地位"等解释；第三，日本人的人际关系比日美关系更为根本，如果二者之间有联系，只能是前者影响了后者而不是相反。由此或可推测，日本人是按照亲子关系模式来处理与"外部世界"关系的，或至少受其影响。以下尝试从这种一致性上分析日美关系的亲子特点。

就亲属关系中的亲子关系而言，作为"亲"的一方，其功能至少包含三个层面，即生、养、教。对于拟血缘的亲子关系而言，所谓

---

① 尚会鹏：《土居健郎的"娇宠"理论与日本人和日本社会》，《日本学刊》1997 年第 1 期。

② 土居健郎：『「甘え」の構造』，第 23 页。

"生"，虽非通过生殖赋予其生命，但"亲"对"子"所做的一切几乎不亚于再度赋予其新生；所谓"养"，即保护无力弱小之"子"，助其成长；所谓"教"，即对"子"进行社会化的功能，使其熟悉社会文化环境，遵守社会文化规则。① 二战后 60 余年来，美国对日本可谓尽到了"亲"的责任和义务，日本算得上一个听话的"孩子"。这方面的研究很多，比较具有代表性的著作，如杨栋梁的《日本近现代经济史》，对美国如何对日本发挥作为"亲"的"养"之功能进行了探讨；② 约翰·W. 道尔的《拥抱战败：第二次世界大战后的日本》、加文·麦考马克的《附庸国：美国怀抱中的日本》，探讨了美国是如何对日本发挥作为"亲"的"生"与"教化"之功能；③ 肖伟的《战后日本国家安全战略》，对美国如何对日本发挥作为"亲"的"保护"之功能进行分析。④

另有学者通过对美国如何在日本人中培养美国文化精英的分析，指出战后美国对日本实施的软实力战略是形成日本几乎半永久性追随美国的根源。⑤ 对美国而言，战败后的日本的身份开始由敌人转变为需要美国控制、改造、保护和帮助的对象，美国对日本的改造不仅在硬件方面，在软件方面也下了很大功夫。1973 年至 2008 年，日本"NHK 广播文化研究所"连续 35 年进行了"日本人的意识"调查。调查问卷总计包括 50 余项，涉及社会、文化、政治、经济、外交等诸多方面，其中，第 45 问是"你最喜欢的国家是哪个？请选出一个"。在日本人喜爱的外国国家排名中，35 年来的调查数据显示，美国一直居日本人喜爱的外国国家之首位，中国基本上是在第 7、8、9 名徘徊。2008 年的调查结果显示，中国已经滑落到了第 10 名。从受喜爱程度来看，100 个日本人中，

---

① 井上健治「子どもにとって親とは何か」、加藤一郎『東京大学公開講座 17　親と子』，东京大学出版会，1984，第 77~88 页。

② 杨栋梁：《日本近现代经济史》，世界知识出版社，2010。

③ 〔美〕约翰·W. 道尔：《拥抱战败：第二次世界大战后的日本》；〔澳〕加文·麦考马克：《附庸国：美国怀抱中的日本》。

④ 肖伟：《战后日本国家安全战略》，新华出版社，2000。

⑤ 松田武：『戦後日本におけるアメリカのソフト·パワー——半永久的依存の起源』，岩波書店，2008。

表示喜爱美国和中国的比例，基本上是维持在 20∶1 这样一个态势。问卷第 46 问列出了 11 个喜爱外国的明确的理由，请接受调查者从中选出最接近的理由。从调查数据结果来看，日本人喜爱外国的理由，既不是单纯依据其与日本是否有外交关系，也不是依据该国的富有程度，而主要是看其自然环境和人文环境的优劣，即该国是否拥有令其心悦诚服的优秀的软实力。① 这些数据也恰好说明，正是因为美国的行为发挥了作为"亲"的功能，符合了作为亲子关系的"亲"方身份，也符合了日本人对"亲"方的期待，所以才得到了作为"子"方的日本人的认同。

在心理文化学看来，日本社会人际关系中普遍存在的亲子关系特点或许与"缘人"的亲属体系特点——父子关系占优势地位、母子关系占亚优势地位——有关。"权威性是父子关系的主要属性，透过这项属性的培育，父亲与儿子双方都被调整以符合需要。上位者不必掩藏他的权力，因为他知道这是他应得的，下位者不需要掩饰他的敬意，因为不必因此感到羞愧。权威和顺从权威的行为因此可被公开地、竭力地施行，双方都不会感到不安。如果上位者变得太有压迫性，也许会产生困扰，但是对于压迫的疏解，在于指认出威胁的个人，而非挑战那产生压迫的整个社会结构。在父子关系优势体系中培养出来的个人，将不会对仁慈的权威感到厌恨，事实上，他们还会拥戴它。""在母子关系优势社会中，权威必须更加竭力地去履行，而深深依赖那有时是负面的限制，才能使这种形态变得可行。其中可能会出现对于权威的挑战，但是这种挑战将没有什么效果，而且对社会文化很少有真正的影响。"②

人际关系模式是在无意识层面起作用的，或许正是出于这个原因，日本人才会表现出不仅令美国人也令日本人自己都费解的顺从。这样的例子可以列举很多，且不说战后初期日本对美国态度的 180 度

---

① NHK 放送文化研究所编『現代日本人の意識構造』〔第六版〕，日本放送出版协会，2005；NHK 放送文化研究所编『現代日本人の意識構造』〔第七版〕，日本放送出版协会，2010。

② 〔美〕许烺光：《彻底个人主义的省思》，第 285～286 页。

大转变，① 仅以近些年日美之间每年交换的《年度改革要求书》为例，亦可见一斑。《年度改革要求书》正式文件始于 2001 年，但类似文件早在 1994 年就已经实施了，对美国每年提出的要求日本基本上是照单接收，当年不能改正的也会为之继续努力，而日本对美国提出的要求，美国从来就没有接受过。日本为何会对美国如此俯首帖耳呢？心理文化学者许烺光曾指出：“日本人害怕美国将会离开日本；在一个不确定的年代，美国的支持及权威使他们感到安心。”② 日本的顺从与其说是出于利益考量，莫如说是担心遭到美国的抛弃，因为对于“缘人”而言，日本作为亲子集团中的“子”，若被作为“亲”的美国所抛弃，那将是比任何经济制裁都可怕的事情，其内心的惶恐不难估量，或可以说这种恐惧心理已沉淀为日本民族文化心理的一部分。在民主党实现政权交替后，第一任首相鸠山由纪夫为了日本的自立和自尊，曾想打破过度依赖美国的现状，故鼓足勇气倡导构建“自立与共生”的东亚共同体，但因有勇无谋成了短命首相。鸠山由纪夫内阁时代，废除了“日美管制改革委员会”，实际上也就等于停止了《年度改革要求书》的交换，但其后美国仍在其驻日本大使馆网页上登载以“日美经济调和对话”为题的文件，要求日本就一些产业领域进行政策调整和法制改革。很多人认为除了普天间基地搬迁一事惹怒了

---

① 本尼迪克特曾对此描述说：“令人几乎难以置信的是，日本人对战胜国竟如此友好。几乎战争一结束，情况就十分明朗：日本人以非常善意的态度接受了战败及其一切后果。他们以鞠躬致意，微笑招手，甚至欢呼来欢迎美国人。这些人的表情既不抑郁，也没有发怨。用天皇宣布投降诏书中的话来说，他们已经‘忍所难忍’。那么，这些人为什么不着手重建家园？在占领条件下，他们有这种机会。占领军并没有占领每个村庄，行政事务的管理仍在他们手中。整个民族似乎都在欢笑招手迎接而对自己的事却漠然置之。然而，正是这个民族，在明治初年完成了复兴奇迹，在 1930 年代倾注全力准备军事征服，他们的士兵在整个太平洋地区不顾一切，逐岛拼死作战，“情况发生变化，日本人就会改变态度，这算不上道德问题。而我们热衷于‘主义’，热衷于意识形态上的信念。即使失败，我们的信念也不变。战败的欧洲人到处都在组织地下活动。而日本人则除少数极端顽固分子外，不需要组织抵制或在地下反对美国占领军的运动。他们不感到在道义上有坚持旧路线的需要。占领后不到几个月，美国人即使单身乘坐拥挤不堪的火车前往日本的穷乡僻壤，也不必为安全担心，并且受到曾经是国家主义者官员的有礼貌的接待，未发生过一次报复行为。我们的吉普车通过村子时，孩子们站立道旁高喊‘Hello’（你好）、‘Good—bye’（再见），婴儿自己不会招手，母亲就把着他的小手向美国兵挥动。战败后日本人这种 180 度的转变，美国人很难理解是真实的。这是我们无法做到的”（ルース・ベネディクト：『菊と刀—日本文化の型』，第 197～200 页）。

② 〔美〕许烺光：《彻底个人主义的省思》，第 147 页。

美国之外，废止《年度改革要求书》的交换，也是导致美国要教训鸠山的重要原因之一。维基网站爆出的美国外交电文显示，日本民主党鸠山内阁短命，与违背美国意愿有很大关系。该则新闻 2011 年 5 月 4 日 17 时 27 分在"时事通信"网站上一经报道，即引来了 1000 余条网络留言，其内容除了对鸠山的信口咒骂和对美国的千恩万谢外，就是对日本周边国家发泄的莫名怨愤。其中，甚至有这样的留言："美国与中国，如果成为其属国的话，你选择谁？如果有人这样问我，我则毫不犹豫地回答选择美国。"① 上述网络留言所反映出来的极端心态，其实也正是日本人按照亲子模式看待世界的结果。恰如本尼迪克特在《菊与刀》中曾指出的，日本人信奉"各得其所，各安其分"的信念，这是根据其社会经验所培育的生活准则，② 是对其等级制的纵式社会的一种肯定，可以说是一种放大了的亲子关系。日本人不仅易于按照亲子模式处理人际关系，也倾向于依此处理国际关系，在战前，他们曾把自己描绘成已高踞于国际等级制金字塔的顶端，大东亚共荣圈就是一种想象中的以日本亲子关系为架构的秩序，③ 战后，日本一厢情愿的大东亚共荣圈梦想虽然破灭了，但日本人按照亲子模式来处理与"外部世界"关系的行为模式依旧在发挥着重要作用，"日本人承认美国权威处于等级制的最高位置"，④ 将当下的国际秩序看作是以美国为"亲"的亲子社会。日本前驻泰国大使冈崎久彦宣扬的对美国霸权的臣服论，⑤ 与上述甘愿做美国之属国的网民心理可谓并无二致。

三　美国人的基本人际状态与日美关系

1. 人际关系与国际关系的联系

人际关系不能直接等同于国际关系。人际关系处理的是活生生的人在

---

① 「東アジア構想『米首脳部に驚き』＝キャンベル氏、両国関係の危機警告—公電」、《時事通信》2011 年 5 月 4 日，http：//headlines. yahoo. co. jp/hl？a＝20110504－00000062－jij－int。
② ルース・ベネディクト：『菊と刀—日本文化の型』，第 53～88 頁。
③ 游国龙：《序列意识与大东亚共荣圈》，《日本学刊》2013 年第 2 期。
④ ルース・ベネディクト：『菊と刀—日本文化の型』，第 88 頁。
⑤ 尚会鹏：《日本人的等级意识："日本人意识"漫谈之二》，《当代亚太》1996 年第 4 期。

共同文化背景下形成的关系，更容易达成某种默契，国际关系处理的是非人的组织体之间的关系，无政府状态下的国家间往往缺乏共同的文化背景，彼此的关系也更加错综复杂很难融洽。因此，日美间之所以能够形成一种特殊的"相互依赖、美主日从"的关系并得以延续至今，显然并非日本单方面的行为使然，亦必与美国人的基本人际状态特点有契合之处。因此，我们不能仅满足于考察日本方面，还应同时考察美国人的基本人际状态特点及其对美国处理外交事务时的心态的影响，这样才能全面揭示战后日美关系形成的原因。

心理文化学用"极致个人"概念来表述美国人的基本人际状态。"个人"这种基本人际状态以强调人的个体性、弱化人的相互性为特点，在西方社会中占优势地位，并在现代美国社会得到了最完整的表达，发展为一种极致形式，故把美国人的基本人际状态称为"极致个人"。以"极致个人"为基础的社会称为"极致个人社会"，反映"极致个人"的价值观体系称为"极致个人主义"，它们分别是"个人"、"个人社会"和"个人主义"的极致形式。[①]

"极致个人"这种基本人际状态的主要特点是对人的界定趋于与作为生物体基础的个体完全一致，趋于以个体性呈现的人的本真生存结构来掌握外部世界和自身命运，并把自身感受当作权衡一切事物的标准，甚至把自己的本性移加到那些事物上，这种自我认知模式在对待外部世界的态度和行为上的表现就是强烈的民族使命感和自我中心倾向。强烈自我中心的自我认知模式，使个体需要采用种种方式来强调"我"与"他者"的区别以维持自己的优越地位，因而又极易产生种族优越感。"极致个人"最亲密的人际圈子成员缺乏亲属成员之间的恒定、密切联系，多是由一些资格相同者按照契约原则构筑的俱乐部式的集团，成员们追求的东西相似或相同，所以彼此之间存在激烈的竞争，这给个体带来不安全感，致使个体不得不通过各种办法，向内或向外投入极大的心理能量以获得均衡。"极致个人"具有强烈竞争性的人际关系特点表现在美国外交方面就是，他在任何时候都需要以竞争者的眼光对外部的他者世界进行清晰而明确的定

---

①　尚会鹏：《心理文化学要义》，第 74 ~ 75 页。

位，确定谁是其"敌人"及"竞争对手"——未来可能对美国地位构成挑战的潜在"敌人"，同时，出于其强烈的民族使命感和种族优越感，他还会在外部世界中找出那些他认为地位较低、较落后、需要帮助的人，由此来求得其心理社会的均衡。①

关于"极致个人"谋求心理社会均衡的方式及其在对待外部世界的态度和行为上的表现，许烺光曾论述道："极致个人主义者受限于自我中心的观念，被教导要以自己的想像去塑造世界。他要超越所有障碍来提升自己。如果需要的话他甚至会忍受从众以达到目的。但是，对于那些地位低的人来说，他则会要求大家符合他的期望。他也许会投入很多精力，非常照顾他们，帮助他们，教育他们，并不怕麻烦地改造他们，直到他们俯首称臣，并照他的吩咐去做。对他而言，最无法忍受的事是他认为地位较低的那些人要求与他平等，更糟的是实际上要凌驾于他之上。由于极致个人主义者终极的目标是要超越所有的人，因此他无法忍受挫败或自己的领先地位被改变。他会拒绝承认这样的改变，并取消主动接触。如果需要的话，他当然也会为了保持领先而诉诸武力。接着他会企图建构一些令他满意的理由来解释为什么这样做，不论这些理由是否能够让他人信服。在白人社会的人际关系中，极致个人主义者也许会暂时承认较低的地位，以作为权宜之计，但是在国际关系中，极致个人主义者绝对无法忍受他的社会比别人落后。"② 美国著名经济学家、地缘政治学家威廉·恩道尔撰写的《霸权背后：美国全方位主导战略》恰好可以做许烺光此说的最佳证明。③

这种情况也存在于美国对日本的关系上。从美国对日本的改造情况来看，不仅体现在政治方面，如美军占领初期接连发布以《神道指令》为首的各种指令和主导制定实施至今 70 余年来都未进行文字修订的《日本

① 尚会鹏、游国龙：《心理文化学：许烺光学说的研究与应用》，第 422 页。
② 〔美〕许烺光：《彻底个人主义的省思》，第 10 ~ 11 页。
③ 该书探讨了美国权力精英为保持对世界的控制所做出的种种抉择，即如何维系美国世纪、美国的世界主导地位及 1945 年二战胜利后确立的美元体系。书中详细描述了美国怎样运用从秘密经济战争、人权"武器化"所演化出来的各种方法来弱化和孤立他国尤其是中国。本书还阐述了美国赤裸裸地运用军事力量对付其唯一的战略对手俄罗斯的真相，以及中国西藏、缅甸和苏丹达尔富尔在美国对中国进行地缘政治遏制战略中所起的作用。参见〔美〕威廉·恩道尔《霸权背后：美国全方位主导战略》，吕德宏等译，知识产权出版社，2009，中文版前言，第 3 ~ 4 页。

宪法》，在广泛的领域强力推行非军事化、民主化改革，而且还体现在经济等方面，如通过"道奇计划""夏普税制改革"等积极促进日本接纳西方先进的经济制度。及至今天，美国仍然在以各种方式对日本进行着改造，如前所述近些年的日美之间每年交换的《年度改革要求书》实质上就是美国对日本的一种温和修理。当然，回顾二战后以来的日美关系，美国对日本可谓既全心全力地扶助，又毫不留情地打压，美国对日本这种表面上看起来很矛盾的行为，其实也正是美国人的基本人际状态特点在其对待外部世界的态度和行为上的必然表现。在美军占领日本初期，日本战时体制下蕴藏的各种矛盾随之爆发，并演化为一场政治危机和旷日持久的经济危机。这里所说的经济危机并非一般意义上的因生产过剩所导致，其直接原因是物资供给绝对不足。在这种环境下，战败初期的日本政府一再更迭，处在一种疲于奔命的混乱状态；财阀企业面临着企业解体和领导人被整肃的问题，人人自危，无暇顾及经营；普通国民是战争的最大受害者，战后失业、无家可归者比比皆是，生活朝不保夕。美国对日援助基本上是通过物资进口实现的，而进口物资又是通过美国控制的占领地救济援助资金和占领地经济复兴资金结算。美国的对日援助自实现占领之年就已经开始，截至1951年停止物资进口援助时，共向日本提供了21.18亿美元的援助物资，占同期日本进口总额的39%。其中迄1948年末的援助额为10.58亿美元，占同期日本进口总额的70%，这是个相当大的数字，它表明当时日本的对外贸易完全是靠美国援助保持平衡的。可以想见，这种援助对濒临崩溃的日本经济起到了何等重要的作用。[1] 美国加强对日援助，不仅帮助日本度过了战后经济的最困难阶段，而且使日本由此走上了扩大再生产的道路。美国不仅向日本提供了物资、技术援助，而且还通过"道奇计划""夏普税制改革"等在经济制度方面为战后日本经济的复兴打下了坚实的基础，加之美国发动的朝鲜战争、越南战争的"特需"拉动等，日本经济在1955～1970年实现了令人惊叹的高速成长，于1968年一跃成长为经济总量居资本主义世界第二位的经济强国。

美国战后对日本的扶助可谓一心一意，但当日本因其经济的复兴、发

---

[1]　杨栋梁：《日本近现代经济史》，第236～256页。

展，出现了有损美国利益，或者威胁到美国地位时，美国打压日本也是毫不留情。例如，"早在 50 年代，欧美国家就对日本轻工业品的倾销性出口提出责难，要求日本节制，日本政府亦被迫在 1957 年做出对美国等棉纺织品出口自主限制的决定。60 年代初，日本的钢铁、电视机、化学制品等对欧美市场造成冲击，再次遭到美国抗议。为此，日本政府又做出钢铁企业自主限制出口增量的决定。到 60 年代末，围绕日本纤维制品出口问题，日美之间展开了一场战后以来时间最长的艰难谈判。1970 年 9 月 20 日，美国政府向日本发出通告，日本若在 10 月 1 日前仍不签署对美出口限制协议或开始以同意签署为前提的谈判，美国将从 10 月 15 日起单方面采取进口限制措施。面对美国强大的压力，日本政府赶在美国启动制裁措施的最后一刻即 10 月 15 日，签署了毛及人造纤维制品对美出口限制备忘录。1972 年 1 月 4 日，日美两国又以该备忘录为基础正式签署毛及人造纤维协定"。[1]

总之，美国在处理对日关系时，带有个人社会处理人与人之间关系的特点。无论是在战后初期将日本视为改造对象时，还是 20 世纪 60 年代始提升为合作伙伴至今，皆是如此。

结语

本章引进心理文化学理论的研究视角，通过对战后日美关系的剖析得出如下结论：战后以来的日美关系是一种保护者与被保护者、控制者与被控制者、帮助者与被帮助者的关系，这既符合日本人"缘人"基本人际状态下亲子关系的特点，也是美国人的基本人际状态下寻求社会心理均衡的结果，导致亲子模式下"美主日从"的特殊关系因而够延续至今。那么，今后随着世界格局的变化，"相互依赖，美主日从"的日美关系又将发生怎样的变化？

心理文化学理论认为，不同基本人际状态下的"心理社会均衡"结构模式不会轻易改变，但为了维持其心理社会的动态均衡，其构成要素的更换则会相对容易一些。日本与美国，不过都是彼此社会心理均衡模式的

---

① 杨栋梁：《日本近现代经济史》，第 359~360 页。

一个构成要素而已，若彼此能够继续保持基本功能的正常发挥，则亲子模式下的美主日从关系仍将会一如既往，反之，只要有一方功能弱化，这种关系就将难以为继。

所谓功能弱化，首先是指在基本人际状态相对恒定的前提下，彼此在对方"心理社会均衡"结构模式的位置仍存在被替代的可能。日美关系是一种从属式依赖，它是特定时空下的产物，恰巧同时满足了日本人与美国人的心理需要。但美国人处理人际关系的方式在本质上与日本人并不相同，因此，在从属式依赖关系中，彼此的冲突也不会少见，在可预见的未来，这种矛盾还会频繁发生。随着世界格局的变化，如其他国家综合国力的增长，美国国力的衰退，日本也不会甘于一直处于从属地位。假如日本国力增强，"下克上"的企图也会加强，就像过去日本从属于中国主导的国际秩序一样。而且，从理论上讲，若将来出现了能够取代美国做日本人"亲分"的国家或更大的文明体时，日本即使无力独自做大，但仍可能与美国分道扬镳，与新"亲分"重构一种亲子模式下的关系。①

其次，所谓功能弱化，是指彼此的基本人际状态发生了改变，如此则必然会影响亲子模式下美主日从关系的延续。基本人际状态这一文化结构

① 不过，就目前的情况来看，美国研究者从美国历史发展的轨迹，综合外部和美国国内因素，通过纵向和横向的比较后明确指出，"美国的唯一超级大国地位在未来 20～30 年内不会动摇，美国的相对实力已经达到世界历史的顶峰，'超更强'的局面不会出现。但是这个顶峰可以比喻为一座'平顶山'，其上还有凹凸坑洼。至于美国在这座平顶山上能走多长时间而不致无可挽回地滑到下坡路上，现在的任何预测都是缺乏牢固根据的。应当避免根据一两年的事态发展或一两件重大事件，就得出美国将要从顶峰跌落的结论。中国的经济总量可能在未来的 10 年左右赶上美国，但其综合实力仍然远远落后于美国，而且发展道路上有比美国更多的不确定因素。作为整体的新发展中国家尚不能对美国和西方世界形成足够有力的牵制，远不具备重塑世界秩序的实力和条件"。参见王缉思、程春华《西风瘦马，还是北天雄鹰：美国兴衰再评估》，载黄平、倪峰主编《美国问题研究报告（2011）》，社会科学文献出版社，2011，第 54～55 页。2013 年 8 月 2～4 日，日本 NHK 就现代日本人的"和平观"对全国 20 岁以上的男女进行了一次舆论调查，共设有 12 个问题，其中第 11 问是：你认为今后应该如何对待与美国基于日美安保条约的同盟关系？在给定的 6 个答案选项中，选择"1. 应该比现在进一步加强"的占受访人数的 26.3%；选择"2. 维持现状即可"的占 49.5%；选择"3. 应该比现在再弱化"的占 8.4%；选择"4. 应予以解除"的占 5.1%；选择"5. 其他"的占 0.5%；选择"6. 不知道或者没有回答"的占 10.1%。参见 http：//www.nhk.or.jp/bunken/summary/yoron/social/pdf/130815.pdf，2013-08-16。显然，目前乃至未来很长一段时期内能够做日本"亲分"的国家，大概仍将非美国莫属。

比其构成内容有更持久的倾向，类似于生物基因一般不会轻易改变，但并非一成不变。例如，心理文化学用"缘人"概念来表述日本人的基本人际状态，把日本社会称为"缘人社会"，但近些年来日本社会呈现出向"无缘社会"[①] 发展的倾向，以至于菅直人内阁时还特意成立了一个以时任官房副长官福山哲郎为组长的"包含每一个人的社会"特命小组来应对"无缘社会"问题。如果"缘人"的心理社会动态均衡模式向"个人"模式变化的趋势发展下去而使日本社会成为所谓的"无缘社会"，那么，从理论上说，日本人的基本人际状态也会发生改变。若作为世界第三大经济体的日本出现这种状况，则受影响的恐怕将不仅限于日美关系，对东亚乃至世界格局都必将会造成重大影响。

　　本章的分析表明，日美关系的"美主日从"特点是日本获得安全感的重要来源，这暗示着，当日美关系模式发生变化或者世界出现了可能会影响这种模式的重大因素时，日本在行为上会有更明显的缺乏安全感的表现。例如，近几年日本的《防卫白皮书》公开持续炒作"中国威胁论"等，日本对中国发展的种种过度反应或许能够从这个视角得到解释。

---

① "无缘社会"，是因日本 NHK 2010 年 1 月开始的以"无缘社会"为题的系列电视报道而被广泛使用的词，当年还入选新语流行语大奖前十名，NHK 的系列报道节目荣获了"菊池宽奖"，相关内容也结集成书出版（NHK「無縁社会プロジェクト」，取材班：『無縁社会："無縁死"三万二千人の衝撃』，文艺春秋，2010）。从 2011 年 1 月起，《朝日新闻》也开始了名为《孤族之国》的系列相关报道，可参阅 http：//www. asahi. com/special/kozoku/，而且还出版了很多相关研究书，例如，橘木俊诏：『無縁社会の正体：血縁・地縁・社縁はいかに崩壊したか』，PHP 研究所，2010，等等。从日本的各种电视节目内容及研究论著所提到的所谓"无缘社会"现象来看，与尚会鹏所指出的日本社会第二阶段的个人化，即家庭、职场、地域、消费的个人化的社会现象基本上一致。尚会鹏称，日本社会第二阶段的个人化"还只是一定范围内的变化，只是出现了一些倾向，还不足以改变日本人的基本人际状态"。参见尚会鹏《日本社会的"个人化"：心理文化视角的考察》，《日本学刊》2010 年第 2 期，但日本社会无缘化的情形似乎不容乐观。

第二十章 日本右倾化现象分析

近年来，日本社会民族主义情绪高涨，政治右倾化趋势渐强，右倾化现象已经扩展到包括舆论传媒在内的社会各界。日益凸显的日本右倾化，越来越受到世界各国的关注。关于日本右倾化现象的成因，很多学者从政治、经济等层面给出了见仁见智的解析。本章在之前诸多研究成果的基础上补充一个新的研究视角，即日本国民性的视角，以期能够对日本的右倾化现象进行更为全面深入的探讨。

一 从国民性视角看右倾化现象的必要性

（一）右倾化现象研究现状

一直以来，人们比较喜欢使用"左"、"右"、"极左"、"极右"和"中道"来分类评述日本的政治思想。所以，谈起日本的右倾化，人们往往习惯于理解为在谈论日本政治右倾化。但是，由于近年来日本右派政治家肆言无忌，其话语开始渗透到主流媒体，右倾文学充斥文坛，加之很多民调数据显示日本民众在历史认识等问题上与右派政治家的认同意识也在日趋增强，所以，有部分中国学者认为日本社会也右倾化了。如有学者指出，日本的"社会右倾化与政府右倾化相互促进。日本政治右倾化已经到了比较严重的程度，如果日本国内和国际社会不设法制止，前景比较危险"①。甚至还有日本主流媒体的民调数据显示，日本人自身也认为社会右倾化了。② 日本著名

---

① 周永生：《日本政治、社会右倾化问题探讨》，《东北亚论坛》2013 年第 3 期。

② 2013 年 8 月 2 日至 4 日，NHK 进行了关于日本人和平观的舆论调查。针对第 9 问"最近，关于安全保障和外交，有观点认为日本人的意识逐渐变得右倾了。你个人的感觉如何？"有 25.9％的人认为"变得右倾了，令人担心"，有 38％的人认为"虽然变得右倾了，但没有问题"，有 23.6％的人回答"不认为变得右倾了"。若将前两项民调数据合起来看的话，有 63.9％的日本人自己都认为日本人变得右倾了。

政治学者、法政大学大原社会问题研究所所长五十岚仁教授在接受采访时明确指出，日本不仅政治右倾化了，"社会全体也都右倾化了"①。当然，也有学者认为，目前判断日本政治社会已全面右倾证据并不充分，"我们要冷静和严格区分日本部分政治家的右倾化（甚至右翼）和日本民众的普遍右倾化，两者会互为影响，但不能把两者简单地等同起来。毫无疑问，安倍内阁的右倾色彩浓重，这是不是等于日本政坛全面保守是另外一回事"②。甚至，日本有些人，如自诩亲美保守派学者的杏林大学名誉教授田久保忠卫认为，这并不是"右倾化"，而是日本的"正常国家化"。③

虽然学界对何为右倾化的概念界定还不够完善，④ 但对一些所谓右倾化的表现还是大体达成了共识，即凡是美化日本侵略历史、主张修宪、主

---

① 五十岚仁「日本は右傾化したのか」，http：//blogos. com/article/80142/。

② 张云：《目前判断日本已全面右倾证据并不充分》，http：//opinion. huanqiu. com/opinion_world/2013 - 05/3984147. html，2013 年 5 月 30 日。

③ 田久保忠卫：「『右傾』化でなく『普通の国』化だ」，『産経新聞』2013 年 5 月 24 日。

④ 在中国学界，对日本政治右倾化进行明确定义的主要是清华大学教授刘江永与中国社会科学院日本研究所研究员吕耀东，也有其他学者尝试进行定义，但大多是参阅和借鉴了前两位的成果。刘江永称："所谓日本政治右倾化，主要是指日本右翼保守势力及其主张在政界渐占上风并影响政府决策的一种政治倾向；是日本右翼势力企图通过修改教科书、恢复靖国神社传统地位，美化日本侵略历史来实现其政治目的的一股政治思想。"吕耀东称："日本的政治右倾化就是执政的保守政党及其保守主义理念和政策体现出民族主义倾向的政治现象。"这两个定义对于我们理解所谓的日本政治"右倾化"问题帮助很大，但依然存在一些不完善之处。前者主要是侧重于日本在历史认识问题上的政治倾向，尚未明确将近些年学界讨论的修宪和自卫队军力国际化等问题作为日本政治右倾化的典型表现来阐述和分析。而且，"日本右翼"并没有一个明确的概念。在日本，政界、经济界、学术界乃至民间都存在右翼势力，因为同属右翼，媒体往往将之混为一谈，但事实上，它们的性质相差甚远。日本右翼的一个共性特征是"排外"，大多数的右翼表现为反俄、反华，有的右翼表现为只反俄、反华却亲美，也有的右翼则是既反俄、反华也反美。从刘江永的定义来看，其所理解的日本政治右倾化主要是指反华的日本右翼保守势力及其主张在政界渐占上风并影响政府决策的一种政治倾向，尚不足以全面涵盖日本政治右倾化的现象。后者定义的内涵和外延都有很大的扩展，但也因此很容易产生更多的歧义。因为，一般而言，我们所理解的日本政治右倾化都是一种较为消极的政治思想，而恰如吕耀东在其论文中也明确指出的那样，执政的保守执政党及其保守主义理念和政策却是积极面与消极面并存的，"民族主义"也不尽是负面的内容，所以真正实际按照吕耀东的定义来对日本的政治思想进行严密区隔时，也会无所适从。详细论述请参见吕耀东《试析日本的民族保守主义及其特性》，《日本学刊》2006 年第 5 期；刘江永《日本政治思潮演变对中日关系的影响》，《亚非纵横》2007 年第 2 期；吕耀东《论日本政治"右倾化"的民族主义特质》，《日本学刊》2014 年第 3 期。

张摆脱战后体制、谋求自卫队军力国际化的言行等，均被视为右倾化的典型表现。而且，已经有很多学者从政治、经济层面就其产生的原因进行了分析。诸般所谓的原因透析，虽不乏精辟的见解，但依然存在如下三个不足之处：（1）论述往往是浅尝辄止。例如，有文章在分析谈到了美国因素的影响，但未能深入分析为何美国因素会起到如此大的影响。（2）有些观点彼此矛盾。例如，近些年，有媒体和学者认为，右倾化是日本经济长期低迷导致的。日本经济低迷，引起日本人焦躁、民族主义高涨、右倾势力猖獗，进而才使日本的右倾化问题日益严重。也有学者则认为，右倾化是日本经济繁荣导致的。战后日本经济的复苏及世界经济大国地位的确立，刺激了政治欲望的膨胀，从物质的层面上为日本右翼歪曲历史打足了底气。① 其实，虽然不能完全否定日本的右倾化与经济盛衰的联系，但恰如中国社会科学院日本研究所日本经济研究专家张季风研究员指出的那样，日本经济盛衰与其右倾化根本没有什么必然的联系。② （3）缺乏历史的视野。众所周知，21 世纪以前，日本政治家在历史认识问题和修宪问题上发表右倾性言论要冒辞职的政治风险。但进入 21 世纪以来，上至总理大臣、内阁要员，下至地方自治体当权者如石原慎太郎、河村隆之、桥下彻等右派政治家，虽然有过类似的甚至更为颠倒是非的言论，但其言行在日本国内既没有因此引起政治信任危机，也很少受到道德谴责，更没有受到法律制裁，反倒是出现了一种越是发表右倾言论就越受民众欢迎的反常现象。特别是在对待参拜靖国神社问题上，可谓充分地显示了日本政治右倾化进程的加速趋势。对于为什么会出现这种因时而异的反差现象，目前的日本右倾化问题研究，尚未能给出较有说服力的解答。

（二）导入日本国民性研究视角的必要性

鉴于目前国内的日本右倾化问题研究，对其成因的解释力尚待加强，所以笔者尝试着引入国民性的研究视角，从日本人自我认知特点等方面来对日本的右倾化现象之成因做一粗浅的分析，以弥补之前研究的一些

---

① 参见姜良芹《日本"教科书"问题的经济背景》，《扬州大学学报》（人文社科版）2002年第 3 期。

② 参见张季风《日本经济低迷与全面右倾化没有必然联系》，《学习时报》2013 年 2 月4 日。

不足。

　　所谓国民性，简言之，就是一个国家的多数人，在社会化过程中，即在家庭等各类集团中，按照一定的社会习俗及社会强制性规范，于有意无意中培养出来的行为方式的倾向性选择。这种特性，体现在人们的自我认知模式、交换模式、情感模式、思维方式等方面。从国民性视角来解读一国的社会思想现象，在国际学界早已不是什么新鲜事情。这方面的经典名著，最早当推法国政治思想家托克维尔（1805～1859年）分别于1835年、1840年出版的成名之作《论美国的民主》。现实主义大师汉斯·摩根索（1904～1980年）亦对其予以高度评价，称"托克维尔在《论美国的民主》一书中对美国国民性的描述，虽然时隔一个多世纪，但并没有过时"[①]。摩根索本人也非常重视从国民性视角对一国的政治以及国际关系的分析。他把"国民性"归类为决定国家强权的纯粹的人的质量因素之一，并称其特别难以合理地预测，而且它们对国家在国际政治中的作用具有持久的、决定性的影响。作为一个"国际舞台的观察者，要想估计不同国家的相对实力，就必须考虑到国民性，不管要正确估价这个如此难以捉摸和无形的因素是多么困难。不这么做，就会导致判断上和政策上的错误"[②]。

　　"右倾"既是一个中文词，亦是一个日语词。但是，作为一个政治术语，日语所谓的"右倾"或"右翼"与中文的"右倾"并非相同的政治概念。所谓的"右倾化"本来也是一个具有相对性的概念，不同国家和地区不同的历史时期对右倾化的界定都是不尽相同的。即使是相同的界定，但仅是做出或"左"或"右"的分类对问题的解决并不具有多大实际意义，既不能明确右倾化产生的原因，亦难以前瞻其未来走势，更难以找到根本的解决办法。恰如法国国家政治学院政治研究中心教授吉尔·德拉诺瓦所言："左派和右派，或者还有进步力量和反动势力，这些意识形态固然存在，但我们把一个人定义成'左派'或'右派'完全是一种简单化的做法。在日常交谈中，简化的做法尚可接受，但在思考问题的层面

---

① 〔美〕汉斯·摩根索：《国际纵横策论——争强权，求和平》，卢明华、时殷弘、林勇军译，上海译文出版社，1995，第176页。

② 〔美〕汉斯·摩根索：《国际纵横策论——争强权，求和平》，第181～182页。

上还这样做，就让人无法接受了。因为这种强加于一个人身上的永久不变的本质的做法，与我们所面对的世界格格不入。而且，如果说这些称谓不稳定，正是因为它们对我们来说有着极其重要但相对的意义。其实，在社会中，可以见得到的是人的行为而不是人的本质。按照不同的地点和时期所下的定义可能有所不同，但不可否认，作为意识形态的二元对立确实存在，而且流于简单。人们赋予它的详细内涵并不重要，一旦大家对'左派'和'右派'的定义大致看法一致时，应该承认：我们都见过持右派观点却持左派作风的人，反之亦然。不过我们中的多数人在思想意识中都不承认这些显而易见的事实，他们因此削弱了自己宝贵的思想效率。如果将标示和内涵混为一谈，认为标示说明全部的内涵，对人和人的行为不加区别，就是将生活简单化，使其变得没有意义，并因为大量灌输意识形态的自满而付出实际效率低下的代价。适应于'左派'和'右派'的称号也同样适用于'民族主义'、'种族主义'、'自由派'、'进步力量'和'狂热分子'。"①

其实，从国民性的视角来看，一种思想无论是"右"还是"左"，其归根到底都是一种对自我的认知，是一种价值观的甄别，是一种行为模式的选择。本章导入国民性研究的视角，希望可以超越既往的或"左"或"右"的分类范式，来对所谓的日本右倾化现象进行深入研究。从日本国民性的视角来看，日本的右倾化现象既是日本人的自我再生机制使然，亦是日本人在身份认同危机之下寻求文化自我认同的表现，更是日本人的人际关系在处理国际关系上的一种投射。

二　右倾化现象是日本人自我再生机制使然

日本人的自我再生机制包含两层内容，一是自力更生，二是他力再生。这一特点较突出表现在日语中的"けじめ"与"みそぎ"这一对概念中。"けじめ"本意是"区隔""划界"的意思。从日本人使用"けじめ"一词的具体语境来看，它往往要求做出"けじめ"的行为主体，必

---

① 〔法〕吉尔·德拉诺瓦：《民族与民族主义》，郑文彬等译，三联书店，2005，第145～146页。

须针对自己既往的行为，根据某种约定俗成的道义自行做出不同程度的自省、自责、自罚。有日本社会学家甚至称，拥有"けじめ"意识，"是日本人的才智聪明之处，是作为成年人的条件"。① 因此，大多时候"けじめ"可以意译为"自我了断""罪己"，为了行文方便，本章统一使用"罪己"。"みそぎ"译为"祓禊"。②

自省"罪己"观念与"祓禊"观念，很早就已经成为日本人谋求身心新生的两个重要的精神理念。日本人的罪己方式，因人因事、因时因地而多有不同，如果罪己的主体是个人时，主要有如下四种方式：（1）对自己处以社会声誉上的责罚，如在新闻媒体上进行公开道歉等，这也是最为普通的一种罪己方式；（2）对自己处以经济上的责罚，如自行削减工资、奖金待遇等；（3）从社会地位层面对自己进行责罚，如主动辞去公职等；（4）对自己处以身体上的责罚，轻者，如把一头秀发剃光，或者是参拜庙堂百次，或者是徒步到88个宗教圣地参拜等；重者，则会以命谢罪，如自杀，这也是最为严厉的罪己方式。行为主体采取哪种"罪己"方式，主要视外部情境压力大小而定。

其实，对日本人"罪己"的事例稍加分析就会发现，所谓的"罪己"，实际上是一种以退为进、最大限度地维护自己利益的行为心理，虽然从表面上看来这是一种基于伦理道德标准而主动进行的自罚，但实际上完全是迫于外部压力不得已而为之的。罪己者对自己的行为将会受到何种责罚，

---

① 穴田义孝：『日本人の社会心理　けじめ・分別の論理』，人间科学社，1998，第7页。

② "みそぎ"是"みそぎはらえ"的略语，日语汉字表记为"禊祓"，是日本神道中很重要的术语。在日语中有时也会将"禊祓"分开来用，但含义基本相同。据《广辞苑》的解释，"禊"有两种含义："①身上有罪或污秽时，或者参加重大的神事之前，在河、海洗浴净身。②禊祓的略称。""祓"有三种含义："①指为了拔除灾厄、污秽、罪障等而进行的神事，或者进行这种神事时对神宣读的祈祷词，或者是除厄牌。②为了赎罪而献出的物品。③币帛。""禊祓"又与"大祓"同义，"古时候，6月与12月的晦日，亲王以下在京的百官会集在朱雀门前的广场，举行拔除万民罪孽和污秽的神事。现在以宫中为首在全国各神社依然在进行这种神事"。日语的"禊祓"，无论是文字，还是其含义，均可溯源至最迟在西周时就已形成的中国祓禊之古俗。在日本文化中，"祓禊"观念，不仅已经成为日本神道祭礼的重要内容，而且也已成为各色日本人等净身洁心的重要仪式。由于受"祓禊"观念的影响，日本人不仅注重生活环境的清洁，也格外注重追求人格的清白。当自身有了错误的言行时，往往就会觉得自己的身心都被玷污了，需要通过某种仪式或类似仪式性的行为来除却污秽以获得新生。

其心里是有估算的，先自行罪己，其目的往往不是出于真诚的忏悔之心，而是防御先行，自己先承认错误，请求宽恕，这样做即使不能回避他罚，也有助于减轻他罚的程度。因此，自罚罪己最终目的是取代、回避他罚。

这种"罪己"心理在日本人历史认识上的典型表现，就是"一亿人总忏悔"。1945 年 8 月 15 日，日本宣布投降当天，建立了以皇族东久迩为首相的内阁。8 月 25 日，东久迩在会见记者时，提出了这一口号。这是一句模糊战争责任的口号。虽然东久迩内阁任期并不长，但统治集团这种思想对社会影响很大。日本著名的社会心理学家南博对此曾有过很精彩的评述："忏悔是先于他人追究责任之前，陈述自己的责任，坦白并忏悔自己的罪过。自责是通过坦白、忏悔，承认自己的责任，以图免去他罚。它的重点不在于查明责任，给予与罪过相应的处理。这种抢先自责和自嘲同样是为减轻、逃避他人的追究，作为自我防卫手段而使用的。战争失败后，在战争责任尚未受到严厉追究的情况下，以所谓'一亿人总忏悔'回避自己的责任，为此扭曲了至今日本人的价值体系，以至今天在日本连一个违反政治道德的政治家的责任，也不能彻底追究，这也是其中的一个原因。"①

"罪己"是一厢情愿的自以为是的行为，它并不能保证对事情有个客观的罪己。与这种自省的方式相对，"被禊"则是一种来自外部的责罚和磨砺。唯有在经历一个"被禊"的仪式和历程磨砺后，即真正求得社会的谅解之后才可能有一个较为客观的罪己。例如，一个政治家，因某事引咎辞职做出了相应的"罪己"后，待经过一段时间再次当选复出时，便会称"被禊结束了"，意即已经接受社会责罚并获得许可再度复出了。在这种情况下，即使尚有前嫌未释，也不会再有人来翻其旧账。如某些因政治丑闻辞职的议员，辞职前常会因此遭国会议员、媒体等诘难，但当其通过辞职再次当选后，一般就不会再遇到类似的诘难。

如果结合日本人的"被禊"心理与自省"罪己"心理来看 21 世纪以来日本政治"右倾化"现象，日本民众在历史认识等问题上与右派政治家的认同意识日趋增强似乎也就没有什么难以理解之处了。众所周

---

① 〔日〕南博：《日本人的自我》，刘延州译，文汇出版社，1989，第 42～43 页。

知，在战后初期，多数日本人能承认在侵略战争中日本军队曾有过残酷行为，其负疚感还是很强的，但是随着战争责任在"一亿总忏悔"的口号下化整为零而不了了之，随着甲级战犯的释放和战时领导人一夜之间官复原职，一些侥幸逃过绞刑的战犯如重光葵、贺屋兴宣等成为日本战后的政界和商界要人。战后日本的第一、二、三届内阁首相，不是出身皇族就是出身旧官僚。1957 年组阁的岸信介本人就是甲级战犯，其内阁中从大臣到长官，曾接受过"清洗"的人达半数。① 再加上亚洲各受害国对战争赔偿的放弃或追讨无力，及至今日，当年战犯的儿孙们都已经重返日本首相的宝座了，所以按照日本人的被褉心理，包括中曾根等日本前首相在内，很多日本人自然会认为"一亿总忏悔"的反省罪己已经得到了世间的原谅，过了"被褉"关，历史的包袱也可以卸下了。但是，当其得知自以为是的"罪己"并没有得到亚洲受害国人民的谅解时，便表现得有些恼羞成怒，在历史认识问题上口无遮拦，肆无忌惮。无论是令人诟病的日本右派政治家出尔反尔的言行，还是既承认战争的侵略性也知道靖国神社里面供奉着甲级战犯，却依然狂热地支持安倍晋三参拜靖国神社、支持右翼代表人物田母神俊雄竞选东京都知事的日本 20 多岁年轻人的言行，与日本人这种自我再生机制的心理影响有很密切的关系。

三　右倾化现象是日本人在身份认同危机之下寻求文化自我认同的表现

上智大学教授中野晃一在新近发表的一篇短评文章中称："日本政治的右倾化早在 20 年前就已开始了。换言之，安倍的右翼性政策只不过是最近几十年来使日本政治发生转变的右倾化倾向的一部分而已（尽管只是其重要的一部分）。不管安倍执政期间是否会继续使日本右倾化，这种右倾化倾向既不是因他开始，也不会因他退出政治舞台而结束。"②

---

① 游博：《中日关系历史认识问题中的美国因素》，《和平与发展》季刊 2006 年第 4 期，第 52 页。
② 内田树：『中野晃一先生の安倍政権論』，http：//blog. tatsuru. com/2014/03/04 _ 1902. php。

究其原因，就在于日本右倾化现象的实质是日本人在身份认同危机之下寻求文化自我认同的表现。所谓右倾化的路线选择，正是日本精英们意欲统帅日本民众谋求建构新环境下自我认同的手段。

日本雄踞世界第二经济大国之位长达 42 年之久，但一直屈居美国一个州似的政治地位，加之近年来日本经济衰退导致其世界第二经济大国之位的丧失，以及国际权力的重新分配，使日本对外越来越难以保持过去的从容与优雅，愈来愈陷入深刻的民族认同危机之中，其对外政策更具现实主义、实用主义色彩，急促甚至焦躁。恰如哈佛大学教授亨廷顿所指出的那样："国民特性问题上的辩论是我们时代的一个常有的特点。几乎每个地方的人们都在询问、重新考虑和重新界定他们自己有何共性以及他们与别人的区别何在：我们是什么人？我们属于什么？日本人在痛苦地思索，他们的地理位置、历史和文化是否使他们成为亚洲人，而他们的财富、民主制度和现代化生活是否使他们成为西方人。"① 日本作为介于世界战略力量板块之间的边际国家，盛时可以充作"连接亚洲与世界的桥梁"，式微则会跌入太平洋两岸间的"战略洼地"，其三种基本的社会需求——安全、社交、地位，不仅过去一直处于难以完全得到满足的境地，而且越来越直面无法得到确保的危机，因而激发了日本这一素来以准西方国家身份自居的东亚游离者开始主动寻求融入东亚的战略调整。鸠山由纪夫倡导的"自立与共生"的东亚共同体构想就是出于这样一种民族危机意识。但遗憾的是，由于日本在身份认同问题上的摇摆不定，"自立与共生"的东亚共同体构想无果而终后，再未见有实质性的进展。未来新的东亚国际秩序无论终将由谁来发挥实质性的主导作用，大概类似朝贡体系下的那种国际关系，不可能再次出现。自朝贡体系崩溃以来，虽然日本一直想主导东亚，但从历史上看，可以说，无论在任何时候，日本都未能成为东亚秩序的核心。日本由于在心理及定位上缺乏亚洲归属感，在政治安全领域又受制于美国，所以在推动共同体建设上既无法"脱欧"亦不情愿"入亚"，加之其在历史认识问题上出尔反尔不能坦诚谢罪的言行也使其难以"入亚"，难以获得以中国为首的东亚国家的谅解和接纳。2013 年 9 月 25 日，

---

① 〔美〕塞缪尔·亨廷顿：《谁是美国人？——美国国民特性面临的挑战》，第 10 页。

安倍晋三在美国智库发表演讲时说："日本这一国家，在由美国担负主要作用的地域性以及全球性安全保障的框架之中，决不能成为决定整个锁链强度的一项薄弱环节。由于日本是世界上最为成熟的民主主义国家之一，对于世界的健康福利及安全保障，必须作为一个创造净利的贡献者而存在。日本将成为这样的一个国家。日本将成为一个对于地区，以及世界的和平与安定作出更胜以往的积极贡献之国。诸位，我已经下定决心，要将我所爱的国家建设成为一个积极和平主义之国。如今我已有所懂得。我所肩负的历史使命，首先是要再次赋予日本活力，鼓励日本人民变得更加乐观积极，并以此促使他们成为宣扬积极和平主义旗帜的光荣旗手。"① 言易行难，安倍的志向不可谓不够远大，但恐怕也将是心有余而力不足了。

　　国际形势变化越剧烈，人们就越需要寻求安身立命之所，文化认同问题就越突出。对日本而言，欲解决身份认同危机，必然要探讨如何对待天皇的问题，因而也必然要涉及修宪的问题。目前，大家关注日本的修宪，主要是从安保的角度比较关注其修改宪法第九条图谋日本军力国际化的问题。日本的军力国际化，即所谓的"正常国家化"是日本各党派一直以来共同追求的目标，只是各党派欲实现这个目标的手段不同，即傍美还是亲华。日本不会放弃"正常国家化"这一目标，而中国更应该未雨绸缪关注其实现目标之后的身份认同建构取向以及中国的应对问题。

　　日本人缔结集团的特点使其非常看重序列和地位差，要么是顺从附庸一个可以给予其安全感的老大，要么回归亚洲做老大，可是且不说回归亚洲做老大在今天无望，在过去也未得逞，就是自然回归亚洲也面临着历史认识问题的障碍，所以，突破历史认识问题的障碍则成了日本政客们难以摆脱的任务。屡屡不顺，美国的式微，中国的日益崛起，国际形势的动荡，日益加剧了日本人的认同危机。十年来，政坛一年一相，经济不振，人人盼望强大安全的日本，其表现就是对强势安倍的支持。安倍内阁的连续高支持率，可谓这种民心求安的反映。

---

① 《安倍内阁总理大臣 2013 年赫尔曼·卡恩奖获奖感言》，http：//www.kantei.go.jp/cn/96_abe/statement/201309/25hudsonspeech.html，2013 年 9 月 25 日。

　　所谓"国家认同"是指一国公民对于自己所属国家的认同，是一种将国家视为"己者"而非"他者"的感受；而"爱国主义"则往往是指一个公民对于其所认同的自己国家的热爱和忠诚。在某种意义上，爱国往往是国家认同的升华，而国家认同则是爱国的前提。关于爱国主义与民族主义，它们之间并不存在必然的联系，反倒是在学术理念和现实政治中大相异趣：前者显示的是对祖国的热爱，后者却意味着对民族的忠诚。在并非由单一民族组成的国家里，通常主体民族容易产生民族主义和爱国主义"合二为一"的感情，其他非主体民族则不愿或者很难产生由民族主义升华为爱国主义的情感。特别是当非主体民族感觉到自己没有受到应有的尊重，或者没有得到应得的利益和地位时（这在很多时候取决于非主体民族的主观评价），"他者"的感觉就会四处丛生，非主体民族对国家的认同程度就越来越低。比较而言，日本是一个相对单一的民族，其追求同质性的国民性也使日本的民族主义很容易与爱国主义合二为一，主体民族的民族认同和爱国主义也较容易获得本国大多数国民的认同和支持，因而某种政治思想的影响也就容易快速渗透到民众中去。而统合日本国民思想建构身份认同的最便利有效的工具就是天皇，这也是所有右翼都尊皇的主要原因之一。所以，当这个工具用起来不顺手时，右翼如石原慎太郎之流也会对天皇发出不敬之言。①

　　虽然右翼尊皇，但不能因此将天皇乃至天皇制仅视为日本政治"右倾化"的历史文化根源不加分别地进行批判而无视天皇本人的言行如何。其实，无论是没有被追责的昭和天皇还是现今的平成天皇及令和天皇，他们对待历史认识问题以及修宪问题的态度，与日本右派政治家乃至右倾化的民意恰恰是截然相反的。昭和天皇当年正是因为靖国神社里开始供奉甲级战犯才停止去慰灵，其后至今，天皇一直没有去参拜过靖国神社。右派政治家利用天皇的意图却十分明显。例如，2013 年 4 月 28 日日本政府举行"主权恢复日"活动，就在天皇夫妇即将退场时，首相安倍晋三等人在天皇面前突然高喊"天皇陛下万岁"，从电视画面上平成天皇惊诧的神

---

① 「石原慎太郎、衝撃発言『皇居にお辞儀するのはバカ』、『皇室は日本の役に立たない』」，http：//zasshi. news. yahoo. co. jp/article？a＝20140303－00010001－bjournal－soci。

情和不知所措的样子来看，此举显然并非天皇本人所愿，安倍之举显然有种挟天皇以遂己愿之感。

从日本媒体的民调数据来看，绝大多数的日本人赞成修宪，而意见分歧主要在是否要修改第96条和第9条上。安倍曾称，日本今天面临的最大课题是"摆脱战后体制"。为此，其首先要做的是修宪。以安倍为首的右派政治家一直认为，这部宪法是美国人强加给日本的，缺乏正当性与自主性，一定要制定一部日本人自主的宪法。但是，平成天皇并未迎合民意也未附和右派政治家的修宪言论。恰恰相反，他公开宣称，正是在知日派美国人的协助下制定的日本宪法维护了至今的日本的和平。2013年12月23日，平成天皇迎来了80岁寿辰。在生日前的12月18日，他在皇宫举行的记者会上称平生印象最深的事情是"以前的战争"，并表示"想到那么多对未来有着各种梦想的人们，年纪轻轻就失去了生命，感到万分痛心"。针对战后重建的步伐，天皇回忆称："战后，在国联军队占领下的日本，把和平与民主主义作为应当遵守的重要理念，制定了日本国宪法，经历了各种改革才有了今天的日本。对于当时的我国国民为建设因战争荒废的国土所付出的努力我一直抱着深深的谢意。另外，我认为我们也不能忘记当时的知日派美国人的协助。"他还强调，今后依旧要站在遵守宪法的立场上行事。①

很多之前的研究认为美国对日本的右倾化负有不可推卸的责任，其主要责任之一在于保留了天皇。事实上，美国的责任主要并不在此，而是在于美国为一己之私允许日本战犯重新掌握政权，这实际上等于为日本政府开辟了一条不承认侵略战争、坚持右倾史观的道路。② 至今，美国对日本参拜靖国神社行为本身的性质亦并不是很在意，因为日本政治"右倾化"能对中国造成威胁，符合美国制约中国的战略，甚至可以说美国是支持的，就是小泉执政时的连续参拜，美国政府也未置一词。2013年12月26日安倍参拜靖国神社后，美国政府虽然接连表示"失望"，但

---

① 「天皇陛下の記者会見」，http://www.kunaicho.go.jp/okotoba/01/kaiken/kaiken-h25e.html。

② 参见陈景彦《中日之间的历史认识问题与日本政府的历史观》，《现代日本经济》2005年第4期。

这并不意味着美国真的要改变安倍的政策，不过是美国向亚洲各国显示的一种姿态而已。安倍坚持美日同盟、围堵中国是美国的长期方针之一，也是美国所向往的，只是安倍走得快点罢了。美国的表态也不过是担心日本右派政治家的言行激怒中韩，进而影响到美国在亚洲的利益而做的样子。

四　右倾化现象是日本的人际关系在处理国际关系上的一种投射

右翼排外，因此对右翼来说，美国理应占据日本排斥国之首，但日美间自战后以来的"美主日从"关系就没有改变过。虽然有要对美国说不的右翼政客，但实质上这些人还是唯美国马首是瞻。这些右翼的行为，在一定意义上可以理解为是日本的人际关系在处理国际关系上的一种投射。

从国民性的视角来看，所谓"国际关系"或"国际政治"就是国家行为体对外部世界的反应和行为模式。这种模式归根到底是处理国内人与人之间关系的一种反映。战后以来形成的日美间"美主日从"的关系，十分类似日本人的"亲子"关系。"亲子"关系是指明显带有地位差和保护与被保护的关系。日美关系中，美国是"亲"，相当于父亲、老大、保护者；日本是"子"，相当于儿子、小兄弟、被保护者。儿子听父亲的，父亲则保护儿子。人际关系模式是在无意识层面起作用的，因此，日本人往往会表现出不仅令美国人也令日本人自己都费解的顺从。日美关系史上这样的例子很多。安倍上台后，他本人及其阁僚们对待历史问题的态度，不断激起中、朝、韩等国的愤慨和批判，令曾受日本侵略的国家、人民忧心不已。但自 2014 年 3 月以来，安倍政府对历史问题的态度似乎发生了很大转变。2014 年 3 月 3 日参议院预算委员会上，安倍一反常态地表示，将继承历代内阁的立场，不仅要继承关于承认过去的殖民地统治和侵略的"村山谈话"，还明确否认将修改"河野谈话"。2014 年 3 月 3 日，参加了要求修改"河野谈话"集会的日本文科省副大臣樱田义孝还受到了内阁官房长官菅义伟的"提醒"。3 月 14 日，日本外务省向美韩两国传达信息称，安倍晋三将在国会答辩上做相关表态。当天下午，安倍在参议院预算委员会上再度表态，"安倍内阁并不打算修改河野谈话，对待历史必须谦虚"，而且还不忘打出情感牌，称"想起她们所经历的无法言说的痛苦，我感到非常痛心"。2014 年 3 月 23 日，安倍的亲信、自民党总裁特别辅佐萩生田光一称，如果安倍政权在调查过程中发现了新的事实，应该发表新的谈话。此语一出，立即遭到韩国和中国的批判，也遭到了菅义伟官房长官的否定："安倍首相已经明确讲了不会修改河野谈话。那是萩生田个人的意见。"安倍此举显然是为了顺从美国的忠告以实现日、美、韩首脑会谈，谋求打破其在东亚的外交僵局。对待历史问题看起来顽固不化的安倍政府，顺从美国政府的忠告做出如此大的转变，其实也是深受这种处理人际关系模式的影响。

另外，日本式人际关系还有这样的特点：将自我分为"表我"和"里我"，并依据情境熟练地将二者切换。这一特点较突出表现在日语中的"建前"与"本音"这一对概念中。"建前"是指"表面一套做法"，谈的是"我们应当如何如何"；"本音"是指"表面做法背后的实质"，表达的是"内心真正想说的话想干的事情"。在与人交往中，区分出"建前"和"本音"十分重要。这在日本政治外交上的一个例子就是政治家的"失言"现象。在弗洛伊德精神分析学派看来，人的失言（口误）是被压抑的潜意识的流露，而从国民性的视角看，日本高官的失言则是日本人的"本音"与"建前"的切换出了问题。失言，反映了内心的真实想法，只是表达的场合错了。籾井胜人为其慰安妇问题发言道歉时就称，作为 NHK 会长那样讲是不应该的，但他并没有认为其所讲的内容本身有什么不对之处。

安倍首相对待历史问题也有其"建前"与"本音"。他否认慰安妇问题的存在，不承认"东京审判"，推动修改"村山谈话"等，这是他的"本音"。但在美国的压力下，他在表面上不得不加以掩饰。言不由衷、口是心非、表里不一，诸如此类的行为，在很多文化中虽然不罕见，但大多作为一种负面的行为而遭到伦理规范的约束。因此，类似于安倍这种过度的表里不一的行为，也许在一般人看来是人格分裂或人格缺损，但很多日本人并不这样认为，反而认为安倍是在掩饰"本音"方面较为老练的政治家，是其心智成熟的表现。

在"亲子"关系模式下，"子"方在"亲"面前如何熟练切换"建前"和"本音"，是需要功夫的。有时候"子"对"亲"也有不满，想发泄一下"本音"，但又不能太过分，否则"亲"会生气，"子"会被敲打，会失去"亲"的保护。所以"子"的发泄也只是类似撒娇行为。美国对日本的基本政策是充分利用，同时保证不失控。安倍坚持美日同盟、配合美国多边制衡中国，也是美国所期待和支持的。但是安倍内阁日益显露的沿右倾化路线狂奔之势，已激怒中韩，影响到美国在亚洲的利益。在这一背景下，安倍的"本音"受到美国高调呵斥实属必然。

例如，2007 年 7 月 30 日美国国会众议院以口头表决方式，一致通过了一项谴责日本在二战期间强征亚洲其他国家妇女充当日军慰安妇的议案。① 2013 年 4 月 27 日，《华盛顿邮报》发表措辞强硬的社论，强调日本的侵略历史"不容置疑"，称安倍试图修正历史是"自我毁灭"。《华尔街日报》也发表文章，批评安倍否认侵略是"可耻"的。② 2013 年 5 月，美国国会研究发布报告，指出安倍的历史认识"导致东亚国际关系陷入混乱，令人担心美国的国家利益可能受损"。"安倍是顽固的国粹主义者，支持否认日本帝国主义侵略行径和亚洲所受损失的历史修正主义。"报告强调，安倍关于慰安妇问题和参拜靖国神社的言行"受到美国和日本各邻国高度关注"。在美国，担心安倍的历史认识引起东亚不稳的声音不断高涨。③ 另据《日刊现代》2014 年 5 月 15 日报道，美国国家安全委员会的成员、著名外交家莫顿·霍尔珀林应邀访日与日本国会议员座谈时明确表示，安倍所谓美国要求日本解释修改集体自卫权的说法是胡说八道，特别强调美国很多人认为安倍在考虑集体自卫权之前应该先解决核裁军及历史认识问题，解决历史认识问题是行使集体自卫权的前提。④ 2014 年 7 月 1 日，日本宣布内阁同意修改集体自卫权解释，这并非安倍政权一天的功

① 《详讯：美国众议院通过有关"慰安妇"问题议案》，http：//news. xinhuanet. com/news-center/2007 - 07/31/content_6453345. htm。
② 《美报批安倍否定侵略"可耻"》，http：//news. xinhuanet. com/world/2013 - 04/29/c_124647152. htm。
③ 《美国对安倍首相的历史认识表示担心》，《参考消息》2013 年 5 月 10 日。
④ 「米 NSC 大物が『安倍首相のウソ』明言解釈改憲はデタラメ」，http：//www. nikkan - gendai. com/articles/view/news/150186/1，2014 年 5 月 15 日。

劳，而是在十多年前已经定下的基调。虽然美国马上第一个站出来表示了支持，但仍没有忘记对日本的对俄外交及对朝外交的高调管控，从安倍内阁受到美国敲打后便不敢轻举妄动的反应来看，美国对日本的管控力依然有效。

五　日本的右倾化现象的未来走势

对于日本右倾化现象的未来走势，我们可以借鉴国际关系的层次分析方法，结合日本国民性的特点来进行如下分析。

第一，从国际体系层面来看，虽然日本的右倾化动向令人担忧，但鉴于日本人的基本人际状态特点，来自国际体系层面的压力，将促使右倾化不得不有所收敛。不仅是曾深受日本右翼之害的中国和韩国不会容忍右倾化的加剧，而且首先日本万般依赖的同盟国美国也不会任由其发展。无论是以退为进的"罪己"还是既往不咎的"被褉"，日本都是以美国对其认可程度为标准的。情境中心主义的日本人，格外看重来自外部的评价，特别是来自欧美国家的评价。二战后以来的日美关系是一种保护者与被保护者、控制者与被控制者、帮助者与被帮助者的关系，这既符合日本人"缘人"基本人际状态下亲子关系的特点，也是美国人"极致个人"基本人际状态下寻求社会心理均衡的结果，因而导致"亲子"模式下美主日从的特殊关系能够延续至今。心理文化学理论认为，不同基本人际状态下的"社会心理均衡"结构模式不会轻易改变，但为了维持其心理社会的动态均衡，其构成要素的更换则会相对容易一些。日本与美国，不过都是彼此社会心理均衡模式的一个构成要素而已，若彼此能够继续保持基本功能的正常发挥，则"亲子"模式下的美主日从关系仍将会一如既往，反之，只要有一方功能弱化，这种关系就将难以为继。[①] 美国对日本在安全问题上的基本立场，是对日本合理地利用但不失控。第二次世界大战后，美国在某种意义上为了共同利益，与日本的保守右翼势力保持了共存的关系。但是，在关键时刻，如前所述美国就会出来压制日本的政治右倾动向。也就是说，日美双方在

---

① 张建立：《战后日美关系的心理文化学解读》，《国际政治研究》2013年第4期。

历史问题上并不存在共同价值观，美国也始终在警惕着日本右翼保守势力的过度抬头。

归根到底，日本的战后体制是美国人建立的，是在接受美国的亚洲体制的基础上才有了战后的历史。日本的右倾化最为严重的后果可能是推翻"东京审判"和《波茨坦公告》，实现安倍宣称的"摆脱战后体制"。如果其真能如愿以偿的话，那将意味着日美同盟的终结，日本与美国的关系需要重新界定。这种新关系将充分体现日本的意愿，是真正的"超越战后"的产物。但这绝非美国所愿，为了最大限度地维护其在亚洲地区的利益，美国也不可能任由其发展。

第二，从日本国内层面来看，多数日本国民追求满足其社会需求的方式与安倍等右派政治家的路线设计并不相同。心理文化学认为，"安全、社会交往和地位"是每个文化的人都必不可少的社会需求。每一种社会需求依次又分为生物性、社会性、情感性需求这样三个层面。日本历史学者与那霸润称，全球化的发展使日本人的社会需求面临危机。日本人习惯于把19世纪以后本国的历史理解为"西洋化"，并常常伴随着在亚洲只有日本"西洋化"成功了这样一个小小的自豪和自尊心。但今天的日本人正在失去这种自信，在近些年来全球化浪潮下这种自尊心受到了双重意义上的伤害。首先，韩国和中国台湾地区的经济等方面的成功，使所谓只有日本"西洋化"成功了的说法难以为继。结果能够满足日本人"没有输给周边国家"的自尊心，就只有自吹日本人的"民族性"优于其他民族，日本的"历史"与近邻诸国不同，没有丝毫污点之类的露骨的民族主义和种族歧视主义了。这种结构便成为绑架东亚全体的经常出现的"历史问题"的背景。其次，日本人对将来的展望缺乏信心。要想把在亚洲只有日本"西洋化"了作为其比其他国家优越的证明，就需要"所有的国家不论迟早都得西洋化"这个大前提。因为只有在同一个西洋化的跑道上赛跑，"第一个跑到终点"的日本才有胜利者的资格。但正是在这一点上，没有"西洋化"却实现了经济发展并跻身世界强国行列里来的中国，成为一个巨大的反证。这到底是为什么？到今天为止日本人为了"西洋化"费的那些力气到底是什么？

日本人因此而焦躁不安。①

2013 年 2 月 23 日，时任首相安倍晋三在华盛顿美国战略和国际问题研究中心（CSIS）发表题为 "日本回来了" 的演讲。安倍借此向世界宣誓：日本永远不做 "二级国家"，"一个强大的日本回来了"。② 安倍的演讲虽然喊出了日本国民的心声，但其实现所谓强大日本的路径选择与日本国民的意愿是不同的。日本主流媒体的舆论调查结果大都显示日本人期待安倍的是其安倍经济学为日本人画的经济蓝图，而非解禁集体自卫权将日本人再度送上战场。日本人希望安倍经济学能够让他们重新找回昔日的自信，或者如某些有识之士所言至少希望安倍经济学的成功能够使日本维持现状。③ 日本人口从 2005 年就开始减少，2030 年将减少到 1.15 亿人，2050 年将减少到 9500 万人。其中，65 岁以上的老年人口占总人口的比例 2030 年为 31.8%，2050 年将达到 39.6%，14 岁以下的人口比例预计到 2030 年仅为 9.7%。在少子老龄化与有增无减的巨额国债高达国内生产总值（GDP）200% 的情况下，任何大规模军事建设都很难想象，这种现状也决定了日本未来可选择的出路是有限的。④ 从日本内阁府 2011 年至 2013 年进行的关于国民生活的舆论调查结果来看，接近 70% 的国民最期待政府做的事情也是提振经济增强社会保障，⑤ 而不是加速日本的右倾化对中韩示强。

2014 年 5 月 24 日、25 日《朝日新闻》《日经新闻》等民调结果显

---

① 2013 年 6 月 7 日，爱知县立大学日本文化学部历史文化学科副教授与那霸润在北京师范大学出席其著作《中国化的日本——日中文明 "冲突" 千年史》中译本出版纪念典礼，并做了讲演。参见与那霸润「『中国化する日本』の教訓　新しい日中関係のために」，http://bylines.news.yahoo.co.jp/yonahajun/20130626 - 00025576/。

② 安倍晋三：「日本は戻ってきました」，http://www.kantei.go.jp/jp/96_abe/statement/2013/0223speech.html。

③ 参见 2014 年 6 月 10 日下午，日本亚洲论坛理事长吉原钦一在中国社会科学院日本研究所座谈时的发言。

④ 橘玲：「今年のことはわからなくても、10 年後の日本はわかっている」，『週刊プレイボーイ』2014 年 1 月 6 日号。

⑤ 参见内阁府大臣官房政府广报室『「国民生活に関する世論調査」世論調査報告書』（2011），http://www8.cao.go.jp/survey/h23/h23 - life/2 - 4.html；『「国民生活に関する世論調査」世論調査報告書』（2012），http://www8.cao.go.jp/survey/h24/h24 - life/2 - 4.html；『「国民生活に関する世論調査」世論調査報告書』（2013），http://www8.cao.go.jp/survey/h25/h25 - life/2 - 4.html。

示，有半数以上的日本国民对容忍行使集体自卫权持反对态度，而且朝日电视台（ANN）的民调数据显示，安倍内阁的支持率也降至其组阁以来最低点——45.7%。2014年7月1日安倍内阁召开临时内阁会议决定行使集体自卫权。事关日本国家是否走上战争之路的重大问题，安倍没有通过修改宪法，也没有在代表国民的国会中进行审核，仅仅凭个人的意志就擅自作出了决定，这引发了日本国民的强烈不满，就连一直比较支持安倍的《产经新闻》《读卖新闻》《日经新闻》以及包括NHK在内的主流媒体的民调数据都显示安倍内阁支持率一下跌至45%左右，达到了安倍第二次组阁以来的最低点。日本滋贺县知事选举2014年7月13日举行投计票，无党派新人、前民主党众议院议员三日月大造首次当选。本次选举期间，日本政府通过的修改宪法解释以解禁集体自卫权的内阁决议案广遭诟病，亦成为安倍自民党支持的候选人落败的主要原因之一。在2015年春季的统一地方选举之前，自民党原本希望通过此次选举助推该党同样视为重点的10月福岛县知事选举和11月冲绳县知事选举，但开头就以败选告终。这对安倍执意推行右倾政策无疑是个警示。一些比较支持安倍的媒体也都规劝安倍要把心思收回到如何振兴日本经济上来，"应该再次向国民显示出最重视经济的姿态，同时，要将安倍经济学的效果渗透到地方和社会之末端。唯此才是能否实现长期政权的关键"①。

第三，从安倍个人及其所代表的利益集团层面来看，如果来自国际体系层面与日本国内政局对安倍执政压力增大，安倍亦能客观考虑其个人及其所属利益集团的利益诉求的话，那么他的态度像第一次组阁时那样180度大转变，一改右倾言行而在改善中日关系上做出一些切实的努力，这也不是没有可能。

总之，不囿于或"左"或"右"的分类范式，而是从国民性的研究视角整体性地解析所谓的日本右倾化现象，反倒更有利于深入理解日本社会思想动态、成因及前瞻其未来走势。因为战后以来形成的日美间"美主日从"的关系类似日本人之间的"亲子"关系，是日本获得安全感的

---

① 峰匡孝：「産経FNN世論調査　アベノミクス評価に大きな陰り　内閣支持率下落の背景」，http://www.sankeibiz.jp/macro/news/140721/mca1407212154006 - n1.htm。

重要来源，所以当日美关系模式发生变化或者世界出现了可能会影响这种模式的重大因素时，日本在对外交往上就会表现出明显的缺乏安全感，同时还会表现出寻求新的身份认同的焦虑。加之日本国民性中情境中心主义、缺失恒定的是非观与善恶道德标尺的特点，这些因素交织在一起导致近年来日本右倾化现象愈发凸显。所以，寄希望于善于熟练切换"建前"和"本音"的日本不说空话走正道，用更为实际和持之以恒的言行来证明其值得邻国信任，至少在短时期内似乎不太现实。

第二十一章　文化与日本外交

提到外交，一般使人想到的是安全保障、国家间的政治往来以及贸易等问题，而文化似乎是另一种性质的东西，将文化与外交联系起来可能使人难以理解。不可否认，国与国的交往首先考虑的是利益和安全等问题，但文化因素也是一个重要方面。文化不仅包括艺术、宗教、学术等高层次的精神文明方面的内容，也包括人们的价值观、生活方式和人际关系模式等。① 每个民族国家的统治、外交政策的制定与实施都是在一定文化背景中发生的，因而与该民族的思维方式、行为方式、文化心理和国民性有密切关系。人们在制定或执行政策的过程中必然有意或无意地把存在于人们意识深层的文化价值观体现出来，从而给本国的外交打上明显地区别于他国的烙印。

从文化的角度研究国家之间的交往重在揭示隐藏在这种行为背后的文化因素。根据美国学者 M. J. 麦哲的看法，这种研究路子似乎正在日益受到重视。他指出："文化，是当前研究有关国际关系、国际安全和世界经济等问题的著作中最时髦的概念。最近发表的大量论文、著作都指出，文化是驱使民族国家、其他机构团体乃至个人，采取行动和自组运作的基本动力。这些著作还强调，文化的重要性正日益突出。"② 这种研究之所以受重视的一个重要原因可能在于它能够提供认识国际关系的另一种视角和一种人文层次的理解。

---

① 笔者知道关于文化的定义有多种并存在很大的争议，本章是在社会人类学意义上使用这一概念的，其含义接近 E. B. Tylor（"文化是一个复合体，它包括作为社会成员的人所获得的知识、信仰、艺术、道德、法律、习俗以及其他能力和习惯"）和马林诺夫斯基（"文化是指那一群传统的器物、货品、技术、思想、习惯及价值而言的，这一概念包容着及调节着一切社会科学"）的定义。

② 麦哲、谭晓梅、潘忠岐：《文化与国际关系：基本理论述评（上）》，《现代外国哲学社会科学文摘》1997 年第 4 期。

本章以日本为例，从几个方面提示性地分析文化对其外交的影响。

一　民族性与日本的外交

一个国家的地理环境构成该国之国民特定的生活方式、风俗习惯和价值观的基础，并进而影响国民的性格和行为方式，这种性格和行为方式自然影响其对外部世界的认识和与他国的交往。

关于日本的自然环境与日本民族性的概括有许多种，笔者认为以下概括有助于我们理解日本的对外交往模式。这些概括有：优美、柔和的岛国地理条件与日本人热爱草木、热爱自然、带有女性特点的性格；春夏秋冬四季变化显著且时有突发性的火山爆发、台风和洪水的气候条件与日本人易变、缺乏持久性的性格；由于相对隔绝的岛国位置而形成的缺乏与不同国家交往这一独特历史体验，与日本人在认知"自国"与"他国"方面常因担心自己处于较低位置而感到不安等。

日本的自然环境总的来看不是那种需要男性力量征服才能生存的严酷类型。由于有海洋这一天然屏障，日本历史上很少受到外来侵略，因而也很少有抵抗外来侵略的体验。岛内虽有争斗但似乎没有超出兄弟吵嘴的范围。这同曾不断与异民族作战、不断经历异民族统治的西欧或中国的情况大不一样。日本自然和历史的这一特点与古代可能是日本长期处于母系社会、日本文化带有女性特点的重要原因。我们知道传统日本人信奉的最高神是伊势神宫的"天照大神"（アマテラスオオミカミ），她是一位代表大地、具有极大包容性并给世界带来极大恩惠的女神。与这种女神崇拜有关，古代日本将自己国家称为"うぶなす国"，具有生育能力的大神叫"产土"（うぶなす），并对生殖、生育行为给予很高评价。女神信仰与相对优越的自然条件、相对和平的历史经历等因素相辅相成，对日本民族的价值观和性格带来了影响。日本人的性格具有感受性和情绪性较高的特点，而这样的特点通常被说成是女性更具备的。在与其他国家的交往上，有的学者称日本的外交是"带有女性特征的外交"。① 具体表现是：日本

---

① 平间洋一：「国民性对日本外交的影响」，载外交政策决定要因研究会编『日本の外交政策决定要因』，PHP 研究所，1999。

外交的理念常常不是基于某种理性的判断而是受某种情绪的支配，因而常做出一些非理性、非常规、在外人看来难以理解的行为。女性国家的特点有时表现出某种女性特有的间歇性的非理性表现。有的日本学者称这种表现为"集团性歇斯底里"。"日本人平时国家观念、民族意识比较淡薄，但非难和侮辱一旦超过一定限度，或者一旦切身感到生存威胁的时候，便会无视合理性计算和力量的对比，出现一种强烈的国家意识，爆发一种具有母性国家特征的集团歇斯底里，会表现出超越限度的猛烈抵抗，释放出巨大的能量。"① 这一点也许就是日本学者和辻哲郎所概括的日本人"静穆的激情""战斗的恬淡"性格的表现。

1891 年，俄国皇太子率舰队来日本，日本人认为是俄国人为侵略日本来侦察日本地形的，当时一个叫津田三藏的巡警行刺皇太子。此事震撼了整个日本。日本人认为俄罗斯要报复，日本要完蛋了。政府首脑急忙到京都看望被刺者并诚恳谢罪，来自各社团、学校、公司的慰问电报接连不断。一个与津田三藏没有任何关系、名叫北畠勇子的 27 岁的女子，事件出来后急赴京都，在市政府门前自杀并留下了向俄国谢罪的遗书。谢罪成为当时一种流行现象。佛教各派的总部（本山）都举行"御平愈大祈祷"，并规定今后出生的孩子一律不能取名为三藏。

我们还可以举出其他类似的例子。如日俄战争结束时在签订普茨茅斯媾和条约后日本人对条约内容不满而引发的民众暴动——"日比谷焚火事件"、② 第二次世界大战中为德军的闪电战所迷惑而仓促参加德意日三国同盟的经过、在第二次世界大战中像"神风突击队"那样的具有鲜明的日本特点的"特攻""一亿玉碎""十死零生"的做法、20 世纪 60 年代的反对越战运动以及"安保斗争"等的激烈行为，可以说都带有日本式"集团歇斯底里症"的特征。

---

① 『日本の外交政策決定要因』，第 255 页。

② 日俄战争结束时，日本与俄国签订了和约。日本国内很多人对和约中俄方没有向日本进行战争赔偿而强烈不满。而当时日本的实际情况是，日本虽取得战争的胜利，但元气大丧，已无力继续作战。民众不了解这一点，当时几乎所有报纸都一齐煽风点火，鼓吹再战。在这种气氛下，1905 年 9 月 5 日，3 万余人在东京日比谷公园集会，要求废除和约继续作战。集会发展为暴力，烧毁了 2 个警察署、219 个派出所、13 个教会、53 家民房，全国一时陷入无政府状态，政府不得不发布戒严令。

在与外部世界交往时，日本有时候还表现为带有母系社会特征的大家庭主义，即日本在处理某些事件上显示出整个日本为一大家庭、一个人的行为连带着整个家庭的倾向。例如，1973 年 3 个日本过激派青年袭击了以色列的德拉维夫机场，杀害了 25 个人。事件发生后日本政府立刻拿出100 万美元给以色列政府。但包括以色列在内的许多人认为，日本此举是用钱买好的狡猾行为，因为通常来说，一个国家对其国民在海外的个人行为并不负责，尤其是行为者是被政府通缉的逃犯，所以人们认为日本出这么多的钱肯定有什么目的。外界的这种反应使日本人大感意外。日本出钱的确是真心实意，当时的外相是向来以不动感情著称的福田赳夫，而他在公布这个决定时大动感情。不仅政府，大部分国民都因此而寝食不安。这种行为乃出自某种视国家为家庭、视国民为孩子的原理。根据这种原理，劫机是本国青年干的，他们的行为损害了日本的名誉，正像一个家庭中不争气的孩子干了坏事，父母向受害者赔礼道歉一样，国家也应做出赔偿。从同样的原理出发，日本当然无法理解外界对政府出钱赔偿行为的批评。"以女性社会特有的大家庭主义思考为中心的日本人，在解释他国国民的行动时，不能冷静地认识到自己与他者之间的异质性，容易将自己的价值观和感情强加给对方。"①

类似的例子还有：1972 年 10 月，通缉中的日本赤军分子劫持了国内航班到朝鲜，在此事发生后的三天时间里，整个日本可以说都被深深卷入事件中，人们一动不动地站在电视机前注视事态的进展。这种紧急事件刺激了日本作为母性家族国家的本能。②

假如岛国的周边也是规模和文明程度类似的国家（如英国与德国、法国之间），情况可能会是另一种样子。但日本不仅是一个岛国，而且在近代以前的大部分时间里一直是作为以中国为中心的国际政治圈中的一员而处于东亚文明中心的边缘地位。这一独特位置给日本与外部世界的交往带来了两个特点：第一，交往限于少数国家（主要是中国和朝鲜）。第二，不是把对方当成一种异质的文化来认识和评价、以平等之心态进行交

---

① 『日本の外交政策決定要因』，第 249 页。
② Gregory Clark：『日本人：ユニークさの源泉』，村松増美译，サイマル出版会，1983，第 193 页。

往，而是当成一种具有同质性的、处在或高或低位置的、通过学习可以改变相互位置的存在。历史上它一直将中国作为模仿的样板来加以观察认识，或为了取得来自中国的认可，或为了摄取中国文化而认识中国，而对朝鲜则等而下之。历史和地理为日本提供以平常心态、平等地与多国打交道的时间太短，近代以前可以说日本没有真正的外交（日本真正意义上的外交始于近代，故关于日本外交史的文献也都是从近代日本开国谈起），故古代也没有产生系统的外交理论。这种独特的历史体验使日本在认知"自国"与"他国"问题上带来困惑，较容易出现极端，容易将认识对象加以美化、理想化，而当理想破灭后又容易走向鄙视。日本有一种对自己在国际秩序中位置十分敏感的心态并时常出现定位的困难。例如古代对中国充满了崇敬并参照中国定位自己，但这种崇敬其实带有美化和理想化的成分。而当近代日本理想中的中国形象破灭以后，便参照西方国家定位自己，走上了"脱亚入欧"之路，鄙视和侵略中国。这个转变使日本由原来处于中国系统的边缘地位变为西欧系统的边缘。近些年在日本经济持续低迷、中国和其他亚洲国家高速发展的新形势下，日本又提出了回归亚洲的口号。然而实际情况是：日本既没有完全"入欧"也没有完全"归亚"，它一直处于边缘地位。处于边缘地位的日本害怕落在人后，害怕被抛弃而陷于孤立是极其自然的。现在的日本可以说既担心被西方国家抛弃又担心成为"亚洲孤儿"。当然，任何一个国家或民族都会在某些时期参照"他国"或"他族"来定位自己并改变自己的地位，但像日本这样对自己位置如此敏感、如此多地出现"定位困惑"的国家的确少见。从民族心理上说这是日本在"自我认知"问题上出现困惑的表现。

伴随这种"定位困惑"是一种强烈的不安全感和被害意识。日本不仅担心自己落后，担心被抛弃，还担心受害。日本人有一种把自己描绘成弱者、受害者的倾向，有一种被害意识存在于日本人的心理深层并有时候在对外交往中表现出来，日本的许多外交政策可以说就是建立在这种担心受害的认识基础上的。例如，无论是对强国（如今日的美国）还是对弱国（如近代以来的中、韩、朝），日本趋于强调自己的"无防备"，强调自己是被害者或者假设自己将被害。例如，无论是在日本的媒体上还是在与日本人的交谈中，我们常常可以听到日本人抱怨美国是如何打压日本，促使日本让步，日本在美国面前如何忍气吞声、吃亏上当等。当然，这种抱怨不能说都是无稽之谈，但日本人将自己描绘成的可怜的受害者形象通常是被夸张了的。同样，他们也常常夸大其词地抱怨中国，说中国是如何地狡猾，如何工于心计，自己在与中国的交往中如何吃亏受害等。需要指出，最近一些年日本出现"中国威胁论"也是出自"中国强大后日本将受其害"这一假想之上。同样的态度也表现在对韩国、朝鲜等国的看法上。① 从民族心理上来说，这种担心出于一种与不安全感相联系的受害意识。日本心理学者小此木启吾指出："由于日本人的心理太图式化，总是将攻击自己的人视为一种强大而狡猾的存在，自己是软弱的牺牲者，从而为自己的侵略行为辩解。日本人总是要设置一个自身忍耐力的界限，尽管还不知道自身是否是弱者。在这方面典型的例子是日本在太平洋战争中的做法。这个战争是在'鬼畜英美'的叫喊声中长年积累了的仇恨的释放，后来出现了偷袭珍珠港那样的事件。也就是说，当受到他人的威胁或者攻击的时候，日本人马上认为这是不正当的，然后将自己描绘成一副软弱、无防备的牺牲者的样子，并据此向攻击者要求某种明确的赔偿，或者深深的谢罪，严重时要求支付费用。日本人的这种被害者意识也频繁见于国内外的商业活动中。"② 在影响与亚洲国家关系的"历史认识"问题上，日本也总是强调自己是那次战争的被害者而不去认识自己首先是加害者这一事实。第二次世界大战时日本对亚洲国家的侵略行为从某种意义上说似乎与当时日本人"与其被害于后，不如加害于先"这样一种民族心理背景有关。

二 "和"、"合意"、"根回し"与日本外交

国家之间的相互往来是国际关系的基本内容，而一般来说国家只有通

---

① 1998 年 8 月 31 日，朝鲜发射导弹，日本反应过敏。一时间，"日本还能保证安全吗？""如果不能保证安全，日本怎么办？"等问题充斥媒体。日本还出版了诸如以"假如与朝鲜作战"为题的特集杂志大量发行。另据共同社 1999 年 7 月 12 日发布的消息称，在朝鲜 1993 年发射"劳动"号导弹之后，日本航空自卫队便开始在绝密状态下研究利用战斗机空袭朝鲜导弹发射基地事宜。这项研究把位于日本海东海岸的朝鲜曾发射"劳动"号导弹的卢洞基地设定为打击对象。与日本的这种过度反应相对照，韩国的金大中总统曾拒绝美国提出的轰炸朝鲜的建议。

② Robert M. March：『与日本人的交往方法』，川口智子译，PHP 研究所，1988，第 32 页。

过其内部结构培育出来的代表国家利益的精英人物才能在国际事务中发挥作用和影响。活跃在国际舞台上的人物是在特定的文化氛围中成长起来的，他们之所以被称为一个国家的杰出人物显然是因为他们的言谈举止乃至心理与国家的民族精神相符，即他们体现了具有本民族特征的文化模式。从这个意义上说把一个国家的外交模式视为该国人与人之间关系模式的一种投射和延伸或无不当。

历史上长期居住在共同体性质的村落社会中的日本人，十分在意他人对自己的评价，在行为上具有"他人本位"的取向。日本社会较强调集团的和睦而不鼓励个人突出，"和"与"一致"被摆在相当重要的地位。日本式集团在做出决定的时候一般较重视"合意"（事前协商，达到全体一致）和"根回し"（与各个关系方面协商），这种方式使集团表现出较大的一致性，但这通常是以花费较长的时间和较大的精力为代价，日本人在语言和行为方面也表现出较大的暧昧性。

这种特点自然也反映在日本的外交上。与美国、中国、俄罗斯等国家的外交比较，日本的外交较多地考虑"别国怎样评价日本"这一问题，同时也表现出较大的暧昧性。

这里所谓"暧昧性"特点当然只是一种定性的描述，它主要是指由经验观察得出的日本外交方式的以下一些倾向。

——长期以来日本在一些重大国际问题上态度摇摆不定，一般不明确表达支持或反对什么，总是有意或无意地采取回避态度。虽然总的来说日本在外交上长期追随美国，但其态度多不明朗。这方面的例子可以举出很多。例如，对海湾战争的态度以及1999年以美国为首的北约军队轰炸科索沃的问题上等，态度都较暧昧。①

——在具体的外交场合，日本外交官员多是默不作声或含糊其词，给人以暧昧的印象。暧昧有时是为了回避问题的实质，不想承担或减轻责

---

① 《朝日新闻》1999年6月16日（第13版）一篇题为《俄国自吹自擂在科索沃问题上的贡献，日本方面萎萎缩缩》的报道，说明了日本在这个问题上的态度与俄罗斯的明显不同。俄罗斯下院国防委员会委员长普克比奇访日时说："若没有俄国，联合国安理会是形不成决议的。"而日本小杉隆议员说："日本政府只是理解空袭的来龙去脉，但不支持（空袭）。"众议院外交委员会委员长中马弘毅说："对于联合国未能充分发挥作用，我们也有不安。"

任，例如，众所周知的中日签署联合声明时田中角荣将日本侵略中国说成给中国"添了麻烦"的讲话就典型地说明了这一点。① 有时候，暧昧是怕得罪对方，尽量不把话说得太直白，不显得那么咄咄逼人。②

——日本在做出某项重要决定时通常需要较长的时间。日本政府高官甚至总理大臣受到各个方面的牵制，常常很难下决断，因此给人一种迟疑不决、决断力不够的印象。这样的例子有很多。如1990年8月2日，伊拉克军队入侵科威特，发生了海湾危机。8月中旬，美国政府向日本海部政权提出四点要求：1. 向多国部队提供财政援助；2. 向海湾诸国提供援助；3. 增加在日美军经费；4. 支援多国部队在人员上做出贡献。对于第一点和第二点，日本政府做出了积极反应。对海湾诸国的经济援助，最初决定是1000万美元，对多国部队的经费，最初提出10亿美元，美国认为至少要30亿美元，9月中旬才做出了总额为40亿美元的经济援助的决定。在美国的一再要求下，日本最后拿出了100多亿美元，但仍被美国批评为"Too little，Too late"。

——被动式外交。③ 日本的外交行为多是为了回应外国的要求和批评，外交人员似乎主要是应付来自四面八方的压力。例如在与美国的交往中，日本常常是在美国的压力下被动地采取行动，做出让步和妥协。在中日交往中，日本也很少在发展中日关系等问题上提出什么积极主张，更多的情况是：中国方面提出主张和建议，日本方面做些补充。再如，从1975年起世界主要发达国家首脑每年都要聚会一次，虽然日本从第一次会议就是其成员之一，但日本领导人在会议上并没有提出过什么积极的主张。

---

① 田中角荣在中日建交时对战争反省的表述使用的是"迷惑"一词。详见张香山《中日复交谈判回顾》，《日本学刊》1998年第1期，第37~38页。日语中"迷惑"的含义是"自己所做的事情给对方或周围的人带来了麻烦或令人不快的想法"（金田京助等：《新明解国语辞典》，三省堂，昭和四十七年版），这是一个暧昧的词。日语中并非没有表示"罪行"的词，田中显然是想利用暧昧术回避问题的实质。

② 20世纪70年代初日美在纺织品方面发生摩擦，当时美国总统尼克松曾向当时的日本首相佐藤荣作提出批评，佐藤首相当时回答说要"善处"（妥善处理）。美国方面认为这个回答是一个承诺，但后来日本并没有处理此事。美国方面很生气，指责日本没有兑现承诺，但日本否认做出过承诺。经过调查，问题出现在日语的"善处"一词上。该词在日语里不是要处理某一问题的承诺，甚至也不是一个意义明确的词，其含义大约相当于中国某些官员所说的"研究研究"。

③ 『日本の外交政策決定要因』，第248~250页。

——外交上较缺乏明确的战略目标以及为达此目标所采取的手段。政策的制定和实施不明确，较缺乏广阔的视野。"当今各国的首脑外交打破了内政与外交的界限，将国内政治放在国际政治这一大的背景之下进行思考，为增进国家利益而积极进行对外交涉。相比之下，在日本，只有谙熟政党内的抗争和人事安排的人才有可能成为领导人。这样一来，内耗自不待言，眼界当然也受影响。"①

——日本首脑和外交家在具体表述和实施对外政策时显得力不从心。有时候甚至还显示出不应有的"拘谨"。如，日本政府官员在外交场合或者就某些外交问题经常出现"口误""失言"② 而受到其他国家的指责。

当然，日本外交之所以给人暧昧的印象与日本在国际社会中所处的特殊地位有关。日本"一身而兼二任"，既是东方国家又是西方国家，文化上属于东方而制度上属于西方。这种夹在东西方国家之间的特殊地位使其在对外交往中常常既想讨好西方又不想得罪东方。此外，经济、科技大国与政治上的战败国地位，也是其外交较暧昧的原因。但从文化的角度看，外交模式上的这种特点与上述日本人集团的构成特点和人际关系的特点密切相关。

三 *amae*、*okami* 与日本的外交

"甘え"（*amae*）是日语特有的一个词，它的大体含义是指一种类似儿童对母亲撒娇的特殊的依赖感情或行为。日本学者土居健郎认为"*amae*"是日本文化心理最突出的特点。这种心理普遍反映在日本人的人际关系的各个方面，如在家里孩子对母亲的依赖、在公司中下级对上司的依赖、学校中学生对老师以及低年级学生对高年级学生的依赖，等等。③

---

① 唐晖：《试论日本的首脑外交》，《日本学》第五辑，北京大学出版社，1995，第23~37页。
② 日本高官失言而受到日本国内外批评的例子很多，顺便翻阅手边的材料，这样的例子就有：1986年文部省大臣藤尾正行就侵略朝鲜问题说："韩国也有一定的责任，也有应当考虑的地方。"此言一出立刻遭到韩国政府的抗议。同年日本首相中曾根康弘关于日本是单一民族社会、歧视黑人、波多黎各人、墨西哥人的讲话。1994年5月6日法务大臣永野茂门"南京大屠杀是编造的"的讲话（永野不得不收回自己的言论而辞职）。
③ 参见土居健郎『"甘え"の构造』（弘文堂，昭和五十二年第二版）以及笔者对该理论的介绍，见尚会鹏《中国人与日本人：社会集团、行为方式和文化心理的比较研究》，北京大学出版社，1998，第324~338页。

与这一概念相联系，日语中还有 *okami* 这一独特概念。*okami* 一词的含义有两个，一个是指"上面""上方"，汉字记作"上"，前面加"御"，*okami*，汉字记作"御上"，通常指天皇、朝廷、政府、官厅。这个意义上的 *okami* 有时候还写作"女将"（指酒店的女老板）。*okami* 是指"掌握着事情决定权的人"，还有"能够放心地替自己拿主意的人""委以作出最后决定的人"，即决定政策的人。日本人会说"这是 *okami* 的命令"，或者"希望能问一下 *okami*"等之类的话。第二个含义是指神明等某种超自然或与超自然有关的存在，这个意义上 *okami* 通常记作"神"。古代，*okami* 即指神道教之神"天照大神"（日本人想象中的祖先）。这个意义上 *okami* 又指天皇，因为在"神人一系"日本传统宗教思想中，"天照大神"和天皇可视为一回事，或者，后者是前者的代表。

不管是在哪一种意义上，*Okami* 都是一种高于自己并具有超凡力量的、可以保护自己、施惠于自己的存在，自己可以信赖、依赖 *Okami*。自己与 *Okami* 的关系是一种依赖与被依赖的关系。

这种关系表现在国民与政府的关系上，对日本内外政策的决定方式有影响。国家政府就是"*okami*"，政府与国民之间有一种更大的信赖关系。"最终决定皆由'*okami*'作出，*okami* 把一切都安排好了，完全可以依赖，不用我们操心。"民众这种意识及与之相联系的与统治者的信赖关系可能是日本历史上政权具有巨大连续性的重要原因之一，而这同中国等其他东亚国家明显不同。① 今日日本民众对政府仍有一种对 *okami* 般的信任关系。这种信任通常使人们对政府有很高的期望值。但另一方面，当政府的行为与人们的期望有差距的时候，人们又很容易向相反的方向转变，即抱怨 *okami* 的行为，对政府极度失望，寄希望于新的政府班子。由此可以解释日本政治上这样一种不可思议的现象：日本政府的更迭可能是发达国家中最勤的，日本的首相简直像走马灯　样更换，但每届政权都不否定前届政府的工作，都声称是在前届政府基础上做事。

---

① 应当指出，这种心理类似传统中国人的"贤人政府"心理，但与日本人不同的是，中国人认为当政府不能很好地履行自己的职责时民众有责任推翻它。所以中国历史上不断推翻政权而改朝换代，而且每一个新政权都竭力贬低上一个朝代，声明自己与上一个政权没有时间和内容上的任何联系。

试举几个表现这种关系的例子。1995 年 1 月阪神大地震时，日本媒体迅速做出了报道。在报道量之大、受灾细节之详、媒体态度之冷静方面，可以说都达到了无以复加的地步。但令人不可思议的是，有关救灾活动的报道很少。媒体使用直升机等现代化手段进行灾情播报，可是人们不禁要问：为什么不用这些先进的工具救人呢？难道报道灾情比拯救生命还重要？事件发生后，日本媒体议论最多的似乎不是市民自己组织救灾方面的问题，而是对政府采取措施不力、政府指令传达体制不畅等问题的愤怒指责等。这种行为的背后可能有这样一种意识在起作用：救灾和救援是 *okami*（政府）的事，国民只要等待指示就行了。当政府这个可依靠的 *okami* 没有尽到责任时，便转变成了对 *okami* 的极大不满。

国民对政府外交政策也多是持如此态度。例如，1998 年夏天，印度尼西亚国内的暴乱蔓延，在印尼的日本人的安全成为一个问题。围绕是否派自卫队飞机救助在印尼的日本人问题出现了争论。有人认为必须"慎重"。一旦决定派遣飞机，马上有人批评说，派遣飞机太迟了。这种急剧变化的原因是：国民理解了这是 *okami* 的决定，反对派遣的一派收回了议论。①

这个可依赖的 *okami* 在对外交往方面可能表现为依赖某一强大的外国力量。这或许可以解释：同最强大的国家结盟来达到战略目的是近代以来日本外交的重要特征。如，日俄战争时与当时世界上最强大的英国结盟，第二次世界大战时同当时最强大的德国结盟，战后，世界头号强国美国又成了日本的 *okami* 。② 现在日本在对美国和对亚洲的关系上外交天平的严重失衡也是这种特点的反映。日本服从美国几乎达到了"唯命是从"的地步。正如 Michel Blaker 所说，日本外交官在外交上与其说是追求外交成果不如说优先考虑的是不要使美国产生不满以及不在国际上孤立，所有的努力都集中到获得美国的"御墨付"③ 上。对日本来说，美国发挥着 *okami*

---

① 『日本の外交政策決定要因』，第 114 页。
② 武貞秀士：「日本の'おかみ'と国民」，載『日本の外交政策決定要因』，第 109～126 页。
③ 过去日本的将军或大名给家臣的一种带有印鉴或签名的短信，内容通常是上司的指示、命令或许可、认可等内容。参见筑紫哲也『世界の日本人観』，自由国民社，1985，第 213～214 页。

的作用，日本虽对美国不满以及有某种要求独立的倾向，这是一种对 *oka-mi* 的不满，所要求的独立是一种不脱离 *okami* 保护的独立。这种服从强权的倾向与日本人依赖于"亲分"或 *okami* 的行为方式具有某种联系。因此从文化上看仅仅指责日本对美国的依赖并不能解决问题，可能还要考虑如果日本不依赖美国它会依赖谁的问题。

第二十二章　日本外交决策分析

我国学界关于影响日本外交决策因素的研究，仅据笔者对中国知网上收录的相关论文的不完全统计，已多达数百篇。既有成果，多为国际政治学领域的专家们侧重于显规则因素影响的研究，其视角亦大多集中在政治、经济、军事等方面。本章旨在之前研究成果的基础上，引进心理文化学的研究方法，以"河野谈话"为典型个案，尝试探讨日本文化中的潜规则对日本外交决策的影响，从而为较全面地解析日本，补充国民性的视角。

一　"潜规则"的含义

提起"潜规则"，人们往往容易将其作为表述人际交往阴暗面的词语来理解。其实，每一件事情上，人类都有其应对规则。各个文化亦都有自己的规则，其存在或显或潜。显规则也可谓成文规则，多是指官方明文约定的法律、条例、协议等，这些都是经过了严肃认真的制定过程，有明确合法的身份地位。与之相对，潜规则也可谓不成文规则，是指实际存在于上述种种明文约定背后，虽不成文却能获得广泛认可的规矩等。很多时候，恰恰是这种近似约定俗成的潜规则，往往却实际上支配着现实生活的运行。潜规则作为一种人际交往规则，实质上也是一种交换规则。因对其关注的视角不同，对其内容的界定及评价也各异。

（一）经济学视角的"潜规则"

"交换"本属经济学研究的范畴。因此，对作为一种交换规则的潜规则，现有相关研究成果也大多是从经济学视角来进行界定和研究。例如，有学者认为，用新制度经济学的语言可以对"潜规则"进行如下界定：

"潜规则"就是制度体系中属于非正式制度范畴，且与主体制度体系相悖的非正式制度。它游离于占统治地位的主体制度体系之外，并与主导集团的意志相违背。它规范和调整的对象是非法交易或非合法交易，由于未获主体制度体系的承认而未具"合法身份"，从而"处于地下状态"。①

类似这种基于经济学视角的"潜规则"界定，往往容易对潜规则做出负面的评价。经济学视角的交换理论追求的是一种交易型的等价交换，它把进行交换的主体人都假定为理性的"经济人"。作为有理性的"经济人"，亦必定是个追求利益效用最大化的人。但是，潜规则的存在会无形中增加人们实现目标的成本，影响利益效用最大化的实现，甚至会破坏等价交换的实现。所以，囿于经济学视角来看潜规则，往往是负面评价和界定居多。

尽管从经济学的视角来看，潜规则常常因徒增人际交往的成本而遭到诟病。但是，事实上由于时空的局限性与制度决策者能力的局限性，任何正式规则的制定都难免会具有一定的局限性，从而导致正式规则无法解决所有情况下存在的所有问题，而潜规则恰因正式规则这种不完善性而令其具有生命力。潜规则扎根于社会正式规则的漏洞之中，广泛存在于人类社会发展的各个历史阶段、各个地域以及社会的各个领域，绝不会因人之好恶而被轻易淘汰。因此，对待潜规则既不能一味不加分析地批判，也不能避之千里，而应主动地了解和把握它，进而学会与一个异文化的人沟通的方法。心理文化学的理论有助于更全面深入地把握每个文化的潜规则。

（二）心理文化学视角的"潜规则"

心理文化学视角的交换理论，阐释的是一种"信用借贷型"或"好意优先型"的"不等价交换"或"非对称型交换"，也称"等意义交换"。它把进行交换的主体人都假定为不失理性但更重情感的"关系人"。作为一个"关系人"，虽然也会追求利益效用最大化，但"关系人"彼此授受和回报之间依据怎样的规则，则会因交换者彼此处在怎样的社会关系中而有不同，而这些不同又皆源于规定这些交换模式的文化不同所致。每

---

① 梁碧波：《"潜规则"的供给、需求及运行机制》，《经济问题》2004 年第 8 期，第 14～15 页。

一种文化都有其受认同的、与其"基本人际状态"相一致的交换模式。心理文化学理论的两个关键词是"社会心理均衡"和"基本人际状态"。"社会心理均衡"（Psychosocial Homeostasis，PSH）是理解人的心理、行为与文化关系的理论模型。该理论把人的存在理解为一个由人与人、人与物、人与文化规范、内心世界与外部世界相互影响的"社会文化场"（socio‐culture field），这个"场"由内向外分为八个不同的层次，它包含心理学的概念及社会心理学方面的内容。基本人际状态（human constant）指的是一种"人的系统"，是对人与人相互认知和交流系统的统称。[①]

人们在现实生活中所进行的交往与交换，是性质不尽相同的行为。有的是为了交换而交换，有的则是为了交往而进行交换。前者较倾向于经济性的理性行为，追求等价交换；而后者往往受感情因素影响强烈，虽不会完全忽视经济理性，但更倾向于追求一种等意义交换。等价交换比较适合使用正式的、明文的法规、制度来管理；而等意义交换所依凭的更多是某一文化中约定俗成的非正式、不成文的规则，即所谓的潜规则。其实，心理文化学使用的"文化"概念本身指的就是"一种隐藏在我们行为背后的规则"。[②] 经济学视角对"潜规则"的界定，是把人的交换互动理解成了一种完全去感情的交换。当事双方在交换过程中互有权利义务关系，完全不考虑彼此的感情因素，待交换一结束，关系亦便终结。但实际上，交换主体毕竟是人而非机器，除非极特殊情况，否则完全无视感情的交换几乎不可能。因此，交换者处于怎样的社会关系中是必须考虑的变量。心理文化学不对潜规则肤浅地进行好或坏的道德鉴别，而是更关注究竟是什么样的"基本人际状态"决定了某潜规则。

二　潜规则与国家外交行为的逻辑关系

从心理文化学的视角来看，所谓"国际关系"，实质就是国家行为体对外部世界的反应和行为模式。这种模式，归根到底是处理国内人与人之间交往关系的一种投射。人生于世，不仅每个人自己身体的新陈代谢要与

---

① 尚会鹏：《心理文化学要义》，第161～164页。
② 公文俊平：『情报文明論』，第17页。

自然界时刻发生着各种交换，而且每个人也与他者在不断地进行着各种社会交换。社会交换行为既发生于个人与个人之间，也发生于代表个人的各色集团之间。国家是相对较大的人类集团。国家与国家间的所谓外交行为，其实质是扩大了的人际交往行为。因此，人际交换行为所遵循的潜规则，也自然会不同程度地影响到集团乃至国家间的交往。比较而言，一个法制健全的独立国家治理内部事务时，虽然不能忽视其文化中根深蒂固的潜规则的影响，但明规则、正式制度对于国家治理所发挥的作用可能会占主流，会更强有力一些。与之相对，对于一个无政府的国际社会而言，明规则、正式制度却未必总是能起到真正有效的管控约束作用，文化潜规则对各个国家对外交往行为的影响更是不容忽视。

例如，关于日军"慰安妇"问题，无论是1993年8月4日的"河野谈话"，还是2015年12月28日韩日两国政府就"慰安妇"问题达成的协议，皆可谓一种显规则。但遗憾的是，现实中这些显规则均未能发挥其应有的作用。韩国民众自1992年1月发起的为解决日军"慰安妇"问题而在日本驻韩国大使馆前举行的示威集会，每周三中午12点正式开始，被称为"周三示威"。2011年，在举行第1000次"周三示威"时，"慰安妇"受害者与民众在日本驻韩国大使馆前的人行道上设立了第一座"慰安妇"少女像。2015年12月28日，日韩两国政府就"慰安妇"问题达成协议。日本政府向韩国主导的"和解与治愈基金会"出资10亿日元，同时不断要求韩方拆除日本驻韩国大使馆前的和平少女像。结果，非但未如愿，2016年12月31日，韩国相关民间组织在日本驻韩国釜山总领事馆前又举行了新设的"慰安妇"少女像揭幕仪式。对此，2017年1月6日，日本政府宣布以召回驻韩国大使等为首的一系列强硬措施表示抗议，日韩关系亦因此进一步恶化。2017年文在寅出任韩国总统后，也多次对韩日慰安妇协议表达不满，称其未被多数韩国民众接受，不能真正解决"慰安妇"问题。2018年11月21日，韩国政府宣布将解散依据《韩日慰安妇协议》设立的"和解与治愈基金会"。2019年1月16日，韩国外长康京和在新年记者会上谈到慰安妇问题时透露称，为将之作为对战时女性性暴力的教训，正在讨论2019年上半年举行关于慰安妇问题的国际会议。尽管2015年日韩两国政府就慰安妇问题达成了所谓的"最终且不可逆转的一致"，但结果日韩关系并未因此得以改善，反而日益恶化了。

事实上，无论如何追求去完善显规则，也不可能最终编织一个没有缝隙的规则治理天网，去管理国际社会的各个细节。一个真正和谐的社会与理想的社群，应该是充满情感和友谊，而非仅凭经济理性的利益计算能予以权衡。作为显性规则的国际制度的成立和有效实施，在一定意义上亦可视为重视情感的各国际行为体的文化潜规则互相磨合的结果。一个国家的文化潜规则，与该国的对外交往之间的密切联系主要体现在如下两点。

（一）潜规则在确定国家对外政策目标中起重要作用

在心理文化学看来，交换的目的最终是为满足人的安全、社会交往和地位这三大基本需要。隐藏在我们行为背后的规则，既决定了属于每个文化的人的基本需要是什么，也规定了满足需要的方式。每种文化对安全、社会交往和地位这三大基本需要的评价都不尽相同。有的更强调安全，有的则更强调地位，而有的则对社会交往更为重视。安全、社会交往和地位这三大基本需要，各自又可进一步分为生物性、社会性和情感性三个层次。国家对外政策目标首先是满足安全的需求，而文化潜规则影响着一个国家以怎样的方式和心态看待国家安全，引导一个国家侧重追求哪种层次的安全需求，因而也必然会影响其判断谁是威胁，而这些也恰构成一个国家制定其对外政策目标的心理文化基础。

（二）潜规则影响一个国家对外政策制定的过程、外交的方式和风格

一般来说，人们采取任何有意义的行为之前都要有一个深思熟虑的决策过程。受文化的影响，人们对归属在什么样的人物或组织之下是安全的理解，也会有所不同。比较而言，中国文化趋向于引导人们更多地归属其初始集团，即从自己的亲属圈子中获得更大的安全感；日本文化则趋向于强调对其他社会集团的归属，即对以"家元"为典型的次级集团的归属。所以，与什么样的人交往，如何交往，当人们为满足其基本需要而采取行动时，文化潜规则往往会为决策提供有力制约，这无形中大大缩小了个人选择余地，使人们在相同情境下总是倾向于选择相似的行为。

每个民族国家的统治本身和外交决策都是在一种文化背景中发生的，外交政策的制定以及付诸具体外交行动，皆与该民族的文化潜规则有密切关系。在制定或执行政策的过程中，必然有意或无意地体现出存在于人们意识深层的潜规则影响，从而给本国对外政策打上明显区别于他国的烙印。

三　从"河野谈话"看潜规则对日本外交决策的影响

以上简要介绍了潜规则的含义及其与一个国家对外决策的逻辑关系。那么，具体到日本的对外决策而言，日本文化的潜规则又是如何发挥影响的呢？下面，我们先简述日本文化的潜规则、日韩关系的基本情况，再具体以日本政府对待"河野谈话"态度的前后变化为例，来分析一下潜规则对日本外交决策的影响。

（一）日本文化中的潜规则

按照心理文化学的理论，日本人的基本人际状态属于"缘人"型基本人际状态。其特点是，从自我认知层面看，日本人是在一个关系密切的人际圈子中进行认知自我。其社会生活不是趋于个体而是趋于与他人的关系，而且这种关系根据投注感情的多少而形成远近不同的若干圈子。最内一圈由亲人（日语为"身内"）组成，中间是熟人、朋友、同事等（日语为"仲间"），最外一圈由生人（日语为"他人"）组成。① 缘人的交换关系不是交易型交换，而是一种互酬式交换，即附带了信用、服从、地位、崇拜等情感价值的"等意义交换"模式。在互酬式交换中，行为者对交换行为投注了感情，表现为意义相等而物品可能不等。互酬式交换用来交换的对象可以是任何事物，即一方提供所有形式的事物，另一方可用任何形式"偿还"，只要这些事物对被偿还者而言有意义即可。有日本学者认为，互酬关系所期待的偿还只是一种暗地的谅解，所以不能叫作交易，而只能说是一种诱导。② 它具有非同时性、非等价性、非限定性的特点。缘人的人际交往特点是，对于感情最浓的圈子"亲人"适用娇宠法则；对于半感情半算计的圈子"仲间"，适用"义理"法则；对于完全不需要投注感情的圈子"他人"，则完全实行公平竞争法则。③ 有日本学者把日本

---

① 尚会鹏：《"缘人"：日本人的"基本人际状态"》，《日本学刊》2006 年第 3 期，第 135 页。

② 公文俊平：『情報文明論』，第 240～241 页。

③ 尚会鹏：《论日本人的交换模式》，《日本学刊》2009 年第 4 期，第 80 页。

人的交换关系概括为"好意优先型"交换关系。① 在日本文化中，对于违反了这些人际交往潜规则的处罚，不仅会依凭正式规则的法律制度，而且还会依据所谓"村八分"等潜规则，来把犯规者排斥于集团之外剥夺其"情感归属"，以达到惩戒目的。

（二）战后以来的日韩关系基本情况

早在东亚传统的宗藩朝贡体系仍旧发挥作用时期，日本就已经开始图谋侵略朝鲜，最终通过策划发动甲午战争，于 1895 年 4 月 17 日迫使当时的清政府签订《马关条约》，终结了东亚传统的宗藩朝贡体系，将朝鲜半岛纳入了日本的势力范围。日本继而终于在 1910 年 8 月迫使朝鲜签订所谓的《日韩合并条约》，完全吞并了朝鲜。于是，日本的知识分子开始向政府建言，如何将朝鲜人彻底教化为日本的"身内"（即亲人）。例如，吉野作造就曾在《新人》杂志上撰文指出，"朝鲜人虽为法律上的日本臣民，但事实上朝鲜人并非大和民族。在大和民族创立的大日本帝国中，其地位还仅是类似于继子的地位。这是无法掩盖的事实。虽然我们热切希望朝鲜人也像我们内地人一样对日本这个国家拥有忠诚心，但不可强求一蹴而就"。② "朝鲜统治成功与否，单纯依靠表面的设施建设时代已过，现在的当局者欲成功将朝鲜纳于治下，其第一要务当全力以赴去获取朝鲜人之心"。③ 日本政府采纳这些建言，为将 2200 万朝鲜人同化为日本人，相继实施了各种奴化教育政策。

1945 年第二次世界大战的结束，不仅结束了日本对朝鲜半岛长达 36 年的殖民统治，而且同时开始了美苏以北纬 38 度线为界对朝鲜半岛的分割占领。1948 年 8 月 15 日，在北纬 38 度以南的朝鲜半岛南部成立了大韩民国。1948 年 9 月 9 日，在北纬 38 度以北则成立了朝鲜民主主义人民共和国。战后以来的日韩关系，在历史与现实、利益与情感、双边与多边等多重因素影响下得到定位和演变。冷战体制下的日韩关系，虽实现了所谓的邦交正常化，但都是由美国主导而为，双方因缺乏政治基础和相互信任并未真正开始直接交流。冷战后的日韩关系，在两国的努力下得到全面改

---

① 滨口惠俊：『日本らしさの再発見』，第 145 页。

② 吉野作造：『中国・朝鮮論』，平凡社，1970，第 265 页。

③ 吉野作造：『中国・朝鮮論』，第 255～256 页。

善，特别是金大中政权时期，韩国实施积极的对日政策，把两国关系引入了良性发展轨道。为拉近日韩关系，日本政府在强调日韩间地缘性关系的同时，还从精神层面不断强调日韩在价值观上的一致性，称具有民主主义、自由主义和市场经济体制以及与美国结盟的韩国，是日本最重要的地域战略伙伴，日韩拥有相近的价值观和国家利益。① 甚至还借用天皇之口公开日韩间的血缘关系，以增进日韩民众间的亲近感。2001 年 12 月 23日，日本明仁天皇在其 68 岁生日的新闻发布会上说："我感觉自己与朝鲜半岛有某种亲切感。据日本编年史记载，桓武天皇的母亲是古代朝鲜百济王国一位国王的家族中人。"但是，因日韩两国在冷战时期的建交谈判中并未就日本对韩殖民统治、慰安妇问题及领土争端问题等达成共识，冷战后至今这些问题一直成为影响两国关系走向的不稳定因素。

（三）日本文化中的潜规则对"河野谈话"出台的影响

通过前文对日本与朝鲜半岛关系史概览可知，日本为了一己之私利，自古以来一直不择手段地想把朝鲜半岛划到自己的"身内"即亲人圈子或者是"仲间"即伙伴圈子里。2014 年 2 月 20 日，在日本众议院预算委员会上，议员山田宏对原官房副长官石原信雄的质询以及日本政府对"河野谈话"出台过程的调查报告表明，"河野谈话"实质上就是日本文化潜规则体现在日本处理对韩外交上的政治产物。

日本的一些右派政治家善于狡辩，对于日本当年的侵略历史问题，他们不是认真反省其加害于亚洲人民的不道德行为，而是惯于通过在历史事实上进行所谓的真伪辨别，企图以此间接迂回地否认或弱化日军的侵略罪行。日军强征慰安妇是不容争辩的历史事实，虽然"河野谈话"中也明确体现了召集"慰安妇"的强制性，但安倍政府一直坚持没有直接证据表明日军强征慰安妇。当年制定"河野谈话"的知情人原官房副长官石原信雄回答议员山田宏的质询时也承认并没有直接证据。石原信雄还承认，日韩两国政府曾私下就谈话的文字表述做过修改，在谈话的起草过程中，也没有就关键证据——受害"慰安妇"证言的真实性进行调查，并

---

① 「21 世紀日本外交の基本戦略－新たな時代、新たなビジョン、新たな外交－」，http：//www. kantei. go. jp/jp/kakugikettei/2002/1128tf. html，2017－05－15。

且在对受害"慰安妇"的问询尚未结束前就起草了谈话的草案。石原信雄的证词,在日本政府2014年6月20日向国会提交对"河野谈话"出台过程的调查报告中,得到了进一步确认。既然没有直接证据,那为何日本政府依然会出台与事实不符有损日本形象的"河野谈话"呢?山田宏称,"河野谈话"并非为了确认某个事实,而是一个模棱两可的政治文件,这完全是日本对韩国的各种"配虑"(即客气)的结果,对韩国的一种善意表示,但遭到了韩国的背叛。石原信雄在回答质询时亦称,本以为出台"河野谈话"后,慰安妇问题能够就此揭过,却未料到当时日本政府的善意并未能发挥有效作用,为此感到很遗憾。

也就是说,恰如山田宏所评价的那样,"河野谈话"的出台,实质上就是日本政府相关人等遵循日本文化潜规则处理日军"慰安妇"问题的结果,是遵循日本文化潜规则处理对韩外交的政治产物。日本人的"身内"圈子彼此是最近的存在,感情最浓,关系尺度的把握不需要各种特殊的"配虑"。外侧是没有投注感情甚至没有任何关系的"他人"圈子,即便予以再多的"配虑"也没有用。而恰恰是居二者之间的"仲间",是一个需要各种"配虑"的圈子。需要"配虑"的关系可视为感情因素尚未完全进入、需要仔细把握的人际关系状态。日本学者土居健郎将这个地带称为"义理"的世界。"义理"是一种促使人们维护交换平衡、维护人际关系稳定的规范。它既是一种责任也是履行责任的礼仪,还是偿还欠情的义务。① 从"河野谈话"制定者之一的石原信雄的证词来看,当时日本政府出台"河野谈话"显然是把韩国作为一个"仲间"圈子成员来看待的。从日韩关系发展史来看,这也是在其文化潜规则的驱使下顺应日韩关系发展的一种外交行为。直至近年来,日本仍未放弃让韩国遵从其潜规则行事的努力。例如,安倍晋三初任首相的2007年,日本政府为了拉拢韩国推行其所谓的价值观外交,10月9日安倍首相就任后首访韩国,与时任韩国总统卢武铉会谈"就日韩两国作为共有自由、民主主义、基本人权等基本价值的伙伴,要努力构筑面向未来的友

---

① 尚会鹏:《论日本人的交换模式》,《日本学刊》2009年第4期,第90页。

好关系达成一致意见"。① 其后直至2014年底，无论是短暂执政的日本民主党政权时期，还是再度执政后的安倍政府，在日本外务省公布的《外交蓝皮书》中基本上是将日韩关系定位为"日韩两国是共有自由、民主主义、基本人权等基本价值的重要邻国"②。

但是，日本自以为是的潜规则，并不一定完全适用于其他国家。"历史终究是历史。无论采用何种理由，进行何种诡辩，皆改变不了历史本来的面貌，相反，它只会让人感到更加清醒让人感到其嘴脸更加丑陋罢了。"③ 仅凭出台"河野谈话"这样一份政治文件且又言不由衷、出尔反尔，显然难以得到韩国的谅解。2013年朴槿惠就任韩国总统后，韩国在日军"慰安妇"等历史问题上非常强硬，导致日韩关系一直磕磕绊绊，两国在长达两年八个月内连一次真正单独的日韩首脑会谈都难以实现。于是，日本对未能会其意按照其潜规则行事的韩国，不仅从政治、经济等方面予以施压，而且还采取日本式的"村八分"处罚，从情感归属上对韩国予以排斥。

例如，日本外务省在2014年4月发布的日本《外交蓝皮书》中还称"日韩两国是共有自由、民主主义、基本人权等基本价值的重要邻国"，但到2014年底，日本外务省网站上则首先将韩国剔除了其价值圈，仅称其是日本重要邻国。2015年2月12日，安倍首相发表施政方针演说时对韩国的定位也改变了说法，称"韩国是日本最为重要的邻邦"④。2015年4月，日本外务省新公布的《外交蓝皮书》也都统一改称"韩国是日本最重要的邻国"，⑤ 不再把韩国归属为与日本具有相同类属身份的国家。2015年12月28日，日韩两国政府就"慰安妇"问题仓促达成协议后，日本外务省在2016年4月及2017年4月发布的日本《外交蓝皮书》中对日韩关系的定位表述进行了微调，称"对日本而言，韩国是

① 日本外务省：『外交青書2007』，日本外务省，2007，第20～21页。
② 日本外务省：『外交青書2014』，日本外务省，2014，第23页。
③ 刘伟：《日本人中的错误战争史观之剖析——谈某些日本人为什么不愿承认战争的侵略性质》，《日本问题研究》1999年第3期。
④ 「第百八十九回国会における安倍内閣総理大臣施政方針演説」，http://www.kantei.go.jp/jp/97_abe/statement2/20150212siseihousin.html，2017-05-05。
⑤ 日本外务省：『外交青書2015』，日本外务省，2015，第30页。

共享战略性利益的最重要邻国"①。但从当前的日韩关系现状来看，日本《读卖新闻》和韩国《韩国日报社》2016 年 4 月进行的日韩共同舆论调查结果显示，接受调查者中，66% 的日本人和 82% 的韩国人认为当下的日韩关系非常不好；60% 的日本人和 81% 的韩国人认为彼此无法信赖；39% 的日本人和 73% 的韩国人反对日韩政府 2015 年 12 月就"慰安妇"问题达成的协议；关于是否应该拆除首尔日本驻韩国大使馆前的"慰安妇"少女像，62% 的日本人和 9% 的韩国人回答"应该"，27% 的日本人和 87% 的韩国人回答"不应该"；关于是否应该通过此次协议对"慰安妇"问题做最终了断，74% 的日本人和 23% 的韩国人回答"应该"，16%的日本人和 75% 的韩国人回答"不应该"；关于为了改善日韩关系应该优先解决的问题是什么，62% 的日本人和 80% 的韩国人选择了"围绕韩国的原慰安妇问题"。② 日本《读卖新闻》2018 年 6 月进行的日韩共同舆论调查结果显示，接受调查者中，关于日本是否有必要就"慰安妇"问题进一步谢罪，14% 的日本人和 91% 的韩国人回答"有必要"，77% 的日本人和 8% 的韩国人回答"没有必要"。③ 从这份民调数据来看，若日本不能认真反省历史并妥善处理"慰安妇"问题，一味基于其文化潜规则行事，两国间基于各种利益磨合而出台的显规则恐怕也将只能停留于一纸空文。如今，日军"慰安妇"问题已经变成关乎韩国的民族尊严问题。如何处理日军"慰安妇"问题，也成为日本对韩国外交决策中一个非常重要的内容。

四　结语

以上，本章用心理文化学的方法，以"河野谈话"为典型个案，主要通过当年制定"河野谈话"的知情人原官房副长官石原信雄回答议员山田宏的质询、日本政府 2014 年 6 月 20 日向国会提交对"河野谈话"出

---

① 日本外务省：『外交青书 2017』，日本外务省，2017，第 17 页。

② 「日韓共同世論調」，http：//www. yomiuri. co. jp/feature/opinion/koumoku/20160513 - OYT8T50008. html，2017 - 06 - 05。

③ 「日韓共同世論調」，https：//www. yomiuri. co. jp/feature/opinion/koumoku/20180703 - OYT8T50002. html？from = yartcl_blist，2018 - 08 - 07。

台过程的调查报告以及包括"河野谈话"在内的日本对韩政策等资料，尝试探讨了日本文化中的潜规则对日本外交的影响，补充了国民性的视角。遗憾的是，由于相关档案文献资料的限制，对于"河野谈话"决策的不同环节，潜规则通过哪些人、组织和事情体现出来，其具体的作用模式（或模型）又是什么等问题，目前尚难以做出翔实的梳理。

最后顺便提及一点，其实，从日本国民性的视角来看，日本文化中的潜规则影响了日本外交决策的例子还可举出很多。如当年日本妄图建立"大东亚共荣圈"而发动的对外侵略战争，也是受其文化潜规则——基于其隐性社会结构"家元"而产生的特殊序列意识驱使下的一种对外交往行为。① 第二次世界大战后形成的"美主日从"的日美关系特点，也是深受日本文化潜规则中"亲子"（oyako）关系等影响所致。② 笔者的粗浅尝试，期待能够对丰富日本外交决策机制研究等起到抛砖引玉的作用。

---

① 游国龙：《序列意识与大东亚共荣圈——对二战时期日本国家行为的心理文化学解读》，《日本学刊》2013 年第 2 期，第 119～132 页。
② 张建立：《战后日美关系的心理文化学解读》，《国际政治研究》2013 年第 4 期，第 35～49 页。

主要参考书目

著作

英文著作

Abram Kardiner and Ralph Linton, *The Individual and His Society*, *the Psychodynamics of Primitive Social Organization*, New York: Columbia University Press, 1939.

Bert Kaplan, *Studying Personality Cross - Culturally*, Evanston, Ill.: Row, Peterson, 1961, .

Clyde Kluckhohn and Henry Alexander Murray, *Personality in Nature*, *Society*, *and Culture*, New York: Knopf, 1953.

Cora DuBois, Abram Kardiner, and Emil Oberholzer, *The People of Alor*: *A Social - Psychological Study of an East Indian Island*, Minneapolis: University of Minnesota Press, 1944.

David H. Price, *Threatening Anthropology*: *Mc Carthyism and the FBI's Surveillance of Activist Anthropologists*, Durham, N. C: Duke University Press, 2005.

Francis L. K. Hsu (ed.), *Kinship and Culture*, Chicago: Aldine Pub. Co., 1971.

Francis L. K. Hsu, *Americans and Chinese*: *Passage to Differences*, Honolulu: University Press of Hawaii, 1981;

Francis L. K. Hsu, *Clan*, *Caste*, *and Club*, New York: Van Nostrand, 1963.

Francis L. K. Hsu, *Iemoto*: *The Heart of Japan*, Cambridge, Mass.:

Schenkman Pub. Co. , 1975.

Francis L. K. Hsu, *Psychological Anthropology*: *Approaches to Culture and Personality*, Homewood, Illinois: Dorsey Press, 1961.

Francis L. K. Hsu, *The Challenge of the American Dream*: *The Chinese in the United States*, Belmont, Calif. : Wadsworth Pub. Co. , 1971;

Francis L. K. Hsu, *The Study of Literate Civilizations*, New York: Holt, Rinehart and Winston, 1969.

Kenneth N. Waltz, *Theory of International Politics*, The Mcgraw – Hill Companies, Inc. , 1979.

Geoffrey Gorer and John Rickman, *The People of Great Russia*, New York: W. W. Norton, 1962.

Jean Stoetzel, *Without the Chrysanthemum and the Sword*: *A Study of the Attitudes of Youth in Post – War Japan*, New York: Columbia University Press, 1955.

Noel Machin, *Government Anthropologist*: *A Life of R. S. Rattray*, Centre for Social Anthropology and Computing, University of Kent at Canterbury, 1998。

Peter J. Katzenstein, Robert O. Keohane, and Stephen D. Krasner, *Exploration and Contestation in the Study of World Politics*, Cambridge, Mass. : MIT Press, 1999.

Ralph Linton, *The Cultural Background of Personality*, New York; London: D. Appleton – Century Co. , 1945.

Richard N. Lebow, *A Cultural Theory of International Relations*, Cambridge: Cambridge University press. 2008.

Ruth Benedict, *The Chrysanthemum and the Sword*: *Patterns of Japanese Culture*, Boston: Houghton Mifflin Co. , 1946.

Stephano Guzzini, *Realism in Inernational Relations and International Political Economy*, London and New York: Routledge, 1998.

Thomas Rohlen, *The Company Work Group*, in E. F. Vogel (ed.), *Modern Japanese Organization and Decision – making*, University of California Press, 1975.

日文著作

岸田国士：『日本人とは何か』，养徳社，1948。

奥宫正武：『自卫队では日本を守れない —真の独立国になるために何が必要か』，PHP 研究所，1998。

本乡和人：『天皇はなぜ生き残ったか』，新潮社，2009。

滨口惠俊：『間人主義の社会：日本』，东洋经济新报社，1984。

滨口惠俊：『日本らしさの再発見』，讲谈社学术文库，1995。

滨口惠俊：『日本研究原論』，有斐阁，1998。

滨口惠俊、公文俊平编『日本式の集団主义』，有斐阁，1982。

滨口惠俊：『日本型モデルとは何か国际化时代におけるメリットとデメリット』，新耀社，1993。

滨口惠俊：『日本研究原論：「関系体」としての日本人と日本社会』，有斐阁，1998。

船曳建夫：『「日本人論」再考』，日本放送出版协会，2003。

舛添要一：『21 世纪の国连と日本世界を読む!』，学习研究社，2000。

村上良重：『天皇と日本文化』，讲谈社，1986。

大久保乔树：『日本文化論の系谱』，中公新书，2003。

大冢久雄、川岛武宜、土居健郎：『"娇宠"与社会科学』，弘文堂，1976。

芳贺矢一：『国民性十論』，富山房，1907。

福泽谕吉：『文明論之概略』，岩波书店，1931。

冈仓天心：『茶の本』，讲谈社，1994。

冈田章雄等：『日本历史・明治的历史（第 11 卷）』，读卖新闻社，1965。

公文俊平：『情报文明論』，NTT 出版株式会社，1994。

河上彻太郎、竹内好：『近代の超克』，富山房百科文库，1979。

鹤见和子：『好奇心と日本人』，讲谈社，1972。

黑田久太：『天皇家的财产』，三一书房，1966。

井上清：『天皇制』，东京大学出版会，1953。

林房雄：『大东亜戦争肯定論』，番町书房，1970。

茅原廉太郎：『日本人民の誕生』，岩波书店，1946。

米山俊直：『日本人の仲間意識』，讲谈社新书，1977。

南博：『日本的自我』，岩波书店，1983。

南博：『日本人の心理と生活』，劲草书房，1980。

南博：『日本人論：明治から現在まで』，岩波书店，1994。

内村鉴三：『代表的日本人』，岩波书店，1995。

鸟越皓之：『家と村の社会学　増补版』，世界思想社，1993。

桥川文三ほか：『近代日本政治思想史Ⅱ近代日本思想史大系4』，有斐閣，1976。

青木保：『日本文化論の変容』，中央公论新社，1994。

山住正己：『教育敕语』，朝日新闻社，1980。

杉本良夫、Ross Mouer：『日本人論の方程式』，ちくま学芸文库，1995。

杉本良夫、罗斯·摩尔：『个人·間人·日本人』，学阳书房，1987。

尚会鹏：『日中文化DNA解読』，日本桥报社，2016。

盛田昭夫、石原慎：太郎：『「NO」と言える日本—新日米関係の方策』，光文社，1989。

石原慎：太郎：『新·堕落論』，新潮选书，2011。

松田武：『戦后日本におけるアメリカのソフト·パワー—半永久的依存の起源』，岩波书店，2008。

速水敏彦：『他人を見下す若者たち』，讲谈社，2006。

藤原正彦：『日本人の夸り』，文春新书，2011。

土居健郎：『"娇宠"散論り』，弘文堂，1989。

土居健郎：『表与里』，弘文堂，1985。

土居健郎：『甘えの构造』，弘文堂，2003。

土居健郎：『漱石的内心世界——漱石文学中的"娇宠"之研究』，角川书店，1982。

小此木启吾：『日本人の阿闍世コンプレックス』，中公文库，1982。

小森义峰：『天皇と日本宪法』，皇学馆大学出版部，1991。

脇田晴子：『天皇と中世文化』，吉川弘文館，2003。

熊倉伸宏：『“娇宠”理論与精神疗法』，岩崎学術出版社，1993。

〔美〕许烺光：『比較文明社会論』，培风馆，1970。

穴田义孝：『日本人の社会心理　けじめ・分别の论理』，人间科学社，1998。

增田知子：『天皇制と国家』，青木书店，1999。

增原良彦：『タテマエとホンネ』，讲谈社现代新书，1984。

志贺重昂：『日本风景論』，岩波文库，1995。

中文著作

〔美〕彼得·卡赞斯坦主编《世界政治中的文明：多元多维的视角》，秦亚青等译，上海人民出版社，2012。

〔美〕费正清编《中国的世界秩序：传统中国的对外关系》，杜继东译，中国社会科学出版社，2010。

〔日〕服部卓四郎：《大东亚战争全史》第一册，张玉祥等译，商务印书馆，1984。

〔美〕汉斯·摩根索：《国际纵横策论——争强权，求和平》，卢明华、时殷弘、林勇军译，上海译文出版社，1995。

〔美〕华勒斯坦等：《开放社会科学》，刘锋译，三联书店，1997。

黄光国：《民粹亡台论》，商周出版社，2003。

黄光国：《社会科学的理路第四版思源版》，心理出版社，2018。

黄光国：《台湾意识的黄昏》，海峡学术出版社，2008。

黄光国：《台湾自我殖民的困境》，时报文化出版社，2019。

黄光国：《中西文明的夹缝》，生智文化事业有限公司，2016。

〔法〕吉尔·德拉诺瓦：《民族与民族主义》，郑文彬等译，三联书店，2005。

〔澳〕加文·麦考马克：《附庸国：美国怀抱中的日本》，于占杰、许春山译，社会科学文献出版社，2008。

〔美〕肯尼思·华尔兹：《国际政治理论》，信强译，上海人民出版社，2003。

〔美〕库恩：《科学革命的结构》，李宝恒、纪树立译，上海科学技术出版社，1980。

　　李亦园：《文化与行为》，台湾商务印书馆，1970。

　　〔美〕理查德·格里格、菲利普·津巴多：《心理学与生活》（第 16 版），王垒、王苏等译，人民邮电出版社，2003 年。

　　廉德瑰：《“大国”日本与中日关系》，上海人民出版社，2010。

　　林庆元、杨齐福：《“大东亚共荣圈”源流》，社会科学文献出版社，2006。

　　刘岳兵：《日本近现代思想史》，世界知识出版社，2010。

　　〔美〕鲁思·本尼迪克特：《菊与刀——日本文化诸模式》，吕万和、熊达云、王智新译，商务印书馆，2009。

　　〔美〕鲁思·本尼迪克特：《文化模式》，张燕等译，浙江人民出版社，1987。

　　〔美〕玛莎·费丽莫：《国际社会中的国家利益》，袁正清译，浙江人民出版社，2001。

　　〔日〕南博：《日本人的自我》，刘延州译，文汇出版社，1989。

　　潘一禾：《文化与国际关系》，浙江大学出版社，2005。

　　秦亚青：《关系与过程——中国国际关系理论的文化建构》，上海人民出版社，2012。

　　秦亚青：《权力·制度·文化》，北京大学出版社，2005。

　　〔美〕塞缪尔·亨廷顿、劳伦斯·哈里森主编《文化的重要作用：价值观如何影响人类进步》，新华出版社，2010。

　　〔美〕塞缪尔·亨廷顿：《谁是美国人？——美国国民特性面临的挑战》，程克雄译，新华出版社，2010。

　　沙莲香：《社会心理学》，中国人民大学出版社，1987。

　　尚会鹏：《华人的文化自信与文化认同》，中信出版社，2019。

　　尚会鹏：《心理文化学要义：大规模文明社会比较研究的理论与方法》，北京大学出版社，2013。

　　尚会鹏、游国龙：《心理文化学：许烺光学说的研究与应用》，南天书局，2010。

　　尚会鹏：《中国人的婚姻婚俗与性爱》，社会科学文献出版社，2018。

尚会鹏:《中国人与日本人》,北京大学出版社,1998。

尚会鹏:《中国人与印度人:文化传统的比较研究》,社会科学文献出版社,2015。

尚会鹏:《中日"文化基因"解码(上卷):日本人的基本人际状态与中日互视》,社会科学文献出版社,2017。

尚会鹏:《中日"文化基因"解码(下卷):日本人的基本人际状态与中日互视》,社会科学文献出版社,2017。

尚会鹏:《种姓与印度教社会》,北京大学出版社,2001。

汤重南等:《日本文化与现代化》,辽海出版社,1999。

王家骅:《儒家思想与日本的现代化》,浙江人民出版社,1994。

王家骅:《儒家思想与日本文化》,浙江人民出版社,1990。

王金林:《日本天皇制及其精神结构》,天津人民出版社,2001。

王逸舟:《西方国际政治学:历史与理论》,上海人民出版社,1998。

〔美〕维特·巴诺:《心理人类学:文化与人格之研究》,瞿海源、许木柱译,黎明文化事业公司,1979。

肖伟:《战后日本国家安全战略》,新华出版社,2000。

〔美〕许烺光:《彻底个人主义的省思》,许木柱译,南天书局,2002。

〔美〕许烺光:《家元:日本的真髓》,于嘉云译,南天书局,2000。

〔美〕许烺光、徐隆德访问记录:《边缘人——许烺光回忆录》,南天书局,1997。

〔美〕许烺光:《宗族、种姓与社团》,黄光国译,南天书局,2002。

〔美〕亚历山大·温特:《国际政治的社会理论》,秦亚青译,上海人民出版社,2008。

杨栋梁:《日本近现代经济史》,世界知识出版社,2010。

伊文成、马家骏主编《明治维新史》,辽宁教育出版社,1987。

〔英〕马丁·雅克:《当中国统治世界:中国的崛起和西方世界的衰落》,张莉、刘曲译,中信出版社,2010。

游国龙、尚会鹏、关世杰:《中国文化的印度影响力调查研究》,社会科学文献出版社,2019。

游国龙:《许烺光的大规模文明比较研究》,社会科学文献出版社，2014。

〔美〕约翰·W. 道尔：《拥抱战败：第二次世界大战后的日本》，胡博译，三联书店，2008。

张建立：《艺道与日本国民性：以茶道和将棋为例》，中国社会科学出版社，2013。

张维为：《中国震撼：一个"文明型"国家的崛起》，上海人民出版社，2011。

〔日〕中根千枝：《适应的条件》，朱京伟、张吉伟译，河北人民出版社，1989。

〔日〕中根千枝：《纵向社会的人际关系》，陈成译，商务印书馆，1994。

〔日〕竹内好：《近代的超克》，孙歌编，李冬木等译，三联书店，2005。

论文

英文论文

Amitav Acharya and Barry Buzan, Special Issue on "Why Is There No Non - Western IR Theory," *International Relations of the Asia Pacific*, Sep. 2007.

Benjamin Nelson, "Review Works: The Study of Literate Civilizations," *American Anthropologist*, Vol. 73, No. 2, 1971.

Francis L. K. Hsu, "Psychosocial Homeostasis and Jen - Conceptual Tools for Advancing Psychological Anthropology," *American Anthropologist*, Vol. 73, No. 1, 1971.

Francis L. K. Hsu, "The Comparative Method: Its Importance and Pitfalls," *Newsletter of Chinese Ethnology*, No. 18, 1982.

Francis L. K. Hsu, "The Effect of Dominant Kinship Relationships on Kin and Non. Kin Behavior: a Hypothesis," *American Anthropologist*, Vol. 167, 1965.

Rong Chen, Kwang - Kuo Hwang, "Nation, Face, and Identity: An Initial Investigation of National Face in East Asia," *Frontiers in Psychology*, Vol. 7, 2016.

中文论文

阿尔蒙德：《比较政治学》，《现代外国哲学社会科学文摘》1984 年第 12 期。

川口敦司：《日本文化多种模式的合一——读〈菊与刀〉》，《开放时代》2000 年第 11 期。

崔世广：《基于"菊与刀"的新思考》，《中日关系史研究》2005 年第 4 期。

邓子方：《国际关系的社会心理学——评〈国际关系的文化理论〉》，《国际政治科学》2011 年第 2 期。

冯昭奎：《日美安保体制与日本的大国战略》，《世界经济与政治》1997 年第 8 期。

冯昭奎：《日美关系：从战后到冷战后》，《美国研究》1996 年第 3 期。

高增杰：《日本文化研究面临的挑战与机遇》，《日本学刊》1997 年第 3 期；

黄光国：《儒家文化与国际政治中的"脸面"动力》，《国际政治研究》2013 年第 4 期。

吉尔伯特·罗兹曼：《日本对大国身份的寻求》，《国外社会科学文摘》2002 年第 6 期。

姜良芹：《日本"教科书"问题的经济背景》，《扬州大学学报》（人文社科版）2002 年第 3 期。

解晓东：《近年来我国日本天皇制研究述评》，《渤海大学学报》（哲学社会科学版）2008 年第 1 期。

李姝蓓：《"文明开化"政策与明治日本国家"文明体"建构特点》，《日本问题研究》2019 年第 4 期。

李薇：《继往开来、创新奋进——在日本研究所建所 30 周年纪念大会上的讲话》，《日本学刊》2011 年第 3 期。

李薇：《日本的国家定位与历史反思》，《国际经济评论》2012 年第 4 期。

李子：《日本买下美国之后》，《意林》2009 年第 2 期。

梁志明：《越南战争：历史评述与启示：越南抗美战争 30 周年胜利纪念》，《东南亚研究》2005 年第 6 期。

刘冰：《当代日本女性的婚姻观浅析——以近年来的三部热播日本影视剧为例》，《日本问题研究》2019 第 4 期。

刘慧华：《从不平衡发展看日本"政治大国"的提出》，《复旦学报》（社会科学版）1993 年第 1 期。

刘世龙：《日美关系的两个周期》，《日本学刊》2002 年第 3 期。

马红娟：《日本古代女天皇及其成因探析》，《日本问题研究》2000 年第 1 期。

潘蕾、黄旭峰：《极致伦人：韩国人的"基本人际状态"探析——兼与中日"基本人际状态"比较》，《东疆学刊》2018 年第 7 期。

钱栖榕、游国龙：《天下体制下的"角色"与"角色"确认问题：再探"角色原理"的运作》，《国际政治研究》2016 年第 4 期。

秦亚青：《第三种文化：国际关系研究中科学与人文的契合》，《世界经济与政治》2004 年第 1 期。

尚会鹏、刘曙琴：《文化与日本外交》，《日本学刊》2003 年第 3 期。

尚会鹏：《"个人"、"个国"与现代国际秩序：心理文化的视角》，《世界经济与政治》2007 年第 10 期。

尚会鹏：《"和谐"与"伦人"的心理社会均衡模式：心理文化学角度的探讨》，《国际政治研究》2012 年第 2 期。

尚会鹏：《"伦人"与"服国"：中国国家形式的心理文化学解读》，《国际政治研究》2008 年第 4 期。

尚会鹏：《"缘人"：日本人的"基本人际状态"》，《日本学刊》2006 年第 3 期。

尚会鹏：《从"国际政治"到"国际关系"：审视世界强联结时代的国际关系本体论》，《国际政治研究》2020 年第 2 期。

尚会鹏：《关于国际政治"关系理论"的几个问题：与秦亚青教授商榷》，《国际政治研究》2017 年第 2 期。

尚会鹏：《和平与现代国际体系的演化》，《国际政治研究》2019 年第 2 期。

尚会鹏：《"基本人际状态"的类型、维度与心理－社会均衡的动力学关系：对许氏理论的若干阐释和补充》，《国际政治研究》2007年第3期。

尚会鹏：《"伦人"与"天下"：从"基本人际状态"的视角解读古代东亚国际秩序》，《国际政治研究》2009年第2期。

尚会鹏：《论古代南亚国际体系："大法体系"的特点及原理》，《国际政治研究》2015年第5期。

尚会鹏：《论日本人的交换模式》，《日本学刊》2009年第4期。

尚会鹏：《论日本人感情模式的文化特征》，《日本学刊》2008年第1期。

尚会鹏：《论日本人自我认知的文化特点》，《日本学刊》2007年第2期。

尚会鹏：《人、文明体与国家间关系》，《国际政治研究》2013年第4期。

尚会鹏：《日本家元制度的特征及其文化心理基础》，《日本学刊》1993年第6期。

尚会鹏：《日本人的等级意识："日本人意识"漫谈之二》，《当代亚太》1996年第4期。

尚会鹏：《日本社会的"个人化"：心理文化视角的考察》，《日本学刊》2010年第2期。

尚会鹏：《土居健郎的"娇宠"理论与日本人和日本社会》，《日本学刊》1997年第1期。

尚会鹏：《许烺光的心理社会均衡理论及其中国文化背景》，《国际政治研究》2006年第4期。

尚会鹏：《中根千枝的"纵式社会"理论浅析》，《日本问题研究》1997年第1期。

田文林、郭襄平：《伊拉克：美国的另一个越南?》，《现代国际关系》2007年第3期。

王冠玺：《从文化与心理视角浅析两岸统一》，《紫荆论坛》第41期9～10月号。

王冠玺：《组织体与文明体维度下两岸关系的展望》，《云南师范大学学报》2016 年第 5 期。

王金林：《近代天皇制的理论结构》，《日本学刊》1995 年第 6 期。

徐万胜：《论日美同盟与中日关系》，《国际问题研究》2006 年第 4 期。

徐万胜：《日美同盟与日本的军事大国化倾向》，《当代亚太》2004 年第 4 期。

杨劲松：《滨口惠俊及其"人际关系主义"理论》，《日本学刊》2005 年第 3 期。

尹继武：《试析希拉里的政治心理及对华政策偏好》，《现代国际关系》2017 年第 9 期。

尹继武：《特朗普的个性特质对美国对华政策的影响分析》，《当代美国评论》2018 年第 2 期。

游博：《中日关系历史认识问题中的美国因素》，《和平与发展》季刊 2006 年第 4 期。

游国龙、车子龙：《中国软实力对印度民众的吸引力研究：对行为体侧面分析法的检视》，《南亚研究季刊》2014 年第 4 期。

游国龙：《两岸中国人情感模式的同一与变异：一项"文化基因"的检测》，《国际政治研究》2013 年第 4 期。

游国龙：《软实力的评估路径与中国软实力的吸引力》，《现代国际关系》2017 年第 9 期。

游国龙：《试析移民成功的文化因素：林书豪现象的个案分析》，《华侨华人历史研究》2013 年第 3 期。

游国龙：《文化与人格研究和心理人类学的方法论剖析：以〈菊与刀〉与〈家元〉为例》，《日本学刊》2010 年第 5 期。

游国龙：《序列意识与大东亚共荣圈：对二战时期日本国家行为的心理文化学解读》，《日本学刊》2013 年第 2 期。

游国龙：《缘人：日本人论的方法论透析——从心理人类学到心理文化学》，《日本学刊》2014 年第 3 期。

张季风：《重新审视日本"失去的二十年"》，《日本学刊》2013 年第

6 期。

张建立：《20 世纪 70 年代以来日本大国意识的表现、成因及国际反应》，《东北亚学刊》2015 年第 4 期。

张建立：《从国民性视角看日本的右倾化现象》，《日本学刊》2014 年第 5 期。

张建立：《从游戏规则看日中两国国民性差异：以日本将棋与中国象棋为例》，《日本学刊》2009 年第 1 期。

张建立：《构建东亚共同体的关键在于成功形塑东亚身份认同》，《日本经济评论》2014 年第 3 期。

张建立：《日本人亲美疏华的原因浅析：从心理文化学的视角》，《日本学刊》2011 年第 4 期。

张建立：《日本天皇世袭制延续至今的原因研究述评》，《日本学刊》2014 年第 2 期。

张建立：《试析日本文化软实力资源建设的特点与成效》，《日本学刊》2016 年第 2 期。

张建立：《文化潜规则对日本外交决策的影响》，《日本问题研究》2019 年第 4 期。

张建立：《战后日美关系的心理文化解释》，《国际政治研究》2013 年第 4 期。

图书在版编目（CIP）数据

日本人与日本国：心理文化学范式下的考察／尚会
鹏等著. -- 北京：社会科学文献出版社，2021.4
（华侨大学哲学社会科学文库. 法学系列）
ISBN 978 - 7 - 5201 - 8104 - 4

Ⅰ.①日… Ⅱ.①尚… Ⅲ.①民族心理 – 研究 – 日本
Ⅳ.①C955.313

中国版本图书馆 CIP 数据核字（2021）第 046891 号

华侨大学哲学社会科学文库·法学系列
日本人与日本国：心理文化学范式下的考察

著　　者／尚会鹏　张建立　游国龙 等

出 版 人／王利民
责任编辑／黄金平

出　　版／社会科学文献出版社·政法传媒分社（010）59367156
　　　　　地址：北京市北三环中路甲 29 号院华龙大厦　邮编：100029
　　　　　网址：www. ssap. com. cn
发　　行／市场营销中心（010）59367081　59367083
印　　装／三河市龙林印务有限公司

规　　格／开 本：787mm × 1092mm　1/16
　　　　　印 张：23.75　字 数：369 千字
版　　次／2021 年 4 月第 1 版　2021 年 4 月第 1 次印刷
书　　号／ISBN 978 - 7 - 5201 - 8104 - 4
定　　价／128.00 元

本书如有印装质量问题，请与读者服务中心（010 - 59367028）联系